商务馆对外汉语专业本科系列教材

总主编　赵金铭　齐沪扬　范开泰　马箭飞

审　订　世界汉语教学学会

世界汉语教育史

张西平　主编

商务印书馆
2019年·北京

图书在版编目(CIP)数据

世界汉语教育史/张西平主编.—北京:商务印书馆,2009(2019.4 重印)
(商务馆对外汉语专业本科系列教材)
ISBN 978-7-100-06745-4

Ⅰ.①世… Ⅱ.①张… Ⅲ.①对外汉语教学—教育史—世界—高等学校—教材 Ⅳ.①H195.4

中国版本图书馆 CIP 数据核字(2009)第 142547 号

SHÌJIÈ HÀNYǓ JIÀOYÙSHǏ
世界汉语教育史
张西平 主编

商 务 印 书 馆 出 版
(北京王府井大街36号 邮政编码100710)
商 务 印 书 馆 发 行
北京市白帆印务有限公司印刷
ISBN 978-7-100-06745-4

2009年12月第1版 开本 787×960 1/16
2019年4月北京第2次印刷 印张 29

定价:59.00元

内容简介

这是国内外第一本以世界汉语教育史为核心的教材。该教材以对外汉语教学专业本科生为主要对象，也可供相关的研究生和教师研究时参考。

该教材系统地介绍了包括我国对外汉语教育史和国内少数民族双语教育史在内的、世界上主要国家和地区汉语学习和汉语教育的历史，总结了世界上主要汉学家和语言学家的汉语研究成果，分析了汉语作为目的语进行教学的特点、规律和方法，为当今世界范围内的汉语教学活动以及汉语教学研究提供了学术和历史的支撑。通过本教材的学习，学生可以了解世界范围内不同时期、不同地区汉语教学的历史概貌，认识对外汉语教学的学科性质和特点，提高教学的个性化和国别化意识，创造性地开展教学活动。

主　编　张西平

副主编　吴丽君　柳若梅

编　者　（按音序排列）

程裕祯　董淑慧　高　歌　黄　宏　黄昆章
李　明　李雪涛　李　怡　李　颖　李　真
梁冬梅　刘　慧　柳若梅　卢小燕　毛忠美
苗春梅　孙　琳　王　凡　王继红　王　嘉
王　宇　吴丽君　吴勇毅　许光华　徐　荣
张京京　张　萍　张西平　朱　勇

前　言

对外汉语教学专业的设立已经有二十多年的历史了。早在1983年经教育部批准北京语言学院在外语系内就设置了对外汉语教学专业,以培养对外汉语教师为主要目标。不久,北京外国语大学、上海外国语学院和华东师范大学也相继开设了类似的专业。

此后几年,该专业一直踽踽独行,没有名目。直至1988年,教育部颁布《普通高等学校本科专业目录》和《普通高等学校本科专业设置规定》,在一级学科中国语言文学类(学科代码0501)下,设"对外汉语"(学科代码050103)二级学科,这一专业才正式确立。

当初,设置这一专业,是为招收第一语言为汉语的中国学生,培养目标是将来能从事对外汉语教学及中外文化交流等工作。故该专业特点是,根据对外汉语教学对教师知识结构和能力的要求设计课程和确定教学内容。在1989年"对外汉语教学专业会议"(苏州)上,进一步明确了这个培养目标,并规定专业课程应分为三类:外语类、语言类和文学文化类。1997年召开"深化对外汉语专业建设座谈会",会议认为,根据社会需要,培养目标可以适当拓宽,要培养一种复合型、外向型的人才,既要求具有汉语和外语的知识,又要求有中国文化的底蕴;既要求懂得外事政策和外交礼仪,又要求懂得教育规律和教学技巧。这一切只能靠本专业的独特的课程体系、有针对性的教材以及特定的教学方法才能完成。

近年来，世界风云变幻，中国和平崛起。随着汉语加快走向世界，对外汉语教学事业获得蓬勃发展。目前开设对外汉语专业的高等学校已有一百三十多所。大发展带来了丰富多彩，也伴随着不规范。对外汉语作为一个专业，既无统一的教学大纲，也无标准的课程设置，更无规范的教材。在业内对对外汉语教学的学科内涵，也还存在着不同的认识。目前，设立本专业的院校只能本着各自的理解，依据本单位的教学资源与教学条件设置课程，自编或选用一些现成的教材。

有鉴于此，在国家汉办的指导下，商务印书馆以其远见卓识，决定组织全国各高校对外汉语教学资深人士，跨校协商，通力合作，在初步制订专业课程大纲的基础上，编写一套对外汉语专业系列教材，以适应目前本专业对教材的迫切需求。

本教材以赵金铭、齐沪扬、范开泰、马箭飞为总主编，教材的编者经多次协商讨论，决定本着下列原则从事编写：

一、总结以往的经验，积成多年来对外汉语教学成果，以课程在教学计划中的地位、性质、任务和作用为依据，规定课程的基本内容，划定教学范围，确立教学要求。

二、密切关注语言学，特别是汉语语言学研究的最新进展，全面吸取汉语作为第二语言/外语教学研究的最新成果，着重体现语言规律、语言教学规律和语言学习规律。

三、教材的教学内容力求贯彻“基础宽厚，重点突出”的原则，注重基本理论、基本知识和基本技能，既要加强基础理论的教学，更要加强实践能力的培养。对课程的实践性教学环节应有明确、具体的要求，并有较强的可操作性。

四、教材要全面显示汉语作为第二语言/外语教学的性质、特点和规律，为加快汉语走向世界，为汉语国际推广，培养外向型、复合型的人才。

五、谨守本科系列教材的属性，注意教材容量与可能的课时量相协调，体现师范性，每一章、节之后，附有思考题或练习题。特别要注意知识的阶段性衔接，为本—硕连读奠定基础，留有空间。

基于上述考虑，我们对对外汉语专业的教学内容作了权衡与取舍。本着培养目标所要求的内涵，教材内容大致围绕着四个方面予以展开，即：基础知识、专业知识、教学技能和教师素质。我们把拟编的对外汉语专业本科系列教材组成五大板块，共22册。每个板块所辖课程及教材主编如下：

一、语言学、应用语言学和汉语

1. 现代汉语	齐沪扬(上海师范大学)
2. 古代汉语	张　博(北京语言大学)
3. 语言学概论	崔希亮(北京语言大学)
4. 应用语言学导论	陈昌来(上海师范大学)
5. 汉英语言对比概论	潘文国(华东师范大学)

二、中国文学文化及跨文化交际

6. 中国现当代文学	陈思和(复旦大学)
7. 中国古代文学	王澧华(上海师范大学)
8. 中国文化通论	陈光磊(复旦大学)
9. 世界文化通论	马树德(北京语言大学)
10. 跨文化交际概论	吴为善(上海师范大学)

三、汉语教学理论、第二语言习得理论与实践

11. 对外汉语教学导论	周小兵(中山大学)
12. 第二语言习得研究	王建勤(北京语言大学)
13. 对外汉语本体教学概论	张旺熹(北京语言大学)
14. 对外汉语课程与教学概论	孙德金(北京语言大学)
15. 双语教学概论	关辛秋(中央民族大学)
16. 华文教学概论	郭　熙(暨南大学)
17. 世界汉语教育史	张西平(北京外国语大学)

四、对外汉语教材、教学法与测试评估

18. 对外汉语教学法	吴勇毅(华东师范大学)
19. 对外汉语教材通论	李　泉(中国人民大学)
20. 语言测试概论	张　凯(北京语言大学)
21. 对外汉语教学模式概论	马箭飞(国家汉办)

五、现代教育技术在对外汉语教学中的应用

22. 对外汉语教育技术概论　　郑艳群(北京语言大学)

本系列教材主要是为对外汉语专业本科生编写,也可供其他对外汉语教学工作者、研究者参考,同时也可以作为大专院校语言文学类专业的课外参考书。

目前,汉语国际推广正如火如荼,汉语作为第二语言/外语教学也面临着巨大的机遇与空前的挑战。我们愿顺应时代洪流,为汉语国际推广尽绵薄之力。大规模、跨地区、跨学校地组织人力进行系列教材的编写,尚属首次,限于水平,疏忽和不妥之处在所难免,敬祈专家、读者不吝指正。

赵金铭　齐沪扬

2007 年 6 月 5 日

目　录

第一章 导 论

王力在《汉语史稿》中说："汉语史是关于汉语发展的内部规律的科学。"① 从根本上讲，汉语史首先与中国史，特别是汉族人的历史密不可分。因而，汉语史的研究基本上是以中国史为背景，以汉族人的语言认知活动为内容展开的。到目前为止，已出版的汉语史研究著作基本上都是以此为基点。这无疑是正确的。但汉语的历史还有另一个重要的方面，即汉语作为外语研究的历史，或者说汉语作为外语学习的历史。这样的历史不仅是在中国发生，也在世界各地发生。本书将对如何将汉语作为外语进行教学和研究的历史作一简要的梳理和研究。②

第一节 世界汉语教育史的研究对象

世界汉语教育史就是汉语作为第二语言教育在世界范围内所发生的历史

① 王力《汉语史稿》(上)，中华书局 1980 年版，第 1 页。

② 世界汉语教育史研究兴起的标志是董明的《古代汉语汉字对外传播史》(中国大百科全书出版社 2002 年版)和张西平的《西方人早期汉语学习调查》(中国大百科全书出版社 2003 年版)的相继出版。2005 年首届世界汉语教育史国际研讨会在澳门召开，会议期间在澳门注册成立了"世界汉语教育史研究学会"，并在澳门出版了首届会议的论文集《世界汉语教育史研究》，这标志着这个学科的正式确立。2007 年在日本大阪的关西大学召开了"世界汉语教育史国际研究会第二回会议"。主题为"16—19 世纪的西方汉语学习"，并将在澳门注册的"世界汉语教育史研究学会"转移到日本大阪正式注册，北京外国语大学的张西平教授当选为会长。这些标志着这一研究领域的深入和成熟。

过程。这一定义已经大略地确定了世界汉语教育史研究对象的基本内容。

把汉语作为目的语进行学习和教育有着悠久的历史，鲁健骥最早明确提出开展对外汉语教育史研究这个问题，他说："有史有论，是一个学科存在的必不可少的条件。近二十年来，对外汉语教学的科学研究取得了长足的进步，可以说在'论'的方面，有了一定的基础，在'史'的方面，显得十分不足。到目前为止，还只有一些很零散的记述。因此，我们应该改变这种状况，尽快地开展起来对外汉语教学历史的研究。"[①]毫无疑问，对外汉语教育史是世界汉语教育史最主要的内容，但并不是唯一的内容，我们理解世界汉语教育史的研究应该包括以下五个方面的内容。

一、对外汉语教育史

汉语在中国周边国家和地区的传播有着悠久的历史，汉语的对外教育始终是中国历代王朝的国家政策，作为语言教学，这个漫长的历史过程给我们研究对外汉语教学留下了极其丰富的经验。"弄清中外古人汉语教学的内容、特点及方式、方法，寻求其中有规律的东西，总结其经验教训，继承其优秀传统，做到'古为今用'，'洋为中用'，以便探索出一条真正具有中国特色和中国文化底蕴、符合汉语汉字特点的对外汉语教学之路，搞好今天的对外汉语教学，促进学科的发展、建设，使之日臻完善、成熟。"[②]这点出了展开对外汉语教育史研究的重要理论意义，只有做好学科的历史研究，才能真正走出完全盲从于西方的二语习得理论，而完全忽略了汉语汉字特点的研究路向。我们必须承认，对于中国古代的对外汉语教育史的研究才刚刚开始，这是一个亟待开拓的学术研究领域。学术界已经意识到这个问题的重要性，施光亨《历史上的汉语教学：向着第二语言教学走出的第一步》一文[③]对对外汉语教育史作了系统论述，给我们展示了对外汉语教育史的丰富内容。

① 中国对外汉语教学学会编《中国对外汉语教学学会第六次学术讨论会论文选》，华语教学出版社 1999 年版。

② 董明《古代汉语汉字对外传播史》，中国大百科全书出版社 2002 年版。

③ 载李向玉、张西平、赵永新主编《世界汉语教育史研究》，澳门理工学院 2005 年版。

目前亟待对我国对外汉语教育史展开断代史的研究，对中国历史上的对外汉语教育方面的重要人物和文本展开深入的个案研究。在完善的断代史研究和重要个案研究的基础上，才能真正写出较为完备的对外汉语教育史。近年来学术研究已经开始向这样的方向发展，如张宏生所编辑的《戈鲲化集》[①]就是一个很好的对外汉语教育史的个案文献整理；鲁健骥的《〈践约传〉——19世纪中叶中国人编写的汉语简易读物》、鲁宝元的《人在海邦为俊杰，学从中华问渊源：乾隆二十三年琉球王国第四批派遣留学生北京学习生活调查》、刘丽川的《清末的韩、中〈外国教师合同〉比较研究》、张美兰的《掌握汉语的金钥匙：论明清时期国外汉语教材的特点》、施正宇的《汉语教师戈鲲化出使哈佛初探》[②]等论文，从不同的方面展示了对外汉语教育史研究的内容。程裕祯主编的《新中国对外汉语教学发展史》[③]则对当代中国对外汉语教学史作了系统梳理，开启了对外汉语教育史断代史研究的先河。

二、少数民族汉语教育史

中华文化的历史就是一个汉民族文化同其他各少数民族文化不断融合的历史。在这一过程中，不仅汉字的传播直接影响了中国境内少数民族文字的形成和发展[④]，而且无论在历史上还是在今天，都存在着中国境内的少数民族学习汉语、接受汉语教育的历史事实。戴庆厦认为，中国少数民族的双语教育史经历了一个漫长的历史过程，分别经历了从秦汉到明清、从清末到民国和新中国时期的双语教育。[⑤] 一个典型的例子就是满族入关后的汉语学习，他们留下了一系列汉语学习的历史文献，这对我们研究汉语教育史是很珍贵的。目前正在进行的少数民族的汉语教育，给我们提供了现实的材料。这虽然不

① 张宏生《戈鲲化集》，江苏古籍出版社2000年版。

② 以上论文参阅李向玉、张西平、赵永新主编《世界汉语教育史研究》，澳门理工学院2005年版。

③ 程裕祯《新中国对外汉语教学发展史》，北京大学出版社2005年版。

④ 陆锡兴《汉字传播史》，语文出版社2002年版。

⑤ 戴庆厦、董艳《中国少数民族双语教育的历史沿革》，见中国基础教育网：www.edu.cn/20011205/3012866/shtml。

是对外汉语，但仍是将汉语作为目的语的教育，也同样是一种第二语言教学。[①] 因此，对中国国内少数民族双语教育和学习汉语的历史的研究同样是世界汉语教育史研究的基本内容。

三、国外华文教育史

海外华文教育史是指国外华人后裔汉语教育的历史。“有水井之处就有华人，有华人之处就有华教。”这说明华文教育历史久远。华侨的汉语教育一般都是在双语背景下进行的，汉语是作为目的语来学习的，因此也应作为汉语教育史的研究范围。郑良树的《马来西亚华文教育发展简史》[②]为华文教育史的研究提供了典型范例。近期出版的黄昆章的《印度尼西亚华文教育发展史》[③]也给我们提供了一个国别华文教育史的范例。这方面的研究也亟待展开，需要我们从不同国家的华人历史情况出发，研究不同地区和国家华文教育的重要人物、著作和教材，研究在不同语言背景下华文教育的方法和特点。

四、国别汉语教育史

由中国政府主动派出进行的汉语教学的历史并不长，但汉语作为目的语来学习却有很长的历史。凡国外自主进行的汉语教育，都不能归为对外汉语教育。对各国汉语教育的历史、人物、教材和研究著作进行系统研究，是世界汉语教育史重要而基本的研究内容。六角恒广的《日本中国语教育史研究》[④]和牛岛德次的《日本汉语语法研究史》[⑤]就是这种研究的典范；金基石的《韩国汉语教育史论纲》[⑥]和白乐桑的《法国汉语教学史浅论》[⑦]是最早进行这方面研

---

① 木哈白提·哈斯木《少数民族汉语教学中引进对外汉语教学成果的必要性和可能性》，载《语言教育问题研究论文集》，华语出版社 2001 年版，第 376 页。

② 郑良树《马来西亚华文教育发展简史》，外语教学与研究出版社 2007 年版。

③ 黄昆章《印度尼西亚华文教育发展史》，外语教学与研究出版社 2007 年版。

④ 六角恒广〔日〕《日本中国语教育史研究》，北京语言学院出版社 1992 年版。

⑤ 吕必松主编《国外汉语研究丛书》，北京语言学院出版社 1993 年版。

⑥ 金基石《韩国汉语教育史论纲》，《东疆学刊》2004 年第 1 期。

⑦ 白乐桑〔法〕《法国汉语教学史浅论》，《中国文化研究》1993 年第 2 期。

究的论文。在世界汉语教育史首届国际研讨会上，丁超的《罗马尼亚汉语教育的发展》、潘奇南的《二十世纪新越南成立后的汉语教育》、李明的《20世纪的瑞典汉语教育》、梁志桦的《新西兰的中文教育历史及其教学模式》、董淑慧的《保加利亚汉语教学史概论》等论文都是近年来展开国别汉语教育史的最新研究成果。

做好国别汉语教育史研究的基础性工作是文献的收集和整理。这方面近来也有可喜的进展。汪维辉整理的《朝鲜时代汉语教科书丛刊》[①]开启了国内国别汉语教育史文献整理工作；在国外做得较好的是日本，六角恒广的《中国语教本类集成》[②]系统整理了日本各个时期的汉语学习教材，具有极高的学术价值。推进国别汉语教育史的研究，首要问题就是要系统地收集和整理世界各国汉语学习的历史文献。对各国重要的汉语研究者的著作和各个时期汉语教育的教材进行个案的深入研究也是一项重要的工作。

国别汉语教育史研究在理论上有两点较为重要：一是注意在历史研究中展开对比语言学的研究，研究汉语与其他外国语言接触的特点，注意吸收对比语言学的研究成果[③]，从各国汉语教育的历史著作中总结汉语作为外语学习的基本经验和规律。二是注意各国汉语政策和语言政策历史的研究，注意国别的语言政策和汉语政策对汉语教学的影响。语言政策是应用语言学的重要内容，在以往的汉语教学研究中较为忽视，一旦我们将汉语教育的历史研究扩展到国外，语言政策就成为一个事关各国汉语教育成败的重要因素。

五、国外汉学史

各国的汉学家在他们进入中国各个具体学科研究之前，第一步就要学习汉语，因此，各国的汉学史为世界汉语教育史的研究提供了大量丰富的文献。关注海外汉学史的研究，从中提取有关汉语教学历史的材料是开展世界汉语教育史研究的重要途径。另一方面，在历史上，不少汉学家本身就是汉语教学

① 汪维辉编《朝鲜时代汉语教科书丛刊》（全四册），中华书局2005年版。

② 六角恒广〔日〕编《中国语教本类集成》，〔日本〕不二出版社1998年版。

③ 潘文国《对比语言学：历史与哲学的思考》，上海教育出版社2006年版。

的实践者或领导者，他们留下了一些重要的汉语教学的著作和文献，例如法国雷慕沙(1788—1832 年)的《汉语启蒙》既是他从事汉语教学的教材，又是西方汉学史的重要著作。实际上，做海外汉学史研究，如果忽略了这一部分，那也是不完整的。①

世界汉语教育史研究对象，是包括对外汉语教育史和国内少数民族双语教育史在内的、世界各国汉语学习和汉语教育的历史。我们倡导世界汉语教育史研究的目的在于，试图通过对各国汉语教育史的研究，探讨汉语在与世界各种语言接触中各国汉学家和语言学家对汉语的认识和研究，总结汉语作为目的语进行教育的特点、规律和方法，为今天世界范围内的汉语教学研究提供学术和历史的支撑。

第二节　世界汉语教育史的研究方法

通过以上描述我们可以看到，世界汉语教育史的研究，实际上是一个跨学科的研究领域，它的研究范围已经大大超越了单纯的应用语言学的研究范围。研究范围的扩大就必然导致研究方法的多样化，因此，在展开世界汉语教育史研究时，采取的方法是多样的。

一、语言习得理论的研究方法

对外汉语教育史的研究只是对外汉语教育研究的一种历史延伸，对外汉语教学作为一种外语教学，其方法的独特性同样适用于对外汉语教育史的研究。对外汉语教育史是世界汉语教育史的重要部分，因而，在展开世界汉语教育史研究时，对外汉语的语言习得理论自然成为它的研究方法。关于语言习得理论的研究方法，刘珣讲得很清楚，他说："语言学的任务是研究语言，把语

① 张西平《西方人早期汉语学习史调查》，中国大百科全书出版社 2003 年版；姚小平《西方早期汉语研究再认识，17—19 世纪西方汉语研究史简述》，载商务印书馆编辑部编《21 世纪的中国语言学(一)》，商务印书馆 2004 年版；许明龙《黄嘉略与早期法国汉学》，中华书局 2004 年版。

言的规律弄清楚，它的任务就完成了。语言教育学科则不能到此为止，它不是为研究语言而研究语言。因此，除了对汉语这一客体的研究外，本学科还需要研究教学活动的主体即学习者，研究学习者汉语习得的过程和规律，以及学习者的生理、认知、感情等个体因素——这是第二语言习得的研究。”[①]这就是说，在对外汉语教育史的研究中要特别注意总结汉语习得的历史过程和规律、学习者的各种因素对汉语学习的影响。

这里需要注意的是，目前西方的第二语言习得理论研究[②]，基本上建立在西方语言作为第二语言教学的实践基础上，这些西方语言学家大多对汉语缺乏研究，因此，这种理论是有局限性的，这点西方的语言学家也是承认的。[③]

这个事实告诉我们，把第二语言习得的理论应用于汉语教育史研究，要考虑到它的局限性。在这方面，对外汉语教育界已经认识到了这个问题，字本位的提出就是一个证明。研究世界汉语教育史，对于建立基于汉语本身的第二语言习得理论具有重要的理论意义。几千年中国本土的对外汉语教学的历史，给我们提供了丰富的汉语作为第二语言教学的经验和教训；在研究世界各国汉语教学的历史中，我们可以总结出真正的汉语作为第二语言教学的普遍性规律，并从中提炼出更普遍的规律和理论，丰富一般的第二语言习得理论和外语教学理论。

在世界汉语教育史的研究中，一方面要善于使用当下语言习得的理论和方法来指导我们的历史研究；另一方面，不要局限于当下的那种以印欧语的语言习得为经验所总结出的一般原理，而是要总结出真正从中国文字和语言特点出发的语言习得理论。

---

① 吕必松《语言教育问题研究论文集》，华语教学出版社 2001 年版。

② Vivian Cook［英］《第二语言学习与教学》，外语教学与研究出版社 2000 年版。

③ 英国社会语言学家 R.A.Hudson 在《社会语言学》的中文序中说：“一件令人尴尬的事实是，(书中)一次也没提到中国，这一方面反映出我本人的无知，但同时也反映了中国没出现在我所读过的著作和论文之中这一事实。”转引自《中国对外汉语教学学会第六次学术讨论会论文选》，华语教学出版社 1999 年版，第 130 页。

二、中国语言学史的研究方法

任何语言的发展都是在与其他语言的相互接触中变化和发展的。王力早年作过明确论述①,这已经被中国语言发展的历史所证明。佛教传入中国后,不仅对中国的宗教和思想产生了影响,而且对中国的语言也产生了不可低估的影响。② 基督教自明末传入中国以后,对中国社会和思想产生了较大的影响,同时对语言的影响也是很大的。近代以来,中国语言在语音、语法、词汇三个方面的变化都和基督教的传入有极大的关系。就语音来说,现在我们的汉语拼音系统的基础就是传教士所确立的。罗常培早年的论文至今仍有很高的学术价值。③ 近年来杨福绵对《葡汉辞典》的语音研究④,张卫东对《语言自迩集》的语音研究⑤,都有突破性的进展。语法方面,姚小平最早对将《马氏文通》作为中国近代第一部语法书的观点提出批评⑥,法国入华传教士马若瑟《中国文法》已经开始研究语法⑦。词汇方面,意大利汉学家马西尼撰写了《现代汉语词汇的形成:十九世纪汉语外来词研究》一书。日本关西大学的内田庆市⑧、沈国威⑨等也有词汇方面的研究成果。这些都说明,在我们进行世界汉语教育史研究时,其实已经进入了中国语言学史的研究领域。

---

① 《汉语史稿》(中、下),中华书局1958/1980年版。

② 蒋礼鸿《敦煌变文字义通释》,上海古籍出版社1988年版;周一良《魏晋南北朝史论集》,中华书局1963年版;梁晓虹《佛教词语的构造与汉语词汇的发展》,北京语言学院出版社1994年版。

③ 国内学者在这方面大多局限在对《西儒耳目资》的研究上,实际上传教士所留下的大量语音文献至今尚未被系统研究。

④ 杨福绵《罗明坚、利玛窦〈葡汉辞典〉所记录的明代官话》,《中国语言学报》第5期,商务印书馆1995年。

⑤ 张卫东《从〈语言自迩集·异读字音表〉看百年来北京音的演变》,《广东外语外贸大学学报》2002年第4期。

⑥ 姚小平《〈汉文经纬〉与〈马氏文通〉——〈马氏文通〉历史功绩重议》,《当代语言学》1999年第2期;姚小平《现存最早的汉语语法著作——瓦罗著〈华语官话语法〉简介》,《中国语文》2001年第5期。国外已经开始注意这一研究领域,参阅 SandraBreitenbach, *Leitfäden in der Missionarlinguistik*, Frankfurt am Main2004。

⑦ 李真《马若瑟对中国语言学史的贡献》,西洋汉语研究国际研讨会论文(北京),2003年。

⑧ 内田庆市〔日〕《近代东西语言文化接触研究》,〔日本〕关西大学出版部2001年。

⑨ 沈国威〔日〕《近代日中语汇交流史》,〔日本〕笠间书院1994年版。

这样的事实有两个方面的意义：一方面，无论是佛教的传入还是基督教的传入，这些外来的僧侣和传教士最初只是汉语的学习者，他们汉语学习的历史材料显然是世界汉语教育史研究的基本内容；另一方面，这些僧侣和传教士的汉语学习反过来影响了汉语本身的发展。研究这种语言接触对汉语本身的影响，就使我们得以进入中国语言学史的研究范围。对研究中国语言学史的人来说，汉语教育史是其不可忽略的一个重要方面。同样，对于世界汉语史研究者来说，不能仅仅局限于第二语言教学的方法，应该从整个中国语言学史的角度来看待这个问题，运用中国语言学史的研究方法来进行世界汉语教育史的研究。

三、汉学史的研究方法

当中国语言从传统走向现代之时，在西方也正经历着一场“普遍语言学运动”[①]。从大的历史背景来说，这与地理大发现紧密相连；从具体背景来说，西方各国的汉语学习与当时的西方各国汉学的兴起和发展密不可分，或者说，西方各国的汉语教育本身就是西方汉学史的一个重要组成部分。

欧洲文化界对中国语言的认识最早都是从入华传教士写的有关中国的书籍上看到的。据说，中国方块字第一次出现在欧洲书籍里是在西班牙传教士门多萨的《中华帝国史》中。影响较大的是基歇尔的《中国图说》，他在这本书中首次公布了中国的一些象形的古文字，引起了人们广泛的兴趣。特别是他首次将《大秦景教碑》的碑文编成了拉汉对照词典，使汉字在欧洲第一次可以根据罗马拼音读出，可以根据拉丁文释义来理解，这在当时的欧洲是破天荒的大事。这恐怕也是欧洲最早出版的欧洲人学习汉语的拉汉词典。[②]

第一次把中国语言放入世界语言研究范围的著作是英国人韦伯的论文《论中华帝国的语言可能是原始语言的历史性》。这本书在西方影响很大，虽然韦伯本人从未来过中国，但他通过阅读传教士的著作提出了这种惊人的观

① David E, Mungello, *Curious Land: Jesuit Accommodation and The Origins of Sinology*, Stuttgart 1985, p.212.

② Athanasius Kircher, *China Illustrata*, Kathmandu Nepal 1979.

点。从中国语言学的角度来看，这本书价值不大，但就西欧思想文化史的演变而言，此书倒有一定的地位，所以对西方人学习和研究汉语具有重要意义。汉语教育史的研究不能仅仅从语言学的角度出发，还应从比较文化和比较语言学的角度考虑，关于这一点下面在讲述方法论时还会提到。

德国早期的汉学家米勒是欧洲本土最早研究汉语的学者之一。他在自己著名的《中文钥匙》(*Clavis Sinica*) 一书中称他已找到了学习汉语的钥匙，可以很快读懂汉语。这个消息一度使莱布尼茨十分动心。[①] 在俄国的德国早期汉学家巴耶(1694—1738 年)也是最早学习和研究汉语的人，他既研究中国文学，也研究中文文法。[②]

1814 年 12 月 11 日，法国法兰西学院开设了汉学讲座，从此，"传教士汉学"与"专业汉学"并存的时代开始了。"这个日子不仅对于法国汉学界，而且对于整个欧洲汉学界，都是有决定意义的。"[③]从此，汉语、汉语语法及《大学》等都成为法兰西学院的正式课程。第一任汉学教授雷慕沙(1788—1832 年)第一次讲中文文法时借助的是马若瑟的手稿，几年后他出版了自己的第一部汉语教学著作《中华帝国通用的共同语言官话》，奠定了他在汉语教学中的地位，而《汉文启蒙》很长一段时间内也成为法兰西学院的汉语教材。

德国汉学和汉语教学的奠基人是硕持(1802—1889 年)。他于 1833 年在柏林开设中国语言文学课程，拉开了德国专业汉学的序幕。他于 1826 年完成的博士论文是《中国语言的特点》。[④] 他 1857 年在柏林出版的《可用于讲课、自学的汉语课本》很长时间内是德国人学习汉语的教材。

俄国汉学和汉语教学的奠基人是雅金夫·比丘林。他在北京待了 14 年之久，其间他努力学习汉语，并编纂词典。1831 年比丘林在哈克图开办了俄罗斯第一所汉语学校，亲任教师。1838 年他返回彼得堡后，又从事汉语教学

---

① David E, Mungello, *Curious Land: Jesuit Accommodation and The Origins of Sinology*, Stuttgart 1985, p.212.

② Knud Lundbaek, T.S.*Bayer*(1694—1738)*Pioneer Sinologis*, Curzon Press.

③ 戴仁〔法〕主编《法国当代中国学》，耿升译，中国社会科学出版社 1998 年版。

④ 张国刚《德国汉学研究》，中华书局 1994 年版；简涛《柏林汉学的历史和现状》，《国际汉学》第 4 期，大象出版社 2000 年版。

和汉学研究30多年。“他的办学为俄国开办汉语学校提供了经验，所编《汉文启蒙》(1835年)长期被沿用，直到20世纪初仍是喀山大学和彼得堡大学东方系的教材。”①

英国的汉学和汉语教学落后于法国和德国，基督教新教传教士入华以后，英国的汉学和汉语教学有了长足的进步。理雅格(1815—1897年)的英译中国典籍奠定了他在19世纪西方汉学史上的地位。而翟理思(1845—1935年)在继承威妥玛汉字罗马拼音法的基础上所创立的威—翟式拼音，使他也在汉语研究上确立了自己的地位。

美国传统汉学的兴起是和基督教新教入华传教联系在一起的。按费正清的说法，它是“西方入侵的一部分”②，美国大学的第一个汉学系是由卫三畏(1812—1884年)1876年从中国返回耶鲁大学后创立的。“在卫三畏的主持下，建立了美国第一个汉语教学研究和东方学图书馆。翌年，哈佛大学也设置汉语课程，并设立东方图书馆。”③

四、比较语言学的研究方法

研究汉语在世界各国的教学与研究就必然涉及不同语言之间的比较，涉及不同语言之间的接触。任何一个外国人在他从事汉语教学和研究时，很自然要受到其母语的影响。因此，从语言对比的角度分析不同国家的汉语研究者的汉语观，是我们研究世界汉语教育史必须掌握的方法。比较语言学最早是由美国人类语言学家沃尔夫提出来的，西方最早将西方语言和汉语进行对比研究的是德国语言学家洪堡特。近年来中国学者在比较语言学领域取得了长足的进步，他们提出的比较语言学的原则和方法已成为我们在研究世界各国汉语教育历史时必须遵循的方法。④

① 李明滨《俄国汉学史提纲》，载阎纯德主编《汉学研究》第4集，中华书局2000年版。

② 费正清〔美〕《新教传教士著作在中国文化史上的地位》，载《费正清集》，天津人民出版社1997年版。

③ 侯且岸《当代的美国“显学”》，人民出版社1995年版。

④ 比较语言学最有代表性的著作是潘文国、谭慧敏《对比语言学：历史与哲学思考》，上海教育出版社2006年版。

第三节 世界汉语教育史研究的学术意义

开设世界汉语教育史的课程是对外汉语专业一个重要的进步。任何学科都有理论与历史两个方面,学科史是学科理论展开的历史支撑,一个没有学科史的学科是不成熟的学科。

第一,世界汉语教育史的研究将进一步丰富对外汉语教学理论的研究。第二语言习得理论的提出不过几十年的时间,而世界各国的汉语教育和汉语研究的历史已经有二百多年,中国自身的对外汉语教学和双语教学的历史则更长。世界汉语教育史为对外汉语教学理论提供了丰富的历史经验和范例;通过认真研究世界汉语教育史的重要著作和人物,我们可以为汉语教学的理论找到历史的根据,进一步丰富当前的第二语言习得理论。例如,鲁健骥通过对《践约传》这个世界汉语教育史上的历史泛读教材的研究,进一步认识到加强泛读和精读相结合的必要性。他呼吁,应该重视汉语作为外语教学的历史,包括我国的对外汉语教学史的研究,推动对外汉语教学学科的发展。①

第二,世界汉语教育史的研究将直接推进汉语的本体研究。文化间的交往必然带来语言间的交往,当汉语作为外语在世界各地被学习时,学习者会不自觉地受到母语的影响。从第二语言习得的角度来看,母语的作用会直接影响到学习者的汉语学习。值得注意的是,学习者的这种习惯力量也同时推动着语言的融合。

王力说:"中国语言学曾经受过两次外来的影响:第一次是印度的影响,第二次是西洋的影响。前者是局部的,只影响到音韵学方面;后者是全面的,影响到语言学的各个方面。"②这两次影响的发端都是从汉语作为外语学习开始的,佛教的传入,印度的僧侣们要学习汉语,要通过学习汉语来翻译佛经,结果

① 鲁健骥《践约传——19世纪中叶中国人编写的汉语简易读物》,载李向玉、张西平、赵永新主编《世界汉语教育史研究》,澳门理工学院2005年版。

② 王力《中国语言学史》,复旦大学出版社2006年版。

是直接产生了反切。王力认为，反切的产生是中国语言学史上值得大书特书的一件大事，是汉族人民善于吸收外来文化的表现。西方语言学对中国的影响表现得更为突出。来华的传教士正是为了学习汉语编写了汉语语法书，如卫匡国(1614—1661年)写下了《汉语文法》；为了阅读中国典籍，他们发明了用罗马字母拼写汉字；为了用中国人听懂的语言来布道以及翻译圣经等宗教书籍，他们还创造了一系列词汇。这说明，当一种语言作为外语被学习时，它并不是凝固的，它也会随着学习的需求而不断发生变化；反之，学习者虽然将汉语作为第二语言来学习，但并不是完全被动的，也会对目的语产生影响。语言间的融合与变迁就是这样发生的。直到今天，现代汉语形成的历史并未完全理清，而世界汉语教育史的研究可以直接推动汉语的本体研究，尤其是近代汉语史的研究。例如，关于明清之际中国官话问题的讨论，长期以来一直认为明清之际的官话是北京话，但最近在传教士的很多汉语学习文献中发现，他们的注音系统是南京话，这些传教士在文献和他们的著作中也明确地说他们学习的官话是南京话。日本的汉语学习材料也证明了这一点。如日本江户时期冈岛冠山编写了《唐话纂要》、《唐译便览》、《唐话便用》、《唐音雅俗语类》、《经学字海便览》等书，六角恒广在研究冈岛冠山的片假名发音后认为："这里所谓的官音是指官话的南京话。"[①]这直接动摇了长期以来中国语言学史研究的结论。张卫东通过研究《老乞大》和《语言自迩集》这两本汉语学习教材，对中国语言学史的语音问题的研究结论也有很大的启发性。[②]

在语法和词汇两个方面则有更多的文献和材料说明，只有在搞清世界汉语教育史的情况下，才能更清楚地研究好近代中国语言学史。甚至可以说，随着世界汉语教育史研究的深入，原有的中国语言学史的一些结论有可能被重新改写。

第三，世界汉语教育史的研究将加深海外汉学史和中外文化交流史的研究。在以往的海外汉学史研究中，绝大多数研究者不把汉学家们汉语学习的

---

① 六角恒广〔日〕《日本中国语教育史研究》，王顺洪译，北京语言学院1992年版。

② 张卫东《从〈语言自迩集·异读字音表〉看百年来北京音的演变》，《广东外语外贸大学学报》2002年第4期。

历史和文献作为研究内容，认为这样的著作和文献很肤浅，只研究汉学家们专题性的研究著作。我们认为，汉学家们的汉语学习文献和著作同样是海外汉学史研究的重要内容。例如，张西平对罗明坚(1543—1607 年)汉语学习史的研究，给我们提供了天主教早期最早的汉文写本，揭示了罗明坚汉诗的学术意义和价值。这些都是在罗明坚的正式著作中所不可能发现的。

研究世界汉语教育史，可以探究中华文化外传的轨迹，弄清中国典籍向外传播和翻译的历史过程，进而可以大大推动中外文化交流史的研究。

第四节 结语

世界汉语教育史是一个全新的研究领域。它极大地拓宽了汉语作为第二语言教学的研究范围，使学科有了深厚的历史根基；我们在总结和提升汉语作为第二语言教学的基本原理和规律时，不再仅仅盲目地追随西方第二语言教学的理论，而是从汉语作为第二语言教学的悠久历史中总结、提炼出真正属于汉语本身的规律。实际上，我们还可以在这一研究中为第二语言教学的理论和方法作出我们的贡献，将我们的历史经验提升为更为一般的理论，使其具有更大的普遍性。尽管这还是一个遥远的目标，但在学术上则是必须要确立的一种文化自觉的理念。先后两届世界汉语教育史大会的召开，是我们向这个目标迈出的第一步，“世界汉语教育史学会”的成立，则表明了中国学者为实现这一目标的决心。

世界汉语教育史是一个跨学科的研究领域，涉及多个学科，必须有多种方法的结合。我们在运用第二语言习得理论的研究方法时，一定要注意和中国语言学史的研究方法相结合。在一定意义上，中国语言学历史的研究和汉语作为第二语言学习和教育历史的研究是密不可分的。那种将汉语国际教育仅仅局限在课堂教学经验的研究方法，是其学识不足的表现；反之，那种无视甚至轻视汉语作为第二语言学习历史和教育历史的观点，同样是一种学术上的短视。如果忽视了世界汉语教育史的研究，那将无法揭示中国近代以来语言变迁的真正原因。

同时，我们在这一研究中将会强烈地感到，中国语言学史的研究已经不再仅仅局限于中国本土范围，中国语言对国外语言发展和影响正是在汉语作为第二语言学习的历史中产生的，这不仅表现在东亚一些国家的语言形成和发展之中，也表现在西方近代以来的语言变迁中。把世界汉语教育史的研究纳入我们的学术视野，我们对中国语言的思考、对"汉语国际教育"的研究，都将会扩展到一个更为宽阔的学术空间。

思考和练习

1. 世界汉语教育史的研究对象是什么？
2. 简述世界汉语教育史研究与中国汉语史研究的关系。
3. 研究世界汉语教育史应该采取哪些研究方法？

第二章 明清以前中国的对外汉语教育

张骞开通“丝绸之路”，西域各国的商人纷纷来中国做生意，汉语应该已是商人在中国进行贸易活动的语言之一了。但从流传至今的史料中，我们尚难以钩沉有价值的对外汉语教学史料。佛教传入中国时，来自西域和印度的僧人为传播佛教开始系统学习汉语，相关史料见于“经录”、“僧传”及其他各种佛教史籍。本章将主要介绍汉魏两晋南北朝间来华佛教僧侣的汉语学习与教授活动。

将西域各种文字和梵文的佛典译成汉语，是人类历史上实现亚洲两大文明沟通的伟大事件。自东汉永平年间佛教传入中国至隋前的南北朝时期，印度和西域的传教僧侣从陆路和水路源源不断来到中国。这些僧人必须借助汉语来传教，大多数的西域僧侣都抱定了学好汉语的愿望。由于不同时代来华的僧侣传承的佛教派别不同，中国佛教界的需求也各异，在汉魏两晋南北朝期间一直有新的经书被译成中文，因此西域僧侣的汉语学习也从未中断过。

学好了汉语，并不意味着就能有效地进行翻译活动。来华译经僧除了学好汉语，还必须了解中国文化特别是时代背景和汉语文体等方面的知识。

一直到六朝，在中国内地传播佛教的大都是西域僧侣，从印度本土来华的僧侣实际上寥寥无几。一般说来，在六朝以前佛教基本上是经过西域中亚诸国间接传入的。也就是说，有些佛教经典根本就不是从梵文翻译成中文的，而是从当时流行着佛教的中亚和新疆一带的吐火罗文和伊朗语支某些语言的译本转译的。

在佛教传入中国的前三百多年的时间里，外来僧人的地位非常高，佛教在中国的传播主要是他们完成的。实际上，早期来华的商人中，也有志在传播佛教的。

第一节 佛教僧侣的汉语学习

由于西域僧侣来华的主要目的在于弘扬佛法，学习汉语只是他们实现这一目的的手段而已，处于从属地位。因此，在现有的僧传和各类佛教目录中并没有这些西域僧人对汉语和汉字的认识情况的直接描述。

南朝齐梁间的著名佛教史学家僧祐(445—518 年)对当时所知道的几种文字的看法，很能反映汉语在其中的地位：

> 昔造书之主凡有三人：长名曰梵，其书右行；次曰佉楼，其书左行；少者苍颉，其书下行。梵及佉楼居于天竺，黄史苍颉在于中夏。梵佉取法于净天，苍颉因华于鸟迹。文画诚异，传理则同矣。仰寻先觉所说，有六十四书，鹿轮转眼，笔制区分，龙鬼八部，字体殊式。唯梵及佉楼为世胜文，故天竺诸国谓之天书。西方写经，虽同祖梵文，然三十六国往往有异。譬诸中土，犹篆籀之变体乎。案苍颉古文，沿世代变，古移为籀，籀迁至篆，篆改成隶，其转易多矣。至于傍生八体，则有仙龙云芝；二十四书，则有揩奠针殳。名实虽繁，为用盖尟。然原本定义，则体备于六文，适时为敏，则莫要于隶法。东西之书源，亦可得而略究也。(《出三藏记集》卷 1,《大正藏》卷 50,4b)

由于佛教的义理译自印度文字，僧祐当然要强调梵文和佉楼文的重要了，长、次、少的划分也由此而来。相对于横书往右写的字母文字的梵文，横书往左写的佉楼文，汉字的特点很突出，仓颉创造的象形文字，除了自上而下竖写之外，随着历史之发展，也出现了各不同之字体。这毕竟是中国僧人自己解释汉字，与西域僧人的看法肯定是有区别的。

据僧祐《出三藏记集》记载，西域僧人安世高是靠自学学会汉语的。安世高聪颖、睿智，在汉桓帝建和二年(148 年)到了洛阳，没多久便学会了汉语。

尽管他的中文程度很高，但由于佛教最初传入中国的时候尚未建立起一套完整的术语体系，因此他的译本依然晦涩难懂。不过作为佛教译经界的鼻祖，僧传和经录的作者一直认为他是杰出的翻译大师。

在译主的汉语还没有学好之前，有些佛经是不允许翻译的。道标在《舍利弗阿毗昙序》中便举例说，后秦姚兴希望天竺沙门昙摩崛多、昙摩耶舍等译出《舍利弗阿毗昙》，但由于这几位沙门的中文程度比较低，只能等待他们学好汉语再行翻译。几位沙门从书写出梵文文本到开始翻译，经历了7年的时间。正是在这7年中，昙摩崛多、昙摩耶舍等学会了汉语，也译出了这部流传至今的阐释小乘诸法之名义的经书。

第二节 魏晋南北朝时期的对外汉语教育

一、汉语教学的可能地点和教学中媒介语的使用

河西地区历来为中西交通要道，重要的城池有敦煌、酒泉、张掖、姑臧（凉州），自东汉以来，这些地方成为印度和西域译经僧们的必经之地。早期的时候，敦煌是译经重镇，西晋最著名的译经僧竺法护（卒于3世纪末或4世纪初）就曾在这里译经。从西晋末年至南北朝，少数民族沿河西走廊建立了诸凉和西秦等国，出现了像姑臧这样新的译经地点，百余年中翻译事业从未中断过。

敦煌一带原系大月氏的老家，在汉文帝时（前176或前174年）月氏被匈奴冒顿单于打败，往西逃窜，后于前130年左右到达妫水（阿姆河），征服整个大夏，占领阿姆河、锡尔河流域。而一直住在敦煌的原先月氏族的遗民——小月氏人，兼通汉语和月氏语，往往充当着汉语教师的角色。翻译《大涅槃经》的中印度译经僧昙无谶（即昙摩谶，385—433年）在来到中原之前，首先到达敦煌，停留几年，学习了汉语。之后在北凉沮渠蒙逊玄始元年（412年），由河西王迎师入姑臧，并于此地又学了几年汉语，直到421年才开始翻译《涅槃经》之前分，并由慧嵩、道朗等担任“笔受”之职。可见在敦煌和姑臧的汉语学习，为昙无谶的译经活动打下了非常重要的基础。《大涅槃经》译本文笔流畅，文从

字顺，除了两位中国笔受的润色之功外，也必然跟译主昙无谶的汉语水平有关。

敦煌、姑臧当地的僧侣由于会中外两种或多种语言，充当了文化交流使者或对外汉语教师的角色。僧传和经录中常常注重佛典传译，从中我们可以推测，这些译经僧同时也很可能是很好的对外汉语教师。例如，曾在苻秦建元年间（365—384 年）在僧伽跋澄与昙摩难提的长安译场中担任传语之职的竺佛念就是凉州人，僧祐在《出三藏记集》中提到：

> 竺佛念，凉州人也。志行弘美，辞才辩赡，博见多闻，备识风俗。家世河西，通习方语。故能交译戎华，宣法关渭，苻、姚二代，常参传经，二铨之具，盖其功也。（《出三藏记集》卷 13，《大正藏》卷 55，99b）

这样的双语或多语人才在当地一定很多，这也为在当地展开作为第二语言的汉语教学提供了便利的条件。

早期来中国的西域僧侣主要是通过月氏的方言来学习汉语的。根据曹仕邦的推测，这些僧侣为了在中国内地弘法而学习汉语，而居住于今河西走廊一带的小月氏人曾扮演过重要角色。因为自东汉以至西晋初，印度曾是大月氏国的附庸国，印度僧侣多数懂一点宗主国的月氏语，当他们自陆路进入玉门关之后，便利用月氏语向兼通两种语言的小月氏人学习汉语。[①] 由汉哀帝元寿元年（前 2 年）时博士弟子景卢受大月氏国使臣伊存口授《浮屠经》，可以推断佛教正是通过大月氏人于西汉末年传入内地的。[②] 早期译经僧中，冠以“支”姓的（支娄迦谶、支曜、支谦等等），一般来说是与月氏有关系的。据日本学者羽溪了谛统计，传入中国的佛典中，与大月氏有关系者就有 206 部，计 563 卷。[③] 可见，月氏佛教对中国内地佛教影响之巨。

此外，汉代以来粟特语成为来中国做生意的商人们彼此交流的重要语言，此语系中世纪波斯语的方言之一，在很长一段时间里，它是中亚、蒙古与中国

---

① 曹仕邦《浅论中国求法僧俗出国前、后学习域外语文的机缘》，《中华佛学学报》第 10 期，1997 年 7 月，第 249～265 页。

② 《三国志·魏志·东夷传》注引《魏略·西戎传》：“昔汉哀帝元寿元年，博士弟子景卢受大月氏王使伊存口授《浮屠经》。”

③ 羽溪了谛〔日〕《西域之佛教》，贺昌群译，商务印书馆 1999 年版，第 95～102 页。

内地间的一种国际语言。粟特国在西汉时属于北方的康居国，东汉初年，大月氏兴起，粟特于是归附之，到了南北朝又属于康居国。粟特语不仅通用于商业，还用来书写佛经。据斯坦因和伯希和的研究，汉语中的诸如《莲华如意珠陀罗尼经》、《青颈陀罗尼》、《维摩诘所说经》、《尾施缚多罗本生》、《善恶因果经》等均为从粟特语翻译而来的经典。

如果说早期的汉语教学媒介语是月氏语和粟特语的话，那么东晋及其以后则很可能更多地使用梵文。[①] 梵文化的活动绝不仅仅是语言的问题，佛教的观念、特性、礼仪、生活习惯都会随着宗教语言的梵文化而得以改变。隋之前尚有译自西域其他种文字的经典，隋之后几乎没有了。如果有的话，也会先将之译成梵文，再转译成中文。由此我们可以推测，这一时期僧人的汉语很可能是通过梵文来学习的。梁之后众多梵汉词典的编撰，也证明了这一点。[②]

此外，西域诸国夹在印度、中国、匈奴等大国之间，其政治、文化等显然受到这些大国的影响。以高昌为例，自 4 世纪下半叶以后，佛教已经成了国教。北凉承平十八年(460 年)沮渠氏被灭，阚伯周被立为高昌王，经过阚氏(460—491 年)、张氏(491—496 年)、马氏(496—499 年)三个政权的努力，到了麹氏(499—640 年)统治的时候，高昌的政治经济文化都已得到了长足的发展。自 6 世纪初期，麹嘉在位，国威大振，库车、焉耆均属其势力范围，作为汉人后代的麹嘉非常崇尚中原文化，极力推行儒家的教育，并遣使到北魏王朝请求输入"五经"和其他文化典籍[③]，并请国子助教刘燮为博士。到了麹坚的时候，他更是提倡中国的文化，并在王室中悬挂鲁哀公问政于孔子的像："其风俗政令，与

① 据法显(? —约 422 年)《佛国记》记载："唯国国胡语不同，然出家人皆习天竺书、天竺语。"(《大正藏》卷 51,857a)

② 流传至今的重要的梵汉、汉梵对照词典有：宝唱〔梁〕《翻梵语》、义净〔唐〕《梵语千字文》、全真〔唐〕《唐梵文字》、礼言〔唐〕《梵语杂名》、僧怛多蘖多〔唐〕等《唐梵两语对集》以及法云〔南宋〕《翻译名义集》等。以上词典收入《大正藏》卷 54。

③ 在过去几十年中，吐鲁番地区曾出土过麹氏高昌王国时期的《毛诗》、《论语》、《孝经》、《尚书》的抄本残卷，《论语》是当时的儒学启蒙读物，《孝经》甚至被列为随葬品。请参考薛宗正《从出土文书看唐代碛西的汉文教育、儒学和汉方医学》，载《吐鲁番学术研究专辑》，敦煌吐鲁番学新疆研究资料中心编，1990 年版。

华夏略同，兵器有弓、刀、箭、楯、甲、槊。文字亦同华夏，兼用胡书。有《毛诗》、《论语》、《孝经》，置学官弟子，以相教授。虽习读之，而皆为胡语。……其刑法风俗婚姻丧葬，与华夏小异而大同。"(《北史·高昌传》)因此，在589年南印度沙门达摩笈多经北道诸国至高昌，"客游诸寺，谓此国僧侣众多，皆习汉言"(《续高僧传》卷2，《大正藏》卷50，435b)。尽管高昌的居民以汉魏屯戍民的后裔和逃避战乱的内地移民居多，但是从中亚来的粟特人及其后裔(所谓"昭武九姓")也不在少数。由于政府提倡中国文化的教育，而读懂中国文化典籍的前提是学会汉语，因此，当时的汉语教育应当是第二语言教育。

二、汉语教师

(一) 一些著名寺院中的僧侣

从东汉至隋之前在河西走廊大的佛教寺院中，很可能有专门教授汉语的僧人，印度和西域的来华僧人在这里逗留期间，跟着他们学习汉语和一些汉语佛教的表达方式。如在西晋，西自敦煌，东至洛阳，在大的寺院中都有译经僧出没，法护的翻译活动就遍及敦煌、酒泉和天水等地。在内地，一些著名僧人所主持的译场，除了有为中国僧人开设的梵文培训班之外，很可能也有为西域来华的外国僧人开设的汉语培训班。这些译场在东汉西晋时，有支谶所在的许昌寺，法护所在的白马寺和天水寺，无叉罗所在的仓源寺；东晋南北朝时期，有鸠摩罗什的逍遥园，昙无谶在姑臧的闲豫宫寺，觉贤、法显的道场寺，三藏的长干寺，菩提流支的永宁寺，真谛的建兴寺。

(二) 在汉语环境下长大的双语人才

自汉代以来，通过丝绸之路的中西物质和文化交流不断加深，经隋至唐而达到高潮。[①] 其间有很多印度人、西域人在中国定居、生子，这些第二代移民所受的教育是以汉语作为母语教学的。由于不存在媒介语的障碍，他们很容易帮助其他西域来华僧俗学习汉语。

---

① 据石云涛最新研究成果，以往学者所认为的在魏晋南北朝时期，中西在陆地上隔绝的看法是错误的。石教授认为，3—6世纪中西交通和交流从未停止过。请参考石云涛《三至六世纪丝绸之路的变迁》，文化艺术出版社2007年版。

这些子弟因为是在汉语的大环境下成长起来的，很可能在家庭中保留了母语的教育，因此可以说他们是在双语的氛围中长大的。其中最著名的可以算是支谦了。他是大月氏的后裔，祖父法度在灵帝（168—189 年）时率白国人归附东汉，被任命为“率善中郎将”，相当于大月氏人移民领袖。支谦从小学习中国典籍，并“学胡书，备通六国语”（《出三藏记集》卷 13，《大正藏》卷 55，97b）。僧传中尽管没有支谦教授汉语的直接记载，但这样的背景无疑可以使他成为很好的对外汉语教师。

西晋武帝司马炎（265—290 年在位）的时候，印度僧人竺高座曾在敦煌收下了一位八岁的月氏男孩为沙弥，这便是竺法护。法护的祖先为月氏人，不过他世居敦煌，最初名支法护，师从竺高座之后，才随当时的习俗依师姓“竺”。他能跟竺高座用月氏语进行交流，也可以用它做讲经时的度语。僧传（《出三藏记集》卷 13，《大正藏》卷 55，97c/98b）中称，法护不仅精通西域三十六国文字，还博览六经，涉猎百家。可见当时法护在敦煌受到的是多语和多种文化的教育。由于他出色的翻译，时人称他为“月氏菩萨”或“敦煌菩萨”。此外，僧传中还有其他的例子，如元嘉年间（424—453 年）生于南康郡的竺法度，虽然看起来是印度人，因为生长在中土，实际上他对中国的东西更加熟悉。

另一位在河南出生的印度人竺叔兰（西晋竺法护同时代人），也是在中国的环境下长大的，他自幼从二位舅舅学习佛教经论，僧祐称他“善胡汉语及书，亦兼诸文史。……以晋元康元年译出《放光经》及《异维摩诘》十余万言。既学兼胡汉，故译义精允”（《出三藏记集》卷 13，《大正藏》卷 55，98b/c）。

就像竺法护帮助竺高座一样，许多来华的西域僧人都是借助于在河西走廊或中国内地长大的双语人才，才得以在中国学会汉语并立住脚的。

（三）译场中的中国助手们

很多来华的译经僧在学完汉语之后，在翻译的过程中不断完善自己的汉语水平。如鸠摩罗什，尽管他的中文程度不错，但在译场中还必须常常依赖他的中国弟子们，同时也不断向他的中国弟子们学习汉语。正是与这些中国弟子们在译场中的朝夕相处，罗什的汉语水平才会突飞猛进。据《高僧传・鸠摩罗什传》记载，罗什在罽宾时曾跟随著名的小乘师槃头达多学习小乘佛教，后来认识到大乘的“胜义”之后，他用一个多月的时间反复论证，终于让他的老师信服了大乘的教义：“于是礼什为师，言：‘和上是我大乘师，我是和上小乘师矣。’”（《高僧传》卷2，《大正藏》卷50，331b）可以想象，如果在他的中国弟子们面前，罗什必然要说：“汝等是我汉语师，我是汝等佛教师。”

三、汉语学习的内容

早期来华僧侣只能跟来往于丝绸之路上的商人随便学点汉语，随着来华僧人的不断增加，很可能在敦煌、凉州等地形成了西域僧人汉语培训班，主要培训与中国佛教相关的内容。培训班很可能设在大的寺庙之中。鸠摩罗什在凉州的16年中（385—401年），便学会了汉语，接触了汉地传统文化，也接触了佛教以外的汉文经史典籍，并且从前往凉州跟他学习佛教的僧肇（384—414年）那里获得了有关内地佛教流传和翻译情况的信息。

由于这一时期的特殊性，自东汉至魏晋南北朝，对僧人进行的对外汉语教学的内容除了一般的语言教学之外，重点在文化和宗教上的传授——接受中国文化（主要是儒家传统）教育，了解佛教在中国的传播情况。

因此，根据当时对西域佛教僧侣汉语教授的内容，可以推断，当时的教材很可能是已经译成汉语的佛教典籍以及儒家的一些经典。罗什在凉州的时候，就曾大量阅读过竺法护的佛经译本。

四、对外汉语教学的成就——僧人的汉语水平

僧传中记载了很多汉语水平相当高的译经僧，虽不乏夸饰之辞，但从中可以看出对外汉语教学所取得的成就——流传至今，近一半是由西域印度僧人翻译的千余部（四千余卷）的佛经，便是他们汉语习得成就的最好例证。[①]

僧传中尽管对早期来华的西域译经僧人的中文水平和所取得的成就赞赏有加，但他们的汉语水平实际不是很高。原因是多方面的，其中最大的原因是

---

① 据日本《大正藏》，一切佛经分为阿含、本缘、般若、法华、华严、宝积、涅槃、大集、经集、密教10部，共收1460部，4225卷。

当时还没有建立起一套完整的对外汉语教育体制以及译经的译场体制。赞宁(919—1001年)在论及这一时期的译经特点时指出："梵客华僧，听言揣意。方圆共凿，金石难和。碗配世间，摆名三昧。咫尺千里，觌面难通。"(《宋高僧传》卷3，《大正藏》卷50，723b)因此，真正意义上的交流并没有建立起来。经过三四百年的发展之后，随着对外汉语教育的不断发展，也由于译场制度的进一步完善，许多译经僧人的汉语水平得到了长足的进步。赞宁在讲到这一段的译经时写道："次则彼晓汉谈，我知梵说。十得八九，时有差违。"(《宋高僧传》卷3，《大正藏》卷50，723b)这一时期像竺法护、鸠摩罗什等著名译经僧的出现，从一个侧面说明了当时的对外汉语教学是成功的。

南朝著名隐士刘虬(438—495年)曾对印度僧人昙摩伽陀耶舍的汉语水平赞赏有加：

> 以齐建元三年，复访奇搜秘，远至岭南。于广州朝亭寺遇中天竺沙门昙摩伽陀耶舍，手能隶书，口解齐言，欲传此经，未知所授。(《大正藏》卷65，68b)

南朝梁代大同元年(546年)携经典抵中国南海的印度译经僧真谛(499—569年)，来华时正值侯景之乱，天朝扰动，江南不靖。真谛一生的遭遇极为坎坷，但在动荡的人生中，他还是很快学会了汉语。慧恺(518—568年)曾称赞他说："法师游方既久，精解此土音义，凡所翻译，不须度语。"(《俱舍释论序》，《大正藏》卷29，161b)类似的例子很多。既能写汉字又能讲汉语的印度、西域的译经僧，在六朝时期的中国是再正常不过的了。来华僧人除了在译经方面获得成功之外，也为中国同西域以及印度的文化交流作出了贡献。

第三节 隋唐时期的对外汉语教育

隋唐时期，中国与外域的交往增多，对外经济文化交流大大发展，除东亚和东南亚外，与中亚、西亚、欧洲甚至非洲都有比较频繁的经济和文化方面的往来。一些外国人对中国古老文化、先进生产技术和丰富物产充满了向往，热衷于到中国出使、传教、经商和旅行。汉语成为了中外经济文化交流中必不可少的工具，汉语教学的重要性与迫切性日益凸显，并且得到了国内外统治者的重视。为了有效地进行汉语教学，积极探索汉语教学的捷径，唐朝建立了完整的留学生制度。自此以后，汉语作为第二语言的教学活动逐渐向着正规化方向发展，并且有了一定的规模。这种教学活动或盛或衰，但延续不绝。

隋唐时期的对外汉语教学活动始终依托于当时的中外经济文化交流活动，主要是通过三条渠道实现的：一是中外经济贸易（官方贸易和民间贸易）；二是外国政府官方派遣使节、留学生等；三是宗教途径，佛教、基督教和伊斯兰教等都先后传到中国，经由佛教徒和传教士的求法、布法以及译经等活动来进行对外汉语教学实践。

另外，隋唐时期水陆交通以空前的速度与规模发展，唐代还初步开辟了到埃及和东非的海上交通。便利的交通为世界各国向中国派遣使者和留学人员提供了便利条件，使得汉语的广泛传播具有了可行性。盛唐之际的长安，人口号称百万，是当时世界上最大的都市之一，居住在长安的外国人达数千人，在国子监学习的各国留学生常有数百名。日本，新罗、百济、高丽（均为今朝鲜），尼婆罗（今尼泊尔），天竺（今印度），林邑（今越南中南部），真腊（今柬埔寨），诃陵（今印尼爪哇），骠国（今缅甸卑谬）和狮子国（即锡兰，今斯里兰卡）等国仰慕唐代的高度文明，不断派遣使节、留学生、留学僧留学长安，学习中国的经、史、法律、礼制、文学和技术。此外，派遣留学生的国家和地区还有渤海、南诏、高昌、吐蕃等。

一、官派留学生制度

隋唐时期，中国与外域的交往增多，外国留学生大量增加。为了有效地开展留学生教育，唐朝推行科学、开明、务实的留学生政策。外国留学生来到中国以后，可以进入中国最高学府国子监学习，一切费用都由中国政府提供。这些都为留学生教育的顺利展开提供了有力的保障，也吸引了更多国家和地区的学子前来中国求学,最终促成了唐代留学生汉语教育的兴盛。

唐朝的留学生分为学问生、请益生和还学生。志在长期留学和深造的称为学问生;入唐前在某一领域已有一定研究或造诣,来华进一步研修和研讨的留学生称为请益生;遣唐使来华请益,并随遣唐使一同返国者称为还学生。各国留学生除了在国子监学习经学、史学、文学、法律、书法、算术等学科外,还有一部分人到唐朝的专门学校学习专门的学问。

唐代的留学生管理机构为鸿胪寺。外国留学生来华以后,应当先在鸿胪寺建立学籍档案,并由鸿胪寺按照有关规定提供日常用品,安排食宿。学习期满以后,鸿胪寺负责督促来华留学生回国。

国子监是唐朝最高的教育机关,掌管全国的教育,也是负责留学生教育的机构。国子监下设六个部门:国学馆、太学馆、四门馆、律学馆、书学馆、算学馆。外国留学生在得到中国皇帝的批准后,一般都安置在国子监读书,分别入太学、国子学或四门学学习,所习课程主要有《礼记》、《左传》、《春秋》等大经以及《周礼》、《仪礼》、《毛诗》等中经,还要学习《尚书》、《周易》、《公羊传》、《谷梁传》、《孝经》、《论语》等经典。

由于官学名额有限,有关部门会对来华求学者进行初步选拔。汉语便是一个重要的考核内容。如果僧侣不精通汉语,他们带个翻译或通过笔谈也能够巡礼求法。但留学生不识唐音就无法接受先生的授业。对于个别汉语水平太低的留学生,官学也曾有过拒收的现象。

刚来唐朝的外国学生由于汉语水平较低,对中国儒学经籍不熟悉,无法跟上国子监的正常教学速度,因此,国子监常派经学教师到鸿胪寺进行讲学或辅导。《旧唐书·日本传》有如下记载:"开元初,又遣使来朝,因请儒士授经。诏四门助教赵玄默就鸿胪寺教之。乃遗玄默阔幅布以为束脩之礼。"

在来华留学生中,新罗留学生和日本留学生居多。

(一) 新罗来华的留学生

朝鲜半岛有着悠久的汉语学习历史,晋代已有许多高水平的汉语人才在此传播汉字、汉文化。高句丽重视培养汉语人才,不但设立为贵族子弟准备的太学,而且在全国各地设平民学校"扃堂",子弟未婚之前,于此昼夜读书习射。

扃堂所读之书有《五经》、《史记》、《汉书》、《后汉书》、《三国志》、《晋春秋》等经史著作，还有《玉篇》、《字统》、《字林》等汉字著作以及《文选》等文学著作。这些都保证了汉语、汉字、汉文化在朝鲜高句丽的广泛传播。①

新罗统一以后，和唐朝的友好关系继续发展。新罗商人来唐贸易的很多，活动范围北起登州、莱州(山东掖县)，南到楚州、扬州。新罗政府积极吸收唐文化，采取各种举措鼓励贵族留学中国。640 年，新罗国王第一次将王室子弟派往唐朝，进入当时的官学学习。自此以后，新罗公派来华求学者日益增加，在 9 世纪时达到顶峰，成为向唐朝派遣留学生最多的国家。837 年，在唐学习的新罗学生多达 216 名。另据《旧唐书·新罗传》记载：开成五年(840 年)，“鸿胪寺奏，新罗国告哀，质子及年满合归国学生等共一百五人，并放还”。②仅一次从中国返乡的留学生就有 105 人，足见朝鲜在我国的留学生之多。

新罗留学生不少人参加过唐朝的进士科举考试，进士及第后，还留在唐朝做官。据周一良统计：“从 9 世纪到 10 世纪中叶约 150 年间，朝鲜人在中国科举考试及第约有 90 人。”③在新罗赴华的留学生中，最为优秀者当属崔致远。崔致远是朝鲜新罗时期著名诗人，12 岁时就来唐求学，18 岁时参加中国的科举考试及第。881 年任淮南节度使的从事。后唐僖宗授都统巡官承务郎侍御史内供奉职。884 年以唐使身份归国，被新罗国王授予侍读兼翰林学士、守兵部侍郎知瑞书监。崔致远在中国写有大量诗文，《新唐书·艺文志》有具传，《全唐诗》收有其作品，他的诗文集《桂苑笔耕集》(20 卷)收入《四库全书》。

经过隋唐时期大规模的汉语教育，朝鲜半岛培养了相当数量的汉语人才。在朝鲜半岛没有自己的文字之前，汉字是文人交流的重要工具。7 世纪末，新罗学者薛聪创造了“吏读”法，用汉字作为音符来标记朝鲜语的助词、助动词等，对文化的普及起了推动作用。

(二)日本来华的留学生

隋唐时期，中国和日本的友好往来和文化交流空前繁荣。当时日本社会

---

① 董明《隋唐时期汉语在朝鲜半岛的传播》，《北京师范大学学报(社会科学版)》1999 年专刊。
② 《唐会要》卷三十六，附学读书条。
③ 周一良《中朝人民的友谊关系与文化交流》，北京开明书店 1951 年版。

正处在奴隶制瓦解、封建制确立和巩固的阶段，对唐朝的昌盛极为赞赏，向唐朝派遣的使者、留学生和学问僧数量很多。

在隋朝短短的38年间，日本就多次向中国派出遣隋使和遣隋留学生。据《隋书·倭国传》记载，开皇二十年(600年)，倭王“遣使诣阙”，即日本早在600年已经派出第一批遣隋使。[①]《日本书纪》推古十五年(607年)条云：“秋七月戊申朔庚戌，大礼小野臣妹子遣于大唐，以鞍作福利为通事。”以小野妹子为大使的第二批遣隋使，向隋炀帝申明来意：“闻海西菩萨天子重兴佛法，故遣朝拜，兼沙门数十人来学佛法。”(《隋书·倭国传》)大业四年(608年)九月，日本派出了第三批遣隋使，614年，又派出了第四批遣隋使。

631年(唐贞观五年)，日本派出了由留学生和学问僧组成的第一次“遣唐使”。到838年(开成三年)止，日本派出遣唐使共十三次，另有派到唐朝的“迎入唐使”和“送客唐使”共三次。唐初，日本派出的遣唐使团一般不超过200人，从8世纪初起，人数大增，如717年、733年和838年派出的三次遣唐使，人数均在550人以上。

遣隋留学生、学问僧留华时间很长，多则三十余年，少则十余年。他们不但在汉语学习方面收获颇丰，更为重要的是，他们对中国的政治、经济、社会、文化等都有了全面深入的了解。他们学成归国以后，把这些信息带回日本，促使日本统治者增强了向中国学习的决心，西行求学的规模日渐扩大。在唐代，随正式遣唐使来过十三批留学生，每批少则一二十人，多则二三十人，均进入官学学习，有的数年，甚至二三十年。如阿倍仲麻吕，汉名晁衡，学成后留在长安任职，官至秘书监。他先后在中国生活了54年，直至埋骨于中国。吉备真备也是一位在中日文化交流中作出巨大贡献的日本来唐留学生。他在唐留学近19年，研究过唐代的天文、历法、音乐、法律、兵法等知识。传说吉备真备用汉字楷体偏旁造成“片假名”，改变了8世纪以前日本使用汉字作为标音记意工具的历史。

---

① 关于这次遣使，日本学术界多存疑义。参见王勇《从遣隋使到遣唐使》，《郑州大学学报(哲学社会科学版)》2008年第5期。

二、来华僧侣的求法与汉语学习

隋唐时期，佛教得到了极大发展，佛教宗派林立，出现了唯识宗、律宗、贤首宗、禅宗、净土宗、密宗六个佛教宗派，高僧辈出，经籍浩繁，佛经翻译硕果累累。这一时期，来华的僧侣大致可以分为两类：一类是由朝鲜、日本等国公派来华求法的留学僧，一类是由印度或其他中亚国家和地区来华从事传法、译经工作的僧人。

（一）留学僧

朝鲜半岛的新罗于528年正式承认佛教，此后不断派僧侣来华学法。从6世纪前半期到10世纪初的380年间，入唐求法的高僧有64人，其中包括由唐入印求法的慧超、玄照、求木、玄恪等十人。其中入唐求法成就最大的当属圆测。圆测原为新罗王室子弟，全名"圆测文雅"。627年入唐求法，从15岁起先后受学于名僧法常、僧辩，学习"毗昙"、"成实"、"俱舍"、"婆沙"等经论。645年，玄奘回到长安后，跟随玄奘学习唯识论。圆测学识渊博，664年玄奘去世以后，他就在西明寺继承玄奘的事业弘传唯识教义。其他较为著名的留学僧还有义相、慧超、地藏等。

日本来中国学习的学问僧共九十余人，其中最著名的是空海。他于804年（贞元二十年）来中国，在长安青龙寺向惠果学密宗，回国时带回一百八十多部佛经，在日本建立了密宗。他还对中国的文学和文字有很深的研究，为中日文化交流作出了重要贡献。

（二）传法译经的僧侣

隋唐时期，佛经翻译数量和质量都大幅上升，达到了相当水准，由此也带来了汉语学习的热潮。从唐初到德宗贞元十六年（800年）的183年间，共有译师46人，所译佛经435部，2476卷，涌现出一大批知名的中外译经家，他们分别来自印度、三韩、西域吐火罗、于阗、康国、何国、克什米尔等国。这些外来僧侣不但为中外文化交流作出了贡献，而且在汉语汉文化的传播过程中起到了很好的推介作用。他们有的在来华以前已精通华梵两种语言，有的则是在中国与熟悉梵语的华僧合作从事译经活动，在传播佛法的过程中学习汉语。

唐代来华的印度僧侣很多，他们之中许多人都精通汉文。史称"开元三大士”的善无畏、金刚智和不空是唐代密宗的创始人。金刚智为南印度人，自幼即受到良好教育，他出家后曾在印度名刹那烂陀寺学习佛法，游历了二十多国，有着丰富的语言学习经验。他的佛学造诣颇深，而且熟习汉语音韵之学，因此“所译总持印契，凡至皆验，秘密流行，为其最也”(《宋高僧传》卷1)。

不空，狮子国(今斯里兰卡)人，720年随金刚智三藏来到中国。不空“善解一切有部，谙异国书语”(《宋高僧传》卷1)，因此，金刚智常命他一同译经。在译著方面颇有建树，广译显密经教，灌顶传法，教化颇盛。他的译著数量很多，天宝至大历六年，共译经77部，120余卷，所译经几乎占隋唐全部译籍部类的四分之一，与罗什、真谛、玄奘并称为中国四大译家。

善无畏，东印度人。唐玄宗开元四年(716年)，善无畏以80高龄抵达中国长安。他致力于翻译密教经典，在译经时往往请汉僧与他“同参华梵”。他所译佛经“删缀辞理，文质相半，妙谐深趣，上符佛意，下契根缘，利益要门，斯文为最”(《宋高僧传》卷2)。

除印度僧侣外，西域各国来华并且精通汉语的僧侣也不少。疏勒僧人慧琳对梵汉语言都有深入研究，“内持密藏，外究儒流，印度声名，支那训诂，靡不精奥。常谓翻梵成华，华皆典故，典故则西乾细语也，遂引用字林、字统、声类、三苍、切韵、玉篇、诸经杂史，参合佛意，详查是非，撰成大藏音义一百卷”(《宋高僧传》卷5)。

值得一提的是，这一时期出现了许多兼通梵语的中国僧人。他们有的在国内传法，有的去往异国他乡，不但传播佛教，还在一定程度上承担了部分对外汉语教学的任务。玄奘大师是中国四大译经师之首，日本僧人道照、新罗僧人圆测都曾跟随他学习，提高了汉语修养。义净曾经组织吐火罗僧人达磨末磨、中天竺僧人拔弩、罽宾僧人达磨难陀、东天竺居士伊舍罗和瞿昙金刚等共同译经，在译经这种汉语实践中，这些外来僧人的汉语水平不断提高。此外，义净编著了中国最早的梵汉双语词典《梵汉千字文》，其中收录了常用梵文单词995个，每个单词都有汉字对音，下边注有汉字。这部双语词典不仅成为中国人学梵语的好帮手，它对懂梵文的外国僧人学习汉语也不无裨益。东渡日本的中国僧人中，影响最大的是鉴真和尚。鉴真应日本圣武天皇的约请东渡日本，经过六次努力，历尽艰险，双目失明，终于在754年（天宝十三年）携弟子到达日本，时已年近七旬。他在日本用汉语讲授律宗的义理，受到日本人民的尊敬。

第四节　宋朝的对外汉语教育

两宋时期，周边国家学习中国文化的热情不减，仍然有外国政府官方派遣的使者和留学生来华进入国立学校学习。王氏高丽（918—1392年）统治朝鲜半岛后，高丽政府曾经多次派遣留学生来中国学习语言、文化和技术。到中国求法和留学的高丽僧人非常多，在两国文化交流上起了积极的促进作用。

宋代，中日交往也比较密切，明州一直是双方交通的门户。在文化交流方面，两国僧徒起了重要作用。日本名僧荣西，曾于1168年和1187年两次来中国，潜心钻研，并把禅宗输入日本。

越南始终和宋朝保持着密切的交往。在文化交流方面，中国的文字对越南影响很深，越南曾长期使用汉字。在13世纪和14世纪之交，越南人创造了自己的文字，称为“字喃”。“字喃”是以汉字为素材，运用形声、会意、假借等造字方式创造文字来记录越南的语言。

两宋时期，中国和西亚地区的关系也有进一步的发展。北宋一开始就非常重视同阿拉伯地区的交往，《宋史・大食传》对此有明确记载，如乾德四年（966年）宋朝即选派使者僧行勤出使大食，“游西域，因赐其王书，以招怀之”。据陈垣考证，自辽天赞三年（924年）至宋开禧年（1207年）的284年间，大食遣使39次。①

与以往相比，宋朝对外汉语教学有两个突出特点：第一，由于海外贸易的繁荣，对外汉语的教学对象和教学机构发生了一些新变化，这主要体现在沿海港口专门招收外国人的蕃学的设立。第二，宋朝有许多同时并存的少数民族

---

① 陈垣《回回教入中国史略》，载白寿彝《中国伊斯兰史存稿》（附录），宁夏人民出版社1982年版。

政权，这些政权的统治者非常重视中原文化，积极开展汉语汉文化教学，甚至依据汉字创立了本民族的文字，增加了对外汉语教学的深度。

一、蕃学的设立

唐朝时期，对外交往主要通过西北陆路。到两宋，因战争关系，西北陆路交通时断时续，于是对外经济文化交流主要依赖东南海路。北宋时，宋政府对海外贸易十分重视，海外贸易之盛，远远超过前代。早在971年（开宝四年），北宋政府就设置市舶司于广州。以后，又陆续在杭州、明州、泉州以及密州的板桥镇（山东胶县境）、秀州的华亭县（上海市松江一带）设置市舶司或市舶务，“掌蕃贺、海舶、征榷、贸易之事，以来远人，通远物”（《宋书·职官志》）。南宋时，除密州归入金朝版图外，其他五处市舶机构继续存在，并增设温州、江阴军两处市舶务。

广州是两宋时期最为重要的港口城市。根据周去非《岭外代答》记载，宋朝时许多国家或境外地区与广州有着密切的来往，其中包括东南亚地区的安南国（今越南北部）、占城国（今越南中部）、宾瞳胧国（今越南藩朗）、宾陁陵国（今越南藩朗附近）、真腊国（今柬埔寨及泰国南部）、蒲甘国（今缅甸蒲甘）、登流眉国（今马来半岛中部）、佛罗安国（今马来半岛巴生港附近）、麻啰奴国（今加里曼丹岛西北部）、上下竺（今马来半岛南部奥尔岛）、兰里国（今苏门答腊岛亚齐）、三佛齐国（今苏门答腊岛巨港一带）、波斯国（今苏门答腊岛西部）、阇婆国（今爪哇岛中部）、沙华公国（约在今马古鲁群岛一带）、十二子石（今卡里马塔群岛的塞鲁土岛）；南亚地区的天竺国、注辇国（今印度科罗曼得海岸一带）、细兰国（今锡兰岛）、故临国（今印度奎隆）、南尼华罗国（今巴基斯坦信德地区）；西亚地区的大食国、白达国（今伊拉克巴格达）、大秦国（今伊拉克或印度南部）、默加国（今沙特阿拉伯麦加）、麻离拔国（今阿拉伯半岛南部）；非洲的勿斯里国（今埃及）、陁盘地国（今埃及达米塔港）、昆仑层期国（今莫桑比克和马达加斯岛一带）；甚至包括欧洲的木兰皮国（今西班牙南部）等。随着对外经贸往来的日益频繁，在广州聚居的外国人显著增加，在华逗留时间也很长，成为侨民。他们在自己的聚居地建立“蕃坊”、“蕃巷”，并且推荐自己的“蕃长”管理“蕃坊”，拥有侨民自己的社区中心、市场和教堂。到了宋徽宗大观二年（1108 年），广州又专门设立蕃学，以外侨子女为教学对象，以汉语和汉文化为教学内容。

宋代时的泉州，农业和手工业大发展，海外交通贸易繁盛。到了北宋后期，泉州对外商贸涉足 31 个国家和地区，赶上并超过明州（今浙江宁波），仅次于广州。宋廷南迁，南宋建都临安（今杭州），全国经济重心南移，泉州海外交通贸易极其繁荣。据记载，当时泉州与海外 58 个国家和地区通商，成为"夷夏杂处，权豪比居"（《宋书・诸蕃志》）的国际都市。北宋大观、政和年间（1107—1117 年），泉州建立蕃学，专门招收当地的外国人子女，教学内容为外国语以及汉语、汉文化。

宋朝在关注海上贸易的同时，也曾经试图加强西北陆路交通管理。唐末五代至宋初，青海地区处在吐蕃地方割据势力和大小宗教首领的分散统治之下。宋真宗大中祥符（1008—1016 年）初年，李立遵在廓州尊角厮罗为赞普，标志着河湟吐蕃政权——角厮罗政权的诞生。境内以吐蕃人为主体，还有党项人、汉人、回鹘人以及侨居的西域商人等，人口最多时近百万。角厮罗的强盛及其所处的重要战略地位，引起周边民族和国家的高度重视。角厮罗政权与宋、西夏、辽以及回鹘、西域都有交往，与宋的关系尤为密切。宋朝政府曾经在熙河兰湟路置蕃学，对吐蕃贵族子弟实施儒学教育。这些学校的教材来源于当时最高学府国子监的标准教材，教师是精通儒学又熟悉当地民族习俗的汉族人士。[①]

二、汉语汉字的传播与汉文字体系的形成

"在亚洲历史上，非汉民族大规模地借用汉字是在南北朝至宋的这八百年间，汉字在此期间不但传入了契丹、女真、朝鲜、日本和越南，也传入了白、壮、苗、侗、水等一大批少数民族先民居住的地区，成为这些民族记录其语言的重要工具。"[②]其他国家、地区以及少数民族主动地参照产生于中原的汉字来创制自己的文字，直接原因是汉语汉文字多年来的广泛传播，根本原因是"唐、宋、元

① 参见《续资治通鉴长编》卷二二三、卷二四八。

② 聂鸿音《中国文字概略》，语文出版社 1998 年版，第 89～90 页。

三大王朝强大的政治势力以及繁荣的民族文化所导致的必然结果”。①

契丹大字是辽国(907—1125 年)的官方文字。契丹建立辽国之后,统治者尊崇中原文化,积极学习中原文化与语言。920 年,在辽太祖耶律阿保机的关注之下,大臣突吕不和鲁不古仿照汉字而创制契丹大字。总字数有数千个。

女真文是金国(1115—1234 年)的官方文字。由金太祖完颜阿骨打授意完颜希尹创制,1119 年正式颁行。女真文字的创制原则是“依仿汉人楷字,因契丹字制度,合本国语”(《金史·完颜希尹传》)。其中,“依仿汉人楷字”指女真字形仿照汉字的楷书,如直接借用汉字的字形、增减汉字的笔画或者利用汉字的横、竖、撇、捺等笔画重新造字等。

西夏(1039—1127 年)是以羌人的一支党项羌为主体建立的封建王朝。西夏尚未正式建国之前,嵬名元昊命令大臣野利仁荣创制文字,用来记录党项语。西夏文制成之后被尊为“国字”,在政府和民间大规模推广应用,成为汉文字体系中普及情况最好的一种文字。西夏建国后历代统治者继续奉行“崇儒信佛”的文教政策。元昊建国第二年(1039 年),正式设置蕃学和汉学,选蕃、汉官僚子弟入学。1145 年,创立大汉太学,精选著名儒学家主持教授。其后,西夏在中央先后建了汉学(国学、太学)、蕃学、小学、内学;在地方建立了州县学校和州县蕃学。蕃学、汉学的教学内容以传授汉文化为主,教材用的是汉文化典籍,包括经、史、子、兵、医、字等类书籍,而且特别重视语言文字教育,积极推行双语教学。

第五节　元朝的对外汉语教育

13 世纪蒙古兴起后,成吉思汗及其继承者建立了中国历史上规模空前庞大的元帝国(1279—1368 年)。《元史·地理志》载,元朝国土“北逾阴山,西极流沙,东尽辽左,南越海表”,“东南所至不下汉、唐,而西北则过之,有难以里数

① 聂鸿音《中国文字概略》,语文出版社 1998 年版,第 71～72 页。

限者”。元朝政府积极开通东西水陆要道，从陆上通往西亚至欧非的路线可以直抵俄罗斯与东欧，到达阿拉伯、土耳其和非洲；从水路可以到达阿拉伯、印度、波斯以及非洲等地。

元朝积极主动地与亚洲国家和地区，如朝鲜、日本、越南、缅甸、伊斯兰国家等开展外交活动，进行官方或者民间的往来。随着元朝统一全国，伊斯兰教开始在华广泛传播，最终形成了中国的穆斯林民族和中国的伊斯兰文化。元代居住在泉州的蕃客居多。在泉州经商极有名的大食商人蒲寿庚于 1278 年叛宋降元，受到元朝的重用，被提升为福建行省中书左丞，专为元朝招抚海外客商。元朝政府与欧洲建立了比以往任何时候都更加深入、更加密切的联系，据《马可·波罗游记》记载，元政府曾经主动向遥远的欧洲罗马教廷派出使臣，与教皇互通信件。元朝推行的对外开放政策，不仅使得域外文明大量进入中国，而且使得中国的灿烂文明传到国外。许多外国人了解到了中国古老的文化、先进的生产技术和丰富的物产。

随着元朝帝国的形成以及疆域的不断扩大，中世纪第一次出现了广大地域内各民族交通畅通的局面，为各民族的迁徙和聚集提供了机会，开创了中西交通的新时代，这在客观上为中外文化的交流与传播创造了一个前所未有的良好环境。在这一文化交流过程中，汉语作为第二语言的教育显得尤为必要。

一、蒙古国子学

蒙古统治者在尚未入主中原之前便十分重视中原地区的先进文化。太宗窝阔台在位期间，重用儒者，让孔子五十一代孙袭衍圣公，大修孔子庙，并且“首诏国子，通习华言”。① 窝阔台设立了用汉语讲授课程的贵族子弟学校。

元世祖忽必烈统一中国以后，改变了过去全盘模仿汉文化的教育政策，转为推行蒙古化、同时加深汉化的双重政策。1271 年，元朝政府在大都设立蒙

---

① 马祖常《大兴府学孔子庙碑》。

古国子学，在地方设立蒙古字学，不但招收蒙古人，同时招收汉人和色目人的子弟入学。元朝称汉人以外的西域各族人和西夏人为色目人，意为色目相异之人。色目人种类繁杂，其中以回回人居多，还有汪古人（今内蒙古大青山一带）、西夏人（今宁夏、甘肃一带）、畏兀儿人（当时主要在新疆东部）、哈剌鲁人（中亚巴尔喀什湖南一带）、康里人（中亚咸海以北一带）、钦察人（中亚里海以北一带）、阿速人（西亚高加索北部）、阿尔浑人（中亚七河流域至楚河流域一带）等。当时的欧洲人（称发郎或指郎人）当然也算色目人。因此，对色目人开设的汉语汉文化课程自然也是元朝对外汉语教学事业的重要组成部分。

据《元典章·礼部》记载，在这两种学校中，儒家经典是学习的主要内容，科举考试时，"蒙古、色目人，第一场经问五条（原注：《大学》、《论语》、《孟子》、《中庸》内设问，义理精明、文辞典雅为中选，用朱氏章句）。第二场第二道（原注：以时务为题，限五百字以上）"。

为了方便汉人与蒙古统治者交往，元世祖忽必烈命人编撰《至元译语》，将蒙古语词汇按天文、地理、人事、器物分门别类，用汉字录写蒙古语词汇，再用汉语解释词义，成为一种特殊形式的双语对译词典。这种词典成为使用蒙古语者学习汉语的有用的工具书。

二、中国境外的对外汉语教学与《老乞大》、《朴通事》

除了在中国本土开展的对外汉语教学活动以外，还有外国政府在本国组织汉语学习，并且有汉人在那里传授汉语。据《广东新语》记载，宋末反抗元朝失败后，李竹隐东渡日本，以朱子学说教化日本人，当地人尊称其为夫子。普陀山的高僧常被元朝皇帝指派为国家使节出使日本。1299 年，妙慈弘济大师一山一宁出使日本，恢复了中断已久的中日邦交。他在日本从事汉语教学活动，回答僧俗提出的各种语言文化问题，创立了"一山派禅学"，圆寂后被日皇谥为"国师"。明极楚俊、竺仙梵仙等人也曾赴日教授汉语，对日本五山学派影响颇深。

朝鲜半岛也积极开展汉语教育。从元朝开始，高丽开始接受元政府的册封，如果不培养汉语人才，将非常不利于外交活动的开展。因此，自三韩至于高丽，高丽设汉语都监及司译尚书房，传习华语。而且一些普通高丽百姓也会把孩子送到类似于现在国际学校的汉儿学堂学习。《朝鲜王朝实录》记载："在先元朝之际，汉南人韩昉、李原弼等辈，避地出来，训诲生徒，谨备事之大任。"另外，洪楫和偰长寿等人曾在高丽教授汉语。

目前所能见到的古代朝鲜半岛最早的汉语教科书是《老乞大》和《朴通事》。这两种教材都是朝鲜李朝初期高丽人学习中国话的课本，大约成书于元朝末年。依据主要有二：(1)《成宗实录》十一年十月乙丑条记载："此乃元朝时语也。与今华语顿异，多有未解处。"因此，"选其能汉语者删改《老乞大》、《朴通事》"。(2)教材中记载了元朝至正六年(1346年)去城南永宁寺听高丽和尚步虚说法一事。因此这两种教材的产生应该在1346年以后到1368年元朝灭亡的22年期间。

《老乞大》和《朴通事》的内容都是日常会话，涉及旅行、贸易、风俗习惯、典章制度等，对汉语学习者来说，十分实用，而且饶有趣味。[①]《老乞大》、《朴通事》在对外汉语教材发展史上地位十分重要。程相文认为，汉语作为第二语言教材的发展史经历了四个阶段，即使用母语教材的阶段、以词汇为中心的阶段、以课文为中心的阶段和以语法结构为中心的阶段。"在从'以词汇为中心的教材'过渡到'以课文为中心的教材'的历史转变时期，《老》、《朴》的出现是具有开创意义的，它实现了汉语第二语言教学的三大转变：(1)从词汇教学为中心到课文教学为中心的转变；(2)从书面语教学为中心到口语教学为中心的转变；(3)从语言要素教学为中心到语言交际技能为中心的转变。总之，实现了从母语教材到专门的第二语言教材的根本转变。"[②]同时，成书于14世纪的《老乞大》可能是现存最早的外国人学习汉语的口语教材。

---

① 郭作飞《〈朝鲜时代汉语教科书丛刊〉简评》，《世界汉语教学》2005年第4期。

② 程相文《〈老乞大〉和〈朴通事〉在汉语第二语言教学发展史上的地位》，《汉语学习》2001年第2期。

第六节 明清以前中国对外汉语教育的特点

中国古代的对外汉语教学是因为中国与印度等西域国家和民族的文化交流才发生的。早期从印度和西域来华的僧侣的动机很清楚，就是要传播佛教，因此他们学习汉语的主动性很强，也希望能在一定的时间内利用所学的汉语知识有效地进行佛经翻译和讲习活动。当然，当时的对外汉语教师大多数也是佛教僧侣，他们对汉语作为第二语言教学的认识不一定很清楚。但西晋以后，大量优秀佛教译经人才的出现，说明在经验层面上，这样一支对外汉语教学的教师队伍是卓有成效的。从东汉到元朝的对外汉语教育可以归纳为以下几个方面。

一、自东汉至西晋(约 2—4 世纪)为摸索、探求阶段

1.由于中印两大文化圈刚刚开始接触，很多来华僧人都是在跟商队来中国的途中学会的汉语；也由于传统上的隔阂，佛教的译经事业并未促成真正意义上的文化交流。

2. 这一时期的翻译活动尚未真正纳入政府的计划之中，全都是在民间信众的资助下进行的，所以对来华译经僧的汉语训练还没有系统地展开。所译出的经典大都是小品，鸿篇巨制还没有出现，基本上是“值残出残，遇全出全”。从中可以猜测，大部分来华译经僧的汉语水平都不高。

3. 这一时期翻译的方法往往也比较简单，译经的规范和译场的制度还未建立。往往是由外国僧人诵出佛经原文，由“度语”口译成中文，再由“笔受”笔录成中文，经过润色，一本佛经就可以出版流通了。真正能够不需要作为“舌人”的“度语”的译经僧在当时并不多见，因此这一时期佛经的质量一般来说都比较差。

二、从东晋至隋之前(约 5—6 世纪)为比较成熟的阶段

1. 从前秦苻坚(338—385 年)和后秦姚兴(366—416 年)开始组织译场，

选拔大批翻译人才参加翻译工作，使佛典汉译从最初的私人翻译转为官家翻译活动。这样，大量的来华西域僧人可以在大的寺院中接受比较系统的汉语训练。

2. 第一阶段的译经僧常常谨小慎微地从事翻译工作，因为他们的汉语水平不高，或者根本不懂汉语，而这一时期的译者情况大不相同。由于鸠摩罗什精通他所传的大乘空宗，又能自如地运用汉语，因此他主张在不违背原意的情况下，不必拘泥于原文形式，主张大刀阔斧地意译。从中可以看出当时的译经僧的汉语水平已有很大提高。

三、隋唐宋元时期对外汉语教学的服务化、制度化

隋唐宋元时期，对外汉语教学受到了国内外统治者的重视，开始朝服务化、制度化的方向发展。隋唐以后，官派留学生制度日益正规，逐渐完善。

这一时期的汉语教学仍不是独立进行的，而是服务于其他目的，一般与经学、史学、哲学、宗教、伦理学等结合在一起讲授；宋元以后，又服务于经贸活动。这是由历代来华求学人员的学习目的和中国汉语教学机构的特点决定的。

四、古代对外汉语教学的特殊成果.汉文字体系的形成

公元以前，在中原文化沃土中产生的汉文字便已传入其他国家(地区)，甚至被用来记录当地的语言。但是，外国(民族)"主动地对照汉字来创制自己的本民族文字，则是10世纪以后的事情，这可以视为唐、宋、元三大王朝强大的政治势力以及繁荣的民族文化所导致的结果"。[①]

五、隋唐宋元时期对外汉语教材的变化

隋唐宋元时期的对外汉语教材主要由三个部分组成。

第一，这一时期的"专职"或"兼职"对外汉语教师直接把儒家经典或者是

① 聂鸿音《中国文字概略》，语文出版社1998年版，第71～72页。

经、律、论、语录、秘蕴等佛教文献作为教学用书和资料。这说明,当时人们对于母语学习与第二语言学习的差别认识不够充分。

第二,汉外对照双语词典或手册的出现是隋唐宋元对外汉语教学的一个进步,它反映了教学者或学习者对学习汉语的迫切要求和对词汇教学重要性的充分认识。

现存最早的番汉双语字典是北朝时代编写的13种鲜卑语—汉语对照字书,包括《国语》、《国语物名》、《国语真歌》、《国语杂物名》、《国语十八传》、《国语御歌》、《国语号令》、《国语杂文》、《鲜卑号令》和《杂号令》等。据《隋书·经籍志》记载,"后魏初定中原,军容号令,皆以夷语。后染华俗,多不能通,故录其本言,相传教习,谓之'国语'"。唐代玄应的《一切经音义》与慧琳的《一切经音义》解释了许多音译梵文词。唐以后,用汉字录写他族语言、编写字书的传统依然保持下来。由骨勒茂才编撰、刊于1190年的《番汉合时掌中珠》是一本西夏文—汉文对照词语集,是当时西夏地区流传较广的一部沟通番汉语言文字的常用辞书。元代的《至元译语》也属于这一类的书籍。

第三,元朝《老乞大》和《朴通事》的出现,标志着专门对外汉语教材的出现。外国人编写的这类教材,内容多是围绕日常生活展开,采用口语体。这是由于宋元以后,中国与其他国家不再只是以文化交往为主,经济贸易往来所占比重越来越大,外族人迫切要求掌握汉语口语,传统的文言文材料作为对外汉语教材已经不能满足学习者的需要。

思考和练习

试说明明清以前中国古代时期对外汉语教学的特点。

第三章　明清时期的对外汉语教育

第一节　明清之际的对外汉语教育

中国和欧洲的文字交流与接触最早发生于丝绸之路，"在丝绸之路上往来的人们，说着本民族的语言，带着源自他们地区的宗教信仰，像输入那些最有利可图的本国货品一样，传播着他们的信仰"。① 蒙古人的铁骑打通了欧亚大陆的交通，天主教来到了中国，第一个在元大都任主教的孟高维诺开始教拉丁文，办唱诗班。② 但中国和欧洲之间真正大规模的语言交流——欧洲人学习汉语则始于葡萄牙人的东来。③

一、罗明坚和利玛窦的汉语学习

葡萄牙人驻入澳门，在和中国官府打交道时都要聘用翻译，中国官员明确地告诉传教士："你们最好先去作学生，学习我们中国话，以后你再作我们的老

① 让-诺埃尔·罗伯特〔法〕《从罗马到中国》，马军、宋敏生译，广西师大出版社2005年版，第226页。

② 方豪《中国天主教人物传》第一册，中华书局1988年版，第28页。

③ 葡萄牙人占领马六甲海峡后是否学习汉语，目前尚无史料，中国当地人肯定学习了欧洲语言，这就是明正德年间来华访问的第一个葡萄牙代表团的翻译火者亚三。参阅《中葡早期关系史》，社会科学文献出版社2001年版；金国平、吴志良《过十字门》，澳门成人教育学会2004年版。火者亚三可能是中国最早学习欧洲语言的人，也是中国最早的中欧语言的翻译。

师，给我们讲解你的教理。”[①]这样耶稣会士到澳门后便把学习中国官话作为头等大事。

1574年，耶稣会士罗明坚（1543—1607年，字复初，意大利人）第一个抵达澳门，开始了他在中国的传教事业，同时也开始了他的汉学生涯。

刚到澳门时他遵循范礼安（1538—1606年）进入中国的天主教神父“应该学习中国话及中文”[②]的要求，开始学习汉语，了解中国的风俗习惯。由于当时大多数在澳门的传教士并不理解范礼安的用意，没有意识到学习汉语的必要性，罗明坚的做法引起了不小的反应，“诸友识辈以其虚耗有用之光阴，从事于永难成功之研究，有劝阻者，有揶揄者”。[③] 有人发出疑问，一位神父“为什么浪费大好光阴学习什么中国语言，从事一个毫无希望的工作？”[④]

对于初学汉语时的困难，罗明坚在一封信中作过描述：“司铎写信通知我，令我学习中国的语言文字，在‘念’、‘写’、‘说’三方面平行进展。我接到命令以后立即尽力奉行。但是中国的语言文字不单和我国的不一样，和世界任何国的语言文字都不一样，没有字母，没有一定的字数，并且一字有一字的意义。就是对于中国人为能念他们的书也必须费尽十五年的苦工夫。我第一次念的时候，实在觉得难念，但是由于听命的意旨，我要尽力遵行这件命令，并且用我所能有的毅力作后盾。”[⑤]利玛窦在信中也谈到汉语学习的困难，他说：“您要知道中国语文较希腊文和德文都难；在发音上有很多同音而异义之字，许多话有近千个意义，除掉无数的发音外，尚有平上去入四声；在中国人之间，有时还需借笔写表达他们的思想，但文字在他们之间并无分别。不过中国文字的构造实难以形容，除非亲眼见、亲手去写，就如我们今天正学习的，真不知从何说起。”[⑥]

---

① 裴化行〔法〕《天主教十六世纪在华传教志》，萧浚华译，商务印书馆1936年版，第12、183页。

② 利玛窦〔意〕《天主教传入中国史》，台湾光启出版社1986年版，第113页。

③ 费赖之〔法〕《在华耶稣会士列传及书目》上册，冯承钧译，中华书局1995年版，第23页。

④ 《罗明坚致罗马麦尔古里诺神父书（1580年11月8日）》，载利玛窦〔意〕等《利玛窦通信集》，台湾光启出版社1986年版，第426页。

⑤ 利玛窦〔意〕等《利玛窦书信集》（上），罗渔等译，台湾光启出版社1986年版，第32页。

⑥ 同上书，第446页。

罗明坚是一位很有毅力并有极高天赋的传教士，到达澳门两年多时间，便能认识15000个中国字，初步可以读中国的书籍，3年多以后他便开始用中文来写作了。[①] 罗明坚学习中文的目的是为了传教，他认为："这是为归化他们必须有的步骤，以便来日后用中文著书，驳斥中文书中（有关宗教方面）的谬误。希望将来能为天主服务，使真理之光照耀这个庞大的民族……"[②]

罗明坚中文能力的提高大大推动了他的传教事业。他在澳门建立了第一座传道所，并开始用中文为澳门的中国人宣教。罗明坚把这个传道所起名为"经言学校"，后来叫"圣玛尔定经言学校"。这是晚明时期中国第一所外国人学习汉语的学校，正像罗明坚自己所说："目前我正在这里学习中国语文……这些教友无疑的将是我最佳的翻译，对传教工作将有很大的助益。"[③]罗马耶稣会档案馆藏有罗明坚汉语学习和研究的第一手原始文献，我们可以具体而真实地了解传教士的汉语学习情况。

首先，我们看一下罗明坚的汉字学习。

罗马耶稣会档案馆中的Jap.Sin I—198号文献中的第32～125页是一份汉语和葡萄牙语的词汇对照词典，杨福绵从音韵学角度深入研究后，认为其作者是罗明坚；在这份文献的散页中夹了一份一位僧人和一名叫"蔡一龙"的人打官司的状词，经考证认为这位僧人就是罗明坚，我们通过《利玛窦中国札记》可以知道罗明坚即是这份证词的作者。这两份文献都表明了罗明坚的汉语水平。

识字是传教士汉语学习中的第一步，但汉字的学习对他们来说是很困难的。他们认为汉字太多。[④] 文献的第24、25、25V、26共4页是字表，从字体看

① 利玛窦〔意〕《天主教传入中国史》，台湾光启出版社1986年版，第114页；龙思泰〔瑞典〕《早期澳门史》，东方出版社1997年版，第193页；费赖之〔法〕《在华耶稣会士列传及书目》上册，中华书局1995年版，第2页。

② 利玛窦〔意〕等《利玛窦书信集》（上），罗渔等译，台湾光启出版社1986年版，第413页。

③ 同上书，第432页。

④ 入华传教士对汉字数量的认识有变化，一开始克路士认为汉字约有5千字（见博克舍〔英〕《十六世纪中国南部行记》，中华书局1990年版），门多萨认为有6千多（见门多萨〔西〕《中华大帝国史》，中华书局1998年版）。

可能是罗明坚的老师所写。字表共有306个字。“简洁”是这份字表最明显的特点，这说明传教士在汉语学习阶段的汉字教育以实用为主。其实，汉字总数虽然比较多，但常用字并不多。《现代汉语常用字表》共收3500字，其中2500字是常用字，1000字是次常用字。据学者的统计，现代常用字中的一至七画的常用字共有791字，而出现在许慎《说文解字》的已经有713字，占90%。[①]现代汉字的常用字有3650个，如果认识2000字，就可以读懂一般文章的97.4%。现代对外汉语教学中识字的速度有限[②]，如何集中识字，使学生在最短的时间内掌握最基本的汉字，这个问题并未解决好。

传教士的汉语学习从中国传统的蒙学识字开始，在梵蒂冈图书馆仍保留着他们当年学习汉字的《千字文》、《三字经》等课本。实际上中国传统的语文教学一直是以字为中心的，从秦朝的《仓颉篇》、西汉的《急就篇》到南朝的《千字文》、宋代的《三字经》和《百家姓》，这种语文教学法持续了一千多年。这并不仅仅是一个经验的方法问题，其中包含了对汉语特点的基本认识。赵元任说：“汉语是不计词的，至少直到最近也还是如此。在中国人的观念中‘字’是中心主题。”[③]徐通锵也指出：“汉语的结构以‘字’为本位，应该以‘字’为基础进行句法研究。”[④]罗明坚的这个简洁的识字表更能提醒我们加强常用汉字教学的重要性，从历史的角度使我们重新认识这个问题。

这份文献中的第27、27V、29、29V、30V、31、31V页都是罗明坚学习词汇的记载，包括近300个双音常用词，其中有很多反义复合词。罗明坚在澳门学习汉语时曾写信给别人说：“我则在学习他们称作官话的中国语言。中国的地方官员和朝廷大臣都使用这种语言。由于它具有几乎无限众多的词汇，因此学会是很困难的，即使是中国人本身，也需要花费许多时间。”[⑤]学习复合的反

① 李开《汉语语言学和对外汉语教学论》，中国社会科学出版社2002年版，第109页。

② 《基础汉语课本》前10课的语音部分只学68个汉字；《实用汉语课本》前12课语音部分只学191个汉字；《初级汉语课本》前15课共学236个字。

③ 赵元任《汉语词的概念及其结构和节奏》，载《中国现代语言学的开拓——赵元任语言学论文选》，清华大学出版社1992年版。

④ 徐通锵《字和汉语的句法结构》，《世界汉语教学》1994年第2期。

⑤ 转引自《国际汉学》第2期，大象出版社1998年版，第254页。

义词是个好办法，它具有对称性，比较好记，比较容易理解。因此，罗明坚的这个词汇表，对我们今天的汉语教学还是很有启发的。

再看看罗明坚的书面语学习。

书面语和口语的区别是汉语的重要特点，传教士入华以后就认识到了这一点。利玛窦说："我认为中国语言含糊不清的性质，乃是因为自古以来他们就一直把绝大的注意力放在书面语的发展上，而不太关心口语。"[①]所以，传教士要想和中国人交往，书面语的学习是必不可少的。罗马耶稣会档案馆的Jap.SinII—161号文献《尺牍指南》应是罗明坚所使用过的重要汉语学习文献。[②] 这份文献实际是教人如何写作和与各类人应酬，完全是文人的书面语。这份材料说明，西方人从开始学习汉语时，就是将书面语的学习作为重要内容的。这为我们加强书面语的研究和教学提供了一种历史依据。

罗明坚返回欧洲以后，利玛窦成为在中国传教的领导者。在中国的传教事业，罗明坚开了一个头，后面更为艰巨的任务是由他的继任者利玛窦完成的。而后在1582年，范礼安再遣利玛窦前往澳门，利玛窦的到来，大大推动了天主教在华的传播事业。开始学习汉语的利玛窦对完全与字母文字不同的汉字感到很兴奋，觉得非常不可思议。他天资过人，加上勤勉努力，很快就掌握了这门东方语言，

二、传教士的汉语教师

罗明坚初到澳门学习中文遇到的最大困难就是"缺乏师资"。[③] 据说后来他找到了一位中国画家做老师[④]，这位中国老师虽无名可查，但他极有可能是明代第一位从事对外汉语教学的老师。

以后利玛窦入华并成为基督教在华传教的掌门人，他在讲到自己学习汉

① 利玛窦〔意〕等《利玛窦中国札记》，何高济等译，中华书局1983年版，第28页。

② 传教士早期的汉语学习课本目前可以找到的除了罗明坚的这篇文献外，最重要的就是藏在中国国家图书馆的《天主教义》。参阅张西平《中国和欧洲早期哲学与宗教交流史》，东方出版社2000年版。

③ 同②。

④ 龙思泰〔瑞典〕《早期澳门史》，东方出版社1997年版，第193页。

语时也谈到了聘请汉语老师之事，这些耶稣会士不惜高薪将老师请到家中共同生活。中国教师不仅教口语，也教写作。当时中国人仍有根深蒂固的“夷夏大防”的观念，加之明政府将教授外国人汉语视为危害社会的大罪，这些都限制了中国人去主动教授传教士学习汉语。

当时对外汉语教学有两个基本特点：一是在教与学的关系上，“学”方是主动的，“教”方是被动的。这种“教”与“学”上的特殊关系是和明代当时的整体政策联系在一起的，对于长期持有“夷夏之分”观念的中国人来说，根本未认识到这项工作的意义。二是对外汉语老师的工作具有很大的私人性。因为“教”是被动的，这样从中国一方来说便很难出现有组织的教学，老师的汉语教学完全是私人性的。他们不仅聘请有声望的学者当老师，也聘小书童留在身边当口语老师，聘谁当老师完全是传教士个人的事情。

从我们目前所掌握的材料来看，始终未见到具体的入华耶稣会士汉语口语老师的姓名。语言的学习从来就不仅仅是技能的学习，语言是文化的载体，尤其是汉语“文字构成的理据、名物典章制度的训释等，都直接或间接地牵涉到文化问题，甚至是为文化服务的”。① 当传教士的汉语学习深入到一定程度时，尤其是到达汉语写作阶段时，就会遇到困难，而这些困难又非一般乡间或低层文人所能解决的，因为他们用中文所表述的东西与一般中国学生所要表述的东西不同，是要通过中文表述西方的宗教哲学思想，传播西方的科学、技术，这样他们就必然要和上层的士大夫打交道，向中国的高级士大夫们学习。另一方面，入华耶稣会由于贯彻了利玛窦的“合儒排佛”的路线，从而在中国扎下了根，站住了脚，乃至利玛窦最后进入北京，成为万历皇帝的门客。利玛窦路线的实质是通过亲近儒家文化来改造儒家文化，从而使基督教在中国扎下根。这样，无论是从传教策略上还是从汉语学习的角度讲，都必然导致入华耶稣会士与明清知识分子的广泛接触。② 在这种接触中自然就产生了一批教授传教士们学习汉语文化的老师。

---

① 邢福义主编《文化语言学》，湖北教育出版社 2000 年版，第 2 页。

② 陈受颐《明末清初耶稣会士的儒教观及其反应》，载《中欧文化交流史论丛》，台湾商务印书馆 1970 年版。

徐光启(1562—1633年)不仅是"中国天主教三大柱石"之一和中国近代的科学家,他也是明清时最早的教授传教士中国文化的老师。他对中国科学的一大贡献就是与利玛窦合译了《几何原本》,这种合译就是利玛窦口述,徐光启笔译。在对《几何原本》的理解和介绍上利玛窦是徐光启的老师,而在翻译成中文时,在笔译过程中徐光启是利玛窦的老师。这种润色的过程也就是教授利玛窦中文写作的过程。利玛窦去世不久,汤若望(1591—1666年)和邓玉函(1576—1630年)来京。在1625—1626年这两年间,他们两人在北京主要是学习中国的语言文字和文学,而徐光启被称为"汤若望的汉文教习"。[①]

明清期间与传教士共同译书,充当传教士中文写作老师的还有:

李之藻,他与利玛窦共译了《圆容较义》、《同文算指》,与傅泛际合译了《名理探》。

周子愚、卓尔康,与熊三拔(1575—1620年)合译了《表度说》。

杨廷筠与艾儒略(1582—1649年)合译了《职方外记》。

王征与金尼阁(1577—1628年)合著《西儒耳目资》,与邓玉函合著《远西奇器图说》。

李应试曾与利玛窦"参互考订",修改绘制《西仪玄览图》。

张元化曾校定毕方济(1582—1649年)的《睡答》、《画答》。

韩霖曾校阅高一志(1566—1640年)的《神鬼正纪》、《齐家西学》、《童幼教育》、《修身西学》、《空际格致》,金尼阁的《西儒耳目资》,罗雅谷(1593—1638年)的《天主经解》等。

陈克宽、林一俊、李九标、李九功曾校阅修订艾儒略和卢安德(1594—1632年)的《口铎日抄》。

张庚曾校订孟儒望(1603—1648年)的《天学略义》、龙华民的《圣若撒清行实》。

熊士旗、潘师孔、苏负英曾共同校阅艾儒略的《圣梦歌》。

段衮与韩霖、卫斗枢、杨天精校阅高一志的《齐家西学》,又和韩霖共同校

① 魏特〔德〕《汤若望传》,杨丙辰译,商务印书馆1949年版,第101页。

阅了高一志的《童幼教育》、《圣母行实》及《神鬼正纪》，同时他独自一人校阅了高一志的《譬学警语》。

刘凝为马若瑟的老师，在语言学上有著述，对马若瑟创作《汉语札记》产生了影响。[①]

李天经与汤若望共译《西庠坤与格致》，并与徐光启、李之藻一起与邓玉函、龙华民共同翻译、编制了《崇祯历书》。

朱宗元为阳玛诺(1574—1659 年)的《轻世金书》润色；重新校订了孟儒望的《天学略义》，使它在宁波出版。顺治十六年又同李祖白、何世员共同校阅贾宜睦(1603—1662 年)的《提正编》。

祝石与卫匡国(1614—1661 年)合作，由卫匡国口述，祝石笔译合作而成《逑友篇》。

三、传教士的汉语学习成绩[②]

这些来华的传教士通过长期的汉语学习，在汉语写作上达到了很高的成就，这里我们从两个方面可以看出。

一是罗明坚的中文诗作。藏于罗马耶稣会档案馆的 Jap.Sin.II—159 号文献中共记录罗明坚写下的中文诗 34 首，陈纶绪神甫已经将这 34 首汉文诗译为英文，并作了初步的研究。[③] 同样在罗马耶稣会档案馆中，还有一份名为《诗韵》的抄本。[④] 中国古代文人作诗用韵要根据韵书，这些韵书都是朝廷颁布的，被称为"官书"，元代编有《中原音韵》，明代修撰的官方韵书是《洪武正韵》。《诗韵》是从东韵开始，每一韵后都标出韵词。罗明坚带回的这本韵书说明他是学习了《诗韵》的。其二，在 Jap.Sin.I—198 号文献的 188 页有用毛笔写下的词组，与其诗作中所用的词相对应，说明罗明坚把诗文的学习和写作作

---

① Knud lundbaek, Joseph de Prémare(1667—1736), *S. J. Chinese Philolagy and Figarism*, p.55, Aarhus University, 1991.

② 关于这一时期传教士的汉语研究的成就在下面专门论述。

③ Albert CHAN, S.J. , Michele Ruggieri , S.J.(1543—1607) and his Chinese Poems, Monumenta Serica 41(1993), pp.129—176.

④ 见罗马耶稣会档案馆 Jap.Sin.II—162 号文献。

为他汉语学习的重要内容。

二是传教士的汉文写作。传教士熟练地掌握了汉语,他们写出了一系列的汉语传教著作和介绍西学的著作。一个外国人能用汉语直接写作,这是一个值得肯定的成绩。明清两代的来华传教十究竟写了多少汉文著作,至今仍无法确定。《道学家传》一书是明清时期有关入华传教士的生平简介和著作收录较全的著作之一,有着很高的学术价值。全书共收录传教士 89 人,其中有中文著述的 38 人,共撰写中文著作 224 部。《圣教信证》是中国的信徒张庚和韩霖合写的一部著作①,全书记录了 92 位传教士的简要生平,著录了 36 位传教士的 229 部中文文献。② 这些著作中被收录《四库全书》的有 22 部,被收入《四库全书存目》的有 15 种。

来华的传教士开启了欧洲汉学研究的风气,拉开了欧洲人汉语学习的序幕。从第二语言学习的历史来看,他们无疑是一批成功者,他们所留下的汉语学习的经验和体会,是我们总结西方人汉语学习历史的重要材料,也是我们今天开展对外汉语教学的重要经验来源。

第二节　清中前期来华传教士的汉语学习

明清鼎革之后,并没有给当时的在华天主教带来冲击,清初的统治者对于天主教还是保持了比较宽容的态度。汤若望和南怀仁两名耶稣会士成功地巩固了他们在清廷的特殊地位,顺治帝尊称汤若望为“玛法”(满语:爷爷),命他掌管钦天监。康熙亲政后,积极学习西洋的天文、数学、物理知识。这时,有“国王的数学家”之称的五位法国耶稣会士白晋、张诚、洪若翰、李明、刘应受法王路易十四派遣,相继来到中国,深受康熙皇帝器重。1693 年,白晋作为北京

① 此文献现藏于法国国家图书馆(Bibliothèque Nationale de France)古郎书目“chinois 6903”。该书笔者 2002 年 4 月在法国图书馆读书时认真翻阅过,但并没抄录全书,幸有郑安德的整理本,可以使用。

② 其中部分文献的书名已经无法辨认,郑安德没有标出书名,这样的文献有 14 种。

宫廷特使出使法国，返回中国时，他又挑选了12名耶稣会士跟随他再次赴华。在前来中国的漫长旅途中，白晋开始向这批新来的传教士讲授汉语和满语课程。①

从顺治朝到康熙统治前40年间，传教士们不仅学习汉语，也学习满语，出入宫廷，结交权贵，天主教在华的传教事业得到了比较大的发展。

著名的中国礼仪之争后，传教士的传教活动受到了限制。康熙之后，雍正对天主教更是严谕禁教，驱逐教士。乾隆时期虽时宽时严，但几朝皇帝对待天主教的态度已经从清初的宽松政策转变成了严厉的查禁政策，且一直持续到鸦片战争前。这种禁教政策严重抑制了天主教在中国的传播发展，同时影响了入华传教士的日常生活，进而影响了他们汉语学习的进度和程度。到了乾隆后期，耶稣会士中精通中国典籍的人已大大减少。

在康雍乾三朝时期，尽管传教士们努力学习，但由于禀赋各异，汉语水平也参差不齐。有的长于写作，有的精于口语，有的则兼而有之，其中亦有不少耶稣会士在中国语言文字和中国文化的研习与探究方面取得了相当高的成就。这段时期，他们当中的代表人物有马若瑟、宋君荣、钱德明三位神父，并称为法国早期汉学三大家。

马若瑟在抵达广州之时就希望能以"中国的诗歌和文字"为专长。受老师白晋的影响，马若瑟穷其毕生精力学习汉语和中国的文学。马若瑟翻译的元曲《赵氏孤儿》1775年在巴黎刊行，这是最早传入欧洲的中国戏曲。《赵氏孤儿》后经伏尔泰改写，更名为《中国孤儿》，在巴黎上演，在当时的欧洲文坛引起较大的反响，成为中法文学关系史上的一件大事。马若瑟也是耶稣会索隐派②的重要成员，对《说文解字》和《易经》进行了深入研究，在汉学方面造诣极深，被后世学者公认为西人汉语文学专家和易学专家中的佼佼者。他的拉丁

① Ed. Voretzsch E.A., *François Froger: Relation du premier voyage des français à la Chine fait en 1698, 1699 et 1700 sur le vaisseau "L'Amphitrite"*.

② 索隐派，属于圣经类型学(typology)范畴，是一种特殊的、容易引起争议的注释解说《圣经》文本的体系。索隐派由白晋创立，其理论框架和思想倾向是通过分析文字来解释中国典籍，将中国历史纳入《圣经》体系并从中国古籍中寻找上帝的真理。

文汉文手稿《汉语札记》堪称传世力作。该书成书于1728年，首次将白话和文言同时纳入研究视野。该书无论在对汉语研究的深度上还是在所引例证的广度上，都反映出马若瑟在中国语文方面的良好修养。如雷慕沙[①]所言："传教中国诸教士中，于中国文学造诣最深者，当推马若瑟与宋君荣二神甫。兹二人之中国文学，非当时之同辈与其他欧洲人所能及。"[②]

宋君荣对中国天文学史的研究颇为深入，他的汉语和满语都非常出色，深受皇帝的器重，受命担任欧洲新来人员和中外交往事务中的翻译。后人评价说，他"把人类两种截然不同的精神产物、两种不同的语言文字，融会贯通"。[③]宋君荣翻译了《诗经》、《书经》、《礼记》和《易经》，译本用词准确，中国色彩浓厚，算是当时比较出色的译本。他被雷慕沙赞誉为"18世纪最伟大的汉学家"。

钱德明于乾隆年间来华，精通汉文，对中国历史和儒家文化深有研究，一生著作颇丰，涉及音乐、历史、文学、哲学、语言文字等方面。他和其他十几位耶稣会士编撰了《中国杂纂》，成为耶稣会时代终结前的最后一个汉学成果。这部作品与之前的《中华帝国全志》、《耶稣会士书简集》并称为耶稣会的三大汉学巨著。罗马教皇解散耶稣会的诏谕于1775年传至北京，钱德明作为耶稣会驻北京传教团的最后一任会长，留守北京，直至1793年逝世。

第三节 清中前期赴欧洲的对外汉语教师

耶稣会入华后，不仅派西方各国传教士来华传教，还将中国信徒带往欧洲培养，这些人便成为最早去欧洲的中国人。据方豪统计，1795年前往西方留

---

① 雷慕沙（1788—1832年），法国著名汉学家，东方学家。代表作有《汉文启蒙》、《亚洲杂纂》等。

② 费赖之〔法〕《在华耶稣会士列传及书目》上册，中华书局1995年版，第528页。

③ 宋君荣神甫生平，参阅费赖之〔法〕《在华耶稣会士列传及书目》，中华书局1995年版，第三一四传。

学的中国人中有姓名在录的达63人。[①] 这些人绝大多数都由传教士带去，在西方学习神学和西方哲学、语文等。他们虽没有到欧洲传授中文、讲授中国文化的使命，但他们中仍有一些人在学习西方宗教文化的同时，也兼做了传播中国文化甚至教授中文的工作。尽管他们这样做并非自觉，但从对外汉语教学史来看却有着重要的价值，因为他们是最早赴欧洲留学并在留学中向西方人传授中文及中国文化的人。

一、向欧洲君王介绍中国文化的沈福宗

沈福宗是康熙十九年(1680年)随比利时传教士柏应理到达欧洲的。他是最早到达欧洲的中国留学生之一，主要学习神学和西方文化，于康熙三十三年(1694年)返回中国。在欧洲长达14年之久，到过法国、英国，有意无意地充当了传播中华文化的使者和汉语教师。

沈福宗在法国期间曾受到法王路易十四的接见，1684年9月法国的*Mercure Galant*杂志报道了这次会见：

> 他带来的中国青年，拉丁语说得相当好，名曰Mikelh Xin。本月十五日他们二人到凡尔赛宫，获蒙皇帝召见，在河上游玩，次日又蒙赐宴。……皇帝在听完他用中文所念祈祷文后，并嘱他在餐桌上表演用一尺长的象牙筷子的姿态，他用右手，夹在两指中间。

沈福宗还借此机会向法国人介绍了中国文化，他曾向西人出示孔子像，用中国毛笔写字，通讯中又盛称需时三十年方能熟习八万中国字，可见中国人记忆力之强与想象力之丰富。并称中国学校与救济院极多，不见有乞丐。在平地上埋葬双亲，礼节隆重，且须叩头。[②]

他在自己下榻的耶稣会馆还向来访的人介绍了汉字的书写方式，汉语的发音变化。

沈福宗在欧洲时还见到了教皇、英王，英王甚至把他的画像挂在卧室中。

---

① 方豪《方豪六十自定稿》，台湾学生书局1969年版，第379～420页。

② 同上书，第388页。

其中最有意义的事恐怕是他在牛津大学同当时的东方学家海德的会见。他们一起编辑了牛津大学博德利图书馆的中文藏书目录，他还详细地向海德讲解了中文的性质。海德把沈福宗讲给他的有关中国的知识纳入了他以后出版的几本书中，还用拉丁文记录了一段对沈福宗的描述和评价："中国南京人沈福宗使我懂得很多中国知识。他由柏应理神父从中国带来，而近年来与耶稣会士在欧洲停留，并编辑巴黎版的中国哲学著作。这个年青人现年三十岁，性情善良，学习极其勤奋。为人礼貌、热情，有中国文学和哲学方面的良好教养，读过用汉文写的各种各样的书籍，而他在中国时就是早已懂得一些拉丁文的少数人之一。"①至今在海德的遗书中还藏有"沈福宗的拉丁文通信及棋谱、升官图、度量衡制以及汉文与拉丁文对照的应酬语"。② 显然，这里的汉文和拉丁文对照的生活应酬语是沈福宗所作，是为向海德介绍、讲解中文而用的，也可以说是一份最简单的对外汉语教材。

二、法国汉语教学的奠基人黄嘉略

黄嘉略是福建莆田县的一名教徒，在礼仪之争中被巴黎外方传教会的梁仁宏（1655—1713 年）于 1702 年 2 月启程带到了法国，到欧洲后被梁宏仁带到了罗马，随后返回巴黎。不久，在当时法国王家学术总监比尼昂耳（1670—1743 年）的帮助下，以法国国王中文翻译的名义留了下来。在法娶妻生女，定居生活，1716 年 10 月 13 日在巴黎病逝，时年 36 岁。③

当代学者许明龙称黄嘉略为法国本土汉语教学的奠基人，因为他编写了法国汉学史上的第一部汉语语法书和汉语词典。在他的影响下，法国本土产

① 潘吉星《沈福宗在十七世纪欧洲的学术活动》，《传统文化与现代化》1994 年第 1 期。该文是近年来对沈福宗研究最全面的论文。

② 方豪《中国天主教史人物传》第二册，香港公教真理学会 1970 年版，第 202 页；韩琦《中国科学技术的西传及其影响》，河北人民出版社 2000 年版，第 48 页。

③ 以下关于黄嘉略的叙述的材料全部来自许明龙的《黄嘉略与早期法国汉学》一书。许明龙这部著作是近年来关于西方汉学史研究最具有原创性的著作之一，甚至可以说，黄嘉略这个被历史长期遗忘的人物正是经过许明龙的研究才使其重新浮出历史，恢复了他在法国汉学史上的历史地位。对于许明龙这种创造性的学术研究，笔者在此表示敬意。

生了最早的两名汉学家弗雷莱和傅尔蒙。

当年法国对中国充满了热情与幻想，但在整个法国并没有懂得中文的人，这使得法国人很尴尬。正如傅尔蒙所说："欧洲有很多中文书，到过这个国家的传教士和旅行家的报道，既令我们对它产生了好感，也让我们对它有所了解。可是，由于没有语法书和字典，他们的书成了图书馆里毫无用处的摆设。"[①]所以，黄嘉略做的第一件事就是编写一本《汉语语法》。在弗雷莱的帮助下，1716年黄嘉略完成了这部法国汉学史上的第一部汉语语法书。遗憾的是，黄嘉略的《汉语语法》完成后书稿丢失了，所幸部分手稿和内容被留了下来。这部书一部分是介绍语法，一部分是"引导读者去认识有关中国的各种事物"。从西方汉学史的角度来说，这并不是第一部教授西方学习汉语的语法书，黄嘉略之前有卫匡国（1614—1661年）的《中国文法》和万济国（1627—1687年）的《华语官话语法》。但黄嘉略在编写这部汉语语法时并没有看到这些语法，应该说，这是他在弗雷莱帮助下独自完成的一部汉语语法书。如果从中国语言学史的角度来看，这部书的价值是不言而喻的，他是中国人所编写的第一部汉语语法书，他比马建忠的《马氏文通》整整早了172年。同时，这也是第一部中国人自己编写的汉语作为第二语言习得的汉语语法书。

黄嘉略所做的第二件事是编写《汉语字典》。黄嘉略以偏旁和部首为序编写字典，"已经完成的部分共收字5210字，分属85个部首。根据黄嘉略当时用作母本的《字汇》和《正字通》所采用的214个部首来计算，他已编写出了85个部首，尚不足一半。但考虑到笔画越多的部首，同部首的字越少，则可估计他已编出的部分可能已占计划中全部书稿的一半以上"。[②] 这部字典是为那些把汉语作为第二语言习得的法国人编写的，他在编写时尽量照顾到这个特点。因此许明龙认为，这部字典"从选字、设置词条和释义这三个方面来看，黄嘉略编得相当不错，水平高于《汉语语法》，即使在三百年后的今天读这部字典，依然令人受益匪浅"。[③]

① 转引自许明龙《黄嘉略与早期法国汉学》，中华书局2004年版，第129～130页。

② 许明龙主编《中西文化交流先驱》，东方出版社1993年版，第282～283页。

③ 同上书，第169页。

从《汉语语法》和《汉语词典》的编写情况来看，黄嘉略是最早在欧洲自觉展开汉语教学的中国人，是最早较为系统地将中国文化传向欧洲的中国人。

三、欧洲早期的中国国情教师：高类思和杨德望

高类思、杨德望是乾隆十六年（1751 年）由传教士卜纳爵带到法国的。他们在法国耶稣会学校及教会学校学习结束以后，在法国当时的国务秘书贝尔坦和路易十六执政时的财政大臣杜果的推动下，进入法国科学院学习了物理、化学等简单课程，并参观了法国的军火、纺织、印染、金属加工等工厂。两人在返回中国以前完成了关于中国国情的长篇调查报告，而这份调查报告“形成了杜果的名著《论财富的构成及分配》一书的缘起。七年之后，亚当·斯密（Adam Smith）深受此书的启发，写出了《国富论》一书，这些都是近代经济学的经典之作”。[①]

杜果是重农学派的重要成员，高、杨两人在此过程中并未充当中国语言的老师，但却充当了中国文化的介绍者，第一次较系统地比较了中国和法国在经济、科学、工艺上的区别。正是这种对中国国情的介绍和较为系统的比较调查启示了杜果，对重农学派的思想产生了影响。[②] 因而从一定意义上讲，高类思和杨德望也充当了汉语教师的角色，不过他们“教授”的不是语言、文字，而是中国国情——中国的经济、科学和工艺。

第四节　清后期来华传教士的汉语学习

道光十八年（1838 年），拥有一技之长的传教士退出历史，雍乾两朝所确定的“节取技能而禁传其学术”的政策被彻底抛弃，中西文化交流近 200 年的热烈场面荡然无存。此时“西学已被整个社会（包括帝王在内）遗忘得一干二

① 戴仁〔法〕主编《法国当代中国学》，耿升译，中国社会科学出版社 1998 年版，第 21 页。
② 谈敏《法国重农学派的中国渊源》，上海人民出版社 1992 年版，第 84～90 页。

净"[①],入华传教士的汉语学习也暂告一个段落,两年以后,英国的大炮便轰塌了虎门的炮台,中西文化关系被彻底扭转成另一种形态,西方人对汉语的学习也开始了它的新阶段。

19世纪初,英国圣公会开始向中国派遣新教的传教士,马礼逊成为新教来华的第一人。他在学习中国语言方面相当有天赋,出发前即在伦敦跟随一个叫容三德的中国人学习了一段时间,1807年到达广州两年后就能用汉语写作,并能熟练使用官话和粤语与人交流。马礼逊一生中有三大成就:其一是完成了《圣经》的汉语翻译。译文以简明为主,选用通俗易懂的口语词汇而非文言,后来又经过数次修订,成为汉译《圣经》的蓝本之一。其二是编撰了6卷本的《华英字典》(1823年)。这部字典是"当时比较权威的中西文字典,同时也开启了19世纪包括其他传教士在内的西方学者编纂类似辞书的风气,从而为近代的中西文化交流提供了不可缺少的工具"。[②] 其三是撰写了数部汉语学习的著作,如《通用汉言之法》、《汉语会话集》等,风格以实用为主;并于1818年在马六甲创办了英华学院,这是基督教新教东来以后西方人学习汉语的第一所学校,也是新教传教士入华后最重要的汉学学习基地。在他1824年返回英国短暂居留期间,又创办了东文书社,成为伦敦第一个教授汉语课的英国老师。马礼逊所做的这些开创性工作对后世产生了深远影响,不仅促进了中西文化的交流,还为英国汉学及汉语教学的创立和发展奠定了基础。

自马礼逊入华后,1829年美国(公理会)海外传道部也派裨治文来华,由此拉开了长达一个多世纪的美国对华传教活动的序幕。和以前的耶稣会士一样,新教传教士大都受过良好的教育,并对中国这个全然不同于西方的东方古国抱有强烈的兴趣,中国再度成为传教士研究和写作的主题。如果说在明清之际耶稣会士是中西文化交流的先驱,那么在晚清时期基督教新教传教士也在其中担任了重要角色。

语言是传教布道的基础,汉语是所有传教士都必须跨越的长城,为了在中

---

① 陈卫平《第一页与胚胎》,上海人民出版社1992年版,第274页。

② 吴义雄《在宗教与世俗之间——基督教新教传教士在华南沿海的早期活动研究》,广东教育出版社2000年版,第499页。

国传教，他们也必须要去了解中国语言背后的文化土壤。“一个传教士让自己根植于一个民族中时，他最先做的应该是努力掌握这个民族的语言，而且不能只是肤浅地了解，必须彻底地掌握他们的语言……使自己不仅能在普通谈话中应用，还可以用来查阅图书馆的藏书，阅读书籍。”[①]基于这样的认识，多数新教传教士往往一到中国就开始学习汉语，而且尽可能利用一切条件提高自己的汉语水平。然而由于所属教派不同，就像当初的耶稣会和其他托钵修会的分歧一样，新教在华的几个主要教派的传教路线也导致了他们汉语学习的差别。

以内地会为代表的基要派，主张直接布道，宣讲教义，散发宗教宣传品，他们对新入华的传教士宣传说有成千上万的中国人因不信上帝的信仰死去，告诫他们必须马上开始宣教。基要派重视来世和个人灵魂的拯救，重视对下层民众的传教，对中国文人和文化没有好感，自认为是上帝派来从事“救灵”工作，认为没有必要学习汉语和钻研中国文化。

以长老会为代表的自由派，则强调拯救是一个渐进的过程，重视今生，坚信通过社会渐进的教化和传布福音，可以在人间建立一个慈善公平的社会而最终实现“上帝之国”。因此他们注重文化，“以学辅教”。他们在晚清时期办报、办学、著书、译书，成就颇多。

随着大批基督教传教士进入中国，形成了西方人学习汉语的第二个高潮。同明清之际耶稣会传教士的汉语学习相比，这次高潮无论是在广度、深度、影响等几个方面都大大超过了前者。自马礼逊之后，新教传教士中也陆续涌现出来一批研习汉语的专家，英国方面有理雅各、麦都思、艾约瑟、伟烈亚力、傅兰雅等人，美国方面以裨治文、卫三畏为代表，他们在当时也是享有盛名的汉学家。

理雅各是第一个为英国汉学赢得国际声誉的人。作为第一个系统地翻译介绍中国古代经典的翻译家，他翻译并重译了儒家经典“四书五经”，其译本质

① Rev.Justus Doolittle, Justus Dooliddle's Diary（卢公明日记手稿）, Burke Library, Hamilton College.

量相当出色，享誉当时，迄今仍颇有价值，被中国学者誉为“英国汉学界的玄奘”。[①] 他也因此于1875年获得了西方汉学研究的最高荣誉奖——儒莲汉籍国际翻译奖。1876年，他从中国回国后就任牛津大学汉学讲座首任教授，在此讲授汉语及中国文学文化课程长达21年。

麦都思是英国伦敦会最早来华的传教士之一，于1835年定居上海，在上海设立了中国第一个近代印刷所——墨海书馆，这也是中国第一家西书中译出版机构。他的中文造诣很深，撰有中文著作59种，包括《汉英字典》、《英汉字典》等。

伟烈亚力是与理雅各齐名的博学之士，他把《新约·福音书》和数学教科书译成了中文。19世纪40年代他在上海的墨海书馆聘请著名数学家李善兰翻译西学书籍。李善兰与他合作，继徐光启翻译的《几何原本》的前6卷后，补译完该书的后9卷，完成了这一中西文化交流历史上的伟大译著。他著有《汉籍解题/中国文献简释》(1867年)一书，对中国的文学及典籍分门别类地加以叙说。

艾约瑟于1848年来华传教，后于1880年应中国海关总税务司赫德聘请，任翻译官一职。从北京转任上海，在上海生活了15年，最后逝于上海。他是一位著名的语言学家，对于中国的语言文学和历史进行了广泛的研究，撰写了不少有关的著作，如《中国口语语法》、《中国在语文学上的地位》等。

傅兰雅1861年来到中国后被北京同文馆聘请为英文教习，1865年赴上海担任江南制造局编译处编译。在1868到1896这28年的时间里，傅兰雅和他的合作者一起译介了大量的西方科技书籍和科学期刊，包括数学、物理学、化学、矿物学、医学等多种读物，他的译著引进了许多近代科学文明的重要知识，对于中国科学界和思想界都是一次具有重大意义的冲击。

裨治文到达中国后的第一个重大举措就是于1832年5月创办了一份英文期刊《中国丛报》，专门刊载研究和讨论中国问题的文章，成为19世纪最重要的汉学刊物之一。1833年卫三畏来华，成为裨治文有力的帮手。1841年裨

---

① 莫东寅《汉学发达史》，上海书店1989年版，第120页。

治文出版了《广东方言中文文选》，这是一部728页的大书，以简易文选的形式供西人学习中文之用；每页分三列，分列英文、中文及读音，并附注解。内容包罗万象，有如一部中国的百科全书。该书是早期利用罗马字拼音作为学习中文的一种尝试。卫三畏也陆续出版了两本汉语学习的著作：《拾级大成》和《英华韵府历阶》；他关于语言学习的代表作是《英华分韵撮要》，耗时七年始成，成为来华的新教传教士的必备之书。

除了新教的传教士，天主教传教士在澳门的汉语教学和研究也取得了比较大的成绩。葡萄牙籍天主教士江沙维，在澳门28年间，不仅编写了影响巨大的汉语教材《汉字文法》，编撰了五部双语字典，还培养了大批双语人才。

第五节　清后期的对外汉语教师

一、英国早期的汉语教师

容三德①，广东人，1804年经一位在伦敦的华人介绍，结识了当时在广州的英国东印度公司的船长威尔森，在威尔森的帮助下，他来到了伦敦并住进了当时在非洲从事殖民活动的狮子公司和非洲与东方传教会在伦敦郊区合办的非洲青年学校学习英文。在伦敦会的协调下，容三德于1805年10月8日搬到了伦敦市内和即将被派往中国的传教士马礼逊住在一起，帮助马礼逊学习汉语。伦敦会将马礼逊派往中国有三个任务：学习汉语，编写英华字典，翻译《圣经》。这三件事能否完成取决于马礼逊的汉语水平。在马礼逊来华前，能在英国找到中国人教他汉语对他来说是很幸运的。容三德从未做过对外汉语的教师，对于这份新工作，他没有任何准备，他当时除了教马礼逊中文外，还要协助他抄写当年天主教在华传教士所留下的中文《圣经》。容三德最初教授马礼逊所使用的是何种教材，已经无从查找，但他的教学效果是很明显的，马礼

① 英文名为Yong Sam-Tak，中文译名不统一，有的译为“杨三德”，有的译为“熊三德”。有的学者认为容三德是广东中山县容氏家族之后，其祖先为首位赴美学习的容闳。参阅李志刚《基督教早期在华传教史》，台湾商务印书馆1985年版，第91页注42。

逊在他的教授下，汉语水平迅速提高。容三德作为在英国的第一位对外汉语教师而载入中国对外汉语教学的史册。“在教学中文的同时，二人还到伦敦博物馆抄录中译部分《圣经》手稿，并从英国皇家学会借抄拉丁文、中文字典手稿。”[①]

朱德郎是由麦都思1836年带回美国的。当时麦都思正在对马礼逊的《圣经》中译本进行修改，“朱德郎作为抄写员协助麦都思”，这种协助很类似当年徐光启和利玛窦的关系，在中文方面，朱德郎充当着老师的角色。

英华学院是新教传教士入华后最重要的汉学学习基地，因为它的宗旨就是：“交互培养中国和欧洲文学，一方面向欧洲人教授中国文字和文学，另一方面向恒河外各个讲中文的国家如中国、安南和中国东部的藩属琉球、朝鲜、日本等教授英语以及欧洲文学和科学。”这样，“聘任欧洲籍的老师以中文教授欧洲学术以及聘任本地的中文老师”[②]就成了学校的基本方针。当时的中文老师分别有：“李先生（Lee，1820—1830年）、朱靖（Chu Tsiy，1820—1832年）、姚先生（Yaou，1824—1834年）、冉先生（Yim，1827年）、高先生（K'o，1834—1835年）和崔钧（Chuy Gwa，1835年）。”[③]除英华学院以外，南洋地区还有新加坡学院也“设有中文部，1838年4月，中文部有5名中文教师，教三种中国文言，在册学生59人”。[④] 可惜我们不知道这些中文教师的姓名。

1807年马礼逊入华以后，拉开了基督新教传教士学习汉语的序幕。但此时中国社会却日益走向封闭，逐步关闭了与外界联系的大门。1759年英国人洪任辉驾航直入天津，终被囚禁澳门8年。洪任辉事件发生以后澳督李侍光上奏防夷五事。[⑤] 他在奏书中把此事件归咎于中国人教授洋人学汉语，从而使其了解了中国的情况。其奏书中所说的“奸民刘亚扁”就是晚清第一个因教

① 吴义雄《在宗教与世俗之间——基督教新教传教士在华南沿海的早期活动研究》，广东教育出版社2000年版，第35、62页。

② 李志刚《基督教早期在华传教史》，台湾商务印书馆1985年版，第204页。

③ 同①，第334页。

④ 同②。

⑤ 这五件事是：一、禁止夷商在省住冬。二、夷人至澳，令寓居行商所设商馆，俾便管束稽查。三、禁供外夷资本及雇请以役使。四、永除外夷人传递信息。五、夷船进泊黄埔，酌拨营员弹压。

外国人学汉语而被杀头正法的中国人。当时英国洋行大班布朗曾向广西总督长麟请求学习中文,说:“英吉利国人爱学中国话,若许广东人教我们买卖人会说话,就能够通中国法律了。”长麟对这一要求明确加以拒绝,认为他“不必另雇内地民人教话,致与定例有违”。① 在这种环境下很少有人再敢教外国人学汉语,因而这一时期有名可查的充当外国人汉语教师的中国人十分有限。

杨广明为马礼逊到广东以后所聘的第一个中文老师。他是一个山西籍的天主教徒,曾长期向耶稣会士学习拉丁文。由于他要求将每月报酬从 10 元提高到 30 元,加之马礼逊认为他的中文不太好就被解雇了。② 李先生是马礼逊所聘请的第二个中文教师,曾在葡萄牙的耶稣会修院中待了 12 年。由于当时清政府严禁华人教外国人学汉语,“杨、李二人日常深恐清吏之查究,为免受刑之苦,其中一人常怀毒药于身,若遇清吏,即服毒自尽,免受牢狱之苦”。③ 另外,在伦敦时曾教过马礼逊中文的容三德从英国返回广州后继续给马礼逊教授“四书五经”。此外,他还请了罗谦与高先生做自己的中国文化老师,“马牧师有记高先生为满洲人,以教学为业;罗谦则擅长写作,其汉学基础均受二人之影响”。④

罗先生是马礼逊推荐给裨治文的中文教师。⑤

梁发,中国最早的宣教士。他原是印刷工人,后入基督教并被马礼逊封为宣教士。梁发曾同早期到广州、南洋一带的传教士接触广泛,如卫三畏、米怜、雅裨理等人,在此期间他曾帮助多位传教士学习汉语,甚至在神学书籍的翻译过程中他也起到了一定的作用。⑥

于 1813 年抵达澳门的天主教传教士江沙维(1781—1841 年),在澳门 28

---

① 林治平《基督教与中国近代化论集》,台湾商务印书馆 1989 年版,第 58、59 页。

② 吴义雄《在宗教与世俗之间——基督教新教传教士在华南沿海的早期活动研究》,广东教育出版社 2000 年版,第 36～37 页。李志刚将此人译为“杨广明”,参阅《基督教早期在华传教史》第 66 页。查方豪《同治前欧洲留学史略》一文所列的人名表中,未见到这位广东籍的姓李的人。

③ 李志刚《基督教早期在华传教史》,台湾商务印书馆 1985 年版,第 126 页。

④ 李志刚《近代儒生与基督教的冲突及其影响》,载刘小枫主编《道与言:华夏文化与基督教相遇》,上海三联书店 1995 年版,第 244 页。

⑤ 同③。

⑥ 麦沾恩〔美〕《梁发——中国最早的宣教士》,朱心然译,香港基督教文艺出版社 1998 年版。

年，其主要成就是汉语教学和研究，他所编写的汉语教材《汉字文法》是当时一部很有影响的汉语教材，“全书分九章，包括汉语语音、汉字笔画和部首、汉语语法、以问答编排的专题实用课文、中国俗语、中国历代史、作文笔法、公文程式等内容。该书不但内容丰富，包容面广，而且在多章节的编写中，融化了他对教学汉语的经验，运用了自己独特的方法”。[①] 此外他还编著了五本影响很大的辞书：《葡中字典》（又称《洋汉合字汇》）、《中葡字典》（又称《汉洋合字汇》）、《拉丁中国语本》、《拉丁中文袖珍字典》、《拉丁—中文袖珍辞汇表》。作为汉语老师，他在澳门还培养了大批双语人才，“其中最出色的，就是 1822 到 1869 年连续 47 年在市政厅担任翻译的 João Rodrigues Gonçaves”。[②]

伯多禄（1842—1912 年）是澳门历史上第一任华务局局长，19 世纪葡萄牙著名汉学家。他的学术成就主要表现在汉语教学和汉语教材的编写上。“1872 年，政府第 37 号公报，任命伯多禄在圣若瑟学院教授汉语，其课程包括：粤语的文法和口语；官话（即北京话 Pekim）的口语；中文的翻译。”[③]当时澳门汉语人才匮乏，伯多禄一人身兼五个学校汉语教师的职位，从小学到中学，从基础课程到专业课程，可以说当时他在澳门汉语教学中是独当一面。他先后编出的教材有：*O Circulo de Conhecimentos em Portuguez e China*，这是一套供在香港学习的葡萄牙儿童用的教材；*Língua Sínica Fallada*；第一册《词汇》（1901 年）、第二册《改良课本》（1902 年）、第三册《圣谕广训》（1903 年）、第四册《常用短语、口语和标准会话》（1903 年）；《教话指南》（1912 年）；《国文教科书》。此外他还翻译了欧洲汉学家编写的一些汉语教材。伯多禄在汉语教材的编写上积累了丰富的经验，他的一些编写原则至今仍具有启发意义，如他在《教话指南》的“备忘”中提到了汉语教材编写中应注意的七个问题：

① 它有一个总的培训目标：能说流畅的粤语；可阅读及理解中文商业文件；可以独立写简单的商业信件及家信；可用官话与人交谈；并且掌

---

① 参见刘羡冰《双语精英与文化交流》，澳门基金会 1994 年版，第 39、41、56、63 页。在撰写有关江沙维和伯多禄的内容时受启于刘羡冰之书颇多，在此表示感谢。

② 麦沾恩〔美〕《梁发——中国最早的宣教士》，朱心然译，香港基督教文艺出版社 1998 年版。

③ 同①。

握中文文法概要；掌握拼音知识；掌握会话和会谈的方法技巧；学习2533个汉字。

② 有分级的具体的培训目的，分级的教材和分期的教学进度。

③ 书面语与口语结合，粤语与官话结合，注意培养听、说、读、写等基本功。

④ 识字教学是初学的主要内容，最高阶段以语言的运用为核心环节。

⑤ 语音、语法、词汇各成系统，各年级有所侧重，但又浑为一个整体，反复巩固，综合运用。

⑥ 结合培训的社会要求，有的放矢。中、小学以培训商业人才为目的；政府翻译部门以培养外交、传译人员为方向。

⑦ 注意到循序渐进、培养兴趣、反复练习等教学原则，也注意到一般规律和特殊语法现象的分析。重视标准例句和常用公文程式教学。[①]

赵晓云是在厦门从事对外汉语教学的老师。曾于1892至1893年间在厦门教授荷兰人博雷尔学习汉语。

二、晚清时期第一个赴美国任教的汉语教师：戈鲲化

戈鲲化是第一位到美国教授汉语的老师，他对于美国汉学和汉语教学的发展作出了贡献，当时虽然有卫三畏在耶鲁执教汉学，但由中国人担任汉语教师则是从戈鲲化开始的。另外，戈鲲化和一般到国外留学的学生兼汉语教师不同，他是哈佛大学正式聘请的中文教师。

戈鲲化的汉语教学也很有特点。首先，他自己努力学习英文，从而为他开展中文教学和在美生活打下了一定的基础。其次，他以自己的诗集即他撰写的《华质英文》做教材，这也十分独特。“这可能是有史以来最早的一本中国人用英文写的介绍中国文化尤其是中国诗词的教材，作为中国人编写的第一部

① 刘羡冰《双语精英与文化交流》，澳门基金会1994年版。

诗词教材,它也有较大的意义。”①

三、晚清时期第一个赴欧洲任教的汉语教师:郭栋臣

拿波里的圣家学院,又称中华书院,这是1710年来华的意大利传教士马国贤(1682—1745年)创办。马国贤1724年离开中国后,于1732年在意大利的拿波里建立了圣家学院,培养中国年轻的神职人员。尽管在初期学院对中国年轻神职人员的培养并不成功,但在清中后期以后,随着中文教师郭栋臣的到来,学院在中文教学上还是取得了不小的成绩。

郭栋臣,字松柏,湖北潜江人。咸丰十一年(1861年)作为神职人员在拿波里圣家学院学习了12年,毕业后回国。光绪十二年由当时的罗马传信部招到圣家学院教中文。在这里他编写了中文教材《华语进境》、《三字经》,教材采取了中文和意大利文的对照形式。他在《华语进境》一书中阐明了对语言在文化交流中的作用和对外汉语教学的看法。首先,他指出外语学习的重要性。他认为,各民族之间如果展开文化交流,首先是语言之间的交流。其次,他通过了解西方汉学,提出中国人应自觉开展对外汉语教学,向西方介绍中国文化。在中国时他就结识了来华传教士,对他们深入研究中国文化的成就十分敬佩和赞赏,认为理雅各、儒莲等欧洲汉学家都是饱学之士。但他对这些汉学家的敬仰,只是表达他不甘在中国文化研究上落伍于这些汉学家。他认为,中国文化源远流长,“犹念我国,天下花园也,万卉千种”,我们应自觉地开展对外汉语教学。应该说,郭栋臣在汉语教学上已经有了相当的自觉性,这在晚清是十分罕见的。

明清时究竟有多少中国人在海外担任中文教师,还是一个尚未完全确定的问题,需要进一步深入挖掘史料,加以研究。可以肯定,近代以来中西文化交流频繁,到海外从事中文教育的绝非仅仅以上几人。② 对于这些对外汉语

① 张宏生编《戈鲲化集》,江苏古籍出版社2000年版,第22页。

② 1879年7月28日杜德维致查尔斯·W.埃利奥特信中说:“法国政府聘用了一名中国教师到巴黎,为新任命的法国驻华领事官及其他外交官教授初级中文。”见《戈鲲化集》,第291页。周振鹤也说:“我却知道起码有两个人到德国教过书……”周振鹤《他不是中到西方任教第一人》,《中华读书报》2001年5月9日。

教学的开拓者我们应给予深深的敬意。

第六节 明清时期在台外国人的汉语学习

一、台湾的语言环境

几千年前就居住在台湾的“山地族”(又称“高山族”)是台湾的“原住民”(目前人口约40万左右),使用的是“南岛语言”(南岛民族起源于中国内陆),包括泰耶尔分支,分布在台湾的北部山地,南投、台中、苗栗、新竹、桃园、台北、宜兰、花莲等的一部分地区;邹分支,分布在中部阿里山一带,嘉义与高雄两地接壤处,排湾分支,分布在东南部山地及东海岸平原狭长地区,遍及高雄、屏东、台东、花莲、南投等地。[①] 宋元时期(960—1368年),汉族人民在澎湖地区已有相当数量,并逐渐开始向台湾发展。明朝政府(1368—1644年)曾有组织地移民台湾。公元17世纪初,荷兰及西班牙殖民者先后入侵台湾,而后者又被荷兰人赶走,于是台湾沦为荷兰的殖民地。1662年,郑成功(1624—1662年)打败荷兰人,收复台湾。此后汉人开始大量移入台湾,闽方言大量传入台湾,且以漳州和泉州的闽方言最为普遍。台湾进入清朝(1616—1911年)版图后,清政府设台湾府(1684年),隶属福建省。一批从广东来的移民带来了客家方言。到1811年左右,台湾人口已达190万,其中多数是来自福建、广东的移民。1894年日本发动甲午战争,清政府战败,于1895年4月17日签订了《马关条约》,将台湾割让给日本。成为日本殖民地的台湾进入了一段长达50年之久的日语使用时期。1945年日本在第二次世界大战中战败,台湾回归祖国,交由国民政府接管。这一时期来自内地各方的移民,带来了吴方言、粤方言和北方方言。台湾多元语言环境的形成,与台湾近代历史有着密切的关联,“由于这些政治上的因素,一批一批的新移民来到台湾,带来了多样的语言社会”。[②]

① 孙宏开、胡增益、黄行《中国的语言》,商务印书馆2007年版。

② 竺家宁《台湾缘与台湾语——论多元的语言社会》,《海峡评论》1999年第98期。

尽管台湾的语言环境几经更迭，方言的使用也很复杂，但是“国语”一直都是官方用语，即“官话”。郑成功、刘铭传他们处理公务，用的是国语；台湾各地的书院，培育了无数秀才、举人，甚至进士，他们在书院中论学切磋，用的是国语。郑芝龙（郑成功之父）庞大的商船队，来往于五湖四海，与各地贸易通商，用的也是国语。所以，国语一直是台湾的本土语言之一。从明末各地商人的云集，到清代的设治，担任公务者、知识分子，都讲官话（即当时的国语）。即使是日本占领时代，官话也未完全消灭。日本学者国府种武曾记载据台初期，日人欲与本岛人说话，需先找懂官话的日人才能和说官话的台人沟通。[①]

今天中国大陆所称的“普通话”在台湾地区叫“国语”，“对外汉语教学”则称为“对外华语（文）教学”或“华语（文）教学”。

二、早期来台的西方人的语言学习

最早接触台湾的西方人应该是17世纪的荷兰人，“新港文书”便是这个时期的产物。“新港文书”，也有人称之为“新港文”，是今天台湾台南一带平埔族社群所留传下来的土地租借、买卖与借贷等方面的契约文书，民间一般把它叫做“番仔契”。从文书所使用的语言来看，有只使用罗马拼音字书写的单语（平埔族新港语）文书，也有使用汉语与罗马拼音字对照的双语文书。（台湾“中研院”平埔文化信息网）1636年荷兰人在新港开办了第一所学校，这所学校不仅将宗教教育制度化，而且导入了西方的读写识字能力训练。由于荷兰的教派主张以方言或口语来传教，因此就把新港语作为新港及其附近地区的共同语言用以传教，于是新港语成为学校的教学语言，并以拉丁字母将其口语书写下来，用于编辑教义问答、祈祷文等。（台湾“中研院”平埔文化信息网）贺安娟指出，传教士与殖民行政官员、商人，共同组成了将无文字之台湾社会转型的第一批人马。为了达到将基督教在台湾本土化的目的，他们编纂字典，将新教的信条译成本地语言，并进而影响了原住民的生活。[②] 由此也可见，当时荷兰传

---

① 张振兴《台湾社会语言学史五十年述评》，《语言教学与研究》1988年第2期。

② 贺安娟《荷兰统治下的台湾教会语言学：荷兰语言政策与原住民识字能力的引进（1624—1662年）》，《台北文献》1998年第125期。

教士学习语言的重点是当地居民(原住民)所使用的"新港语",而不是汉语。

此后,从欧洲、美国来的宗教团体抵达台湾之后的语言学习情况也大致相同,就是积极学习本地人(原住民)所使用的语言,而不是把重心放在汉语的学习上,因为他们学习语言的主要目的是为了和当地人沟通,而沟通的目的是为了宣扬教义,而不是政治或商业上的往来。英国长老教会的马雅各、李庥、巴克礼,都先后在厦门学习了闽南话,后来才辗转到了台湾传教并学习当地语言。

医生马雅各于1869年在府城(现在的台南)创设了"信徒造就班",后来更名为"传道者速成班",1875年改为"传教师养成班",1876年与打狗(旗后,即现在的高雄)的"传道者速成班"合并,在府城创办了"大学",也就是现在"台南神学院"的前身。首任校长是巴克礼。

根据台湾圣经公会的介绍,那时在台湾民间虽然已设有汉学教育的私塾,圣经也已有汉文《和合本》,只是民众识字的情形并不普遍,对传教士教导信徒读圣经产生很大的困难。马雅各在探访平埔族人期间,曾见到过他们拥有17世纪(荷兰人据台时代)以罗马字系统书写的契约文书(新港文书);由于马雅各到台之前,曾在厦门接受过以罗马字系统学习方言的训练,于是他与助理等人利用工作之余着手以白话字(即教会罗马字或称为台语罗马字)翻译新约圣经。马雅各在1872年利用返国休假时继续翻译白话字圣经,并于1873年监印完成了白话字的第一本新约圣经《咱的救主耶稣基督的新约》。

据巴克礼自己的记载,他对推动信徒读经有一种使命感。从他初抵台湾,就确信三件事:第一,若要有健全而有活命的教会,每一信徒不分男女,都要研读圣经。第二,这个目标,使用汉字是达不到的。第三,使用罗马拼音的白话字,可达到这个目标。

巴克礼是最为热心推动白话字的人,他认为荷兰在台宣教失败的原因,是没有把圣经译成本地语言,以至于没有人能看懂圣经。与学习汉文相比,学习白话字(教会罗马字)只需要几个月的时间就可以掌握,而学习汉文则需花费几年的时间。他们并不是反对教友学汉文,而是鉴于传教的迫切需要。要使信徒们自己阅读圣经、灵修及查经,唯一的办法是推行白话字。1880年,教会正式决定，教会中各级学校教白话字，并要求传教士都要学习掌握。

在推行白话字的工作上，巴克礼认为，需要一个出版部门来促进白话字的运动，以达到造就信徒、发展教会的目的。1880年英国母会（巴克礼所属的英国教会）捐赠了一架罗马字的印刷机，由安平运抵台南，这是台湾的第一台印刷机。1884年开始印刷，成为台湾印刷业之滥觞。1885年，用白话字刊印的"台湾府城教会报"正式出刊。这可能是东南亚最早，也是持续最久的一份教会报刊，如今称为"台湾教会公报"（周刊）。

加拿大长老教会于1872年派遣传教士乔治·莱斯里·马偕，中文名叫偕叡廉（偕叡理，台湾人称"马偕博士"）到台湾。他设立了"理学堂大书院"，因感怀其故乡加拿大牛津郡乡亲的大力捐款相助，英文名取"OXFORD COLLEGE"，故后人又称之为"牛津学堂"，是现今"真理大学"的前身。当时，传教士被派到某个地区，要学习当地语言，可既没有教师，也没有适用于初学者的书，怎么办呢？马偕牧师所用的方法，可能是比较典型的。1988年7月3日的《台湾教会公报》第1896期曾经刊载过马偕博士学习闽南话的情况。

三、传教士所编写的工具书情况

传教士们为了方便自己和其他新进的传教士学习当地的闽南话，编写了许多厦门音字典，成为他们学习语言的重要的工具书。

马偕编的《中西字典》，是最早用闽南音注释的汉字字典，出版于1893年。这本字典所收的字数有9451个，每个字用罗马字注闽南话的读音并解释其义。我们从马偕于1891年7月3日所写的序文里可以清楚地看出此书编纂的经过：马偕从上海长老教会出版社，即上海美华书馆得到了一本按部首及笔画编排的汉字刻版字典（字表），共有6664个字。他把这些字抄写在笔记簿上，逐渐完成其注音及释义。初稿成后，许多传教士和门徒要求刊行"手抄本"，于是开始与学生合作编纂此字典，让门徒连和与刘澄清编列汉字，汪式（氏）金抄写，严彰以罗马字写读音和解义。在计划出版时将原字表删去台湾未曾使用的若干字，另增加由圣经、中国经典及卫三畏编的《汉英韵府》（1874

年)等选出的字,这样共集字 9451 个。[①] 后来还有甘为霖(1841—1921 年)编写的《厦门音新字典》等。以下是周敦人对这本字典的介绍:《厦门音新字典》,简称"甘字典"。字典所收的字汇来源很多,包括《康熙字典》、《十五音》(即 1818 年谢秀岚所编的《汇集雅俗通十五音》,是台湾当时流行最广的漳州韵书,虽然是一本韵书,但是全书收录字汇约 14000 字)以及其他西洋人所编的字汇,其音则取自漳泉台三地通行的土音,以单音字编成而按音排成次序。每字原则上占一行,有白话字的注解以及范例;遇到一字有数音时该字就出现在数处,如"鸡"字可读为 ke 也可读为 koe,所以就见于两处。这本书在 1913 年初版问世,马上就受到本地人极大的欢迎。字典以外还有附录,包括普通地名及人名、圣经的地名及人名、字姓、六十甲子及季节,字部表等等。1924 年出第二版,其后又陆续增订再版,到现在已经出了十五版。周敦人拥有一本 1961 年的版本,算是第八版,全书共 1134 页,收集有 15000 余字。此版本附加了"汉字的目录",而且在汉字旁也加注中文的注音符号;地名和人名也由原来的英文和白话字对照增订为英文、中文、白话字三种由左至右并排的字面,因此这本字典的用途就更加广泛了。[②]

四、结语

从以上的介绍可以看出,明清时期外国人在台湾的语言学习,与当时台湾的基督新教、天主教会有密切的关系。而那时台湾的语言环境仍然处在一个尚未稳定的阶段,文字记载方面更是亟待完善。欧美的传教士借助医疗、兴学、传讲教义来达到宣传宗教的目的,而医疗、教育、讲道都和语言息息相关,于是学习与当地百姓沟通的语言就成了传教士的首要工作。这个时期外国人更多的是以各种方式学习原住民的语言以及闽南话、客家话等方言。传教士们所编撰的教材、字典,翻译的宗教著作也因此成为研究台湾语言和语言学习状况的重要资料。

---

① 参见《台湾教会公报》第 1897 期,1898 年 7 月 10 日。

② 周敦人《历史上五本重要罗马拼音字的工具书及其编者简介》,《公论报》,2004 年 12 月 7 日,第 11 版。

第七节 西方近代以来的汉语学习进程对于汉语研究的意义

大航海以后,西方经历了400多年(1500—1910年)汉语学习的历史,为我们留下了一笔丰富的学术遗产。这笔遗产不仅对于研究西方汉学史具有重要意义,而且对于中国汉语本体的研究,对于比较文化、比较语言学的研究,对于今天对外汉语教学的研究,都具有重要的学术意义。我们只能概略地对这一学术遗产作简单的梳理和评价,以便以后学界展开深入研究。

一、近代以来欧美本土的汉语学习

欧洲文化界对中国语言的认识最早是从入华传教士写的有关中国的书籍上看到的。据说中国方块字第一次出现在欧洲书籍中是在西班牙传教士门多萨的《中华帝国史》中。影响较大的是基歇尔的《中国图说》,他在这本书中首次公布了中国的一些象形的古文字,引起了人们广泛的兴趣。特别是他首次将《大秦景教碑》的碑文编成了拉汉对照词典,有发音、有词义,这恐怕是欧洲人学习汉语的第一部拉汉词典。[①]

明清时期,在欧美大陆的西方人对汉语的学习有两个共同的特点:

第一,汉语学习和教学与汉学研究是紧密联系在一起的。这一时期汉学是在东方学的范围之中的,学习汉语在西方仍是一门“显学”,汉语教学根本不可能作为一门外语教学独立出来。当时从事汉语教学的教师同时也就是研究汉学的专家,如法国的第一位汉学教授雷慕沙既有关于汉语教学、汉语言研究的著作,如《中文起源和构成》、《汉字中的一些多音节字》,还有大量的有关中国传统历史文化的论文和著作,如《耶律楚材传》、《佛国论》等。

其实这个特点一直持续到今天,在西方的大学中很少有专门将汉语作为

---

① Athanasius Kircher, *China Illustrata*, Kathmandu Nepal, 1979.

第二语言学习的系，大部分汉语教学科目都是作为汉学系1—3年级的课来开设的。这个特点对我们今天理解国内的“对外汉语教学”学科的建设有一定的启示意义。应该说随着中国的发展，在西方大学的外语类教学组织中可能会逐步出现一些专门教授汉语的单位，但这只是一个发展方向，将会有一个漫长的过程。

第二，这是一个“专业汉学”和“传教士汉学”并存的时期。自从法国1814年正式设立汉学教席以后，“专业汉学”逐步取代“传教士汉学”，汉学开始逐渐摆脱传教学的范围而纳入高等教育的范畴之中。但这一时期二者仍是若即若离，共同发展。尤其是鸦片战争以后，基督教新教传教士入华，他们取代了原耶稣会在华的地位，这些传教士返回西方后不少人担任了汉学系的负责人，如美国的卫三畏，德国的卫礼贤大都如此。这个特点对汉语教学也产生了影响，不少汉语教学机构仍设在教会内部，学习汉语的学生不少仍是即将入华的传教士。

二、开创了汉欧双语词典的编纂工作

中国的双语词典有着悠久的历史，佛教传入中国后，僧人们为了让汉人学习佛经就开始编写汉语和梵语的双语词典。而汉语和欧洲语言的双语词典的编撰则起源于大航海后西方传教士的东来。根据目前的了解，“第一部中外合璧的字典，是1575年到达福建沿海的西班牙奥斯定会会士拉达(M.de Rada)根据家州土音(闽南话)用西班牙文编著的《华语韵编》”。[①] 明末耶稣会入华以后，最早的双语词典是由罗明坚和利玛窦编纂的《葡汉辞典》。该词典大约形成于1584到1588年之间，直到1935年才被意大利汉学家德礼贤(1890—1963年)在耶稣会档案馆发现，近几年才有人对其作较为深入的研究。该词典“葡语词汇约收6000余条，而与之对应的汉语字词只有5460多条，有540多条葡语词汇未填汉语对应词”。[②] 但该词典在西方人的汉语与西方语言的双

① 吴孟雪《明清时期欧洲人眼中的中国》，中华书局2000年版，第6页。

② 杨福绵《罗明坚、利玛窦〈葡汉辞典〉所记录的明代官话》，《中国语言学报》第5期，商务印书馆1995年版。

语词典编纂史上有着不可取代的学术地位。

其一，它是最早的汉语—西方语言对照词典之一。虽然此时中国已有《华夷译语》，但主要是汉语与少数民族及邻国语言的对照词典，真正的汉语与欧洲语言对照的双语词典应是从《葡汉辞典》开始。

其二，它是最早的用罗马字母给汉字注音的系统，实际上是最早的汉语拼音方案，这一点下面还要专讲。

其三，它为研究晚明语言学提供了第一手材料，杨福绵认为，根据这个词典可以判定明朝时的中国官话是以南京话为基础的。[①]

《葡汉辞典》作为入华传教士所编的第一部葡汉词典还较为粗糙，因为它属于初创，在声母和韵母拼写法上，尚未完全定型，甚至有些模糊混淆的地方。但明清之际入华传教士，尤其耶稣会士沿着罗明坚、利玛窦所确立的方向不断努力，编纂出了一大批双语词典，甚至多语词典，数量之大，成就之高都是令人吃惊的。王立达认为，1575 至 1800 年间，传教士曾编过 60 多种汉语或汉外对照类辞书，大部分为抄本，约有 50 多种保留至今。[②] 但根据费赖之的记载，在此期间入华耶稣会士不仅编写了双语对照词典，而且还编了多语对照词典，如孙璋（1695—1767 年）的《汉蒙法语字典》，钱德明（1718—1793 年）的《满法字典》、《满、藏、蒙、汉、梵字典》，魏继晋（1706—1771 年）的《六种语言大字典》（将汉语与拉丁、法、意、萄、德相对照）。

在欧洲本土，各类汉外双语词典也不断出版。德国早期汉学家门采尔（1622—1701 年）所写的《中文、中文写作和中国官话发音的钥匙》是一部识字与发音的词典，米勒编的词典《中文钥匙》曾对莱布尼茨影响很大。在俄国作东方学研究的德国籍院士巴耶（1694—1738 年）写了《中国博览》（*Museum Sinicum*）（1730 年），书中介绍了中文的书写、字形，这部词典无论在俄国汉学史

① 关于明代官话的讨论，参阅叶宝奎《明清官话音系》（厦门大学出版社 2001 年版），对这个问题的解决在很大程度上要依靠来华传教士所留下的语言材料，在这个意义上也体现传教士汉语学习研究的重要性。

② 王立达《汉语研究小史》，商务印书馆 1963 年版，第 12 页。

上还是在德国汉学史上都有重要意义。[1] 18世纪规模宏大的《汉法拉词典》在拿破仑的支持下于1813年由法国皇家印书局出版，“这是一项名副其实的巨大工程，硕大的汉文方块字(1.4万个左右，字体为40点，大于1厘米)。其中大部分的汉字是木刻版；由法国工匠从近一个世纪之前的傅尔蒙时代开始制作”。[2]

进入19世纪以后，随着基督教新教传教士的入华，新一轮的双语词典编纂热潮兴起，如马礼逊的《华英词典》(1822年)、《广东省土话字汇》(1828年)，裨治文的《广州土话注音》(1841年)，吉士的《上海土白话入门》(1855年)，高第丕的《上海土音字写法》，慕维廉的《英汉字典》(1848年)，合信的《英汉医学词汇》(1858年)，鲍康宁的《汉英分析字典》，禧在明的《袖珍英汉字典》(1910年)等。据吴义雄统计，在1849年之前，西方各国学者编著的这类书籍有40种。[3]

1807年以后新教传教士所编著的各种中文词典

书　名	作　者	出版时间	出版地点
Dictionary of the Hokkeen Dialect of the Chinese Language 福建省土话词典	麦都思	1837	澳　门
Vocabulary of the Hikkeen Dialect　福建省土话字汇	戴耶尔	1838	新加坡
A Chinese Chrestomathy in the Canton Dialect 广东方言中文文选	裨治文	1841	澳　门
A Lexilogus of the English, Malay and Chinese Languages 英文—马来文—中文词典	英华书院教材	1841	马六甲
First Lessons in the Tiechiw Dialect 潮州土话初阶	粦为仁	1841	曼　谷

① Knud Lundbaek, *T.S.Bayer* (1694—1738) *Pioneer Sinologist*, Curzon Press 1986.

② 戴仁〔法〕主编《法国当代中国学》，耿升译，中国社会科学出版社1998年版，第23页。实际上德经这部词典是在早期来华的天主教传教士所编的汉拉词典的基础上，将其译为法文而成的，德经只署了自己的名，最终被雷慕沙指出了事实的真相。

③ 吴义雄《在宗教与世俗之间——基督教新教传教士在华南沿海的早期活动研究》，广东教育出版社2000年版，第500～502页。

续表

Easy Lessons in Chinese, adapted to the Canton Dialect 拾级大成	卫三畏	1842	澳门
Chinese and English Dictionary, 2vols 汉英词典 2 卷	麦都思	1843	巴达维亚
An English and Chinese Vocabulary in the Court Dialect 英华韵府历阶	卫三畏	1844	澳门
Chinese Dialongues, Questions and Familiar Sentences 汉英对话、问答与例句	麦都思	1844	上海
A Chinese and English Vocabulary in the Tie-chiu Dialect 汉英潮州土话字汇	高德	1847	曼谷
The Beginner's First Book in the Chinese Language (Canton Vernacular)中文入门(广州土白)	地凡	1847	香港
English and Chinese Dictionary, 2vols 英汉词典	麦都思	1848	上海
English and Chinese Student's Assistant, or Colloquial Phrases, letters & c.英华学生口语手册	袁德辉	1826	马六甲

如果说《葡汉辞典》反映了早期天主教传教士入华时在语言上的一个努力,那么马礼逊的《华英词典》则代表着 1840 年以前新教传教士在双语词典方面的努力与成就。《华英词典》共分三部。第一部名为《字典》,由三卷组成,2700 多页,主要依据《康熙字典》编译而成,马礼逊在序言中说:"《字典》的第一部分的排列和字数就是根据《康熙字典》,字的释义和例子也主要取自《康熙字典》,取自本人应用汉字的常识,取自罗马天主教徒字典的手稿,摘自中国学者和有目的阅读的各种著作。"①第二部名为《五车韵府》,2573 页,分为两卷。第一卷主要根据中文的发音,按英文字母排列汉字,使人了解每个字的声调、发音,同时还附有罗马天主教士未刊的《字母字典》和广东方言发音,来帮助人

① Rokert Morrison, A Dictionary of the Chinese Language in Three Parts,《字典》Vol.1 序言,第 9 页。这里的引文转引自谭树林的博士论文《马礼逊与中西文化交流》的抽样本,第 35 页。在此对黄时鉴赠送笔者谭树林的论文抽样本表示感谢。

们查字。第二卷则按汉字的偏旁和字根来排列。《华英字典》的第三部是《英汉字典》,480页。《华英字典》是近代以来西方人在学习汉语过程中所编字典的一个典型代表,其学术贡献十分明显:第一,这是第一部汉英字典,对西方人学习汉语起到了重要的作用。法国汉学家雷慕沙说:"马礼逊博士的《华英字典》与其他字典相比,具有无可比拟的优点。"第二,这是第一部英汉字典,对于中国人学习英文来说功不可没。

双语词典史研究仍是一个亟待开发的研究领域,西方人,特别是来华传教士在这个领域所取得的成就和学术贡献是巨大的,我们应从跨学科的多重角度来重新认识这批双语词典的学术价值。我们认为以下几点是重要的:第一,这批双语词典开创了西方人早期汉语学习词典的历史,它们是在中国和欧洲编写或出版的第一批汉语学习的词典,只有将这批词典作彻底研究,我们才能梳理出早期西方人汉语学习的特点和规律。这批词典的研究对于我们今天编写对西方人的汉语教材仍有很大的学术意义。第二,这批双语词典对于研究中国外语教育史具有极为重要的学术意义。虽然这批词典主要是为了学习汉语而编写的,但它们同时也提供了最早的学习西方语言的双语词典。例如马礼逊的《英华词典》对于研究中国的英语传播史具有奠基性的作用。第三,这批词典对于研究中国语言学史具有重要的学术价值。这批词典中不仅保留着大量的明清两代的语音材料,特别是各地的方言材料,同时词典中的词汇是中国最早出现的西方文化的外来词,对于研究中国的近代外来词是不可缺少的。同时,这些外来的新词又给我们提供了研究中国近代文化思想史的新材料和新角度。因此,这一研究领域的开拓具有跨学科的重大学术意义,我们期待年轻的学者在这个研究领域大有作为。我们认为,对这批双语词典的研究将开拓出世界汉语学史、中国外语教育史和中国语言学史研究的新天地,同时也将奠定西方汉学史研究的基础。

三、开拓了中国语法的研究范围

西人入华以后第一部关于中国语法的研究著作是多明我传教士弗朗西斯科·瓦罗(中文名为万济国)用西班牙文所编的《华语官话语法》。这本书

1703年在广州木刻出版。作者想把汉语纳入印欧语法体系之中，他编写此书时所依据的就是1481年艾里约·安多尼奥·内不列加所编写的《文法入门》。

瓦罗首开汉语语法研究，功不可没，但书中真正探讨语法的部分不足30页。另外，他对中国文献、语法资料的了解十分有限（全书没有一个中文），因而在中国方面几乎没有任何影响。但在西方的汉语研究史上仍有其学术价值。[①] 实际上在瓦罗的《华语官话语法》出版以前，意大利来华传教士卫匡国（1614—1661年）的手稿《中国文法》已经开始在西方流传，并引起一些西方学者的注意。[②]

被梁宏仁带到巴黎的中国教友黄嘉略1716年完成的《汉语语法》是一本重要的书。此书虽未出版，但在法国汉学史上是有意义的。全书分两部分，第一部分讲汉语语法、语音、生活用语、书面用语，第二部分介绍中国的一般情况。[③]

真正开拓了中国语法研究的是法国入华传教士马若瑟，他的《汉语札记》1728年写于广州，1831年在马六甲出版，1847年才被裨治文从拉丁文译为英文出版。《汉语札记》在西方汉语学习、研究史中有着不可取代的地位，它表现在以下几个方面。

第一，它是西方第一部系统的中国语法著作。瓦罗虽首开中国语法研究，但他基本上仍是以拉丁文语法来套中文语法，而且仅有30页的内容，只称得上一个大纲。马若瑟的书仅从中国各类文献中引用例句就有13000余条，虽然仍有印欧语法体系之痕迹，但他“力求越出欧洲传统语法的范畴”[④]，努力从中文文献本身概括出自身的语法规律。无论从其规模、体系，还是文献的丰富

---

① 参阅瓦罗〔西〕《华语官话语法》，外语教学与研究出版社2003年版。许明龙主编《中西文化交流先驱》，东方出版社1993年版，第277～280页；商务印书馆2000年版，第151页。

② 卫匡国的《文法》一书不久将出版，放在张西平、马西尼〔意〕主编的《中国和意大利文化交流史》丛书系列之中。参阅白佐良《卫匡国的“中国文法”》，载任继愈主编《国际汉学》第15辑，河南教育出版社2007年版。

③ 许明龙主编《中西文化交流先驱》，东方出版社1993年版，第277～280页；商务印书馆2000年版，第151页。

④ 戴密微〔法〕《法国汉学史》，载戴仁〔法〕主编《法国当代中国学》，耿升译，中国社会科学出版社1998年版，第15、16页。

性来看，把他称为“西方人研究我国文字之鼻祖”，当之无愧。法国汉学家戴密微(1894—1979年)把这本书称为“19世纪前欧洲最完美的汉语语法书”[①]是十分恰当的。

第二，它是首次把汉语分成白话和文言两部分来研究的著作。汉语的书面语言和口头语言历来有很大区别，许多入华传教士在学习汉语中都感到了这一点。马若瑟敏锐地意识到这个问题的重要性，并在《汉语札记》中区别对待白话与文言。白话部分的材料大多取自元杂剧以及《水浒传》、《好逑传》、《玉娇梨》等小说；而文言部分的语言材料则主要取自先秦典籍、理学名著等。若把马若瑟的这一尝试放到中国语言学史中，就可显示出其学术价值。中国近代汉语的发展过程就是一个解决书面语与口语严重脱节，而不断用现代书面汉语取代文言的历史过程。明清时的白话文运动，黄遵宪、裘廷梁、陈荣衮开启了对文言文的批评，而“五四”时的白话运动则将反对文言文、提倡白话文与反封建联为一体，在陈独秀、胡适、钱玄同、鲁迅、刘半农等人的努力下，终于使白话成为现代汉语的主体。[②] 1920年“学校语文课程也发生了突变，首先把小学儿童三千年一贯诵读的文言文改为白话文，因而把课目名称‘国文’改为‘国语’……这就意味着：一、是现代的汉语，不是古文(文言文)；二、是大众的普通话，不是某一阶层的‘行话’和某一地区的‘方言’”。[③] 这说明白话进入学校到1920年才成为现实，而1924年黎锦熙的《新著国语文法》“第一次系统地研究了白话文语法，形成了一个完整的语法体系，使语法知识得以普及……”[④]因而，马若瑟这本书实际上开创了中文白话语法研究之先河。

第三，它是近代以来汉语语法的奠基石。近代以来的汉语研究在三个地域展开：一是在欧洲本土，二是在港澳、南洋一带，三是在中国本土。马若瑟的《汉语札记》对这三个地域的中文语法研究都产生了影响。

雷慕沙是“第一位在欧洲仅从书本了解中国而成功地掌握了有关中国广

① 方豪《中西交通史》，岳麓出版社1997年版，第963页。

② 何九盈《中国现代语言学史》，广东教育出版社2000年版，第130～173页。

③ 黎锦熙《新著国语文法·今序》，商务印务馆1998年版，第19页。

④ 张拱贵、廖序东《重印新著国语文法序》，载《新著国语文法》，商务印书馆1998年版，第5页。

泛知识的学者”。[①] 在欧洲本土最早出版的中国语法书是从德国前往彼得堡的汉学家巴耶，《中国博览》这本书不仅介绍了中国的文字，也是欧洲最早介绍中文语法的书籍。[②] 当时法国学者傅尔蒙（1683—1745 年）在 1742 年也出版了一本中文语法书《中国官话》，但当代学者认为该书抄袭马若瑟书很多，其水平远赶不上马若瑟。在欧洲汉学界影响最大的汉语语法书是由法国汉学教授雷慕沙写的。雷慕沙在法兰西学院开设汉语课程所参考的主要就是马若瑟这部书，一百多年来，这部手稿藏在图书馆无人问津，经雷慕沙的学习、介绍，它才渐为人知。雷慕沙 1822 年出版的第一部语法书《汉文启蒙》就“受到了此书的启发”。从此以后，“雷慕沙在法国大学开创了公开研究汉语，包括民间汉语和古典汉语的先河。从此，有关汉语语法的著述便不断增多了”。[③]

在亚洲，新教传教士马礼逊于 1811 年写了《通用汉言之法》，1815 年正式出版。他按照英语语法特点对汉语进行了研究，“他将英文的基本语言规律也当作中文的语言规律，而将中文纳入他非常熟悉的母语的语法结构中……作为第一部系统论述中国语法的著作，该书在汉语语法研究史，具有开拓性意义”。[④]

1898 年由马建忠所出版的《马氏文通》是在中国本土、由中国学者所出的第一部中国语法书，王力把这一年作为中国现代语言学的开始之年。《马氏文通》对中国语法学的建立功不可没[⑤]，但有些国外学者认为，马若瑟的著作“确实对《文通》起了影响。这部著作，实际上也许可以说是马建忠在上海森伊捏

---

① 戴密微〔法〕《法国汉学史》，载戴仁〔法〕主编《法国当代中国学》，耿升译，中国社会科学出版社 1998 年版，第 27 页。

② 何莫邪〔德〕《〈马氏文通〉以前的西方汉语语法书概况》，载《文化的馈赠——汉学研究国际会议论文集·语言学卷》，北京大学出版社 2000 年版。

③ 贝罗贝〔法〕《二十世纪以前欧洲语法学研究状况》，载侯精一、施关淦主编《〈马氏文通〉与汉语语法学》，商务印书馆 2000 年版，第 157～158 页。

④ 吴义雄《在宗教与世俗之间——基督教新教传教士在华南沿海的早期活动研究》，广东教育出版社 2000 年版，第 486、488 页。

⑤ 说马建忠是“第一次为汉语草创了一个完整的语法体系”显然不妥，在此之前的传教士语法书已出版很多。姚小平的意见较为中肯，他认为在对马建忠地位的评价前加上一个“在中国学术圈内”或者“在中国语言学的历史上”这样一个限定语更好些。见《当代语言学》1999 第 2 期。

斯(Saint Ignace)教会学校读书期间,最早接触的语法著作之一。……实际上,我们知道当时该教会学校的耶稣会神父就是用这部著作作为语法参考书的。同时,不难看出这两部著作有着共同点,特别在组织结构方面”。这个问题还有待进一步从史料和内容本身去加以论证,但贝沃海力的这个意见有一定的合理性,说明了马若瑟的书和《马氏文通》之间的某种联系。姚小平在谈到这个问题时有一段很好的说明,“在世界汉语研究史上,《文通》并非第一部完整的、构成体系的汉语语法,也并非第一次系统地揭示出古汉语语法的特点。《文通》的历史功绩在于,它创立了中国人自己的语法学,打破了文字、音韵、训诂的三分天下,使中国传统语言文字学向现代语言学迈出了坚实的一步。……《文通》永远值得我们纪念,但对《文通》以前的历史,我们也应尊重,在那段历史未澄清之前,我们对《文通》的功过得失便不可能有全面认识”。[①]

马礼逊以后,西方人对编写中文语法的兴趣一直没有减弱,主要有:

(1) 1814 年马士曼出版了《中国言法》。

(2) 1829 年江沙维出版了《汉字文法》。

(3) 1835 年比丘林出版了《汉语语法》。

(4) 1853 年艾约瑟出版了《上海方言口语语法》;1857 年艾约瑟出版了《官方语言语法》。

(5) 1856 年巴赞出版了《官话语法:汉语口语的基本法则》。

(6) 1857 年尚特出版了《汉语教课本,演讲、自修时可以用的》。

(7) 1863 年苏谋斯出版了《汉语手册(上、下)语法及文选:为汉语学生的人们并为其提供初级学习材料而编写》。

(8) 1864 年罗存德出版了《汉语语法》。

(9) 1867 年威妥玛出版了《语言自迩集》。

(10) 1869 年儒莲出版了《汉语的新句法》。

(11) 1876 年童文献出版了《汉语口语及书面语的语法 · 第一卷:口语;第二卷:书面语》。

---

① 姚小平《〈汉文经纬〉与〈马氏文通〉——〈马氏文通〉历史功绩重议》,《当代语言学》1999 年第 2 期。

根据考狄书目统计，到 1921 年，西方关于中国的语言书籍有 1228 部；根据伦敦图书馆《1500—1800 西方关于中国的书》统计，这一时期有关中国语言的书有 92 部；根据费赖之统计，入华耶稣会士有关中国语言的手稿和著作的书有几十部。这足以说明西方近代以来对中文语法之重视。

从马若瑟开始到 19 世纪，西方人对中国语法研究的总结性著作是德国甲柏连孜（1840—1893 年）的《汉文经纬》，全书共分三卷，549 页。第一卷总体介绍了中国的一般性特点、汉语的历史及汉字的书写等；第二卷具体分析了汉语的语法特点；第三卷以原始的中文语言为材料，说明中文多种表达方法。

由于甲柏连孜并不是汉学家而是著名的语言学家，因而他对中文语法的理解更为独特，根据姚小平的研究，他的汉语语法观有以下五个方面。

第一，甲柏连孜把汉语的（实）词划分为 9 类，即叹词、摹声词、指代词、名词、部分—关系词、数词、形容词、动词、否定词。①

第二，甲柏连孜认为，汉语句法的基础是若干条相对固定的词序规则。语法句子的必要成分是主语和谓语，分词可以不变。

第三，虚词。

第四，汉语的格，他认为有五种格："①主格，名词在动词前，作主语；②表格，名词处于句末，不受动词支配；③宾格，名词处于动词（或介词）之后，受动词（介词）支配；④属格，一个名词的后面跟着另一名词，前者为后者的限定语；⑤状格，名词直接或间接处于形容词或动词之前，起着说明、限定作用。"②

第五，心理主语。

莫东寅在《汉学发达史》中认为甲柏连孜是"以语言学者贡献于汉学研究"。③ 当代德国汉学家 Eduord Erkes 认为："《汉文绎纬》在汉语研究史上开

① 姚小平《〈汉文经纬〉与〈马氏文通〉——〈马氏文通〉历史功绩重议》，《当代语言学》1999 年第 2 期。

② 同上。

③ 何莫邪〔德〕《〈马氏文通〉以前的西方汉语语法书概况》，载《文化的馈赠——汉学研究国际会议论文集·语言学卷》，北京大学出版社 2000 年版。

辟了一个新的篇章。以往的著作,从18世纪马若瑟的《汉语札记》到肖特(W. Schott)、恩德利希(Endlicher)和儒莲的语法,对汉语的语法现象已作了系统、明白的解说,但对汉语的语法结构和其他特点还不甚了了。在甲柏连孜以前,人们一直无意识地受到一种成见的左右,即认为应该根据拉丁语的模式衡量每一语言、建立每一语法。甲柏连孜第一个彻底摆脱了这种成见,认识到了一种印度支那语言的特性。"①

从马若瑟到甲柏连孜,西方的汉语语法研究达到了一个新的高度,何莫邪甚至认为甲柏连孜的这本书"是西方至今最著名的、资料最丰富的古代汉语语法书"。②

四、开启了中文拉丁拼音化的历程

汉字音韵的字母之学正式产生是在唐代,敦煌发现的唐人《归三十字母例》和守温韵学残卷的三十字母都是很好的证明材料。清代音韵学有了更进一步的发展,但以拉丁字母注音汉字却开始于明末耶稣会入华以后。

根据近十年的最新研究,第一个制定拉丁注音表的是罗明坚和利玛窦在肇庆时所编的《葡汉辞典》,这部词典不仅在汉外双语词典编纂史上有着独特的地位,同时它在汉字的拉丁字母注音史上也有着极其重要的地位。

词典的排列是一行葡语单词,一行罗马字,一行汉语词,通过这种平行的对比排列,使传教士可以根据罗马字的注音读出中文的字或词。例如:

葡语词	罗马字	汉语词
Bom parecer	piau ci	嫖致,美貌,嘉("嫖"为"标"之别字)
Escarnar	co gio	割肉,切肉,剖肉
Espantadigo	chijn pa	惊怕,骇然,惊骇
Esperar,cofiar	van,cau,sin	望,靠,信
Estudar	to sciu	读书,看书,观书

---

① 何九盈《中国古代语言学史》,广州教育出版社2000年版,第140页。

② 何莫邪〔德〕《〈马氏文通〉以前的西方汉语语法书概况》,载《文化的馈赠——汉学研究国际会议论文集·语言学卷》,北京大学出版社2000年版。

Fallar　　　chiācua,sciuo cua 讲话,说话

Fallar Mādarin　cuoōcua,cinyin　　官话,正音(案 Mādarin 即 Mandarin)

杨福绵认为,"这是罗氏在肇庆学习汉语汉文时所创制的最早的罗马注音,不过系统尚不完备,例如无送气音和声调符号;声母和韵母的拼法尚未完全一致,不免有模棱含混的地方"。[①] 几年前笔者在中国国家图书馆工作时增发现一份拉丁字母和汉字对照的稿本,1999 年国家图书馆在《中国国家图书馆古籍珍品图录》一书正式公布了这份文献[②],并注明这是利玛窦所作,时间为 1588 年。

这份文献不仅在中国基督教思想史上有着重要意义,在中国语言学史上也有着重要意义。从时间上来说,这篇文献是继《葡汉辞典》以后第二篇罗马字母拼汉字的文献,需要我们深入研究。

尹斌庸认为《葡汉辞典》是汉字拉丁注音的初创,真正完成是 1598 年利玛窦第一次进京失败后,返回南方过程中,在运河的船中与郭居静(1560—1640 年)合作制定的拼音方案。[③]《利玛窦中国札记》中这样说:"整整用了一个月的工夫才到达临清城。这看来似乎是浪费了一个月的宝贵时间,但实际上却不是。钟鸣仁擅长使用中国语言,由于他的可贵帮助,神父们利用这个时间编制了一份中国词汇。他们还编成另外几套字词表,我们的教士们学习语言时从中学到了大量汉字。在观察中他们注意到整个中国语文都是由单音节组成,中国人用声韵和音调来变化字义。不知道这些声韵就产生语言混乱,几乎不能进行交谈,因为没有声韵,谈话的人就不能了解别人,也不能被别人了解。他们采用五种记号来区别所用的声韵,使学者可以决定特别的声韵而赋予它各种意义,因为它们共有五声。郭居静神父对这个工作做了很大贡献。他是一个优秀的音乐家,善于分辨各种细微的声韵变化,能很快辨明声调的不同。善于聆听音乐对于学习语言是个很大的帮助。这种以音韵书写的方法,是由

---

① 杨福绵《罗明坚、利玛窦〈葡汉辞典〉所记录的明代官话》,《中国语学报》第 5 期,商务印书馆 1995 年版。

② 任继愈主编《中国国家图书馆古籍珍品图录》,北京图书馆出版社 1999 年版,第 216 页。

③ 尹斌庸《利玛窦等创制汉语拼写方案考证》,《学术集林》卷 4,上海远东出版社 1995 年版。

我们两个最早的耶稣会传教士所创作的，现在仍被步他们后尘的人们所使用。如果是随意书写而没有这种指导，就会产生混乱，而对阅读的人来说，书写就没有意义了。”①

这本“音韵字典”至今尚未发现。

1601年，利玛窦历经波折终于定居北京。在京期间，利玛窦曾应当时制墨专家程大约之邀赠送他版画四幅，并以拉丁字母注音了三篇文章，这三篇文章后“由教会单独编成一本小册子，全书共只有六页，取名叫做《西字奇迹》，收藏在梵蒂(冈)图书馆，编号是 Racc.,Gen.Oriente,Ⅲ,2331(12)”。②

比利时传教士金尼阁(1577—1628年)在利玛窦死后，和中国文人王征合作，于1626年完成《西儒耳目资》一书。这部书是对利玛窦方案的一个具体运用，它“只是对利玛窦等人的方案做了一些非原则性的修改，其中主要是简化了拼法，可以说是对这个方案的进一步完善”。③ 从《葡汉辞典》到《西儒耳目资》，入华耶稣会士完成了用拉丁字母拼读方案的制订，“《西儒耳目资》是一部具有划时代意义的著作”。④ 罗常培把从利玛窦到金尼阁的努力称为“利—金方案”，并认为这一方案对中国音韵学有三大贡献：

第一，借用罗马字母作为拼音的符号，使后人对于音韵学的研究，可以执简驭繁。

第二，可以依据“利—金方案”所提供的材料来确定明末“官话”的音值。

第三，自从利玛窦、金尼阁用罗马字标注汉音，方以智、杨选杞、刘献迁受到了他们的启示，遂给中国音韵学的研究开辟出一条新路径。⑤

金尼阁、王征《西儒耳目资》的拼音方案为今日的汉语拼音打下了基础，从以下两个表中可以看出二者之间的关系。

---

① 利玛窦〔意〕等《利玛窦中国札记》，何高济等译，中华书局1983年版，第336页。

② 尹斌庸《利玛窦等创制汉语拼写方案考证》，《学术集林》卷4，上海远东出版社1995年版。参阅尹斌庸《〈西字奇迹〉考》，《中国语文天地》1986年第2期。

③ 尹斌庸《利玛窦等创制汉语拼写方案考证》，《学术集林》卷4，上海远东出版社1995年版。

④ 何九盈《中国古代语言学史》，广东教育出版社2000年版，第251页。

⑤ 罗常培《耶稣会士在音韵学上的贡献》，《历史语言研究所集刊》1930年第一本第三分册。

表 一

	韵母	声母	名称字母	声 调	中文音节
《西儒耳目资》方案	50 个	20 个	29 个	5 个	1507 个
现有方案	35 个	21 个	26 个	4 个	1331 个

表 二

	一字韵母	二字韵母	三字韵母	四字韵母
《西儒耳目资》方案	5 个	20 个	22 个	1 个
现有方案	6 个	21 个	12 个	4 个

从这两个表的相似性可以看出，今天我们所采用的拼音方案是受到金尼阁、王征《西儒耳目资》拼音方案的影响的。[①]

思考和练习

1. 罗明坚的汉语学习特点对今天对外汉语教学有哪些启示?
2. 简述黄嘉略对外汉语教学研究的成就及其意义。
3. 谈谈郭栋臣的对外汉语教育观的现代意义。
4. 明清时期台湾外国人的汉语学习是如何兴起的?
5. 简述西方人早期汉语研究的成就。

---

① 以上两表摘自黎难秋《中国科学文献翻译史稿》，中国科学技术出版社 1993 年版，第 246 页。

第四章　中国近代的对外汉语教学

辛亥革命之后的民国时期(1912—1949年),由于战乱频繁,经济不振,世界范围内学习汉语的人数非常有限,汉语教育和汉语学习的资料也不多见。虽然在国内的上海、广州、南京、北京和重庆等地,对外国人进行汉语教学并不鲜见,但国内很少有人将之作为一门学科进行研究,组织汉语教学的政府机关、民间机构也很少见。①

不过由于中外交流的需要,一些外国机构通过民间渠道聘请中国教师出国任教,像老舍、萧乾曾在英国进行对外汉语教学;也有一些外国人出于对中国语言文化的个人兴趣前往中国留学,如日本学者仓石武四郎、吉川幸次郎,美国学者费正清等。为了学习汉语,外国传教士及外国汉语学者自发组织编写了一些汉语教科书和词典。由此可见,民国时期的汉语教育和学习活动大多属于个人行为。但通过对华北协和语言学校的考察,我们发现,外国在华教会的汉语教学是有一定的组织的,甚至其组织情况有些出乎我们的意料。

第一节　老舍、萧乾在英国的对外汉语教学工作

民国时期,中国政府也曾与外国交换过少数留学生,一些知名人士先后从事过对外汉语教学工作,其中最有名的就是同在英国伦敦大学东方学院任教

---

① 程裕祯主编《新中国对外汉语教学发展史》,北京大学出版社2005年版,第3页。

的老舍和萧乾。

一、老舍的汉语教学[①]

从1924年秋到1929年夏，老舍一直在伦敦大学东方学院工作，教授“官话”和“中国古典文学”。中国语文系设一个固定的中国讲师席位，有时还聘好几位临时教师，教授与固定讲师都讲官话，如果有学生想学厦门话或绍兴话，就得临时聘人。

老舍在英期间，参与录制了“灵格风”汉语教学唱片。舒乙在《老舍的第一部学术专著》中详细记载了有关情况。在中国语文系主持东方学院汉语教学的有三人：一名教授和两名讲师，其中一名讲师是英国人，叫艾德华；另一名则是中国人，CC.Shu，舒庆春，即老舍。三人一起在《灵格风言语声片》教材上署名，但朗诵者仅老舍一人。可以断定，教学唱片是老舍先生20年代在英国教中文的副产品。虽然老舍的名字只是排在最后，但署名顺序只是一种资格的排列，舒乙提出了以下几点理由。

(一) 教材内容

从全部教材的对话课文内容来看显然都出自老舍之手。

(二) 语言风格

教材所用的语言更是非老舍莫属。上文中“简直的不能停”、“你猜怎么着，我一气把它念完了”、“哼，2点10分”、“你来晚了，早叫二妹妹拿去了”、“看小说的瘾非常的大”等等都是随手可拣的例子，它们不仅仅是北京话，不仅仅是白话，而且是典型的老舍式的语言，和其后的《骆驼祥子》、《茶馆》中的语言风格完全是一脉相通的。

(三) 字体

《灵格风言语声片》教材分上下两册，第二册是中文课文，共三十课，第一册是英译，并用音标注音。中文课文不是用印刷体印的，而是用毛笔楷书工工整整写的，然后再照相制版。从笔体上分析，那笔漂亮的毛笔字全都出自老舍

---

① 关于老舍的汉语教学活动，主要参考了老舍的散文《东方学院》以及舒乙发表于1999年1月29日《北京晚报》上的文章《老舍的第一部学术专著》。

之手！从这个角度上看，这个教科书竟是老舍最早的手迹影印本，具有很高的文物价值。

（四）声音

唱片上写得清楚，三十课课文全由老舍朗诵。唱片一共有十五张，双面，每面一课。由于发行量甚大，如今在世界各地都很容易听到老舍先生那一口地道的北京话。

二、萧乾的汉语教学工作①

1939年萧乾收到了发自伦敦大学东方学院的邀请，他被聘为该学院中文系的讲师，但条件十分苛刻，年薪（而且是税前）仅为250英镑，且只签一年合同，此外，还须自备旅费。在香港《大公报》社长胡霖的鼓励和支持下，1939年9月1日，萧乾从香港启程前往英国，开始了长达7年的讲学、深造和战时、战地记者的多色彩生活。

在伦敦大学东方学院，萧乾教授着只有一两个学生的中文课。

在轻轻松松任教的同时，萧乾还积极参加了英国人民为支援中国人民抗战成立的公谊会和援华会的各项活动。1941年，公谊会组织了一支由40名英国青年组成的救护队，志愿前往中国从事医疗工作。在这支志愿救护队来华前夕，举办了为期3个多月的培训班。萧乾负责教会他们日常汉语，讲授有关中国的地理、历史等方面的知识。

1942年萧乾辞去伦敦大学东方学院教职，转入剑桥大学皇家学院撰写文学硕士论文。

第二节　日本在华留学生的汉语学习生活

民国前半期，日本文部省曾派人来华留学。这些学生中有两位比较著

---

① 参看萧乾夫人文洁若的深情回忆录《俩老头儿》，中国工人出版社2005年版。

名——仓石武四郎和吉川幸次郎。[①]

仓石武四郎是日本著名的汉学家，曾任东京大学教授，于1964年10月创办了汉语专修学校“日中学院”，并任该院院长直至去世。1974年，仓石以汉语研究和教学以及词典编纂方面的成就，获朝日文化奖。

1928年3月，仓石武四郎作为日本文部省特派驻外研究员到中国进修。1930年8月，仓石归国后在京都帝国大学任教。仓石在中国一共学习生活了两年半。留学期间，他曾在北京大学、北京师范大学，还有私立的中国大学旁听。仓石听的课很多：钱玄同的“国音沿革”、“说文研究”，孙人和的“词学”，沈兼士的“文字形义学”，黄节的“曹子建诗”，等等。他每周都穿梭在北京大学、北京师范大学和中国大学之间，聆听上述诸位先生的课，此外他还听过杨树达、吴承仕、范文澜、赵万里、伦明等众多民国知名学者的课程。他还向晚清遗老杨钟羲学习清朝典制，向年轻的俞平伯学习翻译之道。

两年半的留学生活对仓石武四郎的影响是终身的，在华期间的昼夜苦读也造就了一位具有承前启后意义的日本汉学家。

1928年吉川幸次郎留学北京大学，拜杨锺义为导师，从马裕藻、钱玄同、沈兼士专攻中国音韵学。平时喜逛琉璃厂，成了古书铺的常客。杨锺义精通考据学，对吉川的治学和行为有很大影响。吉川幸次郎难忘中国，喜穿长袍，一口北京腔，与中国学人结下了深厚友情。吉川幸次郎1931年回国。

第三节　外国传教士及汉语学者编写的教科书、汉语词典[②]

一、国内第一部中英文词典——《汉英词典》

民国元年上海商务印书馆出版了我国第一部《汉英词典》，编者为张铁

① 有关仓石武四郎在北京的留学生活，主要参考仓石武四郎《仓石武四郎中国留学记》，荣新江、朱玉麒辑注，中华书局2002年版。

② 本小节主要参考温云水《民国时期汉语教学史料探究》，《世界汉语教学》2005年第2期。

民。该词典364页，32开本，收3800余字，每字之下或有常用词若干，其总数未作统计。字词的释义方法非常独特，先用汉语文言对该字释义，然后根据不同义项给出英文的对等词语并举例说明，接着又将英文例词或例句译为汉语。

“(该词典)收录3800个常用汉字，按笔画的多少排列，使用贾耳斯的罗马注音系统，用例句说明词的用法，袖珍型装订，适于西方人学习汉语之用，也适于中国人用其查找汉语的英语对等词语。”出版者把“有利于西方人学习汉语”作为出版的第一目的来向社会介绍。该词典在出版后短短的三年多时间里重印了五次，相当受欢迎。

二、法国人使用的《汉语口语教科书》

1912年5月在今河北省献县出版了《汉语口语教科书》(第三版)。该教科书的编写者是法国耶稣会神父。该教科书有三个特点：首先，篇幅巨大，1146页。其次，该书虽然编著于清末，但其主要内容并非文言文，而是称为“官话”的口语，分为语音、语法、常用语句、表达法和词组等部分。在语音部分，该教科书对汉语的声韵调都作了精确描写，特别是对四个声调的分析与我们今天几乎无异。书中开列了一个练习声调的字表，共有96字，表中还给每个汉字用罗马字母注音，并用“—、∧、/、\”分别表示一、二、三、四声。再次，该教科书第二部分将175个重要问题作为语法重点进行全面介绍，涉及词法问题，也涉及句法问题，同时还涉及文化问题。教科书的主要部分是长达千页的“常用语句”部分。在这一部分中将有关语法点用大量的常用语料加以具体化，为便于查找对照，词语材料的分类编排顺序号与语法点的序号相一致。

三、美国版的《五千汉字词典》

《五千汉字词典》是一部汉英词典，编著者 Courtenay H. Fenn 是文学硕士与神学博士，他的助手是 Chin Hsien Tseng，初版于1926年在北京发行，以后又连续再版。

第四节 华北协和语言学校：民国时期对外汉语教学的奇葩

华北协和语言学校是民国时期由外国人建立的具有教会性质的汉语学校，是“哈佛—燕京学社”的源头。

一、建立发展①

设立华北协和语言学校的最初目的是为初到中国的基督教青年会干事或传教士提供学习中国语言文化的场所，后渐次将教学对象扩大到来华的外交和商业人士。该校1910年由伦敦会传教士里思初建。1913年，正式成立于北京。校长由基督教北京青年会的外籍人士担任，最初为爱德华，后来是裴德士。

“1920年，该校为燕京大学的一部分而独立存在。② 该校除外籍教师外，也聘任中国教师，1921年时有中国教师97人，注册学生总数147人。1925年夏改为燕京大学华文学校。从创办到1925年，共有24个国家的学生在此学习，毕业学生有1621人，其中美国学生1140人，英国学生323人，158人为其他国别的学生。”③“到1920年，华北协和语言学校已经扩展成为一个有着20个外国教师和80个中国教师的大规模的语言培训学校。一共有250个学生登记注册，他们来自24个教会团体、5个使团和12家外资公司。这时学生就已不仅是传教士，还有中国政府机构中的外国顾问、商人以及任何想要学习中

① 陆炜等《基督教神学词典》电子版，http://wmarxism.fudan.edu.cn/ChristDic/ChristMain.asp；Linfu Dong, *Cross Culture and Faith: the life and work of James Mellon Menzies*, University of Toronto Press, 2005。

② 此处认为1920年华北协和语言学校已经成为燕京大学的一部分而独立存在，似乎有误，并校时间应为1925年。

③ 同①。

文的人。”[①]短短的十几年间，该校师生人数规模发展非常迅速。

华北协和语言学校成立伊始也叫“中国加利福尼亚学院”，后更名为“汉语学院”。“1925 年夏，燕大和华语学校都完全同意合并，与哈佛进行合作来实施‘大方案’；合并后的华语学校是燕大的一个独立的系，更名为‘燕京华文学校（也译作“燕京中国研究所”）’（The Yenching School of Chinese Studies），该校经过发展将最终成为拟订中的学社（注：哈佛—燕京中国研究学社）。”随后，“1928 年 1 月 4 日，哈佛—燕京学社以一独立的研究机构在美国麻省正式注册成立，总部设在哈佛，在燕大设立学社驻北平办事处（Peking Office），作为学社在东方的活动中心”。[②] 所以说“华北协和语言学校”是“哈佛—燕京学社”的源头。

作为美国机构，燕京大学致力于在西方教育制度下培养中国人，汉语学院则是将中国语言和文明传授给西方人。因此，两所学校彼此交叉。燕京大学培养出最出色的外交官、学者、记者、教授，而汉语学院则培养出最优秀的汉学家、外交官、军事要员和中国专家。数以千计的美国人和西方人也在这里接受了中国语言和文化的教育。两所学校的毕业生大多效力于知名学府、文化组织和博物馆，从事外交、商业、军事等职业。

二、教学及课程设置[③]

（一）学制

学制 4 至 5 年，每年分春、秋、冬 3 个学期，夏季放假，学生们在各避暑地跟私人教师学习。

（二）课程设置

以汉语课程为主导。除语言学习外，传教士还用英语学习传教方法和中

---

① Linfu Dong, *Cross Culture and Faith: the life and work of James Mellon Menzies*, University of Toronto Press, 2005.

② 樊书华《燕京大学与哈佛—燕京学社的建立》，《美国研究》1999 年第 1 期。

③ 陆炜等《基督教神学词典》电子版，http://wmarxism.fudan.edu.cn/ChristDic/ChristMain.asp; Linfu Dong, *Cross Culture and Faith: the life and work of James Mellon Menzies*, University of Toronto Press, 2005；吴永平《老舍英文论文〈唐代的爱情小说〉疑案》，《中华读书报》2006 年 3 月 15 日第 3 版。

国文化。中国文化课程包括上古和中古时期的中国历史、中国当代国际关系、中国政府制度、中国哲学、中国教育学专著、中国社会状况和中国女性读物等。

第一年的全部时间和第二年的部分时间用于汉语语言基础知识的掌握，所有课程都为必修。第一年的课程：前6个月，每天上5个小时的课，听、说及发音、词义学习是主要内容；后6个月，阅读、翻译、交谈是主要内容。这样，到了年终，学生就可以掌握700个汉字，交谈也不会太费力。之后，学生可以根据自己的需要选择课程，例如选修汉语文学、汉文圣经、词源学和写作等。为了让学员了解和认识中国社会与中国历史文化，学校还开办讨论会和讲座，讨论的题目有：中国古代与中古史、中国近代国际关系、中国贫穷的原因、中国哲学、中国经济、中国的商业贸易等。讲座多是请资深传教士和其他经验丰富的人士发表演讲，内容涉及社会、政治、民族、文化、宗教和语言学，例如"中国人的渴望"、"中国过去的伟大艺术"、"中国的林业"、"中国的社会哲学"、"中国的公共卫生"、"中国人对近代教育的态度之转变"、"中国乡村生活"、"中国的政治"、"福音工作"、"中国的语言"和"中国人的宗教"等等。然后是让学生在中国旅行，这一方面是可以加深对中国的认识，另一方面也能够掌握在使馆武官支配下的教会的真实情况。同时，学生每年都要参加考试。这样三至四年的旅行结束时，他们就应该掌握3000个汉字，并且可以进行十分流利的会话了。

（三）教学方法

学校应用当时国际上最先进的以听为主的直接法进行教学，因为这种教学法能够快速见效。当然，大部分教学工作是在经验丰富的中国教师指导下进行的。

（四）教科书与词典

在词典方面，该校学生使用过《五千汉字词典》。关于教科书，现有的文献几乎没有提及，但目前天津外国语学院图书馆特藏室藏有卜朗特（Brandt, J.）1927年编写、华北协和语言学校出版的《汉文进阶》的教科书。①

① http://www.lib.tjfsu.edu.cn/zixun_main4.htm.

三、著名师生

(一) 裴德士[①]

裴德士于1880年出生在亚拉巴马州的莫比尔市,1905年从哥伦比亚大学毕业,他一直向往能去东方的神秘国度——中国。1906年,不顾家人的强烈反对,裴德士夫妇踏上了前往中国的旅程。到了上海,裴德士夫妇就在上海基督教青年会总部工作。同时,两人开始努力学习汉语和中国文化。1908年裴德士在南京大学攻读中国语言和文学硕士学位,获得硕士学位后,他就又重新回到上海基督教青年会工作。在假期中,裴德士参加了在德国举行的语言教学研讨会,并接触到当时最先进的语言教学法——直接法。正是由于他对这种教学法的掌握以及扎实的汉语功底,中国信徒布道会任命裴德士为汉语学院的院长。1916年,裴德士举家搬至北京,并由此开始了他对中国语言与文化教学的终身追求。

汉语学院一开始是为了向传教士和西方学者提供汉语教学而设立的。自从裴德士当了院长之后,他将其拓展为一个对商人、外交官员和军事要员进行中国语言和文化培训的中心。他还重组学院的理事会,扩建图书馆,扩大招生,改革教学法,并开始计划在北京市中心兴建一个新的校园。1925年,学校搬进了新校址,随之进入了新的发展阶段。同年,汉语学院与燕京大学合作,更名为"燕京中国研究所"。在裴德士的不懈努力下,这个小小的语言学院发展成了外国人进行汉语学习的中心机构。

20世纪20年代,中国处于文化和文学改革的时代。当中国的文艺复兴运动正如火如荼地展开时,裴德士也借此东风邀请中国知名人士到学院来做关于中国的文艺复兴和中国文明的演讲。受邀的知名学者有胡适、林语堂、梁启超、周作人、徐志摩和冯友兰,政界要人则有黎元洪和冯玉祥等。20世纪30年代,汉语学院和中国基地的加州学院合作,极大地促进了中国和美国加州的

---

① 本节主要参考了 Papers between Dr. William B. Pettus and Gen. Joseph W. Stilwell and the Stilwell family [edited by] John Easterbrook, John Regan, Weijiang Zhang. Claremont, Calif. :*School of Educational Studies*, Claremont Graduate University,2003。

学术联系和交流。加州有12所学院和大学派教授前往汉语学院，从中获益匪浅。二战期间，裴德士在伯克利加州大学重新建立了汉语学院。这所学院为中国战时的前线培训了数以百计的军事人员。战后，学院完成了它的使命，裴德士也辞去了北京汉语学院院长的职位，但仍继续在中国基地加州学院担任院长，直至1959年去世。

（二）司徒雷登[①]

司徒雷登在中国出生，在美国接受教育，然后作为一名传教士、教育家，在南京大学任教。早年间在基督教组织中的工作，为他成为一名优秀的大学教育家和管理者做好了准备。正是由于司徒雷登成功的教育及管理工作，1919年，他被任命为燕京大学第一任校长。这所大学是由华北的几所学校或学院合并而成的，其中包括汇文大学、华北协和语言学校和华北女子联合学院。在副校长亨利（大学重要的募捐者）的协助下，司徒雷登校长将这个规模不大的教会组织发展成为了中国最重要的学府。

（三）史迪威将军[②]

史迪威将军对于中国人来说并不陌生。1920年，史迪威全家前往北京，他是作为美国大使馆的军事官员来到中国的。在北京安顿下不久，史迪威就开始在距故宫几条街之隔的汉语学院进行学习。裴德士曾经指出史迪威的口音很糟，但史迪威纠正得很好。这为他日后遇到的许多中国学者所承认；也被以下事实所证实：尽管他有白种人的相貌，有时他被错认为来自中国另一个地方的中国人。这也从一个侧面反映了华北协和语言学校高质量的汉语教学水平。

（四）恒慕义与恒安石父子[③]

恒慕义1915年作为公理会教士来华，任中国汾州铭义中学英文教师。

---

① 本节主要参考了 Papers between Dr. William B. Pettus and Gen. Joseph W. Stilwell and the Stilwell family [edited by] John Easterbrook, John Regan, Weijiang Zhang. Claremont, Calif. :*School of Educational Studies*, Claremont Graduate University, 2003。

② 本节参考了约翰·伊斯特布鲁克、黄开蒙《史迪威在中国的早期经历》，《百年潮》2002年第4期。

③ 恒慕义部分参考了赵晓阳《美国学生海外传教运动与美国早期汉学的转型》，《陕西师范大学学报》增刊，2003年；恒安石部分参考了王立《1973—2005美国驻华大使传奇》，世界知识出版社2005年版。但是二人关于恒慕义来华、归国以及在华北协和语言学校任教的时间不一。暂且分别列出，存疑。

1924年任北京华北协和语言学校中国史教师，1927年任美国国会图书馆亚洲部主任。他主编的两卷《清代名人传略(1644—1912)》，选录了清朝800位名人，并就其生平和社会活动作了概述，胡适、费正清对此评价较高。

美国驻华大使恒安石1981年5月在他度过童年时代的北京上任。恒安石于1920年6月1日出生在中国山西省汾阳县，他的父亲就是恒慕义。恒慕义夫妇于1910年到山西汾阳，1923年，恒安石3岁时，其父移居北京，在东四头条华北协和语言学校任教。1928年恒安石随父母返美。1940年9月，恒安石计划随父重返中国。恒安石先到北京，其父则因有变故而未成行(国会图书馆鉴于中国局势紧张而中途将恒安石之父召回美国)。恒安石在北京孤身一人，先在华北协和语言学校学习中文，同时为了糊口又在辅仁男子中学教英文。

恒慕义和恒安石父子，前者曾执教于华北协和语言学校，后者则曾问学于斯，二人与华北协和语言学校都结下了不解之缘。

(五) 费正清

著名汉学家费正清也曾就读于华北协和语言学校。1932年初，费正清获准来到了中国。船到上海时，正值"一·二八"抗战之际，日本侵略者的连天炮火、租界内成千上万愁容满面的逃难民众、西方列强的特权和中国军民奋不顾身的不屈抵抗，深深触动了23岁的费正清。到达北京后，他进入华北协和语言学校，先攻语言。可以说，这一段汉语学习经历为费正清日后卓越的成就打下了坚实的汉语言基础。

除了上述人物，老舍曾在该校做过题为《唐代的爱情小说》的精彩演讲，加拿大传教士、甲骨文研究专家明义士1927年后曾执教于此，美国前任驻华大使芮效俭的父亲芮陶庵1930年也在该校攻读过一年中文。

华北协和语言学校在不长的十几年间培养出了一批杰出的汉学家、外交官、军事要员和中国专家，对汉语言文化向美国的传播以及中美关系的发展产生了深远影响，确实是盛开在民国时期对外汉语教学的奇葩。

思考和练习

1.《灵格风言语声片》是怎样一部汉语教材？

2. 华北协和语言学校的课程设置、教学方法等方面的特点对当今汉语教学有哪些启发？

第五章　中国现代的对外汉语教学

1949年新中国成立之后，中国的对外汉语教学分别在中国大陆和台湾地区同时展开，本章将分别叙述大陆和台湾地区对外汉语教学的历史进程。

第一节　新中国对外汉语教学事业开创初期

新中国的对外汉语教学事业近60年的历程，大致可划分为三个时期：20世纪50至70年代后期为事业开创时期，70年代末至80年代末为学科确立时期，90年代以后为学科发展和深化时期。开创时期又分为三个发展阶段：50至60年代初是初创阶段，60年代初至60年代中期是巩固和发展阶段，60年代中期至70年代后期是受挫和恢复阶段。

一、20世纪50至60年代初的初创和探索阶段

20世纪50年代，新中国的对外汉语教学事业处于初创阶段。1950—1961年，中国一共接收来自57个国家的来华留学生3215人。以清华大学东欧交换生中国语文专修班、北京大学外国留学生中国语文专修班、南宁育才学校附属中文专修学校、桂林中国语文专修学校为标志，新中国的对外汉语教学事业从无到有，初步确立。这一阶段的学生主要来自苏联、东欧、越南、朝鲜等社会主义国家，教学类型属于比较单一的汉语预备教育，目的是帮助学生掌握基本语言规则和技能，克服语言障碍，以便进入专业学习。此外，对外国驻华

使团人员的教学和对海外华侨的函授教学也初步展开。这一阶段的教学规模比较小,学生和教师数量都比较少,教学机构尚不稳定。

(一) 教学过程

初创阶段的对外汉语教学,正处于新中国建国初期国家规范语言文字工作的背景之下,因此一开始就以普通话为标准。《汉字简化方案》和《汉语拼音方案》一经公布,立刻就在教学中推广,不但提高了教学质量,也对后来国内及国外的汉语教学产生了深远影响。

当时,中国的语言学理论主要是接受和学习苏联马克思主义语言学观点。在学习斯大林和其他学者马克思主义语言学观点的热潮中,对外汉语教学不可避免地受到影响:教学中强调以词汇和语法为中心,认为基本词汇和比较系统的语法知识教学是达到教学目的的主要手段。

同时,美国结构主义语言学理论在中国也存在一定的影响。1952 年李荣根据赵元任《汉语入门》翻译出版的《北京口语语法》,最大特点就是从结构出发进行语法分析。在对外汉语语法教学中采取句本位和结构形式分析的方法,即以句法为中心,介绍词类和句子成分,讲解词序和虚词用法等。但是,由于当时过于强调语言学理论的指导,教学法方面存在着重视语言知识,轻视语言实践的倾向。

教学法方面,初创阶段的对外汉语教学已经注意到对外汉语教学和对本族人语文教学的区别,初步提出留学生实际汉语应用能力的重要性。但是,当时还是把传授"基本知识"和培养"基本能力"放在同等地位,课堂教学都是先讲解语言知识,再围绕语言知识进行练习。

课堂教学上,从教学实际出发,在实践中摸索,以翻译法为主,比较法、直接法、综合法都有应用。在实践中积累经验,为后来对外汉语教学法的改进和发展提供了借鉴。

教材方面,1950 年第一批外国学生来华后,开始都是参照赵元任在美国使用的《国语入门》,边编写边使用。只有单篇的材料,没有成册的教材。1954 年,北京大学外国留学生中国语文专修班编写了《汉语教科书》,1958 年正式出版。该教材由邓懿主编,具有以下特点:以语法为纲,课文和练习为语法点服务；重视语言知识的教学，对涉及的语音、语法现象进行简明扼要的解释；语法分析重视结构形式，同时专门介绍某些特殊的表达方式；注重语法点的分割和排列，严格控制每课的语法点和生词量。

《汉语教科书》吸收了20世纪50年代语法研究的主要成果，体现了新中国语言学研究的一般倾向和对外汉语教学初期的特点。虽然语言知识的讲解过于琐细，课文所涉及的生活面过窄，有些句子只求展示语法而不够自然真实、不太符合生活需要等缺点，但是并不影响其作为新中国第一部汉语教材的巨大价值。

（二）教学研究

这一阶段的对外汉语教学尚无系统、深入的理论研究，研究文章以记录教学经验、探讨教学体会为主，讨论和总结教学特点和规律。

周祖谟的《教非汉族学生学习汉语的一些问题》[①]，是新中国成立以来第一篇对外汉语教学论文。虽然当时还没有形成和使用"对外汉语教学"的概念，但该文首次将对外族人的汉语教学与本族人的语文教学严格区别，从教学目的、基本原则、教学内容、教学程序、教学要点和教学方法等方面作了比较全面的阐述。在教学原则上，作者认为，不能只注意汉字教学，忽略语言教学，必须使学习者能用汉语做交际工具，教学目标一定要随学习者的要求而定，一般学习者要达到的水平包括听、说、读、写四方面，能听说是基本的要求，能读写是进一步的要求；教学程序上可以分为两个阶段，第一阶段着重训练听说，第二阶段是阅读和写作。这篇文章所探讨的都是当时对外汉语教学中需迫切明确的基本问题，具有很强的针对性、导向性，对当时对外汉语教学原则的确立产生了极大的影响，开创了新中国对外汉语教学研究的先河。

继周祖谟之后，较为系统地探讨对外汉语教学的论文是王学作、柯柄生的《试论对留学生讲授汉语的几个基本问题》。[②] 该文从教学的基本任务和步骤、教材的编写、作业、教学方法四个方面谈了作者的认识。关于对外汉语教

① 周祖谟《教非汉族学生学习汉语的一些问题》，《中国语文》1953年7月号。

② 王学作、柯柄生《试论对留学生讲授汉语的几个基本问题》，《教学与研究》1957年第2期。

学的步骤，文章认为应该先教汉语拼音字母和拼音法；接着是由只有拼音没有汉字的课文逐步过渡到拼音与汉字对照的课文；然后，在学生已经掌握一定数量词汇的基础上，开始讲授语法——先讲词法后讲句法；最后，讲授一些有主题的短文。关于教材的编写，该文主要谈了三个问题：教材的顺序性与语言科学的系统性、教学内容的连贯性与教学重点的矛盾统一、教材的思想内容。关于教学方法，该文认为应以比较法为主，但并不排斥直接法。王学作、柯柄生的这篇论文，在对外汉语教学的目的、内容、原则方面，与周祖谟的观点基本一致，即强调"实际运用"，强调"以词汇与语法为中心"。教学步骤与方法则有所不同，周祖谟强调综合法，王学作、柯柄生则更强调比较法。这说明随着对外汉语教学的发展，研究如何编出更适合外国留学生需要的教材，已越来越受到人们的重视。

除以上论述得比较系统全面的两篇文章外，邓懿的《用拼音字母对外国留学生进行汉语教学》①、杜荣等的《用汉语拼音教外国人学习汉语的一些体会》②，都是专门讨论对外汉语教学使用汉语拼音问题的，肯定了汉语拼音对于学习掌握汉语的优越之处。

50年代的这些研究文章，在对外汉语教学的最初发展阶段就明确了以下重要原则：对外汉语教学不同于对汉族人的语文教学；教学目的应该是培养学生实际运用汉语的能力；教学内容上，应以词汇和语法为核心内容；教学方法上，从培养听说能力逐步过渡到阅读和写作；翻译法、直接法、比较法可以综合采用；汉语拼音对教学十分便利有效。这些结论对当时和以后的对外汉语教学起到了重要作用。

二、20世纪60年代初至60年代中期的巩固和发展阶段

20世纪60年代初期和中期，以北京语言学院的成立和接收3000名越南留学生为主要标志，中国的对外汉语教育事业得到巩固，并出现了良好的发展

---

① 邓懿《用拼音字母对外国留学生进行汉语教学》，《光明日报》1957年12月5日。

② 杜荣等《用汉语拼音教外国人学习汉语的一些体会》，《文字改革》1960年第4期。

势头。随着教学规模的扩大，很快形成了以北京语言学院为主要阵地，教学点遍及全国的对外汉语教学局面。

(一) 教学过程

这一时期对外汉语教学仍然是汉语预备教育，在调查研究、总结经验的基础上，教学的针对性明显加强。同时，还有计划地开展了出国汉语师资的培养。这一阶段的对外汉语教学和50年代一样，是一项特殊的外事任务，学生数量的下达、师资的配备、教学的管理等等，都受到了中央和相关单位领导的特殊重视，从而继续有力地推动了对外汉语教学事业的快速发展。

除"文革"期间中断的几年，60年代的对外汉语教学经过50年代的实践，在不断总结、探索的基础上，继续向前发展，以北京语言学院的成立为标志，初步形成了一套较为完整的教学体系。这一时期在教学法方面也有明显变化。

1. 努力贯彻"学以致用"的原则，教学内容结合学生专业学习的需要，大大加强了汉语教学的针对性。为了适应新的教学要求，还专门编写了新的汉语教材《基础汉语》和《汉语读本》。

60年代的来华留学生，大多数准备学习理工专业，只有少数学习文史专业。有留学生反映，学过的不少词语用不上，需要的很多词语没学过。日常生活方面的汉语能力尚可，但入系之后上课听讲、学习专业语言难度很大。这说明当时的汉语教学本身，特别是在教学内容上，确实存在学用不一致的问题。

1962年9月和1963年9月，外国留学生高等预备学校两度派出调查小组，对北京大学、清华大学的留学生进行了调查，并根据调查结果提出了一系列改进措施。对计划进入理工专业学习的留学生加强了教学针对性。要求通过汉语预备阶段的教学，学生在汉语方面应达到：能应付日常生活，掌握必要数量的数理化词汇，具有一定的阅读数理化浅易原文的能力，初步得到听数理化通俗讲座的训练，并具有必要的口头表达能力。高等预备学校根据新的教学目标，对计划学习理工专业的留学生加强了专业用语的汉语教学，专业阅读阶段由原来的4周左右增加到11周，并且在学年后期开设了以数理化知识为内容的讲座课，以培养学生阅读专业基础教材的能力。

60年代初，在对50年代的对外汉语教学进行反思之后，教师们清醒地认识到，教学原则来自教学目的和教学要求。外国留学生来中国留学，对他们绝大多数人来说，学习汉语理论，了解汉语语音、字词、语法知识并不是目的，他们的目的是要学会汉语听、说、读、写的基本技能，能够运用汉语这个工具从事专业学习。

2. 明确了对外汉语教学是一门实践汉语课，提出了教学的“实践性原则”，强调课堂教学要“精讲多练”。

50年代，虽然已经有一些教师和学者初步意识到语言实践的重要性，但在认识上还没有把“实践性”提高到“原则”的高度，对外汉语教学主要走的是从理论到实践的路子。60年代后则大大加强了听说方面的训练，并提出了课堂教学要“精讲多练”。北京语言学院的具体做法是：把原来的“讲授课”改为“讲练课”，并规定“讲”和“练”的比例大体为一比四。“讲”要简明扼要、画龙点睛，“练”要启发诱导学生，避免随意盲目。另外，还把“语言实践”作为一门课列入课表，让学生充分利用社会语言环境锻炼实际听说能力，避免“上课听得懂，下课听不懂”的问题。

3. 在国外直接法的影响下，本阶段的初级汉语课堂教学主要使用“相对直接法”。从感性材料入手，围绕课文让学生进行大量操练，引导学生发现和总结语言规律。在反复多次的实践活动中，让学生获得使用语言的技能。一方面，反对片面进行过多的语法理论讲解而忽视技能训练；另一方面，也不排斥在大量操练的基础上给予精当的语法阐释。同时，强调教师在课堂上应该直接使用汉语进行教学，必要时适量使用学生的母语（或媒介语）进行讲解。

虽然由于时代的局限和理论研究不够深入等原因，对于指导教学的方法、原则还缺乏理论上的深入阐释，整个教学仍然带有主要靠经验的倾向，50年代以来以传授系统语法为中心的局面也没有从根本上改变，但这些原则的提出，已经使得60年代中期的教学法较之50年代的教学法有了很大的改进。

随着教学中对“精讲多练”原则的贯彻，对培养听说能力的重视，50年代编写的汉语教科书已经不太适应新的教学要求。1964年秋，北京语言学院编写了以学习理工专业学生为对象,进行汉语预备教育的教材。该套教材分为《基础汉语》和《汉语读本》两部分。课文编排由一般内容过渡到科学常识,再由科学常识过渡到数理化原文,力求做到自然过渡,避免词汇和难易程度的跳跃。由于"文革"的爆发,两本教材到1971年和1972年才由商务印书馆先后出版,但实际上代表的是60年代对外汉语教学的理论和实践水平。

《基础汉语》的主要贡献在于,它突出和强调了语言实践在教材中的地位,改变了以前教材中语法条目繁杂的状况;语法规则解释得简明扼要,以典型的例句体现语法规则,更有利于贯彻实践性原则,符合对外汉语教学的规律和实际。该教材的主要缺点是:未能摆脱全书以语法为纲,每课课文以语法为中心的老路子;课文内容涉及面仍然比较狭窄,围绕语法点所编写的例句和课文,有不少在生活中并不真正使用。

《汉语读本》的大部分课文是经过改写的故事、小说和散文,个别课文是原文。语言规范、精练、流畅。词语例解部分针对性强,所选词语都经过精心选择,均为学生的学习难点。但是,不利于培养学生的口语能力,语言有些死板,知识性、趣味性不够。

《基础汉语》和《汉语读本》满足了当时对外汉语教学的急需,在国内外广泛使用;在语法解释、词语例解、近义词例解等方面都取得了明显成绩。它们成了后来编写教材的主要参考书,对汉语语法和词汇教学也作出了贡献,具有巨大的历史作用。这两部教材标志着60年代中国对外汉语教学的教材建设,在50年代的基础上又有了新的进步。

(二) 教学研究

由于60年代一半时间处于"文革",公开发表的研究成果几乎没有。但有一篇论文,虽然直到1979年才公开发表,却非常重要。这就是1965年由钟梫执笔的《十五年汉语教学总结》一文。[①] 这是一篇总结建国15年来对外汉语教学的力作,是60年代对外汉语教学研究的标志性成果。内容包括四个方面:一是总结了十几年来对外汉语教学的特点,以及由此而产生的教学要求:

---

① 钟梫《十五年汉语教学总结》,《语言教学与研究》(试刊)1979年第4集。

必须让学生掌握日常生活、学习方面的东西，也必须适当结合以后要学习的数理化等专业，但不能太专太细。二是关于教学原则与教学安排中的问题，纠正了贯彻实践原则中排斥必要的理论归纳的新偏向，强调了结合语音、语法、词汇进行综合教学的好处，强调了课程既要有总的安排，又要针对不同教学班的情况有所区别。在汉字问题上，认为对只学两三个月会话的短期班不必教授汉字，对一般学生则应"语文并进"，而不是"先语后文"。在听、说、读、写、译的侧重问题上，主张对不同学生要有不同侧重。三是关于教材编写，文章详细讨论了六个重要的方面：少而精是原则，要从学生需要出发；在课文和语法结构的关系上，由浅入深、从简到繁地把基本语法结构编进课文是必要的，但不能因此失去课文的生动性，乃至造出一些不规范不自然的语句；在打基础与专业的关系上，不要过早结合专业，到中后期再逐渐增加专业内容；在中期以后，应适当增加泛读材料；要有计划地重现，适当安排课文与生词的比例；教材应相对保持稳定，在积累材料、总结经验的基础上有计划有步骤地改进。四是讨论了语音、语法、短文三方面的具体教学方法。语音教学，要贯彻到各个教学阶段；语法教学，只应要求学生正确表达，不必要求讲出"所以然"，课堂上应采取相对直接法和归纳法，单项练习要为综合理解、表达服务；短文教学要培养泛读、泛听能力。

《十五年汉语教学总结》在总结 15 年教学经验的基础上，分析当时迫切需要解决的各种实际问题，并作了有系统性、有针对性的回答。它对于人们进一步认识对外汉语教学的特点、教学原则，进一步解决教材编写、教学方法中的问题，具有很大的启发意义。

三、20 世纪 60 年代中期至 70 年代后期的受挫和恢复阶段

20 世纪 60 年代中期到 70 年代后期，中国的对外汉语教学事业经历了从受挫到恢复的过程。这一阶段再次证明，对外汉语教学既是一项教育事业，又是一项外事工作，它的兴衰与国内外形势的变化紧密联系在一起。

1966 年"文革"爆发后，除对外国驻华使团进行的教学和少量向外派出汉语教师的工作外，全国对外汉语教学工作陷入停顿。全国停止接收外国留学

生长达6年，北京语言学院的教学基本中断，并于1971年被迫停办。全国数十所高等院校的对外汉语教学工作也被迫中断，广播、函授等教学形式也先后停止。

1971年，中国恢复了在联合国的合法权利，掀起了第三次中外建交的高潮。1973年12月28日，28届联合国大会一致通过了将汉语列为工作语言之一的决议。外交上的一系列重大胜利，国内局势的相对稳定，高校的恢复招生，都使恢复接收外国留学生的工作势在必行。1972年初，北京大学首先恢复留学生招生。同年，北京语言学院复校，全国多家高校陆续恢复留学生招生。从1973年到1977年，全国共接收了来自72个国家和地区的2288名留学生，分布在北京、天津、上海、辽宁、江苏等9个省市的28所高校。其他形式的对外汉语教学也开始恢复和发展，除对驻北京、上海的外交人员的教学外，北京五十五中学被指定为对外开放的中学；国际广播的汉语教学节目恢复；北京语言学院开始培养出国师资。

（一）教学过程

对外汉语教学恢复后，学习文科专业的日、欧、美、澳留学生的比例明显上升。除汉语培训生外，还开始突破汉语预备教育的框架，在北京语言学院设置了四年制汉语本科专业，设置了专门从事现代汉语专业教学的系，开始招收汉语本科生，健全了专业汉语的体制。

在恢复阶段，对外汉语教学法的研究和实践没有什么重大突破。仅有的改进和变化主要体现在三个方面：首先，在贯彻"实践性原则"方面，更加强调社会实践。其次，课堂教学更加强调听说读写的训练，并引进了国外的"听说法"。再次，引进了国外的"句型教学法"。以常用句型为重点，通过替换练习使学生掌握语法点，通过课文训练提高学生综合运用语言的能力。但同时又不是照搬"句型教学法"的全部理论，而是在借鉴"句型教学法"的同时，继承了以往重视语法教学、重视利用学生母语的教学传统。在实践性原则的思想引导下，初步形成了一个以结构为纲，兼顾传统的综合教学法。70年代的这种对外汉语教学法，虽然对语言的交际功能尚未给以足够的认识，但实际已经开始逐渐由"结构型"向"结构—功能型"过渡。

受“句型教学法”的影响，1975 年北京语言学院正式使用 1972 年开始编写的新教材——《汉语课本》。和以前的《基础汉语》、《汉语读本》相比，《汉语课本》的主要变化是：引进了句型教学法，把句型、课文和语法结合起来；传统教材中语音阶段、语法阶段、短文阶段截然分开，《汉语课本》中淡化了这种界限；第一、二册每课单设一项会话，第三、四册每课有阅读课文，从而使口语和阅读教学都得到了加强；练习形式多样化，实用性强；第一次在基础阶段教材的课文和练习中配了插图；教材所反映的生活面有所扩大，突破了学校生活的范围。

《汉语课本》主要特点是：在实践性原则的指导下引进了句型教学法，采用了句型、课文、语法注释相结合的编排体例，第一次把句型替换练习方式引入了对外汉语教材；语法仅作必要的注释而不作系统的讲解，在语音阶段采取了从语流入手，以语流带音素，在语流中教语音的做法。

由于《汉语课本》是在“文革”期间编写的，因此其中某些词语和内容不可避免地打上了那个时代的烙印。但该教材在引进“句型教学法”方面的开创性意义，对以后的对外汉语教材产生的巨大影响，仍是值得肯定的。

(二) 教学研究

这一阶段由于没有公开发行的对外汉语专业刊物，写成的论文基本都延迟发表在 1979 年创刊的《语言教学与研究》上。属于通论性质的，有吕必松的《汉语作为外语教学的实践性原则》；谈教学方法的，有程善文的《短文阶段的三种教学方法》；对具体课型的教学进行探讨的，有郑万鹏的《怎样对留学生进行“文章选读”课教学》；从语言内容的角度进行论述的，有王学作的《谈谈汉字教学》。

70 年代对一般教学原则和教学方法的探讨更加深入，对课堂教学开始从教学原则、具体课型、语言内容的教学、语言技能的训练等不同角度进行研究，从而更加具体和深化。但研究的指导思想还基本局限于研究解决教学中的具体问题，没有形成关于对外汉语教学学科宏观而系统的认识。在教学理论和教学方法方面的主要进展：一是对语言教学中各种矛盾关系的认识有所加深。例如，语言与实践的关系、听说与读写的关系、单项训练与综合训练的关系、模仿与活用的关系、准确性与语速的关系。二是对实践性原则的认识有所加深。60年代，实践性原则主要体现在“精讲多练”上。70年代，则明确了实践性原则不但包括“精讲多练”和采用归纳法等教学方法，还应该包括教学内容和教学组织形式。这些原则不但要体现在课堂教学中，而且要体现在教材中，要贯彻在整个教学体系中。开始意识到，教师的作用在于组织和引导，要把学生放在教学的中心地位。课堂实践要以社会实践为基础，为社会实践服务。贯彻实践性的最终目的，是为了更好地培养学生用汉语进行交际的能力。以上这些对实践性原则的解释，实际上已经包含了交际性原则的指导思想。这种新的理念，已经在当时编写的《汉语课本》中有所反映。三是加深了对语言技能训练重要性的认识，开始了对专项语言技能训练方法的研究。基本倾向是受听说法影响较大，主张加强听说训练。四是开始了语音、汉字、词汇、语法、句型教学、文选课、写作课和翻译课的专题研究。

60年代中期到70年代后期，对外汉语教学事业在经历曲折后又有了新的进展。不过，这一时期“文革”毕竟尚未真正结束，其造成的危害积重难返，极“左”思潮依然笼罩。对外汉语教学面临着一系列困难，前进步伐缓慢。

从1950年到70年代后期，是对外汉语教学事业的初创时期，也是对外汉语教学学科进行探索和试验，并不断积累经验的雏形时期。这一时期的主要任务是开创、发展这项事业，由于历史的局限，尚不可能进行科学、系统的学科建设。这一时期在教学方法的摸索、教材建设、学术研究等方面，都在不断进步，取得了一定的成绩，使人们对这门学科的认识在不断加深。经过近30年的实践、摸索、发展和积累，可以说，已经基本显示了一门新学科应当具备的特征，为其学科地位的确立和学科的蓬勃发展奠定了良好的基础。

第二节　对外汉语教学学科地位的确立

一、学科地位确立的背景

1978年改革开放以后，中国终于打开了封闭的大门，开始向世界展示自己的古老文化和当今风貌，世界也迫切希望与中国增进了解、加强交往，中国在国际事务、贸易、合作方面的重要作用日益突出。

在这种大背景下，从1978年到1987年，全国有63所高校恢复或开始接收外国留学生，40所高校成立了专门的对外汉语教学机构。众多院校开办了对外国人的汉语短期教育和进修教育，打破了以前那种仅限于通过政府渠道招生，只是为准备进入中国大学学习某项专业的外国留学生进行汉语预备教育的单一形式。同时，预备教育继续深入发展，在探索和改革中不断完善。学历教育方面，除了北京语言学院外，先后又有南开大学等20多所高校开办了专为外国留学生设立的本科专业。北京大学汉语中心率先于1986年开始招收留学生硕士研究生。来华学习人数逐年增长。1978到1987年间，仅从政府渠道就接收了来自近百个国家和地区的留学生一万多人，各高校中各种形式的短期进修生也有一万多人。在外国留学生逐年增加的同时，我国向国外派遣汉语教师的工作也在恢复和加强。除重新向民主德国等国家派遣汉语教师，还首次向毛里求斯、日本等13个国家派遣了汉语教师。1983年，北京语言学院成立了对外汉语教学专业。1985年，多家高校组成的工作小组起草了《对外汉语教学师资合格标准》。1984年，北京语言学院开始了汉语水平考试(HSK)的研制工作。

总之，为了适应日益增加的学生数量、多样化的学习需求，各种教学形式都加速发展，教学方法、教材编写、培养模式、测试方式都跟着发生了变化，并且对学科的建设与发展提出了新的要求。经过多年的不懈努力，对外汉语教学逐步向多层次、多类型、比较完整的教育体系和课程体系发展，建立对外汉语教学学科的条件已经基本齐备。

二、对外汉语教学学科的确立

在1978年的北京地区语言学科规划座谈会上，吕必松首次提出对外汉语教学是一个专门学科的观点，得到了与会专家的热情肯定。1980年，北京语言学院在教育部的领导下，联合相关高等院校开始筹备对外汉语教学学会。

1982年4月，在北京语言学院召开的中国教育学会对外汉语教学研究会第一次筹备会上，正式确立了“对外汉语教学”的学科名称。1983 年 6 月，对外汉语教学研究会正式召开成立大会暨第一次学术讨论会。成立后，立即开展了卓有成效的工作，组织国内学术交流，积极参与国际学术交流，增进对外汉语教学与教育学、心理学、计算机理论和应用等学科的密切联系。

全国性学术团体的成立，是对外汉语教学在新的国际、国内大背景下的必然产物，既是对外汉语教学历史发展到一定阶段的现实需要，也预示了新的发展趋势。

1984 年 8 月，教育部副部长在工作报告中正式指出：“对外汉语教学已发展成为一门新的学科。”

1985 年 8 月，对外汉语教学研究会举办了第一届世界汉语教学讨论会。这是对外汉语教学界第一次国际性会议。1987 年，在第二届世界汉语教学讨论会后，举行了世界汉语教学学会成立大会，成为世界汉语教学发展史上一座新的里程碑。

作为一项国家和民族的事业，对外汉语教学不但和从事这一事业的专家、学者、教师有关，和教育部门有关，也关系到文化、侨务、新闻、出版、外交等多个部门。新中国对外汉语教学三十余年的历史早已证明了这一点，80 年代以来对外汉语作为一门新学科所取得的飞速发展也充分地证明了这一点。1987 年 7 月，经国务院批准，成立了由国家教委、国务院侨务办公室、外交部、文化部、广播电影电视部、新闻出版署、国家语言文字工作委员会等政府部门及北京语言学院组成的国家对外汉语教学领导小组。从此，我国的对外汉语教学事业走上了更加有计划、有组织的快速发展道路。

国家的正确路线和政策，营造了对外汉语教学事业繁荣发展的良好环境和外部条件，这是对外汉语教学事业能够顺利发展最基本的外部动力；国家对外汉语教学领导小组及其办事机构的成立，使对外汉语教学事业的进一步发展有了组织保证；对外汉语教学作为一个专门学科的地位得到确认，更使学科发展获得了强劲的内部动力；国内、国际专业学术团体的建立为本学科的建设增添了活力。总之，对外汉语教学学科地位的确立，为对外汉语教学的空前发展创造了条件，也为对外汉语教学的学科建设奠定了坚实的基础。此后，对外汉语教学界开始了自觉的学科建设，从理论上和实践上探讨学科的特点和规律，学科发展进入了由经验型向科学型转变的时期。从1978年到1987年的10年，正是对外汉语教学事业在组织建设、学科建设、理论研究和教学方法上不断进取的10年，是对外汉语教学事业发展过程中的重要时期。

第三节　对外汉语教学学科建设与师资培养

一、语言测试与大纲编写

语言测试是语言教学的重要组成部分，可分为不同的类型。学能测试是教学前进行的，目的是检测对象第二语言学习的潜在能力；成绩测试是在教学过程中进行的，用以检查评估教学效果，发现教材、教学和学生学习可能存在的问题；水平测试的目的是有效地测试和反映出学习者第二语言实际水平，不以某一部特定教材或者某个具体教学单位采用的教学方法为依据。

这三种最基本、最重要的语言测试是不能互相替代的。水平测试是一种标准化测试，它的直接作用是证明测试对象的第二语言水平是否能够适应某种需要，尽可能地以客观的标准去测试实际语言水平，有专门的考试大纲、统一的试题和统一的评分标准，不以不同教学单位的不同教材、不同教学方法为转移。

世界上许多国家都对这种标准化水平测试非常重视。但长期以来，我国的对外汉语只有成绩测试，甚至在美国、日本、新加坡、台湾等国家和地区都已经开始或着手这方面的工作时，我国还没有开始起步。如果不尽快进行汉语水平测试的研究，必然会影响整个对外汉语教学事业的发展。

1984年，北京语言学院受教育部委托，成立了汉语水平考试设计小组。经过5年的工作，研究小组明确了汉语水平考试的性质、特点和作用，制定了考试大纲，确定了卷面构成、命题原则和命题方法，编制了若干套比较理想的试题。初步界定了汉语水平等级标准。1990年2月，汉语水平考试（初、中等）通过了国家教委组织的专家鉴定。

为适应总体设计、教材编写和汉语水平考试研究的需要，中国对外汉语教学学会还组织并研究制定了《汉语水平等级标准和等级大纲》(试行)。研究工作从1987年6月开始，于1988年1月完成了第一阶段的任务，编制了相应的《词汇等级大纲》和《语法等级大纲》。《大纲》既给词汇、语法等规定了各级总量，也给听、说、读、写、译各方面规定了具体数量，进一步促进了对外汉语教学走向科学化、标准化、规范化。

此外，北京语言学院于1979年至1985年进行的“现代汉语词汇的统计与分析”项目，也是这一时期基础理论的重要研究成果。该项目对不同体裁和内容的200万汉字语料进行了切分、统计和分析，测定了汉语各级词语出现频率、使用度和覆盖率方面的数据，在当时达到了国内外先进水平。其成果为对外汉语教学、教材编写、本体研究、中文信息处理、文字改革等领域提供了必需的基础资料。

二、师资队伍建设

师资队伍建设也是学科建设的重要部分。对外汉语教学初创时期，对外汉语教师的专业背景大都是中文或者外语。60年代为了培养出国师资，开始选择部分中文系学生进修外语。随着对外汉语教学、心理学等学科理论的发展，新的教学思想和教学方法不断涌现，对外汉语教师必须经过专门的培养才能任胜工作。传统的中文或外语，或者“中文加外语”的培养方式，都不足以保证教师能够具备特定的知识结构和能力结构。

1983年，北京语言学院设置了对外汉语教学专业。北京外国语学院、上海外国语学院等也相继开设了类似的专业。从1986年起，北京大学和北京语言学院开始培养对外汉语教学方向的硕士研究生。1985年7月，北京语言学院、北京大学等多所院校组成工作小组，起草了《对外汉语教学师资合格标准》初稿。这些工作，保证了对外汉语教学获得更加稳定的师资来源，有利于稳定对外汉语教师队伍，提高专业队伍素质，使对外汉语教学事业得到健康持续的发展。

第四节 对外汉语教学学科教学法改革与教材建设

改革开放后,国外教学理论和方法的大量介绍和引入,为我国的对外汉语教学法提供了借鉴。但我国的对外汉语教学界并没有盲目套用外来理论和方法,而是根据汉语自身特点和规律,结合多年来的对外汉语教学经验,继续为构建一个符合汉语特点、符合对外汉语教学实际的教学法体系而不断努力。

进入20世纪70年代以后,国外语言学开始由重视语言结构形式的研究向重视语言的意义和交际功能的研究转变。人们感到,当时流行的听说法和"视听法"等教学方法效果不够理想,不利于培养学生的交际能力,必须对教学方法进行改革。"交际法"(或称为"功能法"、"功能—意念法" 等)这种新的教学法,就是在这一背景下产生的。它是一种全新的教学路子,把培养学生的交际能力作为教学的目的和手段,以功能、意念项目为纲来编排教学内容,功能、意念项目的选择从学生的实际需要出发。

70年代中期,"交际法"传入我国。"交际法"的核心理念是以培养学生的实际交际能力为教学目的和手段,这与我国对外汉语教学界在培养交际能力的重要性方面所积累的经验不谋而合。因此,对外汉语教学界很快就重视和开始学习"交际法"以功能、意念项目为纲来编排教学内容的新思路。以结构为纲、兼顾交际功能的结构—情境—功能相结合的模式很快得以应用,并很快在《说什么和怎么说》、《实用汉语课本》等教材中体现出来,我国的对外汉语教学出现了一个新的局面。

1980年,南京大学邱质朴编著的《说什么和怎么说》是第一部体现纯功能方式的对外汉语教材。这部教材以"意向"为主线编写,围绕"称呼、问候、同意、致歉、怀疑"等一定"意向",集中教给学生在什么场合应该说什么,力图使学生尽快提高表达能力和表达的得体性。这部教材是一次大胆而有效的探索,深受师生欢迎。

这一时期的教材在内容、练习等方面也取得了巨大进步,最有代表性的就是1980年出版的《基础汉语课本》。这是一部集历年教材之大成的著作。教材的编者分析研究了国内历年的对外汉语教材,参考了国内有关资料,吸取了一些新的语言教学理论,以功能、句型、语法相结合为指导思想,针对国外学习者的实际需要,突出实用性原则。在贯彻交际性原则和加强文化知识教学方面,都作了不少有益的尝试。内容、形式力求丰富多样、生动活泼。教材的练习方式也有所创新。

到80年代,以前那种只有极少数高校能够编写教材的局面被完全打破了,出现了"百花齐放"的新局面:中高级阶段的教材编写大大增加,并开始了多样化趋势;科技、经贸、翻译、旅游等教材都得到了重视;随着短期班人数的激增,涌现出了以北京语言学院的《汉语300句》为代表的许多短期教材。这些教材大都以结构为前提,以功能为指导,重口语,重实践,较多地把目光放在交际能力的培养上。另外,中外合编教材、音像教材也都开辟了对外汉语教材的新途径。

"百花齐放"新局面最重要的一个特点,是基础汉语教材不再局限于单本综合型教材,开始设计既有"共核",彼此紧密相关,又分技能、分课型的系列化、立体化配套教材。在指导思想上,系列教材改变了过去先有教材,后拟大纲的做法。而是先确定教学总体设计,确定分技能教学的课程设置,确定各课型教学目标和要求,然后再进行编写。在编写原则上,各技能的教材都体现出结构和功能结合的原则。在设计方式上,各个技能的配套课本既根据课型的特点保持独立性,又有相互的内在联系,使教材系列化、立体化。

北京语言学院于1986年起陆续出版了第一套系列教材。主干教材《初级汉语课本》用于听说读写综合训练,语音教学贯穿始终,语法难点更加分散。课文内容涉及面广泛,具有较强的真实性和交际性。此外还首创了通过注释介绍交际文化,安排交际性练习等做法。《初级汉语课本汉字读写练习》把汉字知识教学和汉字认读、书写有机结合起来,创造了一个新的汉字教学系统:理解—认读—书写—阅读。《阅读理解》首次打破了以文学作品为主的框架,首次选用了较多的应用文。《初级汉语课本听力练习》创设了模仿性练习和理解性练习等多种形式,力图改变以往那种使学生处于被动听、记状态的教学模式，在当时令人耳目一新。

系列教材的出现引起了很大的反响，实际的使用效果也是良好的。但是，很多重要问题一直存在着分歧。在教学实践中，在不同理念的支持下，就会有不同的做法。例如：怎样分科、何时分科比较有利？初级阶段就分科是否合适？究竟哪种课型应该是主干课，是听说还是读写？这些重要的问题还需要在实践中反复探索。

在1987年第二届国际汉语教学讨论会上，中国对外汉语教学研究会教材研究小组提交的《建国以来对外汉语教材研究报告》，总结了当时对外汉语教材编写状况和教材编写中的多种关系。在教学法理论与教材的关系上，肯定了结构和功能相结合为主的方法，指出教材既是某个时期或某个群体的经验总结，也是某个时期教学法理论研究成果的反映，必须高度重视教学法理论对教材的指导作用。在总体设计与教材的关系方面，强调了由于长期忽略总体设计，教材、教学支配大纲的现象时有发生，要求加强在总体设计的支配下，再安排好教学的各个环节，编写出科学的教材。最后，该报告还探讨了教材中语言与文化的关系，强调了重视文化差异研究的重要性。报告区分了交际性文化和知识性文化，认为交际性文化是能直接影响语言交际功能准确发挥的文化知识，在语言学习中具有特殊的作用，是第一位的；而知识性文化对交际不产生直接作用，不是一个初学语言者所急需的，因而是第二位的。

《建国以来对外汉语教材研究报告》还提出了教材编写中针对性、实践性、趣味性、科学性的"四性原则"，指出了当时的教材在这几个方面存在的不足。首先，对一年制汉语预备教育特点认识还不充分，短期速成预备教育的教材缺乏针对性；长期班与短期班教材混用，不同水平等级的教材混用现象仍然存在。其次，基础汉语教材交际性原则贯彻比较好，中高级教材由于过多选用二三十年代的文学作品做课文，因此与实际的语言交际需要有一定距离。再次，从教材的总体来看，严肃有余、趣味不足的情况还没有得到根本改善，这既有语言材料实用价值不够的原因，也有对成年人心理特点考虑不周的原因，还有教材的语言风格不够丰富多样等原因。最后提出，教材的"科学性"是教材的灵魂，教材使用的语言要准确规范，编排设计要循序渐进，练习要有效，符合语言习得和学习的规律。

纵观对外汉语教材编写的历史，教材建设一直在进步，取得了一定的成绩，但在处理来自学习者的语言和文化的差异方面还有很多不足。正因如此，20 世纪 90 年代出现了对"新一代教材"的呼唤。

教学法研究和教材建设是学科建设的重要组成部分，也是必然经历的步骤。对外汉语教学作为一门新兴的学科，也不可避免地要经历这样的步骤。在对外汉语教学蓬勃发展的形势下，"教什么"和"如何教"成为人们关注和实践的两大课题，学界对此也进行了大量的探索和努力。虽然成果只是初步的，尚有许多不成熟之处，但 1978 至 1987 年，蓬勃发展的对外汉语教学法研究和教材建设，为对外汉语教学学科的不断发展提供了源源不断的动力，为这个刚刚确立的学科提供了大量必要和有益的资料，促进了这一学科的理论研究，是学科建设进一步发展的基础。

第五节　对外汉语教学学科理论建设

对外汉语教学界在新中国成立后的三十多年的教学实践中获得并积累了十分丰富的经验，经过不断分析和概括，形成了中国自己的对外汉语教学研究的独特传统。

对外汉语教学的学科理论包括基础理论和教学理论两个方面。语言理论、语言学习理论和比较文化的理论是对外汉语教学的基础理论，语言教学理论则是对语言规律、语言学习规律进行综合运用的一种应用理论。教学理论深受基础理论发展变化的影响，同时，教学理论的研究也会促进基础理论的研究。从 20 世纪 70 年代末到 80 年代，这两方面的理论研究都有了深入的发展和进步。

语言学对语言教学的影响最大。宏观上，以一定的语言学理论为背景，就会相应形成一定的语言教学理论和教学方法；微观上，对语言现象全面、深刻、细致的描写可以帮助学习者理解和掌握语言，帮助教材编写和课堂教学。70

年代中期以前，在对外汉语教学领域的语言研究，主要是从事对外汉语教学的人员对语法、词汇的研究，研究成果主要集中在教材教案中。70 年代末以后，研究的内容大大拓宽，涉及到了对汉语特点的论述和描写，对汉语具体语言现象的论述，对词汇和句型的定量分析研究，对语体特点的研究，汉语和外语对比研究等多个领域。研究成果也不再仅体现于教材中，大量论文和专著得以发表出版。

语法研究方面，长期以来，由于对外汉语教学中需要的实用语法研究和语法理论研究的角度、重点大有不同，一直迫切需要从对外汉语教学出发，能解决教学实际问题的语法著作。刘月华等编写的《实用现代汉语语法》①，把对外汉语教学作为独特的研究对象，形成了为对外汉语教学服务的独特的语法体系，重点对外国学习者难以理解和掌握的语法现象作了详细的描写和说明。

汉外语言对比方面，王还的《门外偶得集》②是一部首开汉外对比研究之风的著作。作者既有深厚的英语功底，又有多年的对外汉语教学经验，她的研究始终紧密联系对外汉语教学实际，从教学中发现问题，精心进行比较研究。特别是《有关汉外对比的三个问题》一文，对今后的汉外对比分析研究仍有很大的理论指导意义。

语言学习理论旨在揭示语言学习的客观规律。以前，对外汉语教学界的研究重点局限于“怎么教”，对“怎么学”研究重视不够，虽然有一些论文涉及到了语言学习规律的问题，但论点往往只是凭经验得出的结论，或者对国外心理语言学著作中有关论点的引述。学习理论的研究欠缺，使得教学理论的研究也受到了限制。

80 年代开始，这种局面得到了很大的改观。吕必松在《加强对外汉语教学的理论研究》③一文中列出了一些问题，例如：理解、模仿和记忆在语言习得中各有什么作用？它们的相互关系和先后顺序是怎样的？听觉和视觉在语言习得中有什么作用？在什么条件下进行输入和输出练习更有利？各种语言现

① 刘月华等《实用现代汉语语法》，外语教学与研究出版社 1983 年版。

② 王还《门外偶得集》，北京语言学院出版社 1987 年版。

③ 吕必松《加强对外汉语教学的理论研究》，《语言教学与研究》1988 年第 4 期。

象的习得顺序是什么？学生的母语、原有文化习俗和文化知识在语言学习和语言习得中起什么样的作用？……虽然这些问题并不能概括语言学习理论研究的所有方面，也不成系统，但毕竟说明了对外汉语教学界已经认识到开展多角度、跨学科的大规模综合研究，对揭示语言学习规律、指导教学的重要性。

此阶段对外汉语教学界在语言学习理论方面最突出的进展，是首次出现了几篇关于中介语理论和外国人学习汉语偏误分析的论文。随着乔姆斯基理论的出现和认知心理学的新发展，60 年代末的国外语言学界提出了“中介语”理论，认为第二语言学习者有一种特定的语言系统，这种系统在语音、词汇、语法、文化、交际等方面既不同于自己的母语，也不同于目的语，而是一种随着学习的发展，逐渐向目的语的正确形式靠拢的动态语言系统。80 年代，鲁健骥的《中介语理论与外国人学习汉语的语音偏误分析》和《外国人学习汉语的词语偏误分析》[①]、田士琪等的《从第二语言习得规律看教学方法的改进》[②]等，开辟了一个全新的研究领域，标志着中国对外汉语教学中介语理论研究的开端，对进一步开展汉语学习理论的研究有着重要的意义。

对外汉语学界对比较文化理论的研究相对来说起步最晚，70 年代末 80 年代初才刚刚开始。张占一在《汉语个别教学及其教材》一文[③]中首次提出了“交际文化”的概念，认为交际时可能因为缺乏有关某词、某句的文化背景知识而产生误解。还有一些论文就此发表了进一步的研究意见，或探讨“交际文化”的内容，或分析交际文化差异形成的原因。但这一时期的比较文化研究还是刚刚起步，真正出现能够满足和指导对外汉语教学实际需要的理论成果还需假以时日。

80 年代开始，对外汉语教学理论研究的主要特点和主要成就有以下几个方面：

其一，开辟了新的研究领域——对外汉语教学的宏观研究。许多专著和

---

① 鲁健骥《中介语理论与外国人学习汉语的语音偏误分析》，《语言教学与研究》1984 年第 3 期；《外国人学习汉语的词语偏误分析》，《语言教学与研究》1987 年第 4 期。

② 田士琪等《从第二语言习得规律看教学方法的改进》，《世界汉语教学》1987 年第 2 期。

③ 张占一《汉语个别教学及其教材》，《语言教学与研究》1984 年第 3 期。

论文论述了对外汉语教学的性质和特点，提出了学科建设的任务和总体设计理论，为对外汉语教学理论的提出作出了贡献。总体设计理论的提出，有利于提高对语言教学的宏观认识，在教学工作中减少盲目性；有利于加强对外汉语教学全过程的研究，也有利于加强对具体教学环节和教学活动的专题研究；有利于在日常教学中树立全局观念，建立科学的教学体系；有利于推动各项教学活动向标准化、精密化的方向发展。

其二，对各个教学环节和各项教学活动的研究全面展开。从语言教学的全过程和全部教学活动的四大环节出发，对教学大纲、课程设计、教材编写、课堂教学和测试等各个环节进行了广泛的、多角度的专题研究。从总体上说，对外汉语教学理论和教学方法的研究已经达到一定深度，并为进一步的综合和深化创造了条件；一部分传统研究领域的加强和新的研究领域的开辟，例如关于总体设计的研究（包括教学大纲和课程设计的研究），关于教材编写和测试的研究，关于文化因素教学和语言技能训练方法的研究等，都反映了这一时期对外汉语教学发展的特点：一方面继续探索新的路子，一方面努力开辟使教学走向规范化和精密化的途径。

其三，对教学法原则的研究进一步深化。如引进了“交际性原则”的概念，提出教学内容的交际化、课堂教学环节的交际化和操练形式的交际化等；揭示了语言内容、语言技能、交际技能及文化背景知识的相关性和一致性，特别是被长期忽视的文化因素受到了越来越多的重视；提出了结构、情境及功能相结合的原则等。这是对外汉语教学在发展过程中不断总结自己的经验并兼容各种语言教学法长处的必然结果，也是理论和实践相结合的产物。

其四，提出用不同的方法训练不同的技能。既强调语言技能训练要有明确的目的，确定出发点和侧重点，又要看到语言技能之间的密切关系，利用已经掌握的语言技能进一步训练其他语言技能，在训练一种语言技能的同时，带动其他语言技能的发展。

其五，强调高度重视学生在语言教学中的地位和作用，充分认识到了只有透彻研究“怎么学”，尊重语言学习规律，才能更好地解决“怎么教”的问题。

虽然还没有专著出现，但教学理论研究的丰硕成果，已经体现在专人论文集和论文选辑中。吕必松的论文集《对外汉语教学探索》①，既探讨了对外汉语教学性质、特点及学科建设的基本理论与实践问题，又从多层面、多角度探讨了对外汉语教学的理论与实践，较早地强调了在教学中应该把结构、意义和交际功能三者有机结合起来。他根据对对外汉语教学多年的整体认识，把对外汉语教学的全部活动概括为总体设计、教材编写、课堂教学和语言测试四大环节，为学科体系描绘了蓝图。

这一时期的论文选辑有：1983年对外汉语教学研究会第一次学术讨论会论文选《对外汉语教学论文选》，1986年的《第一届国际汉语教学讨论会论文选》，1987年的《对外汉语教学研究会第二次学术讨论会论文选》等。

在对外汉语学科建设的热潮中，对外汉语教学也拥有了专门的学术刊物。1977年，北京语言学院试办了《语言教学与研究》，1979年正式出版，成为我国第一份对外汉语教学的专业性学术刊物。1987年，对外汉语教学研究会和北京语言学院共同创办了《世界汉语教学》。1986年，南开大学开始定期出版《汉语研究》。此外，以汉语学习者为对象的普及性刊物《学汉语》也在1987年创办。北京语言学院出版社、华语教学出版社这两家对外汉语教学的专业出版社也先后于1985年和1986年成立。

理论是一个学科存在和发展的命脉。处于发展中的对外汉语教学学科理论，随着事业发展壮大，日益受到重视，研究成果也令人瞩目。在这一阶段，学术专著的出版、专业论文的发表、学科建设项目的实施、学术研究机构的设立、专业学术刊物的出版都是前所未有的，这是事业进步和学科发展的重要体现，表明对外汉语教学学科的深化和进一步成熟化已经具备了坚实的基础。

自新中国建立伊始，对外汉语教学就成为国家民族的一项重要事业，在党和国家的关怀领导下，经过对外汉语教学工作者和有关专家学者的不懈努力，这项事业不断向前发展。从1950年到70年代后期，是对外汉语教学学科进行探索、试验、不断积累经验的雏形时期。尽管“文革”期间曾一度中断，但总

① 吕必松《对外汉语教学探索》，华语教学出版社1987年版。

体来讲，这一时期在教学方法的摸索、教材建设、学术研究等方面，都取得了一定的成绩，使人们对这一新型学科的认识逐渐加深。虽然在相当长的时间内，我国的对外汉语教学实践和研究基本都处于"经验型"阶段，课程设置、教材编写、教学方法、教师队伍建设等等都是摸索进行，经验总结居多，理论研究较少，但这是一门新型学科在初级阶段不可避免的历史局限。这一时期，新中国的对外汉语教学事业已经较好地完成了"开创"和"发展"的任务，经过近 30 年的反复实践和积累，基本显示出了一门新学科应当具备的特征，为下一阶段学科的正式确立，进入学科意识自觉、事业蓬勃发展的新时期，奠定了良好的基础。

1978 年 3 月，北京地区语言科学规划座谈会上，首次提出了要把对外国人的汉语教学作为一个专门的学科来研究，标志着对外汉语教学工作者学科意识的觉醒。70 年代末至 80 年代末的 10 年，是对外汉语教学事业在组织结构、教学方法系统化研究、教材建设、学科建设、理论研究等方面不断进取的 10 年，是对外汉语教学学科确立后事业发展的重要时期。为适应日益扩展的教学规模和日益多样的学习需求，教学形式、培养模式、教学方法、教材、测试方式都发生了变化，并对学科建设和发展提出了更高的要求。对外汉语教学事业向多层次、多类型、日益完整的教育体系和课程体系发展。对外汉语教学界对几十年的经验进行了全面系统的概括和总结，升华到理论的高度，走出了中国自己的对外汉语教学研究之路。前所未有的专业论文的发表、学术专著的出版、学科建设项目的实施、学术交流活动的开展、学术研究机构的设立，都是事业进步和学科发展的重要体现。对外汉语教学学科日益深化，走向成熟。

第六节　台湾地区"国语推行运动"时期的对外华语教学

一、20 世纪 40 年代中期至 70 年代末期的"国语推行运动"

1945 年，第二次世界大战结束，日本战败，国民政府接管了台湾。当时台湾通用的语言是日语和闽南话，国民政府官员一开始跟老百姓的沟通是很困难的。于是当务之急就是“推行国语”，也就是普通话。1946年4月2日国民政府成立了“台湾省国语推行委员会”，全力在台湾推行国语，目标是四年之内使国语成为台湾的通用语和官方语言。在此目标下，首先建立了一个“台籍公务员国语训练计划”，对象为全省约三万名的台籍公务人员，授课的老师是由内地来的公务员担任，授课的教材由国立编译馆和国语推行委员会负责编辑，上课时间是每日两小时，目标是一年之内使台籍公务员能听、能说、能看、能写，能处理公文、批改公文。与此同时，官方为了积极彻底地推行“国语”，采取了“刚性”而非“柔性”的语言政策。在社会上，下令停止所有的日文报纸、杂志，并禁止台湾作家用日文写作。1947年后，又下令全面禁用日语，禁播日本唱片，在学校则更是全面禁止使用方言。“国语推行委员会”为了推行“标准国语”，于1946年开始利用广播，示范“国语标准发音”，讲解“国语读本”、“国语会话”和“国民学校国语”等，为的是让学国语的人纠正发音，另外还编印了大量的国语书刊，如《国语辨音》、《国语辞典》等供学习者参考。还有一份重要的参考材料是《国语日报》。《国语日报》的创刊就是以推行国语为首要任务。《国语日报》以汉字加上注音的编排方式，有语文、科学、史地、古今文选等内容，是当时各级学生及民众学国语的重要刊物之一，尤其对中小学生的语文能力和写作能力的提高作出了重大贡献。

在师资培训方面，由于台湾本地的国语教师非常缺乏，而内地来的中小学教师又严重不足，因此从1946年到1970年，台湾的教育主管部门颁布了一系列法令来加强所有中小学教师的国语能力。规定所有中小学教师在学校及校外都必须说“国语”；无论是课堂教学或是课后与学生、学生家长的交流沟通都只能使用“国语”；教师必须按时收听标准示范广播，定期参加测验、讲习；推行“国语”的成效更是校长、教师年终考核的标准之一。在这样严格的语言要求之下，高等学校学生的“国语”程度大幅提升，而专门培养中小学师资的师范院校国文系学生的国语文能力更加扎实，成为日后对外华语文教学重要的师资来源。

二、"国语推行运动"与各类教学机构

可以说,颁布的各类语言政策对于"国语推行运动"发挥了莫大的功效。据统计,1937年日语在台湾的普及率为37.8%,1940年为51%,1944年为71%[①],而经过"国语推行运动"的努力,到1991年国语的普及率已达91%[②]。叶国良指出,"1949年国民政府迁台后,虽然有一两百万各省人士来台,口操各省方音,但大力推行国语后,国语已为台湾之行政语言、教学语言及日常语言,普及率几乎接近百分之百"。[③] 台湾从一个日语和汉语方言,加之原住民语言混杂的环境转变成一个通用语高度统一的社会,这对于台湾的对外华语文教学而言是一个非常关键的转变。

董鹏程把这一时期台湾的语言状况分为"提倡国语(汉语),取代日语时期(1949—1955)"、"国语稳固,减少方言时期(1955—1970)"和"国语独尊时期(1970—1990)"(1990年至今为"多语多方言时期")。[④] 这个时期的台湾,一方面努力排除方言,推动共同语,另一方面也开始向外宣传中华文化,并于20世纪50年代开始了对外华语文教学。1956年8月,由省立师范学院(即现在的台湾师范大学)文学院院长梁实秋创设的"国语教学中心"正式成立,这是最早由台湾省立学校(政府学校)自己成立的华语文教学机构,其宗旨主要是培养外国人熟练听、说、读、写中文的能力,以从事中华文化之教学与研究,并进一步宣扬中华文化;研究并编辑中国语文教材,供海内外学校使用;举办师资培训班,培养国外大学所需之华语教师。第一任主任由国语专家王寿康担任。当年有5名美籍学生入学,因为程度差异较大,采取分组教学方式,课程一部分为正音、讨论、故事讲述等,使用美国耶鲁大学所编的教材,另外一部分教的是阅读和写作练习。[⑤] 在"国语推行运动"中扮演重要角色的《国语日报》,也

---

① 黄秀政《台湾史》,台北五南书局,2003年版。

② 黄宣范《语言、社会和族群意识》,台北文鹤出版社,1993年版。

③ 叶国良《台湾对外华语教学的问题》,全球华语论坛(新加坡),2007年11月。

④ 董鹏程《台湾语言状况与语言政策》,全球华语论坛(新加坡),2007年11月。

⑤ 李惠敏《从洋鬼子到外劳:国族、性别与华语文教学》,台北巨流图书公司2002年版。

在1973年成立了"国语日报语文中心华语文班"，并延续其一贯的宗旨："教授标准中国语文，弘扬中华文化。"

80年代以前，台湾的对外华语教学主要集中在北部及中部。随着华语学习者的与日俱增，语言中心也逐渐拓展至南台湾。成功大学语言中心建于1982年，是台南最早成立的大学附设语言中心。

除了政府学校设立的对外华语文教学机构"国语教学中心"以外，还有另外两类不同背景的华语学校。一类是教会系统的华语学校，另一类是与美国政府系统有关的华语文教学机构。

由于基督教、天主教在台湾已经建立了相当深厚的基础，1956年台湾的11个基督教联合会外籍教会负责人为了使外籍传教士能有一个进修华语的机构，在台北基督教青年会成立了"基督教语文学院"，这是台湾教会系统第一个有组织、有制度教授华语的单位，由一位美国牧师，同时也是淡江大学外文教授的安笃思担任第一任校长，学生大约有三四十人，都是来自浸信会、长老会、卫理公会的传教士，每班4至5人。后来，到台湾的外国学生日益增加，开始接受非传教士学生的入学申请，并在1962年更名为"Taipei Language Institute"，也就是现在的"中华语文研习所"(TLI)。根据所长何景贤的回忆，研习所"成立初期唯一的教材是一本罗马拼音的《中国话会话》，教师们自己琢磨寻求最有效的教学方法……后来学校聘请了一位美籍的语言学顾问谢磊翘博士，负责辅导教师改进语言教学法，每周举办教学研习会，相互切磋讨论，逐渐形成一套具体可行的教学法。接着校方引进美国耶鲁大学全套中文教材，增聘素质良好的教师参与改编成适合国内生活文化的各级华语辅助教材，并制作录音带"。[①]

天主教背景的辅仁大学附设新竹华语学校起初是耶稣会负责华语教学，初期的学生多半是天主教的神父和修女。1971年之后有越来越多的外籍人士想学国语，所以后来也接受大学生、商务人士等等。1973年时，学生约有120多人，其中三四十位是神父、修女，其他是大学生和商人，美国人约占

① 李惠敏《从洋鬼子到外劳：国族、性别与华语文教学》，台北巨流图书公司2002年版。

50%—60%，还有其他欧洲国家的学习者。使用的教材是 *Speak Chinese*，后来称为 *Speak Mandarin*，课程大部分采用单班制、小班制，教师大约有六七十位。①

由教会机构成立的华语学校，校长或者负责人多半是国外的牧师或传教士，在内部管理上有教会自己的行政和教学体系，跟本地的教学体系不太一样，因为教会办学的首要目的是为了加强传教士的语文能力以便宣传教义，所以在教学内容、教材、教学法等方面都和本地的学校不同。例如，教会的教材除了"华语会话"之外，还有圣经读本，用以介绍圣经章节，讲解如何进行告解，如何用华语向社会大众介绍基督教教义等等。教材的编排方式也有所不同，大部分华语课本采用的不是汉字，也不是本地常用的"注音符号"，而是欧美国家常用的"罗马拼音系统"。非教会系统的学习者，甚至教师其实都不太容易看懂教会编印的教材。但是随着政治和社会情况的转变，外国传教士、神父、修女来台的人数日益减少，学校的学生结构慢慢改变，后来又因为其他语言中心的成立，学生也转向其他的语言中心学习华语，这一类具有特定性质的华语中心逐渐式微，如新竹华语学校就在 1988 年结束。

其他和教会系统相关的还有天主教的辅仁大学语言中心，原创办单位是天主教圣言会。早期因神父、修士、修女们从事传教工作，特别是参与学校的教学及管理，精通中文甚为必要，故而兴起设立"国语中心"的构想，1964 年在于斌枢机主教指示下成立。后来为了促进中西文化交流，以容纳更多的来台外籍学生学习国语文，于 1969 年设立"语言中心"。基督教的东海大学华语教学研究中心成立于 1971 年，是台湾中部地区最早创立的华语中心。成立的宗旨是为东海大学的外籍教师及其眷属学习华语提供方便，而后扩大了招生规模，招生对象也包含姐妹校交换的留学生、传教士、企业界及一般社会人士等。

1949 年以后，国际环境发生了很大的改变，种种政治、军事上的因素使得台湾与美国的关系日渐密切，台湾的华语文教学也深受影响。一些华语教学机构就是在这样的背景下产生的。

---

① 李惠敏《从洋鬼子到外劳：国族、性别与华语文教学》，台北巨流图书公司 2002 年版。

阳明山华语学校1955年在台中创校，隶属于美国在台协会(AIT)，培训的学员大部分是美国的政府官员，通常是以美国国务院官员为主，其次是新闻处的。它可以说是美国外交人员中文能力的专门培训单位。

另一个非常有名的教学机构是斯坦福中心，其前身是康奈尔中文培训班，它是由美国康奈尔大学的Harold Shadick创办的，后来与台湾大学交涉，1963年在台湾大学的新生楼成立。第一年只有13名学生，第一任所长是斯坦福大学的Albert E. Dien。使用的教材是耶鲁大学1948年编印的《中国话》，这套教材后来也成为美国大学汉语教学的权威教材。1997年斯坦福中心更名为“国际语文研习所”。

除了上述教学机构具体从事对外华语教学外，站在官方的角度，当时主管台湾“侨务委员会”的毛松年，深感华语文教育是一个时代的趋势，华文实在有必要大力向海外推广，应该结合社会大众的力量，一起为华语文教学尽一份心力。于是，1972年他邀集了许多相关的教育专家成立了“世界华文教育协进会”(后更名为“世界华语文教育学会”)，并于1973年11月11日举行了成立大会，首届主席为张希文。协会(学会)成立后开展了许多重要的工作。首先，为了配合海内外华语文教学的需要，有系统地编辑了许多华语文教材及补充读物，如《华语十课》、《华语二十课》、《实用华语课本》(初、中、高级)等等。其次，出版了《华文世界》(季刊，1974年创刊)，为华语文教学及学术研究提供了很好的交流园地。杂志的内容包括学术研究专题、教学经验报告、教材教法范例、文字结构等，学术性与实用性兼具。30多年来《华文世界》的作者超过了1000名，发表了将近2000篇的论文，是台湾华语文教学方面很重要的刊物。学会还出版了一本以学术研究为取向的国际性刊物《华语文教学研究》(半年刊，2004年6月正式出刊)，主要刊载华语文教学(包括方言)专论、相关的书评与导读以及探讨教学理论和方法的论文。第三，学会从1977年起定期举办“华文教学师资研习班”培训华语文教师，结业的学员迄今已有5000余人。此外，学会还举办“世界华语文教学研讨会”，从1984年第一届起，每三年举办一次。

综观这一时期台湾的华语文教学，三种不同类型的教学机构(政府学校的、宗教团体的、与美国相关的)各有自己的办学目的和办学形式。对教学者而言，也会根据各自的教学目标来调整课程和教学内容，以满足不同类型学生的需求。在教材方面，台湾自身的教学主要是由编译馆借助编辑本土语文教材的相关经验编写的华语文书籍，或是由授课的教师依照学生的需要选定适合的书籍、文章和报刊，但被广泛使用的还是耶鲁大学编印的《中国话》等一系列华语教材。《中国话》也正是目前各大公立、私立语言中心使用最广泛的《实用视听华语(一)》的前身。[①]

思考和练习

1. 20世纪50年代初到80年代末，中国的对外汉语教材经历了哪些发展变化？

2. 你怎样理解“对外汉语教学是国家民族的事业”这句话？

3. 谈谈汉语本体研究和对外汉语教学研究之间的关系。

4. 台湾“国语推行运动”时期的华语教学特点是什么？

① 李惠敏《从洋鬼子到外劳：国族、性别与华语文教学》，台北巨流图书公司2002年版。

第六章　中国当代的对外汉语教学①

20世纪90年代以来，在经济全球化、文化多元化的背景下，国际竞争日趋激烈。语言作为文化传承和发展的重要载体，在综合国力竞争中的地位越来越突出，对经济、政治和社会发展的影响越来越大。汉语作为世界了解中国及中华文化的重要载体和与中国交往的重要工具，其战略价值和实用价值正在不断提升，越来越受到外国政府、教育机构、企业和民众的重视，世界范围内出现了"汉语热"。面对这样的新形势，对外汉语事业出现了不同于以往的新特征。

第一节　对外汉语教学学科建设

一、学科发展

（一）发展的三个阶段②

近60年来，对外汉语教学从一开始的"小儿科"，发展成为世界范围内"汉语热"背景下的一门显学。其学科建设也随之得到了很大的发展。

20世纪90年代在语言学习理论研究的推动下，各方面的研究工作全面

① 本章的写作是建立在对近20年来对外汉语教学研究文献基础上的，在此谨向各位专家学者表示衷心感谢。需要特别说明的是，本章的很多资料来源于国家汉办网站 http://www.hanban.org/cn_hanban/，此外尹璇子同学在资料搜集上也给笔者很多帮助，在此一并致谢！

② 参考张德鑫《从两个〈课题指南〉看对外汉语教学的学科发展》，《语言文字应用》1998年第4期。

展开，学科体系得到进一步的充实和丰富。特别是90年代举行的三次学术座谈会——1992年的"语言学习理论研究座谈会"、1994年的"对外汉语教学定性、定位、定量问题座谈会"和1997年的"语言教育问题座谈会"，在推动学科理论发展方面发挥了重大作用。

当代对外汉语教学的学科建设经历了三个发展阶段。第一个阶段以国家汉语国际推广领导小组办公室(简称"国家汉办")1988年制定的《1988—1997年对外汉语教学科研课题指南》为标志；第二个阶段以国家汉办1998年制定的《1998—2000年对外汉语教学科研课题指南》为标志。1998年更是具有象征意义的一年。这一年，经国务院学位委员会评审，教育部批准在北京语言文化大学设立了"语言学及应用语言学"博士点，其中一个主要方向为对外汉语教学。从此对外汉语教学有了本学科的博士生导师，开始培养本学科高层次人才。后来北京师范大学、北京大学等高校也陆续招收培养对外汉语教学方向的博士生。此外，在此期间，在国家社科基金项目评审中，对外汉语教学界获得了多项国家级项目。这些项目涉及教材编写、汉语语法、教学方法、教学模式和学习过程研究，从一个侧面反映了对外汉语教学界的研究实力，显示了学科的成熟与发展。第三个阶段始于2005年7月在北京举行的首届世界汉语大会，这更是对外汉语教学的转折点。此次大会的主题是：世界多元文化架构下的汉语发展。它的宗旨是：凝聚各方力量，共同加强汉语推广工作，让汉语随同开放的中国走向世界，让世界了解开放的中国。它为促进世界各国汉语教学的发展和加强中外语言文化的交流与合作搭建了一个有效的工作平台，标志着中国对外汉语教学向汉语国际推广的转变。在这样的大背景下，中国汉语国际推广事业迎来了新的春天。2007年国家又设置了汉语国际教育硕士专业学位，这无疑会推进对外汉语教学学科在广度和深度上的进一步发展。

(二) 学科体系等宏观研究和方法论建设

刘珣、李泉曾分别提出了构建对外汉语教学学科建设体系的思路[①]，他们

① 刘珣《也论对外汉语教学的学科体系及其科学定位》，《语言教学与研究》1999年第1期；李泉《对外汉语教学的学科理论体系》，《海外华文教育》2002年第2期。

的体系比较全面系统，但内容稍显庞杂。这里着重介绍一下赵金铭提出的学科理论框架。他认为对外汉语研究包括四个方面：本体论：从事汉语本体研究，理论基础为语言学，研究目的是“教什么”；认识论：从事汉语习得与认知研究，理论基础是心理学，研究目的是“如何学”；方法论：从事教学理论与方法研究，理论基础是教育学，研究目的是“怎么教”；工具论：从事现代科技手段如何应用于教学与学习的研究，理论基础是计算语言学和现代教育技术，研究目的是“用什么技术手段”。①

此外，在对外汉语教学宏观研究方面，开辟了新的研究领域，进一步明确了对外汉语教学既是一种汉语教学，又是一种外语教学；确立了总体设计的理论框架；规划了学科建设的基本任务。在此基础上，对教学本身进行了广泛的、多层次的、多角度的专题研究，并进一步深化了对教学原则、教学方法和教学技巧的研究。在此期间，语言学习理论的研究取得了明显的进步。研究之始是引进中介语理论，进而进行汉外语言对比研究和外国人学习汉语的偏误分析。近年来，在对外国人习得汉语的顺序和习得过程的研究方面也取得了一定的进展；对学习者个体因素及学习环境的研究虽然已经起步，但尚属薄弱环节。②

方法论是一门专门学科确立、发展和成熟的重要标志。这一时期比较重视从对外汉语教学学科发展的高度和多学科的角度研究方法论问题，试图建立对外汉语教学系统完整的方法论体系。学科方法论的理论和内容是由学科性质所决定的。由于对外汉语教学涉及语言学、教育学、心理学、文化学等多门学科，有很强的综合性，因此其方法论也就具有明显的综合性特征。虽然取得了一些进步，但由于对外汉语教学还是一门年轻的学科，因此在方法论建设上依然任重道远。

二、科研立项

对外汉语教学作为一项国家的事业，其发展关系到国家和民族的国际地

① 赵金铭《对外汉语研究的基本框架》，《世界汉语教学》2001年第3期。

② 赵金铭《“九五”期间的对外汉语教学研究》，《世界汉语教学》2000年第3期。

位问题。为推动学科健康、稳步地发展，需要在科研方向的制定上给予指导，在研究经费上有较大投入。20 世纪 90 年代以来，与对外汉语教学相关的国家社会科学基金项目、教育部项目不断涌现。此外，国家汉办也加大了对学科建设的支持力度，以前瞻性的眼光，制定出 1998—2000 年一批具有指导意义的研究课题。2002 年《国家汉办 1998—2000 年科研项目成果丛书》共出版 11 本专著。[①] 此外，2003 年国家汉办又通过了“十五”科研规划的首批 75 个项目。两批项目涵盖了学科理论建设、教学理论与教材编写研究、基于对外汉语教学的汉语本体研究、学习理论研究、语言测试研究、现代教育技术应用、跨文化交际研究、学科史研究等领域。

三、对外汉语学术会议的变化

一个学科的发展、成熟，其学术会议内容的广度、深度往往是一个指标。对外汉语教学会议近 10 年来有从综合性会议逐渐演变为综合性会议和专门性会议并举之势。除了综合性的三年一次的世界汉语教学会议以及其他国内地区性的会议外，像对日汉语教学、对美汉语教学等国别化汉语教学的会议，汉语学习词典、口语教学、阅读教学等专门性的对外汉语教学会议，以及世界汉语教育史等的会议都已逐渐常态化进行。此外，海内外的互动也是空前的，甚至可以说目前对外汉语教学的会议大多是国际会议。

第二节　对外汉语教学大纲的研制及教学法、教学模式的探索

一、教学大纲的研制

20 世纪 90 年代以来是研制大纲比较集中的时期。这些大纲在研制过程中不断总结教学经验和研究成果，起到了明确教学目标和规范教学活动的作

① 刘元满《〈国家汉办 1998—2000 年科研项目成果丛书〉述评》，《世界汉语教学》2004 年第 2 期。

用;对于各类汉语教材的编写、各种汉语水平测试起到了标准参照性作用。[①]当然目前的大纲还存在不少问题,仍需要与时俱进,尽快修订。“目前,大纲的修订工作正在有条不紊地扎实进行,理论准备相当充分,统计工作稳妥、细致。为我们教什么,怎么教,哪些需要反复教,哪些只需一带而过,提供了科学的依据。相信不久的将来,在充分参酌、吸收国内外已有相关成果基础上,基于科学统计、分析,符合对外汉语教学规律的各类大纲必将面世。”[②]

90年代以来研制的教学大纲

年　份	大纲名称	制定者
1992	汉语水平词汇与汉字等级大纲	国家汉办组织修订
1995	对外汉语教学语法大纲	国家汉办组织修订
1995	中高级对外汉语教学等级大纲(语法·词汇)	孙瑞珍主编
1996	汉语水平等级标准与语法等级大纲	国家汉办组织修订
1999	对外汉语教学初级阶段教学大纲	杨寄洲主编
2002	高等学校外国留学生汉语教学大纲(长期进修)	国家汉办编
2002	高等学校外国留学生汉语教学大纲(短期强化)	国家汉办编
2002	高等学校外国留学生汉语言专业教学大纲	国家汉办编

二、语言教学理论研究[③]

这一时期的对外汉语教学研究进一步深化了对教学原则、教学方法和教学技巧的研究。在教学方法的探讨上,不再追求理想的教学法,开始由探索具有中国特色的教学方法,转到对教学原则进行深入而实际的研究上。

(一)教学原则

对外汉语教学界一直重视从教学实践中总结经验,并在吸收和借鉴国外语言教学有关理论的基础上形成了包括教学原则在内的语言教学理论。李泉

① 崔永华《二十年来对外汉语教学研究热点回顾》,《语言文字应用》2005年第1期。

② 赵金铭《“十五”期间对外汉语学科建设研究》,《对外汉语研究》第1期,商务印书馆2005年。

③ 主要参考了《对外汉语教学研究综述》,http://chomsky.bokee.com/2030497.html。

提出了教学原则的分类系统:常规教学原则、非常规上位教学原则、非常规中位教学原则、非常规下位教学原则。对外汉语教学的上位教学原则是:以学生为中心,以交际能力的培养为重点,以结构、功能、文化相结合为框架。[①]

(二) 教学模式

教学模式是指具有典型意义的、标准化的教学范式。对外汉语教学模式的研究,不仅是教学实践发展的需要,也是教学法理论系统化、完整化的需要。目前国内已经出现的汉语教学模式有:以培养汉语交际能力为目标的"分技能汉语教学模式"、以汉语微技能训练为重点的"微技能教学模式"等。但总体而言,汉语的教学模式比较陈旧、单一,国内外的相关成果未能及时反映到教学模式中来。

20 世纪 90 年代以来,第二语言教学的重点逐步转移到教和学的过程上来,强调学习者用目的语完成任务,并在课堂教学中进行真正涉及交际的活动,提高学习效率,在此基础上形成了任务式教学模式。这种教学模式在国外第二语言教学界得到了广泛应用,但在国内还比较新。马箭飞的一些文章探讨了任务式教学模式的相关问题。[②] 崔永华从改革的必要性、现行模式分析、可借鉴的模式介绍等方面对改革提出意见,为对外汉语教学的学科定位以及课程设置、教学模式提供了系统的理论框架,提出要重视汉字,实行"先语后文,集中识字,先读后写"的教学程序。[③] 孟国提出以培养学生接受技能为重点的"实况听力教学模式"。[④] 张朋朋提出了"语文分开、集中识字教学模式"。[⑤] 这是初级阶段针对欧美学生学习汉语的一个教学模式。该模式受传统的识字教学方法的启发,结合了汉字以及汉字学习的特点。李晓琪主张建

① 李泉《试论对外汉语教学的教学原则》,载《中国对外汉语教学学会北京分会第二届学术年会论文集》,北京语言文化大学出版社 2001 年版。

② 马箭飞《新模式——以交际任务为基础的汉语短期教学》,《世界汉语教学》第 3 期;马箭飞《以"交际任务"为基础的汉语短期强化教学教材设计》,载《对外汉语教学与教材研究论文集》,华语教学出版社 2001 年版。

③ 崔永华《基础汉语教学模式研究》,《世界汉语教学》1999 年第 1 期。

④ 孟国《口误与对外汉语实况教学》,《语言教学与研究》1998 年第 3 期。

⑤ 张朋朋《集中识字》,华语教学出版社 2001 年版。

立以虚词为核心的“词汇—语法教学模式”;加强词语搭配的学习;着眼语篇,在语法与语篇之间建立起有机的联系。[①]

(三)教学法

教学法的研究导向是以第二语言学习者为中心,探索具有针对性的教学法,根据学习对象、学习环境、学习阶段、学习内容等因素的差异选择科学、合理的教学法。90年代末以来,对外汉语教学法研究进入了全面深入、多元发展的新阶段,培养汉语交际能力成为不同教学法研究的共同目的。此外,“结构—功能—文化”教学法兴起于90年代中期。结构、功能、文化相结合的基本原则,是培养学生交际能力的有效途径,也是提高教学水平的基本保证。金立鑫、邵菁提出了基于生成语言学和功能主义语言学的“认知功能教学法”[②],这种教学法在基本精神和原则上遵循语言普遍理论中的“参数设定”原理和语境原理,将之贯彻到语言教学的各个层面,认为语言教学的主要任务是训练学生在特定的情景功能中选择适当的语言形式,重视语篇上下文语境对语言形式的选择关系。

关于教学法的评价标准,程棠提出了科学性、有效性、可行性和经济性的标准。[③] 从这些标准出发,可以看出,每种教学法都只是部分地反映语言学习和教学规律,也总只是部分地适合于某种教学。博采众长、不独法一家,是比较明智的态度,因此,教学法应该加强全面系统的研究。

什么样的教学法适合于对外汉语教学呢?程棠把对外汉语教学法的特点归纳为灵活性和综合性。灵活性指,“语言教学有法而无定法;教学法的运用具有鲜明的使用主体的个性特点”。综合性指,“在语言教学活动中,很少有只使用单一的教学法的情况,往往是几种教学法同时并用,或者是以一种教学法为主,其他方法为辅”。他的依据是,“从不同的技能训练来看,听、说、读、写的训练,很少拘泥于某一派教学法。听力课、口语课、阅读课、汉字课、写作课

① 李晓琪《关于建立词汇—语法教学模式的思考》,《语言教学与研究》2004年第1期。

② 金立鑫、邵菁《试论认知功能教学法》,载《语言教育问题研究论文集》,华语教学出版社2001年版。

③ 程棠《对外汉语教学——目的、原则、方法》,华语教学出版社2001年版。

等等，各有自己的教学要求和教学特点；而每一种课程的教学法，只要教师认为是合理的、有效的，都可以用，没有统一的模式”。程棠的“法无定法”在目前我国对外汉语界颇有代表性。

三、多媒体和网络教学研究

对外汉语教学的多媒体课件研究始于80年代末90年代初。第一次成批出成果则是在90年代后半期。在近10年的时间里，相关的呼吁和理论探讨不少，也投入了不少人力、物力，研制出了一些课件，主要是汉字教学的课件；21世纪初也建立了个别教学网站，但是真正投入使用的多媒体和网络课件并不多。

四、汉字及语言教学

(一) 汉字[①]

近年来，对外汉字教学越来越受到重视，90年代后期，汉字教学突然成为一个世界范围的研究热点。几年间，研讨汉字教学的论文、会议陡然增多。重要的会议有1997年6月在宜昌举行的“汉字与汉字教学研讨会”，1998年在巴黎举行的国际汉字教学研讨会，1999年6月在清华大学举行的“汉字应用与传播国际学术研讨会”。在各种有关会议和刊物上，研讨汉字教学的论文数量大增，汉字教学实验报告也时有发表。

汉字一直是非汉字圈学习者学习汉语的一个难点。随着这类学习者的增加，汉字教学问题特别引起西方汉语教学专家的重视。改进汉字教学涉及文字学、语言学习理论、教育学(包括识字教学研究)、心理学、认知心理学、教学实践经验，还有计算机和多媒体技术等各个方面。当时确有各路人马参与，对汉字教学进行了全方位的探讨。讨论的收获除了推动了汉字教学的理论研究和研制出数种汉字教学软件之外，跨学科的研究思想，也给学界留下了深刻的印象，学界同人利用跨学科方法的研究风气日盛。

---

① 崔永华《二十年来对外汉语教学研究热点回顾》，《语言文字应用》2005年第1期。

(二)语音①

语音教学曾是对外汉语教学中非常重视的部分,可是近年来对语音教学有所忽视。留学生的洋腔洋调问题更加突出。赵金铭认为,之所以如此原因有三:其一,对外汉语教学大发展,学生骤增,可是师资培训没跟上。不少教师辨音能力不强,正音无方,纠音无法,缺乏口耳之功。其二,教学中大力推行交际法、功能法,听说为主,注重表达,忽视语音语调。求成心切,语音教学阶段缩减,甚或被取消,语音教学缺少足够的时间保证。其三,社会语言环境存在诸多干扰。

这种语音教学的滑坡现象值得我们重视。"我们应充分利用《汉语拼音方案》的规范性和优越性,推进语音教学。教师要充分了解《方案》制定的音理依据,了解字母与语音的配置关系、字母与音位及音位变体的关系。遵循并充分运用汉语语音系统,在语音教学中灵活变通,创造出具有汉语语音特点的语音教学法。减少学习者洋腔洋调和不标准的状况,切实提高对外汉语教学中的语音教学水平。"

(三)词汇②

在对外汉语词汇教学中,词汇的重要性已经为越来越多的人所认识,很多学者都有所论述。而且,根据多位学者的调查,词汇确实是大多数留学生感到最为头疼的问题之一。但目前的对外汉语词汇教学确实还存在一些问题,主要有以下几点:

1. 未充分注意学生的语言文字背景。众所周知,日韩等历史上深受中国语言文字影响的语言,其语言书写形式跟汉字有非常密切的关系。日本至今仍使用着大约2000多常用汉字,韩国虽然现在不使用汉字,但其历史文献多为汉字书写,韩国人对汉字并不陌生。所以我们的词汇教学模式必须要考虑学生是否来自于汉字圈国家,从而构建两个更有针对性的课内课外并重的自

---

① 赵金铭《"十五"期间对外汉语学科建设研究》,《对外汉语研究》第1期,商务印书馆2005年版。

② 朱勇《汉语第二语言词汇学习问题刍议》,《云南师范大学学报(对外汉语教学与研究版)》,2004年第1期。

主学习模式:欧美模式和日韩模式。

2. 各种基于汉语本体的词汇教学观缺乏柔性。关于词汇教学,目前学界提出了“字”本位教学法(语素教学法)、构词法教学法、集合式教学法等等基于汉语本体研究成果的教学思路,它们各自从不同的角度论证了其科学性。这些想法让人耳目一新,颇受启发。全面一点来看,虽然几种思路都各有其合理性,但也并非无懈可击。如果柔性一点,把各自的长处贡献出来,加以综合,根据学习对象、具体词语等的差异采取不同的教学模式,而不是拘泥于某一种具体的教学法,这样会更全面,也更为科学合理。

3. 忽视词汇学习中学生的主体作用。词汇教学思路多是从教师的角度或汉语本身的一些特点出发的,这些观点很有意义,但同时我们也不该忽视学生在学习活动中的作用,不该忽视从学生的角度进行探讨。就完整的对外汉语词汇教学而言,光从教的角度或光从汉语特点出发都是不够的。

4. 研究“原则”的多,谈论“问题”的少,可操作性不强。虽然1953年周祖谟就指出要阅读长篇的浅显读物来学习词汇,随后“音形义三结合”、“渐进性”、“构词法教学”、“语素教学”等词汇教学原则也相继提出,可是具体实施起来却非易事。如何将现有的词汇教学理论变得更具可操作性,能够付诸实践,已成为现在亟待解决的问题之一。

(四)语法

对外汉语教学历来重视语法教学。赵金铭提出,“(教外国人的)是教学语法而不是理论语法;是教外国人的语法,而不是教本族人的语法;是从意义到形式的语法,而不是从形式到意义的语法;不仅是分析的语法,更是组装的语法;不仅是描写的语法,更是讲条件的语法;不是孤立地讲汉语语法,而是在语际对比中讲汉语语法”。[①] 这六条原则对对外汉语语法教学具有重要的指导性意义。

---

① 赵金铭《教外国人汉语语法的一些原则问题》,《语言教学与研究》1994年第2期。

第三节 汉语第二语言习得研究的新进展

研究语言习得，是为了揭示学习规律，也是为了使对外汉语教学学科更好地与心理学相结合，更好地体现跨学科的特点和学科的发展方向。汉语第二语言习得的研究虽然开展较晚，十多年来，中外学者在这方面也取得了相当的成果。以中国学者研究的情况而论，已经经历了初步介绍西方语言习得理论的阶段和从汉语病句分析发展到汉语偏误分析的阶段，现在已进入汉语的习得顺序和认知过程的研究。一些年轻的学者，通过个案跟踪或规模调查等实验方法和科学的统计方法，正在这一领域进行探索，并已取得了首批成果。他们不但对西方学者主要是以印欧语系语言为基础所得出的研究结论进行验证，而且还从汉语的特点出发，对第二语言的习得规律和理论进行研究。北京语言文化大学于1995年完成的“汉语中介语语料库系统”，为今后汉语习得的研究提供了非常有利的条件。①

一、习得顺序和习得过程研究的初步成果

20世纪90年代初期和中期，汉语习得研究开始了习得顺序和习得过程的研究。这是中介语研究的深入发展，它突破了只是对中介语的偏误部分所进行的静态分析，转而对中介语发展轨迹进行动态的研究。与此同时，一些研究论文以认知心理学理论为指导，运用实验的方法，探讨汉语习得过程中的心理机制和认知规律，在研究方法上对于对外汉语教学的研究有所创新。这些研究在汉语的偏误分析和习得顺序、习得过程的研究等方面，已经取得了初步的成果。但由于习得研究必须基于实验，研究者需要掌握实验心理学研究方法、统计方法，且对于各种自变量、因变量等影响实验结果的因素需要进行科学的控制，因此从事习得研究的对外汉语教师还不算多，这也是制约习得

① 刘珣《迈向21世纪的汉语作为第二语言教学》，《语言教学与研究》2000年第1期。

研究的一个客观因素。

二、汉语认知研究[①]

语言认知研究是当前语言研究和语言教学研究的一个国际潮流。对外汉语教学的汉语认知研究是对把汉语作为第二语言的学习者的汉语认知研究(或简称"非母语者的汉语认知研究")。国内此类研究始于20世纪90年代后期,90年代末和本世纪初是一个成果比较多的时期。非母语者的汉语认知研究,跟汉语习得研究有重合,又有所区别。其主要差别是在基础理论、研究内容和研究方法上,语言认知研究依据信息加工理论,研究影响学习的因素和学习策略等问题,使用严格的心理实验方法。

通过几年来接触汉语认知研究的成果,学界逐渐认识到,运用认知科学的方法,探索影响外国人学习汉语的因素和学习策略,对于认识汉语学习的规律,改进教学,有着重要的作用,是学科发展的一个重要支柱。这从《国家对外汉语教学领导小组办公室"十五"(2001—2005年)科研规划课题指南》中包含的选题可略见一斑。《指南》中的选题范围包括:学习策略的研究,认知语言学基本理论的研究,汉语隐喻现象的研究,认知域的研究,认知图式的研究,语境与语言理解的研究等。由此可见,这个热点还在持续之中,参与研究的教师也越来越多。这对认识语言学习的本质,改善教师的知识、能力结构,提高科学研究水平有着重要的促进作用。当然,汉语认知研究是一个对专业理论、知识、技能要求较高的研究领域,所得到的结论对非专业人士来说,理解起来有一定的难度。因此虽然这几年有一些很好的研究成果,但是运用到教学实践(包括运用到教材、课堂教学中等)的不多。这是需要改进的地方。

三、介绍探讨汉语习得的论著

《第二语言习得导论——对外汉语教学视角》(刘颂浩著)一书2007年底由世界图书出版公司北京分公司出版,是国内第一本从对外汉语教学角度探

① 崔永华《二十年来对外汉语教学研究热点回顾》,《语言文字应用》2005年第1期。

讨第二语言习得问题的著作。

全书共分十四章。第一章“语言、语言习得和语言教学”相当于全书的概览。第二章“能力和表现”、第三章“语言机能和普遍语法”以及第四章“年龄和关键期”重点介绍第二语言习得和相关学科，特别是语言学、第一语言习得等学科的关系。第五章到第十章按照时间顺序，介绍先后在第二语言习得领域占据主导地位的核心理论，分别是“对比分析和语言迁移”、“偏误分析”、“习得顺序”、“中介语”、“学习和习得”以及“输入和输出”。从另一个角度看，第一章到第十章关注的都是“语言问题”。与此不同，第十一章到第十四章探讨的则是“非语言问题”，包括“注意和记忆”、“动机和性格”、“策略和方法”以及“社会文化学”。每一章的题目，同时也是本章的“关键概念”。对每一章的内容，都以关键概念为中心，有层次、多角度、逐渐深入地加以介绍。

第四节 对外汉语师资培养与师资队伍建设

对外汉语教学事业是国家和民族的事业，跨入 21 世纪以来，随着我国经济的繁荣，汉语作为与世界沟通的桥梁越来越受到世界各国的重视，全球对汉语师资的需求猛增，要求也不断提高。教育部、国家语言文字工作委员会发布的《中国语言生活状况报告(2005)》显示，2005 年全球学习汉语的外国人近 4000 万，而从事对外汉语教学的教师不足 4 万，师生比为 1∶1000。该报告预测，到 2010 年，全球学习汉语的人数将达到 1 亿人，需要数百万汉语教师。汉语教师短缺现象在世界各国普遍存在，在东亚和东北亚等国尤其突出。随着海外汉语教学的快速发展和学习汉语人数的急剧增加，海外汉语教师的供需矛盾日益突出。我国政府和相关机构正采取一系列有效的政策和措施，积极鼓励对外汉语师资力量的发展壮大。

一、对外汉语师资力量的培养

(一) 国内师资力量培养

1. 学位设置

教育部于1983年批准设置对外汉语本科专业。长期以来,对外汉语教学分别在中国语言文学一级学科下的语言学及应用语言学、汉语言文字学,外国语言文学一级学科下的外国语言学及应用语言学,以及教育学一级学科下的课程与教学论等学科、专业下,开展教学研究和学科建设,并招收研究生。2006年3月,国务院办公厅转发的《关于加强汉语国际推广工作的若干意见》,从国家战略的高度,阐明了汉语国际推广工作的重要性和紧迫性,提出了汉语加快走向世界的指导思想、总体规划和政策措施,把提升学科地位、建立汉语作为第二语言教学的专业学位制度列为重要任务之一。

在此基础之上,2006年新设置了国际汉语硕士专业学位,2007年设置了汉语国际教育硕士专业学位,这些学科的设置是解决汉语国际推广师资培养问题的一项重要举措,不仅可以解决现有人才培养中存在的问题,也有利于创新汉语国际教育人才培养模式,实现人才培养的专门化和职业化,标志着对外汉语专业已经成为一门独立学科。

国际汉语教育专业硕士研究生培养项目是国家汉办支持高校模式培养新型汉语教学师资计划的一部分,目标是培养复合型、国际化的对外汉语教师,促进我国的对外汉语教学及汉语国际化推广事业。国际汉语教育专业硕士研究生学习年限为3年,采取全日制的课程学习与教学见习、实习相结合的方式。学生入学第一年,学习汉语教学专业课程;第二年,遴选部分学生赴海外(或国内)进行为期一年的对外汉语教学实习;第三年继续修读课程或海外实习,并进行毕业设计。

汉语国际教育硕士专业学位,英文名称为“Master of Teaching Chinese to Speakers of Other Languages”,简称MTCSOL,招收在职攻读研究生。定名为“汉语国际教育”,既能体现“汉语加快走向世界”的内涵,又有别于国内双语教学中的汉语教育,还可避免“推广”一词可能引发的负面影响。汉语国际教育硕士专业学位培养适应汉语国际推广工作、胜任多种汉语教学任务的高层次、应用型、复合型专业教学人才。学位获得者应具有熟练的汉语作为第二语言教学的技能和良好的跨文化交际能力。招生对象一般为学士学位获得者。采取指导教师负责制或导师指导与集体培养相结合的方式。课程学习与对外汉语教学实践紧密结合，学生在导师的指导下参加国内或国外的汉语教学或辅助教学工作，以加强教学实践能力的培养。学位论文必须与汉语教学和推广紧密结合。国家成立全国汉语国际教育硕士专业学位教育指导委员会，负责制订《汉语国际教育硕士专业学位指导性培养方案》和教学大纲，编写或推荐教材和参考用书，加强招生、培养、学位授予和质量评估等各环节的指导、管理与监督。

2. 相关师资培养项目

国家汉办目前实施了"国内汉语教师培训项目"和"汉语国际推广'种子教师'项目"。两者侧重点不同，前者是为满足国外对汉语教师的需求，储备一批适应国外汉语教学要求的教师，建设一支高水平的国际汉语教师队伍而实施的。后者是为加强汉语国际推广师资队伍建设，提高汉语国际推广教师的培养、培训质量，培养和造就一批具有国际水平的学科带头人，形成高质量、高水平、相对稳定的汉语国际推广师资队伍而实施的。

3. 国家公派教师项目介绍

此项目由国家汉办具体负责向国外教育部、大学、中小学等教育单位派出汉语教学顾问及汉语教师。每年根据教育部的遴选要求和国外岗位聘用条件，通过各省（市）教育厅（教委）和直属高校推荐或网上公开招聘，并经过国家汉办举行的选拔面试，由教育部下发录取通知书，按照国外岗位赴任的时间要求赴外任教，任期一般为两学年。

4.《国际汉语教师标准》的研发

为了提高国际汉语教师的专业素质和教学水平，培养、培训一大批合格的汉语教师，满足世界各地日益增长的汉语学习的需求，国家汉办在 2006 年启动了《国际汉语教师标准》研发项目。该《标准》成为国际汉语教师培养、培训、考试及认证的标准性文件。2007 年底，国家汉办正式发布《国际汉语能力标准》和《国际汉语教师标准》，首次为海外汉语学习推出学与教的标准。《国际汉语教师标准》是对从事国际汉语教学工作的教师所应具备的知识、能力和素质的全面描述，旨在建立一套完善、科学、规范的教师标准体系，为国际汉语教师的培养、培训、能力评价和资格认证提供依据。标准由5个模块组成：语言基本知识与技能，文化与交际，第二语言习得与学习策略，教学方法和教师综合素质。《国际汉语能力标准》改变了过去以掌握多少汉语知识来衡量汉语水平的评判标准，转为以能力为导向，以使用汉语"能做某事"作为衡量汉语学习者语言能力的重要依据。该标准的基本框架由三个层面组成：第一层面是国际汉语能力总体描述，第二层面是汉语口头和书面交际能力，第三层面是汉语口头和书面理解与表达能力。

（二）海外师资力量培养

1. 海外汉语教师来华研修项目

为帮助各国汉语教师提高汉语教学水平，促进中外汉语教学的交流与合作，国家汉办设立"海外汉语教师来华研修项目"，支持海外汉语教师来华研修。海外各类学校和教学机构的现职汉语教师通过审核后来华进行三四周的培训。各培训院校根据国别、教师类别（大、中、小学）、教师能力等级（初级、中级、高级）等制定了不同的研修计划。国家汉办为学员提供在华期间的学费、住宿费等资助。研修结束后经考试合格，颁发国家汉办统一制作的研修证书。

2. 专家组赴海外培训项目

该项目通过组织海内外一流汉语教学专家对海外汉语教师进行培训，帮助海外汉语教师提高汉语教学技能和专业素质，加深对中国文化的理解，促进汉语教师能力的发展，满足海外日益增长的汉语教师培训需求，同时促进海内外汉语教学的交流与合作。

国家汉办与海外有关机构联合在海外举办汉语师资培训班，由国内专家和当地专家共同承担培训任务。培训采取专家授课、专题讲座、案例分析、讨论互动等多种培训方式。内容包括汉语要素及其教学、汉语教学技能和技巧、汉语作为外语教学理论、第二语言学习理论、中小学汉语教学方法、汉语教材及测试、课堂教学案例分析、网络教学和多媒体教学、中国文化、汉语作为外语教学能力、考试辅导等。根据各国的不同情况和需要,安排2到8周的培训周期。

3. 国际汉语教师中国志愿者计划

为了积极推广汉语,提高世界汉语教学水平,促进汉语和中国文化在国外的传播,加深中国与世界各国的相互了解,增进世界各国人民间的友谊和交流,国家汉办制订了“国际汉语教师中国志愿者计划”。该计划是国家汉办为适应当前世界汉语教学蓬勃发展的形势需要,利用我国作为母语国汉语人力资源优势而开辟的向世界有需求国家提供汉语师资的新措施之一。

此计划经中国教育部批准,由国家汉办于2004年3月26日开始实施。国家汉办设立“国际汉语教师中国志愿者中心”(“志愿者中心”),负责国际汉语教师中国志愿者工作的招募、遴选、培训、派出、签约、咨询、经费支付以及日常管理等具体事务。志愿者与志愿者中心签订《国际汉语教师中国志愿者志愿服务协议书》,明确双方的权利与义务。自2004年以来,国家汉办已派出2000多名志愿者教师,仅2006年就派出1000名志愿者,现有1300多名志愿者分布于世界五大洲35个国家。

从海外汉语教师的需求来看,目前的海外师资培养还不能满足要求。①他们对于培训的需求主要有以下几方面:第一,希望进行系统性的培训。老师们非常欢迎国家汉办举行的汉语培训活动,希望能不断坚持办下去。同时,也希望国家汉办提供对外汉语教学方面的远程网络培训,内容由易到难,由基础到中级、高级,做系统性的培训。第二,培训的可操作性要强,不仅要讲语言知识,更要讲语言技能,在教学技巧、教学游戏方面多做培训,以便于快捷地模仿、借鉴。第三,需要专门的培训教材。教师们普遍希望能够多给他们提供教学资料及光盘式资料(视听材料),而且材料应提前发放,以便预习,准备问题、难点来请教专家。第四,希望增加学习机会。一方面是希望国家汉办增加到国内培训的名额,另一方面是希望增加汉办专家来培训的次数和时间。

由此我们可以看出,目前的培训模式远远不能满足教师的需求,我们必须

① 朱勇《智利、阿根廷汉语教学现状与发展策略》,《国际汉语教学动态与研究》第4辑,外语教学与研究出版社2007年版。

寻找新的效率高、系统性强的培训模式来弥补现有模式的不足。“建立师资培训全球网站，开发多媒体培训课件，提供在线培训辅导，通过网上网下、境外境内相结合的方式，大幅度提升师资培训规模和质量。”[1]形成教师网上培训的平台。[2]

随着现代教育技术的发展，远程培训已逐渐成为一个新的培训模式。这在对外汉语教学中已经被越来越多地采用。例如，北京大学－日本早稻田大学项目，北京外国语大学－日本关西大学项目均多次甚至常态地在运用着。因此，通过远程讲课形式进行培训也可以逐步试验推广，另外还可以开设专门的网站，将讲课录像上传，教师随时随地可以下载或者在线观看，效率自然会更高，效果也会更好。

确实，远程培训模式是一种亟待开发的新型的海外汉语教师培训模式。但是，远程教育本身也存在着一些固有的缺点，如授课专家和学员、学员和学员之间缺少面对面的交流和沟通，培训的效果难以保证。所以，我们一方面要大力采用、推广、完善这种基于因特网的海外汉语教师培训模式，另一方面仍应加强传统的“走出去”和“请进来”培训模式，二者互相补充，必然相得益彰。

二、对外汉语教师资格考试及汉语作为外语教学能力认定工作

1990 年原国家教育委员会颁布《对外汉语教师资格审定办法》。1991 年开始对外汉语教师资格审查工作。1995 年开始了正式的考试。1998 年，原国家教育委员会颁布《国家对外汉语教师资料考试大纲》，考试逐步进入正轨，普通话二级甲等开始要求。2003 年，320 学时要求正式撤废。2004 年 8 月 23 日，中国教育部颁布《汉语作为外语教学能力认定办法》，实行分级考试、相关学科免试，撤废外语考试并以相关证书取代，同年 10 月 1 日施行。《对外汉语教师资格证书》同时废止，改以《汉语作为外语教学能力证书（高级）》取代。2005 年，汉语首次作为外语教学能力考试开始，免试同时进行。2006 年，颁发

① 许琳《汉语加快走向世界是件大好事》，《语言文字应用》2006 年专刊。
② 许琳《汉语国际推广的形势和任务》，《世界汉语教学》2007 年第 2 期。

2004年、2005年《汉语作为外语教学能力证书(高级)》及2005年《汉语作为外语教学能力证书(中级)》,2004年获得《对外汉语教师资格证书》的直接发给2005年《汉语作为外语教学能力证书(高级)》,2003年以前的《对外汉语教师资格证书》暂不予更换。2006和2007年度考试停止。随着《国际汉语教师标准》和《国际汉语能力标准》的出台,《汉语作为外语教学能力认定办法》正式废止。2008年,新标准的考试开始,所有于1991年至2005年间颁发的《对外汉语教师资格证书》及各级别《汉语作为外语教学能力证书》需更换新的版本。

上述举措的目的主要是扩大汉语作为外语教学教师的来源渠道,吸纳更多优秀人才投身汉语教学事业,提高全球各层次汉语教师的专业素质,以建立一支数量充足、知识和技能完备的高质量的汉语教师队伍。

三、存在的问题

与需求相比,对外汉语教学师资队伍的现状和培养能力远远不足。据统计,目前国内专、兼职教师仅5000人,承担着国内14万来华留学生的汉语教育,难以"走出去"承担汉语教学任务。同时,教师外语水平和跨文化交际能力不足,对国外教育体制和学生状况缺乏了解,无法适应国外的需要。2005年,据教育部信息中心统计,培养对外汉语教学方向硕士研究生的院校有47所,毕业生人数不足350人,无论在数量上还是在质量上都无法满足海外汉语教学的需求。作为汉语的母语国,更好地满足世界上不断增长的汉语学习与汉语教师的需求是我们义不容辞的责任。因此我们要积极应对,大胆创新,采取有力措施,培养一大批能够胜任海外汉语教学工作的专门人才。

第五节　对外汉语教材的编写与出版

一、对外汉语出版业的繁荣

汉语热的到来,使对外汉语教材成为出版领域的新兴热点。目前国内大约有90多家出版社出版对外汉语教材。其中最具影响力的对外汉语教材出版社有四家:北京语言大学出版社、北京大学出版社、华语教学出版社和外语教学与研究出版社。近几年,人民教育出版社、高等教育出版社、北京师范大学出版社等也都纷纷成立了汉语分社,积极推进对外汉语教材的出版工作。对外汉语教材市场虽然很大,但实际销售市场很分散,3000 万汉语学习者分布在世界各地,学汉语最多的是华裔子女群体。东南亚市场如马来西亚、印尼开发较为完备,但出版物打入欧美市场难度还比较大。对外汉语教材出版事业自身也还在成长阶段,有些出版社对外汉语教材编写的过程也不够严谨,还有待进一步完善和发展。

二、教材编写的成果

对外汉语教材也随着“汉语热”的升温而需求量大增,出现了各种特点鲜明的教材。总体而言,教材的数量以异乎寻常的速度增长;教材的种类不断丰富,已经初步形成多种层次、多种类型、可以基本满足多种需求的教材体系;教材编写的理论研究和经验总结不断加强和深入,取得了比较丰硕的成果。[①]

不少针对使用国需要和实际情况的、生动实用的汉语教材已经编写出来。例如,供英语国家大学中文专业使用的《新实用汉语》、公共外语教学使用的《当代中文》,供高中生使用的《跟我学汉语》,供初中生使用的《快乐汉语》,供小学生使用的《汉语乐园》;供西班牙语国家使用的《今日汉语》、《新思维汉语》;北京大学出版社的系列汉语教材《博雅汉语》,外语教学与研究出版社的商务汉语系列教材《经理人汉语》等等。这些教材都配有多媒体光盘和音像资料。

教材的形式也多样化,除了书面的纸质形式,还有网络的形式。例如,华东师范大学远程教学中心开通了韩国淑明女子大学授课的远程教学网,在网上进行教学。同时还为《当代中文》、《跟我学汉语》、《新实用汉语课本》三套国家汉办的规划教材制作光盘。这样为汉语学习者提供了便利的条件,同时也

① 李泉《近 20 年对外汉语教材编写和研究的基本情况述评》,《语言文字应用》2002 年第 3 期。

提高了汉语学习的趣味性和实用性。

为了顺应世界汉语教学网络化、数字化、信息化的发展趋势，汉办开发了基于网络、多媒体、广播电视平台的各类教学资源，像作为“汉语桥”工程重点内容之一的面向成人学习的“长城汉语”项目和供中小学生学习的“乘风汉语”项目，给对外汉语教材编写带来了“革命性”变革。根据中美教育备忘录，2003年起两国合作开展网络语言教学。“乘风汉语”是中国使用现代化网络手段和教育技术进行汉语教学的第一套完整、系统的学习课件，是中美两国政府教育合作的重要成果。主编为国家汉办项目专家、北京大学刘颂浩。项目参照中美两国教学大纲进行设计和开发，把先进的网络教学手段和现代化的教育理念相结合，寓教于乐，适用对象为12　18岁的初学汉语的青少年学生。该教材充分考虑了青少年学习者的心理需求，注重激发他们的学习兴趣，将大量的语言学习任务融入趣味活动之中，集众多功能于一体，运用了先进的语音识别技术、手写识别技术以及智能反馈系统，提供了灵活方便的学习途径和丰富多彩的练习形式。学生可利用互联网在线自学，也可在脱机情况下使用CD－ROM或DVD光盘，在教师指导下学习。项目的第一期制作完成35集课件，每一集都分“学一学”、“练一练”、“试一试”、“玩一玩”四个模块。“乘风汉语”既可作为一门独立的中文课程开设，也可作为已经开设的其他中文课程的教学辅助材料。该课件已在美国20个州近1.5万名学生中进行试用，受到广泛好评。使用过“乘风汉语”的师生普遍反映，“乘风”汉语运用动画、游戏、网络、多媒体、电脑模拟等多种现代技术和即时反馈评估系统，让学生在娱乐中提高，大大地激发了学生学习汉语的热情，提高了汉语教学的质量和效果。

以马箭飞为主编开发的“长城汉语”，为汉语学习者提供了多种个性化的汉语学习方案。作为国家级项目，“长城汉语”是一种有别于以往的课堂教学，以培养汉语交际能力为主要目标，运用网络多媒体课件与面授教学相结合的多元化教学方法。它利用语音识别、跟读模仿、学习激励、互动练习、模拟交际等多种手段，为学习者量身订制个性化的学习方案。“长城汉语”教学模式主要面向没有汉语语言环境、没有条件在校学习等个性化需求无法满足的汉语学习者。目前，长城汉语项目正在进行多语种的版本更新，将通过孔子学院推广使用。"长城汉语"项目的开发,不仅是我们将汉语推广从专业化汉语教学向大众、普及、应用方向转变的一个具体措施,同时也是我们致力于以产业化运作扩大汉语推广的重要尝试。"长城汉语"的设计和实施将有望开辟新的教学模式,促进和带动世界范围汉语教学的发展。

此外,国别化教材的编写也越来越受到重视。像针对越南学生、西班牙语学生、阿拉伯地区学生的汉语教材已陆续出版。汉语读物作为一种重要的学习资源近年来也有所发展,比如外语教学与研究出版社 2009 年逐步推出的《中文天天读》系列阅读。

三、相关教材推广工作

为了加快国际汉语精品教材开发步伐,向海内外推荐一批优秀汉语教材,政府和国家汉办采取了一系列的措施。

首先是进行教材的评选。2006 年 12 月底,国家汉办在广西桂林市召开了"国际汉语教材评选会"。来自中国、美国、加拿大、英国、法国、日本、韩国、新加坡、捷克以及中国香港地区的第二语言教学专家、教师、知名出版单位负责人等 38 位专家参加了评选。经认真评审,评选出一批"2006 年度最受欢迎的国际汉语教材"。

其次,国家汉办在过去的几年中先后参加举办了多场对外汉语图书的推广活动。如 2006 年的法兰克福图书展、第 40 届美国外语教学年会展览、第 24 届巴黎语言展,这种推广活动今后还将继续下去。

与此同时,国家汉办还通过一系列的赠书活动,向外界积极进行汉语教材的宣传推广。

虽然对外汉语教材的编写出版取得了很大成就,教材数量很多,但"教师好用,学生爱学"的教材还不够多,多数教材只是同一水平的重复。观念陈旧、缺乏针对性是目前国际汉语教材普遍存在的问题。因此,对外汉语教材仍然是汉语国际推广进程中的一大瓶颈。

第六节 汉语测试项目的研发

进入20世纪90年代以来，随着全球性“汉语热”的持续升温和对外汉语教育事业的蓬勃发展，为对外汉语教育事业确立统一的各项标准，实现对外汉语教育规范化的重要性越来越突出。与此相适应，各项对外汉语资格和水平考试日益完善和发展起来，主要有汉语水平考试(HSK)以及HSK的四个专项考试——HSK(商务)、HSK(旅游)、HSK(文秘)和HSK(少儿)。

一、汉语水平考试(HSK)

汉语水平考试，简称HSK，是北京语言大学设计研制的一个标准化考试，是测试母语非汉语者的汉语水平的国际性考试。自1984年在北京语言学院(今北京语言大学)开始研制以来，HSK的累计考生人数已超过130万(含国内少数民族考生)。HSK已成为国内外著名的语言测试品牌，在全世界汉语学习者当中享有较高的威望。目前该考试已在非洲的苏丹，大洋洲的澳大利亚、新西兰，美洲的美国、加拿大、墨西哥、智利，欧洲的德国、法国、意大利、英国、俄国、奥地利、芬兰、比利时、瑞典，亚洲的韩国、日本、菲律宾、马来西亚、泰国、越南、缅甸、印尼、蒙古等五大洲38个国家设立了160多个考点。近年来，汉语水平考试在预测、考前统计分析和分数等值等技术方面，进行了深入研究。在大规模题库建设和试题自动生成系统研制方面取得了长足进展。考生越来越多，国内外考点的分布越来越广，在世界上的影响也越来越大。

现行的HSK于1990年通过鉴定并正式开考，近20年的使用效果表明，现行HSK是一个科学化、标准化程度很高的考试，也是一个可靠的、有效的考试。它包括基础、初中等、高等三种试卷，共分11个级别。随着汉语国际推广形势的发展以及语言测验、对外汉语教学、语言学及应用语言学等学科的发展，HSK逐渐表现出等级分数划分不合理、主观性考试所占比重较小等一些不足。针对这些问题，北京语言大学汉语水平考试中心根据国家汉语水平考试委员会第五次会议(2004年)关于两到三年内完成包括等级分数在内的8个方面HSK改进工作的决议，经过反复酝酿、精心研制、多次试验，于2007年6月正式推出改进版HSK。参加改进版HSK审定会的专家一致认为，HSK(改进版)符合心理与教育测量学的要求，能够科学、全面地考查汉语作为第二语言的交际能力，是一个具有很高信度和效度的标准化语言测评工具，达到国际先进水平。

和现行HSK相比，改进版HSK有这样一些特色：更加注重语言交际能力的测试，同时兼顾了语言知识的测试；题型和测验方式更具特色：题型以综合式为主，以分立式为辅；分数体系和等级的划分更趋科学、合理；对考生的分数作了正态化处理，使分数获得更多的信息，便于用户使用；增加了口语、写作等主观题的题量，提高了测试的效度，满足了社会和用户的需求；题目所用的语料全部选自真实、实用的语言材料，突出了“真实性原则”和“实用性原则”。改进版HSK分为初级、中级、高级三个级别的考试，其中HSK(中级)和HSK(高级)已分别于2007年6月23日和10月13日在国内正式开考，HSK(初级)正式考试于2007年11月举行。2008年，改进版HSK取代了原HSK。HSK改进工作的完成标志着汉语水平考试事业进入了一个新的阶段。改进版HSK将为各国应试者及用户提供更加科学、更加优良的服务。

二、专项汉语考试

为了适应汉语学习者的需要，国家汉办于2003年启动了HSK(商务)、HSK(文秘)、HSK(旅游)和HSK(少儿)等职业汉语水平考试的研制工作，2007年这四种专项汉语考试已由国内至国外逐渐施行开来。HSK(商务)、HSK(文秘)、HSK(旅游)重点考查考生在商务、文秘、旅游工作及日常生活、社会交往中运用汉语进行交流和沟通的能力。这三项考试属于汉语水平考试，基本不涉及商务、文秘、旅游专业知识。HSK(少儿)则是面向第一语言非汉语的15岁以下汉语学习者的国际性考试，包括一级、二级和三级。

HSK(商务)是为测试第一语言非汉语者从事商务活动应具有的汉语水平而设立的标准化考试。商务汉语的考试对象为第一语言非汉语者，面向全球，考查应试者在商务活动及其与商务有关的生活及社交活动中应用汉语进行实际交际的能力。实用性、交际性是考试的主要特色。商务汉语考试可以为用人单位在人员招聘、选拔、晋级等决策过程中评估有关人员的商务汉语水平提供参考依据；为相关教学、培训机构在招生、入学分班等过程中评估学生的商务汉语水平提供参考依据；为汉语学习者了解、提高自己的商务汉语水平提供参考依据；为评估相关教学单位、培训机构的教学或培训成效提供参考依据。

HSK(文秘)是为测试第一语言非汉语者从事文秘工作的汉语水平而设立的国家级标准化考试，是由中国国家汉语水平考试委员会委托中国首都师范大学开发的一项职业汉语水平考试，简称 HSK(文秘)，英文名称为 Chinese Proficiency Test for Secretaries。HSK(文秘)考查的是考生在文秘工作及日常生活、社会交往中实际应用汉语进行交际的能力。作为一种汉语水平考试，基本不涉及文秘专业知识。HSK(文秘)的考试对象为第一语言非汉语者。凡汉语水平达到 HSK 三级(HSK 基础 A 级或 HSK 初等 C 级)或相当于 HSK 三级以上者参加本考试较为适合。

HSK(旅游)是为测试第一语言非汉语者从事旅游工作的汉语水平而设立的国家级标准化考试，是由中国国家汉语水平考试委员会委托中国上海师范大学开发的一项职业汉语水平考试。它考查的是考生在旅游工作及日常生活、社会交往中实际应用汉语进行交际的能力。作为一种汉语水平考试，基本不涉及旅游专业知识。

三、认证海外汉语考试

认证海外考试机构推出的汉语考试品种，是国家汉办为海外汉语考试服务的一项积极措施。对于海外机构推出的对外汉语考试进行认证，授予合格者国家汉办承认的证书，并给予一定的优惠条件，这也是扩大汉语的国际影响，促进对外汉语教育事业发展的一种新的形式。

目前，韩国韩中共用汉字能力检定会推出了“共用汉字检定”考试(HCK)认证，由香港汉语口语考试委员会(汉语口语测试)组织研发的面向港澳地区工商、社会人士交际用的香港汉语口语水平考试(OCT Plus),也已经得到了认证。

上述的各项考试,为对外汉语教学工作提供了量化的标准和检验的手段,为评判汉语学习者的汉语水平提供了依据,对于促进汉语在世界范围内的传播和对外汉语教育的进一步发展有着重要的作用。

第七节　近三十年来台湾地区对外华语教学状况

一、各类教学机构

台湾地区的华语文教学,与台湾当局的语言政策息息相关,而回顾台湾的语言政策,李雄挥把它分为三个时期:第一期自1945至1970年是"华语社会建立期",目的在于去除日语,并建立华语社会;第二期自1970至1987年是"方言全面压抑期",全面封锁各族乡土语言,贯彻以华语为国语的政策;第三期自1987年解除戒严至今,是"语言人权开放期"。[①] 所谓的"语言人权开放"就是不再以"刚性"的态度全面禁止各族的乡土语言,而是唤醒各族找回自己传统的方言。在这样一种所谓发展方言的背景之下,华语教学显然不是语言政策中重要的发展项目,自然也不太受有关部门的重视。虽然华语教学在台湾起步较早,但是直到这个时期,政府部门的管理层级仍然不高,也尚未设立一个专责的统筹单位,而是根据各项细目交由相关部门进行业务上的管理,其中与华语文教学相关的部门就包括"教育部"、"外交部"(新闻文化司)和"侨务委员会"等。尽管如此,对外华语文教学也还是在不断发展之中。

"侨务委员会"在推动海外侨民的华语教育上一直是不遗余力的,其工作内容包括针对海外华侨子弟的学习需要编写华语文教材、培训及遴选华语师资、协助筹设华语文学校等。"侨委会"早期还设立过"中华函授学校",利用广播及邮寄函授华语文教材让海外华人学习华语,近年来已通过电子邮件、全球资讯网、视讯会议等方式进行华语文教学和师资培训。随着网络资讯的快速

① 李雄挥《台湾史各时期语言政策与教育之研究》,国科会专题研究计划成果报告,2003年。

发展,“侨委会”于1998年建立了“全球华文网络教育中心”,推广华语文数字教学,目标是将原有的华语文教材电脑化,成立教材展示中心、光盘图书馆、办理华语文教学相关的学术研究委托计划,并且在1999年举办了“第一届全球华文网络教育研讨会”,使华侨界的华语文迈向了一个更新的学习境界。“全球华文网络教育中心”的教学网站目前大致分为5大板块、198个网络题材及57册华语文数字教材。板块的内容包括(引自“全球华文网络教育中心”简介):

1. 语文教学:程度从初级到高级,有注音、通用拼音和汉语拼音三种版本,有笔顺练习、课文发音、华语词汇电子图卡,并可连到侨教的双周刊,有故事与动画,此外还有台语(闽南话)和客语(客家话)的教材。

2. 数位学苑:内容为华语文检定、电子书、师资联谊会、在线学习网。

3. 文化响宴:介绍各类文化风俗、美食、成语故事和唐诗。

4. 台湾采风:介绍台湾地区的相关信息、节庆文化、历史风俗和自然地理。

5. 交流分享:可链接侨教的服务站,观看学术论坛中的论文和研讨会实录。

这一时期外籍学生在台湾学习华语仍是以各大学附设的语言中心为主,但私立的培训机构也有了一定的规模。大学附设的语言中心的课程设计完整且多元,师资、设备也较为充裕,而私立的语言中心,则适合一边工作,一边进修的上班族群,看似各有分工。

(一) 各大学附设的语言中心

前面说过台湾地区第一所由大学附设的华语文中心,是成立于1956年的台湾师范大学国语教学中心,至今已有50多年的历史,也是目前全台湾最大的华语文教学中心。90年代以后,各大学语言中心迅速成立起来,从过去主要集中在台北、台中,逐渐扩展到台南,甚至发展到了东台湾的花莲。各校语言中心的课程安排大都采用学季制,分为春、夏、秋、冬四季,一期3个月共12个星期,分别于3、6、9、12月开课,每天上课两小时,每周上课10小时。7到8月另开暑期班,上课8周,每周20小时。所有学员入学后都要进行分班测试,按程度分班。小班制或单班制一直是台湾华语文教学的一个特色,很多语言中心都严格规定班级人数,超过8人或10人就会另开新班,有的语言中心所规定的班级人数更低,这样能使学员有更多互动的机会。例如,“国际华语研习所”(ICLP),采用的就是小班制的精英教学方式,“对学生采取师生一对一到一对三以下的密集严格训练,要求学生在为期将近一年的学习时间内,务必在各方面达到与本地人几乎相当的语文程度,教学品质最为优良”。[①] 另外像成功大学语言中心等也采用单班制和小班制混合的教学法,学员的学习方式更有变化。

(二)私立华语教学机构

私立教学机构有些成立的时间很长,很有历史,比如“中华语文研习所”,但一般规模较小。它们有的只专门教授华语,大多是由语言中心任教多年的华语教师自行创业而成;有些是华语文的推广团体、学会附设的华语班;有些是语言才艺类的补习班,华语只是其中的一项;还有一种则是日语补习班,主要是教授日语,但为了方便住在台湾的日籍人士生活工作,又附设了华语班,华语教学并不是主角。跟大学的语言中心相同的是,私立机构的小班教学,可以一对一或一对二,班级人数少,级数也分得很清楚,不同的是教材很具弹性和针对性,可以根据学习者不同的学习需求作调整。相对来说,私立的教学单位也存在着一些缺点,许多教师是兼职上课,所以流动率高、教师的遴选不严格,导致了教师的素质及专业能力不一,许多教师并未受过足够的职前训练甚至缺乏实习试教阶段,教师的教学经验较为不足。但由于私立语言中心的上课时间弹性很大,比较适合上班族或是进修者,学习压力也比较小,因此仍然可以满足许多外籍人士的需要。

二、华语教材的开发与编写

虽然台湾地区华语文教学至今已有半个世纪的历史,但在华语教材编写方面存在着许多尚待解决的问题,比如缺乏强有力的教材编写理论,没有一个

① 叶国良《台湾对外华语文教学的问题》,全球华语论坛(新加坡),2007年11月。

独立的部门能跨单位做统筹及规划教材的编写工作，教材的发行及行销也不活络等，种种问题都阻碍了华语教材的快速发展。

根据叶德明的调查，台湾地区各华语文学校所使用的教材按照程度可分为初级、中级、高级、选修等几种类型。[①] 如以系统区分大致有下列四类：

1. 由各华语文学校自行编写的教材，编写教材的机构如下：

(1) 台湾师范大学国语教学中心

(2) 中华语文研习所

(3) 辅仁大学华语研习所

(4)《国语日报》语文中心

2. 国立编译馆，交由正中书局出版的教材：

中国语文(初、中、高级)

3. 世界华文教育协进会(世界华语文教育学会)编写的教材：

(1) 初级华语十课有声教材

(2) 中级华语二十课有声教材

4. 选用本地适用的语文资料为教材：

(2) 浅显的书报

(3) 广播、电视剧本

目前教材的编写情况未发生实质性的变化。上述这些教材其实都是大部分台湾各大学附设的华语文教学中心针对各国留学生的学习需求所编定的教材。据调查，各语言中心的教材使用率较高的，初级的是台湾师范大学所编的《实用视听华语(一)》、《远东生活华语》；中级使用最多的是东海大学出版的《今日台湾》，此外还有《实用视听华语(二)》、《用中国话聊天》等；高级的有《思想与社会》、《从精读到泛读》等。台湾师范大学国语中心成立的时间最久，拥有较多的师资，可以用较大的人力资源开发教科书。其他语言中心所选用的教材大致与台湾师范大学相同。

由于教材编写理论架构尚未成熟，台湾地区华语教材少有系列的、连贯性

---

① 叶德明《自由中国台湾华语教材之现状与发展》，《华文世界》1985 年第 37 期。

的，多半是单行本。从某种角度看，可说是“针对性”很高，比如针对某一级的学习者，像《今日台湾》，定位于中级教材，虽十分受欢迎，但既无初级也无高级的版本问世，学生使用无法接续，只能选择其他的高级教材，这对整个学习的连续性有负面影响。有些教材只为某种高级班或翻译班设计，像是单打独斗，不是非常全面，例如阅读、报纸、商业中文等科目，只有单级发行的教科书，使用后如何衔接是一个问题。最有系统的教材是台湾师范大学编的《实用视听华语》以及叶德明主编的《远东生活华语》，这两套书都有初、中、高级三册，并都附有录像带。教材的连贯性不足是教材编写存在的第一个问题。其次是教材编写进展速度缓慢，出版数量太少。陈燕秋指出，近年来出版的新教材，仅有台湾大学的《台湾现代短篇小说》、台湾师范大学的《实用视听华语》、政治大学的《精选话题新闻》、远东图书公司出版的《远东生活华语》，其他语言中心多半是沿用台湾师范大学所用的教材。① 产生这个问题的原因很多，例如，台湾地区出版的华语教材，若只用于本地区，在本地区发行，数量有限，影响出版社的出版积极性。另外，华语教师在台湾的待遇及保障相对于台湾其他各级老师远远不及，所以流动性较大，难以从事教材研究和编写。第三，教材的多元性不足。各语言中心所使用的教材差异不大，原因之一就是教材的选择性并不多，初级教材的种类或许还多一些，中级和高级教材则非常不足，常常是借用现成的中等学校语文教科书、历史教科书或古今文选等，而且种类也较单一，尤其缺乏各行各业或各个领域的华语学习教材。在教材媒介方面，尽管书面教材仍是发展的主轴，但是也不可忽视多媒体教材的开发，它的便利性不仅能够吸引使用书面教材之外的另一群华语学习者，也能使书面教材的学习者增加学习效度及学习趣味。

三、华语师资与课程设置

这个时期华语文师资主要有两个来源：一是参加过公立或私立华语文中心师资培训班结业的学员，二是大学或者研究所毕业的学生。开办师资培训

① 陈燕秋《台湾现今华语教材分析与展望》，台湾师范大学硕士论文，2001年。

的公立或私立华语文中心约有十多家；与华语文教学相关的大专院校有两所，即中原大学的应用华语文系和文藻外语学院应用华语文系；培养华语文教学硕士的有台湾师范大学和高雄师范大学；开设博士班的只有台湾师范大学一家。

在本科层面上，台湾地区的高等教育，由于政策及法令的修改，产生了很多重大的变革，其中一项就是许多新学校与新兴系科的成立，一些传统的文学系科，走出过去单单研究文学、研究学术的传统，转向强调以实用为主，所以新学校成立的中文系、英文系、日文系与以往的传统不同，都以"应用"冠名，以示区别。2002 年通过核准设立，2003 年招收第一届新生的中原大学应用华语文系，是台湾地区第一个以培养华语文教师为专业的大学系科。而其他大学新成立的系科，如铭传大学的应用中国文学系、侨光技术学院的应用华语系、修平技术学院的应用中文系，虽然在名称上与中原大学的应用华语文系非常相似，但是它们的培养目标主要在训练学生成为一个优秀的中文人才，能把中国语文更广泛地应用在广告、传播、新闻、文艺创作，甚至用于商业文书上，华语文教学只是应用中文的一个项目。在课程安排上，也只简单安排了"华语文教材教法"、"多媒体与语言教学"两门专业课程。所以，华语文教学并不是这几个学校设立应用华语系的主要目的。反观中原大学应用华语文系所设计的课程架构（参见表 1），包含了四大板块：以"中国文学"及"华语文教学"两大板块为主轴，用以提升华文教学者的基本知识和能力；同时以"信息传媒"和"应用语言"两类课程为辅，希望学生从学校毕业之后，有能力在世界各地从事华文教育工作，推广华文教育、研发华文教材、开设网络华文课程等等。

表 1 中原大学应用华语文系的课程架构

四大板块	主 要 课 程	学 分
中国文学类	古代汉语、文字学、中国思想史、近代文学史、中国文学史	36—40 学分
华语文教学类	华语文测验与评量、华语文教材与教法、华语词汇学、华语语法学、华语语音学	36—40 学分
信息传媒类	平面媒体学、新闻采访与写作、资讯系统与网路	28—32 学分
应用语言类	华语文教学专用英语、语言发展心理学、语言学概论	26—30 学分

文藻外语学院一向以英语教学著称，2002 年成立了应用华语文系，课程为中英文并重，为求实务，更结合了语文、文化、艺术、传播、企管、计算机信息等相关教学，以期能将知识与职场实物相结合。课程规划方面，文化课程有“文学概论”、“中国文学史”、“中国思想史”等，语文课程有“语言学概论”、“现代汉语语法”等。所不同的是，文藻应用华文系、外语教学系与文藻华语中心共同规划了“华语文教学师资学程”(参见表 2)。如果学生选修教育学程，所有学分都能得到认可，也具备了参加教师考试的资格。学分规定是必须修满 20 个以上的学分，学程核心必修课程为：汉语语言学、汉字教学、汉语语法教学、汉语语音教学、汉语词汇教学、华语文教学概论等。一般选修课程为：华语文教材教法、第二语言习得、语言与文化、华语文课程教案设计。另外还需实习：教学示范与演练。

表 2　文藻外语学院华语文教学师资学程课程名目

课　程　名　称	课　程　名　称
汉语语音教学(含汉语拼音)	第二语言习得或语言对比与教学
华语测验与评量(含国内外标准化测验)	汉语语言学或语言学概论
华语教学概论(含语言教学理论和教学法)	华语课程教案设计
汉语语法教学或现代汉语语法	汉语词汇教学
教学示范与演练(教学实习)	两岸三地用语比较
华语文教材教法或华语教材与课程设计	汉字教学(含简体字)
多媒体与华语教学(含网络教学)	跨文化沟通
语言与文化	口语表达

这一时期更高层次的人才培养主要是在台湾师范大学华语文教学研究所和高雄师范大学华语文教学研究所完成的。台湾师范大学华语文教学研究所成立于 1995 年，成立的宗旨，一方面是培养华语文教学师资，另一方面也很强调教学研究，致力于促进华语文教学的专业化、学术化与国际化，并发展华语文标准测验(“华语文能力测验(CPTT)”于 2001 年开始研发，2003 年 12 月举办了第一次考试，参见下文)。华研所拥有视听教室、图书室、计算机室、语音实验室、远距教学实验室、教师研究室、研究生研究室等，设备和师资都是全台之冠，在成立之初就吸引了许多华语文教学爱好者报考。该所硕士班，每年招

收 20 余位本地学生和 10 位左右的外籍学生及华侨生，毕业生已超过百位。毕业生当中约有三分之一在国外大学任教，包括在美国的哈佛、耶鲁、普林斯顿及加州大学担任中文讲师，有些则在台湾地区的各华语中心任教，如台湾师范大学、台湾大学、政治大学、成功大学、中央大学、文化大学等。博士班于 2003 年设立，每年招收 6 位本地学生及 6 位外籍学生。完整的硕士课程包括两年的课程学习及一年的论文写作，毕业学分为 36 学分(论文不计学分)，并且在申请论文答辩前，需有 100 小时的教学或实习证明，并且是超过 7 周以上的。而台湾师范大学的学生拥有的另一个优势就是有充足的实习机会，实习的机构除了本校的国语文教学中心之外，台湾师范大学还与海外各大学合作办理教学实习，每年安排 20 位左右的学生赴欧美等地进行海外教学。

高雄师范大学华语文教学研究所成立于 2002 年 8 月，2003 年招收第一届新生。其目标是成为台湾南部最大的华语文教学中心，华语文教学教材的研究、开发及供应中心。其远程目标则是建立华语文教学数据中心、师资专长档案库、人才供需档案库等，成为台湾华语文教学咨询中心，并与海内外对外华语文教学机构合作，随时接收并提供最新的研究及教学动态等信息。这是它与台师大华研所的不同所在。高雄师大华研所的设立也意味着台湾的华语文教学由北向南逐渐发展。高雄师大华研所每年约招收 15 位硕士研究生，第一届研究生毕业于 2006 年。其课程规划也是三年，毕业学分为 32 学分(外加论文 6 学分)，另外还需 72 小时的教学或实习证明。

除了本科和研究生以上层次的师资培养以外，各大学语言中心和一些私立机构也开设华语师资培训班。学员多半是离开学校，进入社会的上班族，在校学生反而是少数，所以大学附设的语言中心一般都把课程安排在星期六和星期日，部分私立机构则安排在晚上，通常一周上二到三次课。课程设计由各中心自行安排，所以各个机构的培训时数差异很大，然而课程中的主要科目都大同小异。

为了加强华语文教学的研究，并推动台湾地区的华语文教学，由十几所大学附设华语中心以及一百多位华语教师和专家学者共同发起，于 2002 年 12 月在台师大国语教学中心成立了“台湾华语文教学学会”。其筹备会会长为台湾师范大学华语文教学研究所的邓守信，筹备会副会长是台师大国语中心主任何慧玲。学会成立的目的是希望集合各大学附设华语中心的教师和研究人员，公立私立华语文教学机构的行政人员、教学人员，以及所有对华语文教学有兴趣的人，一起推动台湾地区的华语文教学，为提升华语教师的专业能力而努力，促进台湾地区华语文教学界与国际华语文教学界的合作与交流。在任务方面，除了出版相关的研究成果、举办国际性学术会议、推动华语文教师研习外，还有一个最重要的角色，即参与“华语文能力测验”的相关工作。学会组织的“台湾华语文教学研讨会暨年会”在每年的11月举办，由台湾各大学轮流承办。

考查这一时期台湾地区的对外华语文教学，我们可以发现，大学和民间团体的努力使得华语文教学有了全面的推进，教学机构不断扩大，教材也有了一定的规模，师资培养和培训也建立起来了。从乐观的角度看，投入华语文教学的学校、学者、各界人士都在逐年增加，但从另一个角度看，在台湾地区学习华语的外籍人士、留学生并没有随之而倍增。人数增长的幅度非常小（参见图1）的原因是多样的，比如前面提到的教材问题，还有华语文教师的就业问题等等。台湾的“教师法”中并没有华语教师这个项目，所以也就缺乏一套正式的教师认定系统，即使是在公立机构的华语教学中心任职，也不算是该机构的正式人员。既然无聘用办法，当然也无法享受和其他语文教师同等的待遇。因此，台湾的华语文教学界大声疾呼，希望加紧脚步，尽快制定华语文教师的资格认定规则及教师资格证书授予制度，使华语教师能纳入正式教师编制，使他们享有和其他语言教师同样的福利。

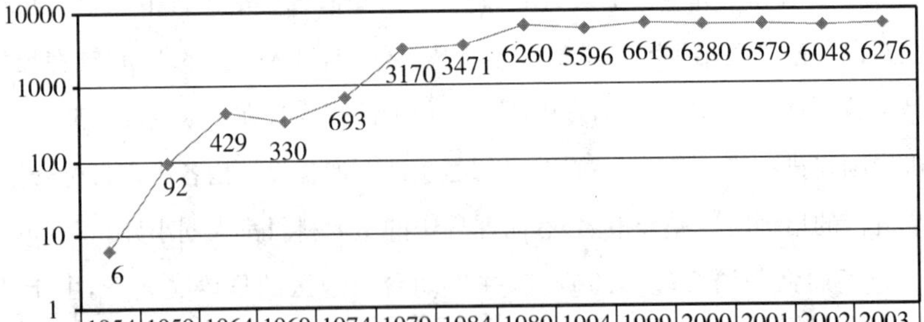

	1954	1959	1964	1969	1974	1979	1984	1989	1994	1999	2000	2001	2002	2003
—◆—人数	6	92	429	330	693	3170	3471	6260	5596	6616	6380	6579	6048	6276

图1　1954—2003年外国学生在大学附设华语中心学习华语人数曲线图

进入21世纪以后，“汉语热”、“中文热”逐渐在全球范围内形成，这股热潮也在台湾地区不断升温。无论是政府所属的华语教学单位还是民间的华语教学机构都对此有了很深的感受。台湾地区的对外华语教学也进入了一个快速发展的阶段。首先是各大学的语言中心激增。从第一个大学附设的华语中心成立直到2003年，包含慈济大学在内，台湾地区一共有17所大学设立了语言中心。但紧接着，真理大学、中华大学、交通大学、开南大学、北台湾科技技术学院、中兴大学、高雄师范大学都先后成立了华语中心。根据“2006年11月份的统计资料，台湾地区目前共有26所语言中心，从1956年至2006年整整50年，前40年(1956—1996)成立13所，后10年(1997—2006)成立14所，前后段之成长速率比相当悬殊”。[①] 可见各教学单位都认为外国学生赴台学习华语的人数将会与日俱增，因此语言中心仍有很大的成长空间。根据台湾“国际文教处”的统计资料显示，2006年度外国学生于台湾地区大学院校就读总人数(含攻读学位、交换生及研习华语文)计14479人，较2005年度之11729人增加2750人。学习华语的人数正逐年增长。

为应对华语教学的新形势，台湾地区于2003年12月11日正式成立了一个所谓的“国家对外华语文教学政策委员会”。这是一个跨部会的具有统筹能力的华语文教学主导单位，由“教育部”部长担任主委，“侨务委员会”副委员长担任副主委，“外交部、文建会、国科会、新闻局、经建会”等部会副首长担任委员，以达到跨部会的统合功能，“教育部”内部的三个相关单位，包括“国际文教处”、“侨教会”及“国语会”的主管也都在其中，以达到部内统合功能。同时还聘请大学院校专家学者多人担任委员。“教育部”在成立这个委员会的新闻稿中指出，“对外华语文教学工作，过去各相关单位并未统合，以致资源力量分散。十多年来，各界屡屡向政府建言，盼成立一个统合的机构，但前政府一直没有做出决策”。“政策委员会”的成立就是为了解决这个问题。其重点工作(2005年)包括：(1)提供华语文奖学金。(2)办理“华语教师输出计划”。(3)鼓励国外学校暑期组团来台

① 姚兰、马宝莲《华语热、人才荒——台湾华语教师之培训与认证》，《华文世界》2006年第98期。

短期学习华语文。(4) 赠送华语文教材图书。(5) 办理华语文教学研讨会或相关活动。(6) 补助华语文研究所学生赴海外大学进行教学实习。(7) 访视岛内 19 所大学院校华语文教学系所及华语中心。(8) 协助培训华语文师资。

上文提到,截至 2003 年,与华语文教学师资培养(本科层面)相关的大专院校(大学部)仅有两所,即中原大学和文藻外语学院;培养华语文教学硕士的,有台湾师范大学和高雄师范大学;而开设博士班的则只有台湾师范大学。但到了 2007 年,已有 4 所大学开设硕士课程,还有一些大学开设了硕士学分班和硕士学位学程,大学部(本科)也广设"应用华语文系",目的就是为了满足各大学新增设的语言中心所需的庞大师资以及海外华语教学的需求。2006 年 7 月"教育部"曾公告,鼓励各大学和学院设立华语文教学研究所、学位学程或学分学程,并给予经济上的补助。在全球中文热与政策性补助的双重激励下,许多大学都积极配合,台东大学、联合大学和铭传大学都开设了华语文教学的本科课程。师资的培养和培训得到了很大的加强。

四、华语能力测试

在华语文能力测验方面,无论是开学前的分班或分级测验,还是学习结束时的结业考试,过去都是由各个教学机构自己处理的,没有统一的考试系统,政府机构也从未设立一个专门的单位来处理这方面的事宜。华语文标准测验一直是台湾地区华语文教学界极力想做而未做的一件事,台湾师范大学华研所成立之后,经过几年的努力,于 2001 年 8 月开始筹划标准测验的相关事宜,得到了学校的大力支持,并设立了台师大华语文测试中心。这样,集合华语文教学研究所、心理教育测验中心以及国语教学中心等单位的力量,共同研发"华语文能力测验"(CPTT:Chinese Proficiency Test-Taiwan)。由华研所负责华语文能力等级的制定,由心理教育测验中心负责题库的信度与效度检验、统计及行政事项,由国语教学中心进行题库开发和学生测试及应用,认证单位则是台湾华语文教学学会与台师大国语中心。"华语文能力测验"分为初等、中等、高等考试,于 2003 年 12 月正式对外开考。2005 年 11 月隶属于"教育部"之下的"华语测验中心"成立,承接了华语文能力测验的研发与推广工作。

2006 年 4 月开始进行“基础华语文能力测验”的研发，以满足海外广大学习者的需求。同年“华语文能力测验”正式推向国际，先后在泰国、英国、日本、美国、韩国 5 个国家举办测验，并在 6 月首次举行了计算机化测验，题目与答案选项同时通过计算机呈现，考生只需利用鼠标点选答案即可，测验结束后，考生可立即打印成绩单并于试场外柜台领取。2007 年 1 月，“华语文能力测验”的英文名称正式更名为“Test of Proficiency-Huayu”，简称 TOP。“华语文测验中心”更名为“国家华语测验推动工作委员会”。

目前“华语文能力测验”为定期测验，每年固定在 5 月及 11 月的第一个星期六举行，共有基础、初等、中等和高等四个等级的试卷。其中基础测验的时间为 80 分钟，测验题目共 80 题，分为听力和阅读两大部分。初等、中等和高等测验的时间为 110 分钟，测验题目为 120 题，分为听力、词汇语法和阅读三大部分。

中国大陆的汉语水平考试(HSK)已施行多年，无论是在中国还是在海外都有为数可观的使用者，华语文能力测验(CPTT)预试时曾作过和国际上其他汉语水平测验结果的比较，图 2 提供了 CPTT 与 HSK 的分数等级对照供参考。通过 CPTT 初等一级者，程度相当于 HSK 初等 4 级，以此类推。把 CPTT 和 HSK 的等级作对照，可以方便学习者找到继续学习的等级及适合的教材。

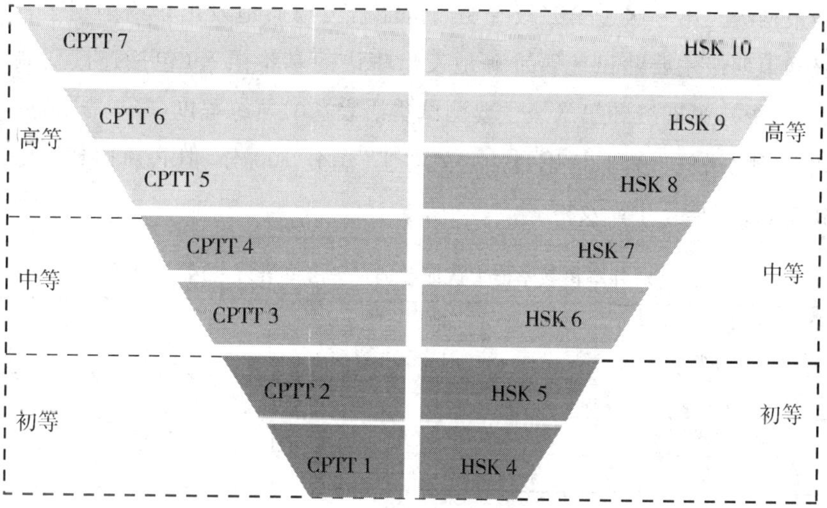

图 2　CPTT 与 HSK 等级对照图(引自“国家华语测验推动工作委员会”)

经过台湾各界多年的努力,“华语文教师资格”认证制度终于有了着落。台湾“教育部”于2006年11月举办了第一次“对外华语教学能力认证考试”。在考试的简章中提到,该认证考试的目的在于“提升对外华语教学人员之教学能力,确立其专业地位”,让教师能力也有一个考量的制度和标准。政府机关开始重视提升教学人员的教学能力,并参与确立华语文教师的专业地位,这对台湾地区所有的华语文教师和教学机构而言,无疑是一个极大的鼓励。第一次考试有2005人报名,考试的范围和内容如下:

1. 有关人类学习、认知心理及知识发展的教育心理学。
2. 华语文知识与技能之教授。
3. 设计编写或改编适合学生程度之华语文教材。
4. 课程教学计划大纲之设计及评估进度之能力。
5. 有关学生应具之华语学习策略及教师可配合之华语教学策略。

考试的科目为:国文、华语文教学、汉语语言学、华人社会与文化、华语口语与表达,共五科。前四项为笔试,考试时间为每科80分钟,笔试各科满分都是100分,以60分为及格;“华语口语与表达”为口语能力测试,采用朗读与口头叙述形式,考试时间为1小时。评分等级分为六级,第六级为最高级,第一级为最初级。第一级和第二级主要测试能否无障碍地发出华语的基本音;第三级和第四级主要测试能否准确地发出华语的基本语音(包括连读变调、轻声、儿化等);第五级和第六级主要测试华语表达的熟练程度(轻重音、流畅度、儿化、轻声、语气、语调、语感自然表达等)。满分100分,但必须达到第四级,也就是超过70分才算及格。

表3 对外华语教学能力认证考试,“华语口语与表达”评分级别

级 别	得 分	说 明
六级	91—100	
五级	81—90	
四级	71—80	(一般口语及格)
三级	61—70	
二级	51—60	
一级	50以下(含50)	

考生各科目的及格成绩可以保留三年，五项考试都及格之后才算通过考试并获得台湾“教育部对外华语教学能力证书”。

有了对外华语教学能力认证考试，各大学的华语中心在任用教师时，逐渐以此证书为聘雇的标准之一，“教育部”的华语文教师输出计划在选派教师时也是以此证书为遴选的依据之一。

台湾地区的对外华语教学与其时代背景、政治因素以及语言政策有着密切的关系。首先是政治因素导致当权者几经更替，社会的共同语、官方语言、百姓的生活用语也随之不断变化。其次是移入人口的多样性，使得台湾地区的华语呈现出许多不同的语言面貌。最后是当局的语言政策大大左右着台湾华语文教学的衰弱与繁荣。然而，尽管如此，学界与民间对于华语文教学一向都是很有热诚，且相当执著的。许多专家、学者、教师默默地持续不断地努力着，使得台湾地区的华语文教学像一股涓涓细水，慢慢长流。

进入21世纪，在“全球中文热”的冲击之下，台湾地区的华语文教学界也有了新的面貌，尽管还有许多亟待解决的问题，但也到了一个蓬勃发展的时期。

第八节　汉语国际推广的新形势

随着中国经济的快速发展和国家实力的增强，20世纪90年代以来，尤其是近10年，世界上学习汉语的人数逐年增加，出现了一股不小的“汉语学习热潮”。2006年，“国家对外汉语教学领导小组办公室”更名为“国家汉语国际推广领导小组办公室”。作为中国对外汉语教学的最高领导机构，其名称的改变意义深远，标志着对外汉语教学已经从“请进来”转变为“请进来”和“走出去”并重的格局，也预示着今后的对外汉语教学将更为主动、积极。

近年来孔子学院的建立发展、对外汉语教学基地的建设、“汉语桥”等活动的开展，极大地推动了汉语国际推广前进的步伐。

一、孔子学院

(一) 孔子学院建立的背景和目的

随着我国对外开放的进一步扩大、经济持续快速发展以及国际地位的日趋提高,世界各国学习中文、了解中国、增进与中国交往的需求日益增强,全球"汉语热"持续升温,汉语成为学习人数增长最快的语言。目前,全世界100多个国家的2500余所大学开设了汉语课程,中国以外学习汉语的外国人近4000万。汉语进入美英日韩等国的中小学课堂,南美洲的巴西、阿根廷、秘鲁、智利等国已逐步将中国语言文化教学列入了大学课程甚至学位课程。我国政府借鉴英、法、德、西等国家语言推广机构的经验,从2004年开始在海外支持设立了以教授汉语和传播中华民族文化为宗旨的非营利性教育机构——孔子学院。国家对外汉语教学领导小组办公室在世界范围内设立孔子学院,促使汉语教学以较快的速度走进世界主要地区。孔子学院的建立受到了政府和国家领导人的关怀和支持,得到了合办方国家政府等各方的大力支持。2006年7月召开的首次全球孔子学院大会,吸引了包括来自五大洲36个国家和地区的世界知名高校校长、孔子学院负责人及100多位驻华使节等在内的代表550多人参加。各个合办方对于建立孔子学院的意义给予了高度评价,对于孔子学院的建立给予了高度重视。

(二) 孔子学院的主要职责和使命

孔子学院是中外合作建立的非营利性教育机构,采用普通话和简体字开展汉语教学和中外教育、文化、经济等方面的交流与合作,其宗旨和使命是增进世界人民对中国语言和文化的了解,发展中国与外国的友好关系,促进世界多元文化的发展,为构建和谐世界贡献力量。孔子学院遵守注册地法律,并且不抵触中国法律。孔子学院不参与政治、宗教和种族主义活动。

孔子学院主要提供的服务有:面向社会各界人士,开展汉语教学;培训汉语教师,提供汉语教学资源,如菲律宾雅典耀大学孔子学院举办教师培训班,德国纽伦堡-埃尔兰根孔子学院举办HSK师资培训班;开展汉语考试和汉语教师资格认证业务;提供中国教育、文化、经济及社会等信息咨询;开展当代中国研究,如旧金山州立大学孔子学院召开首届中文作为第二语言教学国际研讨会。

孔子学院还担负着传播中国文化的使命，各地的孔子学院举办了各种文化、展览、演出等活动，参与者达20多万人，如伦敦商务孔子学院就举办了“中国文化周”。孔子学院不但成为传播中国文化的又一个平台，而且是发展中外经贸等各方面联系的另一条“丝绸之路”。

（三）对孔子学院的工作进行规范的政策和法规

孔子学院是迄今为止我国第一个由众多部门共同打造的文化品牌。办学之初，教育部领导就提出，要珍惜孔子学院这个宝贵的品牌，高度重视海外孔子学院的办学质量。孔子学院的规划和建设，必须认真考虑和全面衡量中办者的素质和能力，同时还要加快建立孔子学院的教学质量认证标准，建立和完善孔子学院质量评估和质量保障体系。

国家汉办在广泛听取各国意见和建议的基础上，制定了《孔子学院章程》、《孔子学院中方资金管理办法》等管理规章以及各类合作协议的标准文本，从管理制度上保证了孔子学院的办学质量。

（四）孔子学院的建立流程、形式、总部以及运作等基本情况

孔子学院的申办者须向孔子学院总部提交申请书，总部对申办者提交的申请材料进行审查，批准申办分案后，与申办者签订协议并颁授孔子学院铭牌。到2006年底，国家汉办共收到来自60多个国家400余家机构的申请。

世界各国的孔子学院在严格遵守国家汉办管理规章的前提下，采取了灵活多样的办学方式和合作模式：既有不同层次的孔子学院、孔子学校，也有孔子课堂、汉语中心；既有授权特许经营、直接经营方式，也有主要由外方负责，实行理事会制度和院长负责制，中外双方共同管理的模式；此外，还将建立“网上孔子学院”、“广播孔子学院”等，以更大范围地覆盖海外学习汉语的人群。

孔子学院没有机械照搬歌德学院等政府与政府的单一合作模式，而是独具一格，灵活多样：一是和大学、中学合作，如中国湖南大学和韩国湖南大学合建的湖南大学孔子学院；二是和企业合作，如清华大学与汇丰银行、伦敦经济学院等公司和院校合办孔子学院；三是与政府或社团合作，如与芝加哥公立教育局合办的芝加哥孔子学院、纽约华美协进社孔子学院等。

2007年4月,孔子学院总部在北京成立。按照《孔子学院章程》的规定,孔子学院总部是全球孔子学院的最高管理机构,其职责是:制定孔子学院的有关规章、建设规划和评估标准;审批各地孔子学院的设置;审核批准各地孔子学院的年度项目实施方案和预决算;为各地孔子学院提供管理和教学人员以及教材课程等各种资源支持。孔子学院总部将担负起统筹协调和综合服务职能,加强与各孔子学院的合作与联系,竭诚为各国孔子学院服务,并通过孔子学院为各国学习汉语和中国文化的人士提供支持和帮助。

(五)孔子学院在世界各地的建立发展情况

到2007年底,我国已经和65个国家和地区的224所大学签署了共同办学的协议。这些大学绝大部分是当地的知名大学。国内有95所高校机构参与了孔子学院的合作办学。学院有专职教师1000余人,学生46000人。与此同时,网络孔子学院正在试行,广播孔子学院已经开通,电视孔子学院也在筹备中。可以预见,孔子学院利用现代科技技术将会发展得更好。

(六)孔子学院现存问题和前景展望

孔子学院发展迅速,受到了很多国家、大学的欢迎,但也遇到了许多问题。有学者以"孔子学院热急需软着陆"为题进行了评论。①

"孔子学院热"搭上了中国经济快速发展和中国崛起的"顺风车",问题是,如此快的速度也引发了很多问题。从后期孔子学院创办的过程来看,多是由外国有关部门和大学主动申请,国家汉办牵头和负责,由国内各大学具体承办。抢办孔子学院成为国内一些机构和大学的"政绩工程",甚至把孔子学院变成了"摇钱树"、"金字招牌"和"出国旅游项目",随之而来的是师资和教材是否合格等诸多问题。

此外,尽管孔子学院的主办方曾明确表示过,兴办孔子学院的目的是增进世界各国人民对中国语言文化的理解,但新闻媒体、专家学者和广大民众显然赋予了孔子学院更多的期望和联想。很多人将孔子学院看做中国文化或者"儒学"、"儒教"复兴的体现,甚至把它视作中国"软力量"的兴起。其结果是,

---

① 王达三《"孔子学院热"急需"软着陆"》,《环球时报》2007年1月20日。

一些国家的孔子学院不愿接受具有中国官方性质的指导和监督，他们担心中国借孔子学院推销自己的“软力量”，从而为“中国崛起”助威。有的国家政府甚至以孔子学院具有宗教性质为由，不同意用孔子学院的名称来合办汉语教学机构。

评论最后认为孔子学院的发展特别需要注意如下几个问题：其一，建立健全孔子学院的各种规章制度，从机制上规范和约束孔子学院的审批、创办；其二，加强教材建设、大纲拟定，尤其是要加强师资的前期培训；其三，淡化中国官方在孔子学院各项活动中的行政干预色彩，放权、放手让中国大学或民间机构推动孔子学院的发展；其四，国人应慎言孔子学院是“软力量”。如若不然，孔子学院越火暴，就越有可能砸掉孔子学院的牌子。

孔子学院创办过程中所遇到的种种困难、受到的各种批评都值得我们深刻思考，认真改进，使孔子学院真正成为传播中国文化、促进文明对话的平台，成为连接中国与外部世界的桥梁。

二、基地建设

对外汉语教学基地的建设。2003 年 1 月，北京语言大学、复旦大学国际文化交流学院、北京师范大学汉语文化学院、北京大学对外汉语教育学院成为我国首批国家对外汉语教学基地。2004 年，南开大学、华东师范大学、南京师范大学、中国人民大学的相关院系陆续入选，至此全国范围内建成了八个“国家对外汉语教学基地”。建设基地的目的是：保证重点，以点带面，通过基地的骨干、示范作用，全面促进和带动全国对外汉语教学和科研水平的提高，从而有力地加强对外汉语教学学科建设，推动全国对外汉语教学事业的发展，逐步建成一批在对外汉语教学方面有世界知名度的高等学校。

国家汉语国际推广基地的建设。为整合政府、教学机构、企业（市场）等各类资源，集中本领域的人才和技术，为汉语国际推广提供经验、模式和资源，国家汉办将在全国建设一批国家汉语国际推广基地。国家汉语国际推广基地将开展汉语作为第二语言教学的市场研究，开发有特色、针对性强的汉语教材（含多媒体教材），开展国内、国外教师培训，进行汉语教师的培养、培训工作，完成国家重大汉语国际推广项目。国家汉语国际推广基地采用市场运作机制,是具有创新能力、可持续发展的汉语国际推广综合平台。

2007 年,国家已正式批准在中国人民大学成立了汉语国际推广研究所,同时还将在北京、上海、云南、福建建立汉语国际推广基地。此外在北京人大附中等全国 26 个省和直辖市的 101 所中小学设立了汉语国际推广中小学基地。主要任务是对口支持外国学校开设汉语课、向国外派出汉语教师和志愿者、培训外国汉语教师、对外派志愿者进行培训并安排实习、接受汉语国际教育硕士专业学位的研究生实习、接受外国中小学生来校学习汉语、承办外国学生夏令营活动、对外汉语课程开发与建设等。

三、其他方面

(一) 对外汉语教学与世界汉学接轨

跟世界汉学接轨、跟各国汉学家加强沟通和交流乃至合作,是对外汉语教学进入 21 世纪的一个新的亮点。作为国家和民族的事业,对外汉语教学应当被纳入国家 21 世纪发展的总体战略目标内,并为实现这个战略目标服务。为此,1999 年 12 月中华人民共和国教育部召开了"第二次全国对外汉语教学工作会议",时任教育部部长、国家对外汉语教学领导小组组长的陈至立作了题为《提高认识,抓住机遇,增强紧迫感,大力发展对外汉语教学事业》的报告,其中多次谈到了"汉学"和"汉学家":"(要)重视与各国有影响的汉学家和汉语教学工作者的联系与合作。近几年来,世界各国特别是欧美及大洋洲的新一代汉学家和汉语教学工作者已在逐步取代老一代,做好新一代中青年汉学家和汉语教学工作者的工作,对加强我国对国外汉语教学和汉学研究的影响以及发展世界各国与我国的友好关系至关重要,要加强与新一代汉学家和汉语教学工作者的密切联系。"①

(二) AP 中文项目

国家汉办从 2003 年开始与美国大学理事会合作设立 AP 中文项目,在美

① 转引自张德鑫《润物细无声——论对外汉语教学与汉学》,《语言文字应用》2001 年第 1 期。

国推广汉语。AP 中文项目是继 AP 法语、AP 德语、AP 西班牙语和 AP 意大利语后美国大学理事会启动的又一个语言文化项目。AP 中文项目包括汉语语言及文化和考试两部分，相当于大学三年级的语言水平。该项目将把介绍中国文化知识与教授汉语的听、说、读、写结合起来。根据美方工作计划，AP 中文工作小组于 2004 年初确定并概述课程和考试的各项重要指标，于 2005 年正式对外公布并编制课程，2006 年开始教授 AP 汉语和中国文化课程，美方计划用一至两年时间培训教师，2007 年正式举办考试。大学理事会将以汉语普通话作为 AP 中文考试标准。2006 年 4 月，中美双方正式签署协议，合作开展一系列中国语言文化项目，包括“汉语桥”美国大学校长访华团、“汉语桥”暑期学生夏令营、志愿者教师项目、中文教师认证奖学金、汉语教材开发、AP 中文暑期培训班、中国语言文化宣讲团等。

（三）开展相关活动

为了鼓励外国学生学习汉语的积极性，促进对外汉语教育事业的发展和汉语的传播，国家汉办一方面组织了以“汉语桥”比赛为代表的各类竞赛活动，另一方面还设立了各类奖学金。像包括学位奖学金、暑期短期研修奖学金、中华文化旅行奖学金和预赛优秀选手奖学金四类的“汉语桥”奖学金，以及汉语考试优秀考生奖学金等就是这方面的代表。

近 20 年来，随着中国经济的大发展，全世界范围内的“汉语热”扑面而来。无论是学科建设、教学方法，还是师资培养、教材编写都取得了长足的进步。当然，由于汉语推广起步晚，发展也不均衡，自然还存在这样那样的问题，还存在着一些制约发展的瓶颈。但是在国家的大力支持、在国家汉办的正确领导下，相信汉语国际推广事业会在不久的将来能够更上一层楼。这样的信心不是凭空而来，是建立在国家汉办的汉语国际传播总体目标以及工作思路和观念转变基础上的。我国汉语国际传播的总体目标是，到 2020 年全球各途径学汉语的人数大幅增加，各国的汉语教学进入正规阶段，建成完整的孔子学院和继续教育体系。

针对我国多年来对外汉语教学的主战场在国内，以来华留学生为主要教学对象的传统汉语教育模式不适应国外对汉语需求的状况，今后需要进一步转变观念和调整工作重点，实施六大转变：一是发展战略从对外汉语教学向全方位的汉语国际推广转变；二是工作重心从将外国人“请进来”学汉语向汉语加快“走出去”转变；三是推广理念从专业汉语教学向大众化、普及型、应用型转变；四是推广机制从教育系统内推进向系统内外、政府民间、国内国外共同推进转变；五是推广模式从政府行政主导为主向政府推动的市场运作转变；六是教学方法从纸制教材面授为主向充分利用现代信息技术、多媒体网络教学为主转变。

相应地，今后汉语国际推广需要着重在以下几个方面做好工作。(1) 建设孔子学院。为满足各国建立孔子学院的热切要求，我们加快了孔子学院建设。在建设中，我们不要求整齐划一，而是根据当地的需求和实际情况设计教汉语和传播中华文化的任务，特别是要注意加强两国在经济、政治、外交方面沟通关系的桥梁作用。(2) 推进教材改革。我们正在着手对“走出去”的汉语教材从根本上进行改革，改革的目标是教材的三贴近，即贴近外国人的思维、贴近外国人的生活、贴近外国人的习惯。编写的方式是中外合作。世界汉语教学学会拥有40%的外籍会员，更应该发挥这个作用。(3) 加强师资队伍建设。主要是加强建设适应海外教学需要的师资队伍。(4) 大力建设网络平台。这个网站的功能，第一是提供资源，把现有的教材都搬到网上去，为第一线教师提供教学资源；第二是交互式学习，我们网络的后台24小时都有教师工作，为教师和学生开展交互式的学习提供服务；第三是形成教师网上培训的平台。(5) 改革和创新汉语考试。为了适应全方位汉语学习的需求，准备对HSK进行改造。改革本着降低考试难度、拉长考试分级的原则进行，将汉语水平考试改革成一种激励性的、鼓励性的考试。

思考和练习

1. 20世纪90年代以来，对外汉语教学的学科建设有了哪些新进展？

2. 孔子学院建立的背景和目的是什么？发展过程中需要注意的问题有哪些？

3. 简述台湾地区华语教学的发展过程和特点。

第七章　朝鲜半岛的汉语教育史[①]

在东亚各国中，朝鲜半岛作为最早接触和吸收汉字汉文化的国家，在相当长的历史时期内，一直把汉语作为第一外语，因此国家和民间的汉语教育历史悠久。这不仅促进了朝鲜半岛的社会进步和文化发展，同时它作为汉字文化东传日本的一个桥梁，为汉语在海外的传播、为东亚汉字文化圈的形成和发展作出了独特而巨大的贡献。

朝鲜半岛的汉语教育[②]，或称汉字教育或称汉文教育可以追溯到遥远的古代。在汉字传入朝鲜半岛之前，朝鲜半岛原本没有文字只有语言，因此汉字的借用和汉文化的传入，使得各个朝代都对汉字和汉文化的学习和传播极为重视，通过各种途径和方式吸收、学习和传播汉字汉文化。经过历代王朝的不懈努力，朝鲜半岛的汉字汉文教育得以发展，取得了卓有成效的成果，形成了良好的教育传统。正是经历了这种长期的文化熏陶和教育积淀，早期传入朝鲜半岛的汉字和中国传统文化、儒学思想才得以流传至今并蓬勃发展。

---

① 朝鲜半岛的汉语教育史涵盖朝鲜半岛上的朝鲜和韩国的汉语教育史，为了便于叙述以朝鲜半岛称谓。近现代部分由于有关朝鲜的汉语教育资料匮乏，以介绍韩国的汉语教育为主。

② 朝鲜半岛的汉语教育根据教育内容侧重点的不同，或称汉字教育或汉文教育。本章把两者统称为汉语教育或汉字汉文教育。

第一节　朝鲜半岛的汉语教育史概况

朝鲜半岛的汉字汉文教育历史悠久。在汉字文化圈国家中，朝鲜半岛是最早接触和吸收汉字与汉文化的国家，也是最早开始进行汉字和汉文教育的国家。到目前为止，对汉字和汉文化传到朝鲜半岛的准确时间尚难定论，不过根据现存的历史资料，我们可以判断出，早在公元前汉字、汉文和儒家思想就已经传入了朝鲜半岛。[①]

据《史记》、《汉书》等史料记载，中国殷末周初，殷室贵族箕子率众五千东走朝鲜建国。[②]《汉书》中说："箕子去之朝鲜，教其民以礼仪、田蚕、织作。"另据《隋书·东夷列传》记载："广谷大川异制，人生其间异俗，嗜欲不同，言语不通，圣人因时设教，所以达其志而通其俗也。……暨箕子避地朝鲜，始有八条之禁，疏而不漏，简而可久，化之所感，千载不绝。"关于箕子朝鲜，朝鲜和韩国的史书上也有类似记载，据《朝鲜历代史略·箕子传》称："箕子，殷之太师，即纣之诸父。周武王克商，箕子东入朝鲜，武王因封之而不臣也。初，箕子东来，中国人随之者五千，诗书礼乐，医巫、阴阳、卜筮，百工、技艺，皆从之而来。既至，言语不通，译而知之。国号朝鲜，都平壤。"箕子朝鲜起箕子己卯，止箕子42代孙箕准丁未，在朝鲜半岛上共历929年。

---

① 关于汉字传入朝鲜半岛的具体年代，学者观点纷纭。据董明《古代汉语汉字对外传播史》(中国大百科全书出版社2002年版)称："史料表明，汉语汉字在朝鲜半岛的开始传播，当不晚于商末周初，即公元前12世纪。"韩振乾《四海有遗泽——汉字在朝鲜半岛》(载何九盈、胡双宝、张猛主编《中国汉字文化大观》，北京大学出版社1995年版)中说有人认为是公元前103年，有人认为是公元前17年，有人认为是公元285年。不过，《汉书·地理志》燕地条记载："玄菟、乐浪，武帝时置，皆朝鲜、涉貉、句骊蛮夷。殷道衰，箕子去之朝鲜，教其民以礼仪田蚕织作。乐浪朝鲜民犯禁八条：相杀，以当时偿杀；相伤，以谷偿；相盗者，男没入为其家奴，女子为婢。欲自偿者，人五十万。"成文法是社会发展达到较高文明程度的标志之一。"八条"表明，古朝鲜已有成文法，进入了程度较高的文明社会。

② 汉代历史学家司马迁的《史记》中记载，商代最后一个国王纣的兄弟箕子在周武王伐纣后，带着商代的礼仪和制度到了朝鲜半岛北部，被当地的人们推举为国君，并得到周朝的承认，史称"箕子朝鲜"，亦称古朝鲜。

从上述史料可以看出，从那时起中国和朝鲜半岛之间的经济、文化交流就已经开始，并且语言作为双方沟通、施教的基础和先决条件，通过译而知之，到因时设教，从而达其志而通其俗。这可以说是汉语对外传播的初始。

春秋战国时期，齐国通过海路、燕国通过陆路与朝鲜半岛进行贸易。战国七雄时期，中原的铜币、刀币、布币以及其他金属器具传入朝鲜半岛，汉字也被不同程度地带入。朝鲜出土的大批铸有汉字、铭文的铜币、刀币、布币[①]，足以证明春秋战国时期朝鲜半岛就与齐国、燕国等中国大陆国家有着频繁的贸易往来，汉字在当地已经流布不衰。春秋战国时期流通于齐、赵、燕等国的刀币、布币和铜币都是金属货币，铸在上面的汉字、铭文很可能是最早传入朝鲜半岛的汉字。

中国秦汉时期，朝鲜半岛北部与燕国毗邻，汉江之南有马韩、辰韩、弁韩三个联盟部落，均与当时的秦汉王朝有着密切的关系与交往。

据《三国志·魏书·东夷传》载："陈胜等起，天下叛秦，燕、齐、赵民避地朝鲜数万口。"朝鲜史书《三国史记·新罗本纪》亦载："新罗始祖朴赫居世西干三十八年(公元前20年)，前此，中国之人苦秦乱，东来者众，多处马韩东，与辰韩杂居，至是寖盛。"另据《汉书·朝鲜传》载："汉武时置四郡，陈项起，天下乱，燕齐赵民愁苦，悄悄亡归韩。"据此，秦汉之交，政局动荡，北方居民不断向朝鲜半岛迁徙。公元前194年，自燕亡命移居朝鲜的燕人卫满率移民来到半岛北部，深受朝鲜王箕准的宠信，成为箕子朝鲜的宫相。汉惠帝元年(公元前194年)燕人卫满就靠那些流亡朝鲜半岛的中国人，推翻古朝鲜政权，驱逐(箕子)朝鲜王箕准，自立为王，势力达到今平壤一带，在王俭城(今平壤)一带建都，建立了"卫氏王朝"，国号亦称朝鲜，史称"卫氏朝鲜"。卫氏朝鲜起丁未，止癸酉，共历87年。

秦末战乱，有大量中国人流亡朝鲜半岛，与当地民众杂居，对当地的政治、经济、文化和语言产生极大影响，促进了中国与朝鲜半岛的经济和文化交往。

---

① 据杨昭全等统计，光在朝鲜出土的4694枚明刀币上，即铸有汉字3024个(重复计算)。参杨昭全、韩俊光《中朝关系简史》，辽宁民族出版社1982年版，第25页。

尤其在卫氏朝鲜存在期间，卫满等掌握国家政权的上层人士多是中国人，必然会把自己熟悉的汉字汉语和汉文化带入朝鲜半岛，并在一定范围和程度上传播和使用汉字汉语。对此，朝鲜出土的大量考古发现已经得到证明。

汉武帝元封三年（公元前108年），汉武帝灭卫氏朝鲜，之后便在其辖域内设立乐浪、玄菟、临屯、真番四郡，史称"汉四郡"。汉四郡的设立对朝鲜半岛的政治、经济和文化的发展产生巨大影响，对中国和朝鲜半岛各方面的交往起到了很大的促进作用。从东汉初开始中朝两国之间成立册封朝贡关系后，朝贡伴随中国朝廷的回赐，不仅带有政治外交上的目的，还承载着促进两国经济、文化交流和友好交往的特殊意义。尤其对朝鲜半岛来说，这是接受中国高势文化的重要途径。[①] 因为，从文化传播学角度来看，文化由高势位向低势位传播并对低势位文化给予有益影响是历史的必然。这一点我们从朝鲜半岛历代王朝以主体引进式吸收、传播并推广中国的汉字、汉文化和传统思想意识上，即可得到证明。

公元前后，朝鲜人开始借用汉字记录自己的语言，并开始将汉语词汇借用到自己的语言系统中。到了汉代，上层人物已能够熟练掌握和使用汉字、汉语，这是有据可查、毋庸置疑的。[②] 这正是朝鲜半岛上汉语教育得以大力发展的基本条件和最重要的推动力，为以后朝鲜半岛的汉语教学和汉文教育的形成与发展奠定了基础。

随着汉字汉文的传入，它所载负的汉文化和儒家思想也传入了朝鲜半岛，对古代朝鲜人产生了极大的影响。古代朝鲜人运用以儒家思想为基础的政治制度，建立了自己的国家，利用中国发达的农业技术和天文历法促进朝鲜半岛农耕社会的发展，借鉴中国的艺术刺激了人们的艺术潜在力，创造出了独特的艺术品。另外，他们在积极吸收中国文化的同时也逐步形成了自己独特的文化形式。

---

① 金翰奎〔韩〕《韩中关系史》，载《大宇学术丛书论著》，1999年版，第147页。

② 有两首被认为是朝鲜记录下来的最早的诗都是用汉文写成的。一首是写于公元前200年左右的《箜篌引》，作者是一位叫丽玉的女性；另一首是《黄鸟歌》，是高句丽第二代君王琉璃王于公元前17年创作的。

不过，先秦至汉朝这一时期，汉字传入朝鲜半岛的速度和数量都很有限，人们对汉字、汉文的需求和教育尚处在自发萌芽的阶段。史载，至汉代孝文帝时，伴随着大一统的儒家文化的东传，汉字才开始大量传入朝鲜半岛，兴起了朝鲜语言史上第一次借用汉字的高潮，为朝鲜半岛的汉字汉文化教育奠定了坚实的基础。可以说，朝鲜半岛的汉字教育的兴起是和汉字的传入同步开始的，它的发展也是伴随着汉字汉文的传播而不断扩大的。朝鲜半岛的汉字汉文教育经历了漫长的发展历程，取得了十分显著的成果。

第二节 新罗、高句丽、百济鼎立时期的汉语教育

中国西汉至唐初期，时间跨度长，经历朝代多。这一时期也正是中国儒学发展从先秦的子学时代（即以孔、孟为代表的思想）到汉唐新儒学（经董仲舒改造和发展了的儒家思想）形成的主要时代。当时，中国社会安定，经济与文化繁荣。很多国家派使臣到中国来进行交流，许多留学生、学问僧、求法僧、乐工舞士、商人都来到长安求学或做工。此后，在相当长的历史时期内，中国上自典章制度、科举文化，下至农工技艺、宗教礼俗均为周边国家历代王朝学习和效仿的典范。

中国魏晋南北朝时期，朝鲜半岛已经从氏族部落逐渐合并成政治结构复杂的部落联盟，并最终形成了国家。这时，朝鲜半岛正值新罗、高句丽、百济鼎立时期。中国在哲学、文学、历史、经济等方面所取得的成就极大地影响着朝鲜半岛。随着汉字汉文化的不断传播，中国的儒家思想也逐步地在朝鲜半岛占据了正统地位，深深地影响着朝鲜半岛上统治阶层的政治地位与社会生活。从此，朝鲜半岛历史上各个朝代出于政治、经济、文化、外交等方面的需要，都非常重视汉字汉文教育和汉语人才的培养，先后涌现出大批通晓汉字汉文化的高水平的汉学家和训练有素的翻译人才。

魏晋南北朝时期，朝鲜半岛上的新罗、高句丽、百济积极与中国交往，以期吸收中国的高度文明。这种三方鼎立的局面，客观上推动和促进了他们争相

与中国加强政治经济及文化的交流，扩大了汉字汉语教育的规模与发展。

一、新罗

新罗(公元前57—公元667年)是由原朝鲜半岛南部辰韩中的一个小部落形成的，位于半岛最南端。由于在地理上远离中国，新罗在学习汉字吸收汉文化方面相对高句丽和百济要稍晚些。但是在部落联盟建立了统一国家后，新罗加大了与中国的联系。尤其是从新罗采用汉式姓氏、用汉文定国号、改用汉文王号、修国史等来看，当时新罗接受中国汉文化的程度还是相当高的。

《三国史记·新罗本纪第一》记载，儒理尼师今九年(32年)春，新罗"改六部之名，仍赐姓"：改"杨山部为梁部，姓李；高墟部为沙梁部，姓崔；大树部为渐梁部(一云牟梁)，姓孙；于珍部为本彼部，姓郑；加利部为汉祇部，姓裴；明活部为习比部，姓薛"。这几个姓氏在朝鲜半岛一直沿用至今。这说明新罗在建立初期人们对汉字汉文的熟知程度是很高的。

《三国史记·新罗本纪第四》载，新罗智证麻力干四年(503年)冬十月，新罗群臣上言国王，用汉文定国号。群臣上言："始祖创业以来，国名未定，或称斯罗，或称斯卢，或称新罗。臣等以为，'新'者德业日新，'罗'者网罗四方之义，则其为国号宜矣。又观自古有国家者，皆称'帝'称'王'，自我始祖立国，至今二十世，但称方言，未正尊号。今群臣一意，谨上号'新罗国王'。"从上述新罗群臣上言国王用汉文定国号，可见当时新罗群臣对汉字和汉文的理解已经相当深入、精辟，说明那时新罗国内汉字汉文的普及、认知程度已经很高。

到了真兴王六年(545年)秋七月，新罗又着手用汉文修撰国史，"伊餐异斯夫奏曰：'国史者，记君臣之善恶，示褒贬于万代，不有修撰，后代何观'？王深然之，命大阿擒居柒夫等，广集文士，伸之修撰"。[1] 新罗能用汉文修撰国史，说明当时已经拥有相当数量的、汉文认知程度颇高的汉语人才。

---

① 《三国史记·列传第四》记载："伊餐异斯夫奏曰，'国史者，记君臣之善恶，示褒贬于万代，不有修撰，后代何观'？王深然之，命大阿餐居柒夫等，广集文士，俾之修撰。"此后，居柒夫"承朝旨，集诸文士，修撰国史"，并因此而"加官波珍餐"。

随着中国的汉字汉文化和儒家与佛教思想陆续传入，新罗的佛教徒作为接受和传播汉字汉文化的一个特殊群体，在来华“求法”、回国“布法”的过程中，为传播和推广汉字汉文化起到了特殊的作用。新罗僧侣中有不少慕名来中国的求法者，高僧智明[①]就是他们的优秀代表之一。新罗真平王七年(585年)七月，智明来华生活了18载后返回新罗。智明初来中国时不谙汉语，待其归国时，已精熟无疑，圆满完成在华的“求法”。此后，亦有不少新罗僧人来华求法。据《续高僧传·圆光传》载：陈废帝光大元年(567年)，新罗僧人圆光来华，隋代开皇九年(589年)至洛阳，前后在华生活二十余载，精通汉语且兼通儒学。其挂锡虎丘山时，曾为当地僧侣讲解《通成论》与《般若》，“听者欣欣会其心府”，以故“名望横流，播于岭表”；归国后，他颇受新罗王重用，“笺表启书，往还国命”，皆出于圆光手笔。足以证明圆光的汉语水平已达到精通的地步。

668年，新罗与中国唐朝结成军事同盟，征服了高句丽和百济王国，统一了朝鲜半岛。在8世纪中叶朝鲜半岛进入鼎盛时期——统一新罗时期，汉字汉语教育蓬勃发展。

二、高句丽

(一)高句丽的汉字汉文教育背景

魏晋南北朝时期，高句丽由于地理上与中国接壤，建国之初就已经使用汉字，更有人用汉字汉文著书、撰修国史，写下《留记》百卷和《黄鸟歌》等水平很高的汉文诗歌。

《三国史记·高句丽本纪第八》载：“国初始用文字。时有人记事一百，名曰《留记》。”这说明高句丽自建国初期起，就有人利用汉字汉文著书撰修本国史籍。600年，婴阳王诏令太学博士李文真，将《留记》整理删订为《新集》五卷。

另据《三国史记·高句丽本纪第一》记载，高句丽第二代君王琉璃土(公元

① 唐代道宣的《续高僧传》中没有关于智明的记载，而是记载了确切知其为新罗人者的圆光和圆安两位高僧。

前19—公元18年)作过一首著名的汉诗《黄鸟歌》:“偏偏黄鸟,雌雄相依。念我之独,谁其与归。”诗是为离家出走的妻子而写的。诗句以黄鸟起兴,每句四言,凝练古朴,具有较高水平。脍炙人口的乐府诗《箜篌引》,也是汉字汉文在朝鲜半岛长期传播的产物。《箜篌引》其辞如下:“公无渡河,公竟渡河。坠河而死,当奈公何!”

又据《三国史记·高句丽本纪第三》载,高句丽太祖大王(或曰国祖王)四十六年(98年)春三月,东巡栅城,途中获白鹿。“及至栅城,与群臣宴饮,赐栅城守吏物段有差。遂纪功于岩,乃还。”当时朝鲜半岛还没有自己的文字,“纪功于岩”,当然就是用汉字在山岩上刻出歌功颂德的文字。另外,高句丽的“好太王碑”(414年)和推测为同年代的“集安牟头娄塚志文”等历史文物,都是两国文化交流关系密切的最好见证。

可见,当时汉字和汉文不仅早已传入高句丽,而且有不少人能使用汉文进行写作,且水平达到很高的程度。像《黄鸟歌》等汉文诗歌,如果没有较高的汉文修养、不精通汉字是不可能写出的。这说明当时部分高句丽人对汉字汉文的理解与运用已经达到得心应手的程度。

(二)高句丽的汉语教育形式

高句丽历代王朝都非常重视儒家经典教育。从文献的明确记载看,儒学传入高句丽的时间是372年。据《三国史记·高句丽本纪第六》载:小兽林王二年(372年),高句丽便参照中国的官方教育制度,“立太学,教育子弟”。设立的国立教育机构“太学”为国家最高学府,主要对贵族子弟进行经学、文学、武艺等方面的教育,以期培养封建官员。太学的教育内容以经学和文学典籍等为主,都是用汉字汉文写成的,说明当时汉字已成为国家的正式文字,以汉学为主要内容的教育也有相当大的发展。此外,高句丽还在全国各地开设了教育平民子弟的私学机构“扃堂”,教授儒家经典等。

(三)高句丽的汉语教育内容及教科书

高句丽时期的汉语教育内容主要是儒家经典的传授和教育,在汉语教科书选用上由于受种类所限,除自然科学教科书外,教科书的选用一般都是统治阶层的专权,选用的教科书就是维护统治阶级意识的最有力工具。当时流行的书籍就是《五经》、《三史》等。据旧新《唐书》记载，高句丽人好学，偏僻山村的牧童也努力学习。各村都在村道旁盖上大屋子，称之为“扃堂”，未婚青年聚到这里，昼夜背诵经典、练习射箭。其书有《五经》、《史记》、《汉书》、《后汉书》、《三国志》、《晋春秋》、《玉篇》、《字统》、《字林》、《文选》。可见，当时的汉语教育已经遍及全国。

三、百济

(一) 百济的汉字汉文教育背景

百济建于公元前 18 年，原属马韩部落势力的一部分，位于韩半岛中部和西南部。公元 660 年，百济被新罗和唐朝的联军灭亡。

现存历史文献中有关百济的教育记载很少。百济开始学习汉字汉文的确切年代不详，不过从有限的历史记载中可以推断，百济建国之初对汉字汉文已经有所了解。据《三国史记·百济本纪第一》载，百济始祖温祚王，“温祚都河南慰礼城，以十臣为辅翼，国号十济……后以来时百姓乐从，改号百济。”“济”字乃辅佐、扶助之义，倘温祚对此一无所知，则不可能以“十济”、“百济”为国名。

1954 年发现的百济砂宅积碑断片[①]表明，7 世纪时百济的汉文水平已达至相当的高度。据史学界分析，砂宅积碑断片的年代为义慈王二年(642 年)。碑文用中国六朝四六骈俪体，表述百济人慨叹人生无常的思想感情，说明当时百济汲取汉文化具有一定的深度和广度。

百济建国后不断与中国交往，其目的不仅在促进两国间的政治外交，亦在摄取中华文化。百济使用汉字，4 世纪时建立儒学教育制度，一些儒学家获博士称号。据《三国史记·百济本纪第二》记载，早在近肖古王(346—375 年)时期，百济博士高兴用汉文撰写百济国史《书记》。“古记云，百济开国以来，未有以文字记事，至是得博士高兴，始有书记。”这个事实表明，此前百济引进汉字

---

① 百济砂宅积碑断片，1954 年发现于扶余。碑身高一米，花岗石，残留 4 行 56 字，楷书，“甲寅字正月九日，禁抵城砂宅智积，慷身日之易往，慨体月之难还，穿金以建堂，凿玉以立宝塔，巍巍慈容，吐神光以送云，峨峨悲貌，含圣明以……”。参看陈玉龙、杨通方、范毓周《汉文化论纲——简述中朝中日中越文化交流》，北京大学出版社 1993 年版，第 206 页。

汉文化已有较长的历史。

384年，佛教自南朝传入百济，胡僧摩罗难陀从东晋至百济。385年，百济建佛寺于南汉山，度僧十人，佛教从此开始在百济流布。534年、541年，百济屡遣使与梁通贡，向梁武帝“请《涅槃》等经义、《毛诗》博士并工匠、画师等”，梁武帝满足了百济的全部要求，表明了百济同中国南朝间的文化联系密切，交流领域颇为广泛。前往百济的《毛诗》博士，可以说是应外国政府之邀，由中国政府派遣、以教授儒家经典为主的早期对外汉语教师，遗憾的是青史未留其名。从中国聘请教师，既可帮助百济人深入学习汉字汉文化，同时又必然有助于百济培养高素质的汉语人才。据统计，百济汉山城时代的一百年间，曾四次向中国东晋、十次向宋、一次向北魏遣使纳贡；熊津时代的六十年间，则曾二度遣使南齐、四次遣梁；泗沘时代，则曾二次遣梁、六次遣陈、二次遣北齐、一次遣北周、五次遣隋。至于唐，则几乎是每年必派使节前往。由于百济交流对象多属中国南朝系统，故百济文化富有浓厚的南朝人文遗风，而南朝文化之精华在佛教，因此佛教成了百济文化的中心。

百济一面吸收中国文化，一面把中国文化传授到日本，起到了中日文化交流的中间驿站作用。百济与日本的交往由来已久，有大量的百济人到日本定居(总人数比高句丽、新罗去日本的人要多出数倍)。据日本史书记载，早在晋武帝太康六年(285年)，百济人王仁去日本时就带去《论语》、《千字文》，并给应神天皇的太子菟道稚郎子等讲授《论语》，成为中、朝、日文化交流的使者。一般认为这是汉字传入日本之始。尽管至今为止史学界对这一事件的确切年代有不同的看法，不过，百济不仅很早以前就广泛吸收汉文化，而且成为中日文化交流的桥梁这一事实是毋庸置疑的。百济还将佛教传到了日本。从公元538年左右圣王第一次赠送经论和佛像给日本以来，已有很多僧侣东渡日本，给日本佛教起步阶段留下了很大的影响。

(二) 百济的汉语教育内容及教科书

据《北周书》记载，百济的青年学子“俗重骑射，兼爱坟史。其修秀异者，颇解属文，又解阴阳五行……亦解医药卜筮占相之术”。表明当时百济的教育已有很大发展，教育的主要内容是中国的经史。

这一时期朝鲜半岛还没有自己的文字，虽然汉字是中国人用来记录、书写语言的符号，是中国文化的重要载体。但是汉字和汉文书面语在朝鲜半岛的传播，既是朝鲜半岛吸收中国文化的需要，也是中国文化在朝鲜半岛长期传播的必然结果。与汉字汉文教育相对应而实施的科举考试制度，体现出了很强的政治特点，它成了进入仕途的必由之路。因此选用教科书要与考试的科目相一致，具有鲜明的时代特点。对于儒家经典的学习实际上只是一种文化的交流和学习，而对于与语言本身相关的发音、语法等的学习，与文字和书面用语的学习是不能相提并论的。

据《晋书·简文帝纪》，百济同中国建立朝贡关系始于咸安二年(372 年)。此后，至南北朝时期，百济不断遣使通贡，并接受历朝封号。因此对百济来说，学习汉字汉文和吸收中国传统文化比以前更具客观需要。《宋书·夷蛮传》记载：刘宋文帝元嘉二十七年(450 年)，百济“表求《易林》、《式占》，腰弩，太祖并与之”。《梁书·诸夷列传》说：中大通六年(534 年)和大同七年(541 年)，百济“累遣使献方物，并请《涅槃》等经义、《毛诗》博士，并工匠画师等，敕并给之”。上述记载，生动反映了百济学习中国语言、文化的愿望。

第三节 统一新罗[①]时期的汉语教育

一、统一新罗的汉字汉文教育背景

中国唐朝时期，朝鲜半岛依然是新罗、高句丽、百济鼎立。直到 660 年和 668 年，新罗统一了朝鲜半岛，百济与高句丽相继灭亡。新罗在 8 世纪中叶达到鼎盛期，公元 935 年灭亡。

唐朝与新罗并存了 288 年。这期间两国关系密切，政治、经济、文化交往频繁，再加上原有的汉语学习传统以及地理之便，给汉字汉文教育的传播提供了广阔的发展空间，使其步入了一个鼎盛阶段。

---

① 为了与早期新罗区分开，这里把统一朝鲜半岛后的新罗称为“统一新罗”。

《三国史记·年表》载：新罗于真德王（647—654 年在位）三年，“始服中朝衣冠”；四年，“始行中国正朔”。据《三国史记》统计，有唐一代，新罗共向唐朝遣使约 120 次，唐朝也多次派员出使新罗，即使在“安史之乱”，唐明皇幸蜀期间，新罗仍遣使来唐，溯江至成都朝贡。明皇深为感动，御书五言诗一首赠新罗王：“兴言名义国，岂谓山河殊。使去传风教，人来习典谟。衣冠知奉礼，忠信识尊儒。诚矣天其鉴，贤哉德不孤。”（《三国史记·新罗本纪第九》）在当时的历史背景下，唐朝与统一新罗之间的外交往来频率远远超过唐朝与其他任何国家之间的往来。两国还结成了军事同盟，出兵攻打高句丽和百济，于公元 668 年统一了朝鲜半岛。随着两国的不断交往，文化及语言作为相互沟通的手段而越发显示其重要性。因此汉字汉文教育在这一时期更加有序地开展起来，呈现出繁荣发展的局面。

二、统一新罗的汉字汉文教学形式与培养制度

唐朝是中国封建社会的鼎盛时期，社会安定，经济繁荣富强，尊崇儒学，重视文化教育。这些对统一新罗具有极大的吸引力。统一新罗统治阶层的汉语水平是相当高的，他们效仿唐朝的教学形式和教育制度，非常重视教育和人才培养。

贞德女王五年（652 年），统一新罗始设博士制度。神文王二年（682 年），统一新罗成立了最初的国家教育机构“国学”。景德王六年（747 年），国学设诸业博士及助教，并改称“太子监”。但于惠恭王十二年（776 年），又改为国学。国学主要教授经义（经书），即《周易》、《尚书》、《毛诗》、《礼记》、《春秋》、《左氏传》、《文选》、《论语》、《孝经》等。其中《论语》、《孝经》是必修科目，其余的是选修科目。教授对象为上流社会 15—30 岁的贵族子弟，修业年限为 9 年。

据《三国史记》载，新罗神文王二年（682 年），仿唐制设国学，属礼部。圣德王十九年（720 年），改详文司为通文博士，掌词命；又将太监守忠从唐朝带回的孔子及十哲、七十弟子画像悬挂于太学。景德王时（742—765 年），置国学诸业博士、助教。

元圣王三年(787 年),设"读书出身科",改变了此前"但以射远选人"的人才选拔方法。国学和大学监的学习内容、学习方法以及新罗选拔人才的标准如下:"以《周易》、《尚书》、《毛诗》、《礼记》、《春秋左氏传》、《文选》分而为之业。博士若助教一人,或以《礼记》、《周易》、《论语》、《孝经》,或以《春秋左氏传》、《毛诗》、《论语》、《孝经》,或以《尚书》、《论语》、《孝经》、《文选》教授之。诸生读书,以三品出身:读《春秋左氏传》,若《礼记》,若《文选》,而能通其义,兼明《论语》、《孝经》者为上;读《曲礼》、《论语》、《孝经》者为中;读《曲礼》、《孝经》者为下。若能兼通"五经"、"三史"、诸子百家书者,超擢用之。或差算学博士若助教一人,以《缀经》、《三开》、《九章》、《六章》教授之。"(《三国史记·职官志》卷中)

元圣王四年(788 年),统一新罗为了广纳社会人才,实行"读书三品出身制度",这一制度规定人们只要能博通中国儒家的"五经"、"三史"等著作,都可超擢录用为官。可见,当时中国的儒家文化极大地影响着朝鲜半岛,统一新罗的汉字汉文教育就是在这种尊儒思想的影响下进行的。

统一新罗建立国学和大学监以及根据所学中国典籍多寡与学业成绩优劣而录用官吏的办法,既具有积极的现实意义,又具有深远的历史意义。它不仅提高了统一新罗读书人学习汉字汉文和中国典籍的积极性,促进汉字汉文在统一新罗的传播,使其"汉字文化圈"成员的地位变得牢不可破,而且由于从根本上确立了儒家文化在统一新罗意识形态中的核心地位,从而为其国由"有类中华"而逐渐变为"小中华"奠定了基础。①

除了组织、制度方面的保障以外,统一新罗政府还非常关心太学、国学的教学情况。像惠恭王,就曾"幸太学,命博士讲《尚书》义"(《三国史记·新罗本纪第九》),又曾亲临国学听讲。这对于提高太学与国学的教育质量具有鞭策、促进作用。

统一新罗还为贵族年轻有为者建立了叫做"花郎徒"的组织,以此培养和选拔优秀人才。

---

① 董明《古代汉语汉字对外传播史》,中国大百科全书出版社 2002 年版,第 55 页。

随着汉字汉文教育的普及和发展以及人才选拔制度的完善，统一新罗人才辈出，涌现出帝文、守真、良图、风训、薛聪、强首、金大问等著名文人学士，为统一新罗的文化发展和繁荣奠定了基础。

薛聪，字聪智。“聪生而明锐，既长，博学能文。”不仅如此，薛聪还“以方言（新罗语）解九经义，训导后生。又以俚语制吏礼，行于宫府”（《朝鲜史略·三国纪》），对传播儒家思想文化作出了重要贡献，所谓“以俚语制吏礼”，指创制“吏读”[①]文字。

景德王（742—765 年）时期，薛聪于景德王五年（746 年）整理吏读文，用新罗语翻译九经，被誉为吏读文的集大成者。李氏朝鲜时期的学者郑磷趾在《训民正音》解例序文中道：“昔新罗薛聪始作吏读，官府民间至今行之。”吏读文的产生与使用是汉字汉文“朝鲜半岛固有语言化”的重要标志。

强首，幼年即就师读《孝经》、《曲礼》、《尔雅》、《文选》等中国典籍，擅长外交文书的写作。671 年，新罗文武王金法敏《答唐行军总管薛仁贵书》，史学界多数学者认为系强首的手笔。该书不仅为重要的历史文献，而且是珍贵的韩国古代汉文文章典范。

金大问，曾在唐留学，以《花郎世记》、《高僧传》、《汉山记》、《乐本》等汉文著作而知名于世。

在长期使用汉字汉文的过程中，统一新罗不仅像高句丽那样对汉字书法艺术表现出浓厚兴趣，而且涌现出了水平较高的书法家，僧人金生就是其中的优秀代表。不少统一新罗诗人的作品被收录进《全唐诗》，如崔致远、金地藏、金立之、金可纪等。另外崔致远、强首、金大问、薛聪等人的散文也写得相当不错。

---

① “吏读”是公元 4 世纪前后出现的用汉字标记朝鲜半岛固有语言的一种标记规则，“吏读”也写成“吏吐”、“吏道”，“读”、“吐”、“道”，都是固有助词[tho]的汉字音译转写。“吏读”是具有朝鲜半岛固有语言特色的变通使用汉字的标记形式。早在薛聪之前即已出现，只是缺乏规范，经过薛聪的整理与系统化，才最终成为一种在民间使用的文字标记形式。其特点是所有实词均为汉字词，借用汉字的读音和字义标记固有词助词。行文语序则依照朝鲜半岛固有语言的语法习惯。这种文字标记形式，为汉文水平不高的一般百姓使用汉字和解读中文资料提供了便利，对扩大汉字的使用范围具有积极意义。

三、统一新罗派遣留学生和科举制度

唐朝尊崇儒学，重视文化教育，尤以帮助周边国家培养人才为荣，对来华留学生实现“宾贡科”制度[①]。这也是当时唐朝能够大量吸引外国留学生来华留学，汉字汉文化得以对外持续传播的基础和保证。

统一新罗为加强封建集权制度，积极地与唐朝开展交流，从640年起大量派遣留学生入唐朝留学。

朝鲜半岛历来开展的各种汉字汉文教育，以中国经史和解读汉文为中心的书面语言教育，一般采取用汉字音解读汉文典籍的学习方式进行教育。然而真正意义上的汉语言文化教育则是通过向中国派遣留学生的方式来进行的。早在公元前后，朝鲜半岛各国就相继向中国派遣过大量留学生。据《新唐书》记载，仅贞观十三年(639年)高句丽、百济、新罗派往唐朝的国学留学的子弟就高达几千人。

为了学习和引进唐朝的文化，新罗曾派遣很多留学生到中国学习。后来经过高丽和朝鲜时期，统一新罗的汉语教学已发展成为国家教育的重要组成部分，逐渐形成了专业化的教学体系和留学生派遣制度。837年，在唐朝留学的统一新罗留学生就多达216人。留学生在唐朝的学习主要由国子监负责专业分工、教学管理、教学计划、教学内容、考试标准、考试制度等，管理堪称严格。外国来唐留学生亦有公费与非公费的区分。公费生在华期间，衣服、马畜、粮料等由唐朝负责外交事务的政府部门鸿胪寺提供，非公费生则没有这种待遇。统一新罗等国的留学生多由唐朝的鸿胪寺供给资粮，留学生本国有时也给予资助，如869年，统一新罗景文王遣学生李同等三人，随进奉使入唐习业，仍赐买书银三百两。统一新罗留学生中，有成就者不乏其人。

崔致远，字海夫，号孤云，新罗王京沙梁部人。幼颖慧绝伦，宣宗大中十年(856年)，随商船来唐留学，18岁举进士第，其后在唐为官，起草过讨伐黄巢的

---

① 所谓“宾贡科”制度，是指对外国贡士(含留学生)宾礼相待，允许他们和中国读书人一样参加科举考试，及第者同样可以授予官职的一种制度。这一制度对海外学子具有强大的吸引力。

檄文。调授宣州溧水(在今江苏镇江地区)县尉,后为承务郎侍御史内供奉赐紫金鱼袋。28 岁时,唐僖宗命其持诏书往新罗访问,新罗留为侍读。中和四年(884 年),充国信使东归。在唐朝大约生活了 30 年。崔致远所著诗文集《桂苑笔耕》20 卷,著录于《新唐书·艺文志》。

金云卿,曾充任兖州都督府司马、赐绯鱼袋及淄州长史,并曾充任唐朝派往新罗的宣慰副使。

金文蔚,在唐曾官至工部员外郎、沂王府咨议参军,并曾充任唐朝派往新罗的册命使。

唐朝时期,佛教盛行。佛教早在 372 年已从中国传入朝鲜半岛。新罗统治者提倡佛教,广修佛寺,不断派出高僧出国取经,因此入唐求法的僧侣也多了起来。这些来唐求法僧或曰学问僧实际上也是一种留学生,他们通过各种汉文佛学著作,向精于佛理并有广博文化知识的唐朝高僧们学习佛法,同时也学习汉字汉文化。学成回国后对弘扬佛法和传播汉字汉文化起到了特殊的作用。唐朝来华的新罗僧侣很多,其中圆测、慈藏、义湘、慧超等僧侣影响很大,对汉字汉文化的对外传播起了较大作用。

僧人慧超(704—? 亦作惠超),少年入唐,通晓汉文和梵文,后取道南海赴印度,遍访北印度佛教遗迹,研究佛经,727 年回到中国后从事佛经翻译,终老于五台山。著有《往五天竺国传》3 卷,记述旅途见闻,是研究印度和中亚历史的重要资料。原书早已散失,1906 年在敦煌石窟里发现该书的部分抄本。

四、统一新罗的汉语教育内容和教科书

统一新罗时期汉语教科书的选用不仅为传播文化服务,而且是统治阶级维护统治局面的工具和手段。与教科书选用相关的考试制度、机构设置、选拔方式无不以这一目的为基础而进行。统一新罗通过不断向唐朝派遣留学生和提高教育质量等方式,使得汉字汉文化在国内的传播不断扩大,水平不断提高。留学生不再仅仅满足于儒家经典和中国典籍的学习,对唐朝的诗歌、散文等文学作品开始关注,对唐朝知名的文人、学士格外垂青,对汉字书法艺术也孜孜追求。

早在武则天垂拱二年(686年),新罗王金政明便遣使入唐索要《唐礼》并杂文章,武则天"令所司写《吉凶要礼》,命于《文馆词林》采其词涉归结者,勒成五十卷以赐之"(《旧唐书·东夷列传》)。

统一新罗还通过使节和商人不断从中国购买书籍。除搜求唐朝著名文人作品外,出于对唐朝文人的信任与崇拜,还欲聘请其中的知名者前往任教,甚至聘请唐朝文人为其撰文。

教育内容以中国经典、儒学思想等为主。据新旧《唐书》记载,当时的教科书主要有《五经》、《史记》、《汉书》、《后汉书》、《晋春秋》、《玉篇》、《字统》、《字林》、《文选》等。

第四节 高丽建国后的汉语教育

一、高丽国的汉语教育背景

918年,高丽建国,前后经历了近500年,1392年灭亡。当时中国正处于南北分裂的局面,经历了五代、宋代、元代。

高丽先后灭新罗、百济,统一朝鲜半岛建国。高丽建国后外交上一方面与辽、金政权结好;另一方面谨慎地与宋朝的官方进行来往。高丽与宋之间,虽然有辽的障碍,但是仍然通过朝贡和赐予进行物品交换。尤其是海上贸易频繁,宋朝重视开放海贸的政策和高丽当局对宋商的礼遇是促进当时民间贸易发展的重要因素。

高丽通过派遣使团的方式与中国各政权之间交流往来,为留学生教育、为汉语教育打开了新的局面。

二、汉字汉文教育形式与内容

高丽建国后,重视发展教育,一方面继承高句丽、新罗、百济以来的汉学教育传统,一方面结合当时的社会变化和政治外交的需要,进一步整顿和完善教育制度,形成了有系统、有层次的教育体制,即"官学国子监、乡校、学堂和私学”的汉语教育体制。这种教育制度从上至下形成了完善的管理方式，为大力传播和发展汉文教育奠定了良好的基础。

（一）设立科举制度

光宗九年（958 年），高丽引进了中国的科举制度。按照归顺高丽的中国文士双翼[①]的建议，高丽王朝始设科举制度，以遴选人才，任用官吏。科举制度的实施促使高丽人学习汉文汉文化。

高丽实行的科举制度，只是在唐朝的科举制度上稍加改动，主要有制述科、明经科和杂科。制述主要考核诗、赋、颂、册、论等中国文学和写作能力；明经主要考核《书经》、《易经》、《诗经》、《春秋》、《礼记》等儒家经典知识；杂科主要考察医卜、地理、律、书、算、三传、四礼等知识。此外还有僧科、武科等。在音韵方面，引进《礼部韵略》作科举科目之用。

据董明统计，自 960—1270 年的 310 年间，高丽一共举行科举考试 116 次，平均每 3 年举行 1 次；前后取“明经”1875 人，“及第”1685 人，“恩赐”226 人，“医业”1 人，“卜业”3 人，“明法”25 人，“明书”23 人；平均每次科考取士约 33 人。[②]

高丽定期举行科举考试，对振兴汉文教育起到极大的促进作用。由于高丽的科举制度是承袭中国的，所以科举内容也袭用中国的。因此，科举制度的实施就从制度上和组织上进一步促进和普及了高丽人学习汉文书面语。

（二）完善教育制度

为了保证汉文教学的开展和科举制度的实施，高丽整顿和完善了教育制度，建立起有系统、有层次的教学体系。

1. 国子监

成宗十一年（992 年）在开京创建了国子监。国子监是官学最高教育机构。睿宗四年（1109 年），国子监里设“七斋”（也叫“七管”），讲授六经。

到仁宗时期（1123—1146 年），国子监分为国子学、太学、四门学、律学、节

---

① 双翼是中国五代后周人。956 年随册封使到高丽。高丽国王光宗爱其才，授以文柄，委以重任。

② 参见董明《古代汉语汉字对外传播史》，中国大百科全书出版社 2002 年版，第 81 页。

学、算学六学，各学科的入学资格按阶级和身份来规定。

2. 乡校

乡校是中等程度的地方官学，可看成是京城国子监在地方官学的缩影。乡校学生中成绩优秀者可选拔入国子监学习。

3. 学堂

学堂是设在中央的官立学校，教学程度相当于地方乡校。它是为未能进入国子监学习的京城学子而设立的教育机构。元宗二年（1261 年）初，学堂设立在开京的东部和西部，史称“东西学堂”。到恭让王时期（1389—1392 年），又增设南部、北部和中部三所学堂，总称“五部学堂”。

4. 十二徒

993 年至 1019 年，正值高丽中期。高丽与契丹曾进行了三次战争，高丽的教育事业受到影响，官学不振。但是，经过儒学家的努力，民间的私学却兴旺起来。最有影响和最具代表性的私学是“十二徒”。十二徒由文宗时期（1053 年）的著名儒学家崔冲创办，后来由郑倍杰等有名望的 11 名儒臣各自办起了 12 所私学，史称“十二徒”或“十二公徒”。崔冲在朝鲜半岛上首开私人讲学，被尊称为“海东孔子”。当时慕名而来的学生很多，崔冲于是分设“九斋”以容纳这些学生。学习内容主要是九经三史。崔冲等学者开办的私学与国子监等官学并行，为国家培养出不少人才。

（三）派遣留学生培养汉语人才

高丽王朝不仅重视国内的汉文教育，而且不断向中国派遣留学生学习中国文化，培养高水平的汉语人才。

宋太祖开宝年间（968—976 年），就有高丽人康晋来到宋朝，“随宾贡肄业国学”（《宋史·外国传》）。康晋字休佑，信州永宁人。太平兴国五年（980 年）登进士第。此后一直在宋为官，并以清白能政著称。976 年，高丽遣金至宋，入国子监学习。1099 年，宋哲宗下诏允许高丽“举子宾贡”。1115 年，高丽遣进士金端、甄惟底、赵奭、康就正、权适五人至宋，入大学，并上表曰：“非质疑于有识，岂能成法于将来。”金端等五人经宋徽宗亲试于集英殿，四人被赐“上舍及第”，权适更得恩宠，被特授以中华之籍贯。

此后，高丽多次派遣留学生来宋留学。同时，高丽也从宋朝招揽人才，利用华人精通汉文、熟悉汉文化的优势，为本国的政权建设和文化交流服务。这也为两国的文化交流起到了良好的促进作用。

（四）高丽的汉学家和作家

汉字汉文化在高丽比较普及，高丽时期涌现出一大批精通汉文与儒家经典的高素质汉学家和汉诗作家。

李奎报，著名诗人。诗歌带有浓厚的个人色彩，多半是对自己生活遭遇的戏剧性写照。

郑知常，著名诗人。《送友人》诗，尤为脍炙人口，被誉为高丽朝七言绝句的"压卷之作"。

朴寅亮、金觐，著名诗文作家。两人曾于元丰三年出使宋朝。在宋期间，二人以诗会友，颇受宋文人青睐。

金富轼，以文章名世。著有《三国史记》及文集20卷。

另有张儒、崔冲、金黄元、金仁存、金富佾、金富撤、李知命、李藏用等。李仁老、吴世才、林椿、赵通、皇浦沆、成淳、李湛之号称"江左七贤"。

（五）引进和收集中国书籍

宋朝时期，随着高丽与中国的频繁外交和贸易往来，大量的中国图书通过各种途径传播到高丽。高丽人通过民间贸易等方式，也从中国购入大量图书。根据需要，采取抄录、翻印、重新编写等多种方式收集、储备了各个门类的图书。图书的增多，不仅为高丽人学习汉字汉文提供了丰富的语言资料，而且有助于汉语文在高丽的传播，有助于提高人们的文学修养。

第五节　高丽末期的汉语教育

元朝对高丽控制严格，高丽则对元朝负有纳贡等义务。相对其他朝代，元朝在对外汉语教学和汉文化传播方面较为逊色。一是元朝统治者本身对汉字汉文的把握和重视程度比较差，对汉文化也有一个吸收、消化的过程。二是他们对教育和知识不够重视,因此对汉字汉语的对外传播不是很热心。国子监是中国历代接受公派留学生学习汉语的地方。可是到了元朝时,因为没有学生而中断了。虽然也有少数学生在元朝及第或留学,但是中国史籍上没有记载。

一、高丽国内的汉语教育

高丽在向元朝不断派遣留学、应试人员的同时,依然十分重视国内汉语人才的培养。高丽王朝在忠烈王二年(1276年)设置了专门讲授汉语的国家机构"通文馆"。据《高丽史》卷76记载:

通文馆忠烈工二年始置之,令禁内学官等参外年未四十者习汉语……后置司译院,以掌译语。

可见,当时"译语"(即外国语)教育已给提到国家议事日程上了。

高丽在忠烈王时期还设立了"汉语都监"。到恭让王三年(1391年),改"汉语都监"为"汉文都监",并安排了教授官。

通文馆和司译院的建立,在高丽的汉语学习史上具有极为重要的意义。这说明,高丽王朝时期译语教育问题受到当权者的高度重视,开始进入正规教育轨道。标志着高丽的汉语教学在一定程度上跳出了只重视读写的阶段,对提高教学效率、更多更快地培养高素质汉语人才起到了积极作用。

高丽继续推行科考制度,元代的98年间,高丽共举行了34次科举考试,取"明经"315人,"恩赐"19人,"及第"860人,共计1194人,年均取士11人。[①]

二、高丽的汉语教育内容和教科书

董明对元时期中国的汉语教科书选用情况作了论述,"《新元史》载:至元二十四年(1287年),立国子学于大都,设博士通掌学事,分教三斋生员,讲授经旨,是正音训。'凡读书,必先《孝经》、《小学》、《论语》、《孟子》、《大学》、《中

① 董明《古代汉语汉字对外传播史》,中国大百科全书出版社2002年版,第119页。

庸》;次及《诗》、《书》、《周礼》、《春秋》、《易》'"。[①] 高丽时期汉语教科书从整体上讲,主要沿用新罗、高句丽、百济后期的教学内容,注重汉文书面语以及读写能力的培养,对于语音及口语化的表达开始有了教学意识,但仍然处于启蒙的阶段。

高丽末期的汉语教育已为朝鲜半岛统一局面的到来作了充分的资源储备。这种情况是随着1279年元朝统一中国后出现的。元与高丽之间不仅通过联姻形式开展人文交流,高丽王朝还设立了国学机构成均馆用以传授儒学。为了培养翻译人才,高丽王朝曾设立汉语都监教授汉语语言。高丽学者频繁往来于高丽和元朝之间,积极采购中国书籍,如1314年,洪瀹就曾在元朝一次购得中国经籍10800卷。

第六节 朝鲜时期的汉语教育

一、朝鲜时期的汉语教育背景

朝鲜王朝(1392—1910年)历经中国的明清两代,与中国一直保持着密切联系。不过在与明清两朝的关系上,朝鲜王朝虽然始终处于"属国"地位,但其君臣和士大夫阶层对两个王朝的感情和心理上的接受程度却有所不同。

918—1392年间,高丽王朝先后灭新罗、百济,统一了朝鲜半岛。1368年,朱元璋灭元建立明朝,统一了中国。明朝建国之初,高丽王朝就和明朝建立了友好关系,并开展了广泛的文化交流。1370年,明太祖遣使到高丽,颁布科举程式。同年,高丽遣使到京师贺正,举子朴实、金涛、柳伯濡从行,金涛中制科。1372年,高丽上表,请求派遣子弟赴明留学。次年,明太祖下旨同意,此后有众多学者到明朝留学。另据《高丽史》载,李穑(1328—1396年)任成均馆大司成期间,"重营成均馆"。高丽末期,朱子学由中国传入高丽,程朱理学开始盛行,给朝鲜半岛的社会和思想带来了深远的影响。

① 董明《中国古代来华留学生教育的启示》,《海外华文教育》2003年第1期。

1392年，朝鲜王朝建立，正值中国的明朝时期。朝鲜王朝建立后，受传统“慕华”思想和前高丽王朝的影响，崇尚中华文明。加之明朝与此前由蒙古族建立的元朝不同，是汉族建立的政权，因此，他们从感情和心理上尊崇明朝，把明朝视为代表和继承唐宋以来中华文明的正统大中华，自负为小中华，与明朝建立并保持着政治、经济、文化关系和最为亲密的睦邻友好关系。每年逢元旦、冬至、皇帝万寿节和其他节令庆典，朝鲜王朝就会派遣使团到明朝通交纳贡，一般一年两次，多时达四五次。朝鲜学者则通过参加朝鲜王朝组织的朝贡使团，在中国搜购汉文经典书籍。明朝对朝鲜王朝来使的礼遇十分优厚，“他国不敢望也”(《明史・朝鲜传》)。另外，明朝从未武力征讨过朝鲜，1592年(万历二十年)日本发动侵朝战争时，曾两次出兵援朝击退日本的侵略，这更进一步促进了两国友好关系的发展。朝鲜王朝的“慕华”、“崇明”意识一直到明朝灭亡、清朝建立很长时间以后还存在着。

清朝的建立，对长期受传统“慕华”思想影响的朝鲜王朝来说，从心理和感情上难以接受。清朝与明朝不同，是入主中原的满族建立的政权。朝鲜王朝认为满族是蛮胡之邦，文明水平甚至不如自己。虽然后来在清兵压境之下迫不得已勉强称臣，但是对清朝缺乏敬畏之心，对清朝文化也一直持有相当程度的排斥和抵制情绪。19世纪后半叶，清朝国力日渐衰弱，在同东渐的西方势力的对抗中屡屡失败，而日本帝国主义强势侵入朝鲜半岛，清朝与朝鲜王朝之间的“宗藩”关系开始动摇。1894—1895年间，中日甲午战争爆发，大清王朝战败于小国日本，失去了昔日作为中央帝国的强势地位。战败后，清朝势力从朝鲜半岛退出，朝鲜王朝改国号为“大韩帝国”(即指朝鲜王朝灭亡前夕的“旧韩”时期)，这就意味着大清王朝与朝鲜王朝之间的宗藩关系正式结束。清王朝及其文明的衰颓之势让历来“慕华”心态甚重的朝鲜王朝大失所望，在情感和心理上都受到了极大震撼和伤害，也使他们对待中华文明和汉文化的心态发生了变化。

朝鲜时期的汉语教育既是朝鲜半岛汉语教育史上的一个全盛时期，也是一个转折点。朝鲜时期的汉语教育可以称得上是真正意义上的汉语教育，国家开设专门的汉语教育机构，以正统汉文经典为主要内容进行汉语教育，形成了比较完整的汉语教育体系。

长期以来，在根深蒂固的“慕华”心理支配下，人们对于汉语和汉文化有着强烈的认同感和求知欲，几乎没有把汉字汉文和汉文化看做外国语和外国文化的意识。各朝代延续下来的汉字汉语教育以及科举制度为朝鲜时期汉语教育体系的形成与发展打下了良好的基础。尤其朝鲜时期，朝鲜王朝“至诚事大”的国策，又使汉语教育有了很大发展。他们把汉语作为一门事关国家命运的“上国”①语言来进行教育，汉语教学在朝鲜司译院中占据重要地位。教材方面除一直沿用的训蒙教科书以外，还编写出了汉语口语教材和各种参考书籍。15世纪中叶朝鲜有了自己的文字“训民正音”后，他们把“训民正音”运用于汉语教学，把汉语教材作谚解②，以提高教学效果。

然而，中日甲午战争使中国明显失去了昔日作为中央帝国的强势地位，汉语作为中国文化的载体和中国势力的象征，自然也受到影响。1894年，朝鲜王朝开始实施名为“甲午更张”的维新改革运动，废除了科举和不平等的身份制度，司译院也在政府机构改革中被撤销，取而代之的是官立外国语学校。汉语的强势地位不复存在，日语以及英语、俄语、德语等西方语言成为更为迫切的学习需求，汉语开始被作为一门外语进行教学。这无疑是朝鲜半岛汉语教育史上的一次重大转折，给“慕华”的汉语学习者在感情和心理上带来了一次重大冲击。

二、朝鲜时期的汉语教学形式及内容

朝鲜时期，汉语教学受到极大重视，汉语教育作为国家译学（外语）政策的重心，在体制、机构、教科书、教法、教学研究等方面逐步走向正规化。

（一）朝鲜时期的汉语教学体系和教学机构

朝鲜王朝“事大交邻”的政策，极大地促进了汉语教学的发展。朝鲜建国太祖二年（1393年）为开展汉语教学，设置了正规的国家外语教育机构“司译

① 上国是史上诸侯对帝室的称呼，亦指京师、国度。

② 谚解就是用韩文把汉文逐句逐段译成韩文。

院”，专门负责汉语教学，培养汉语人才。后来教育范围逐渐扩展到蒙语(1394年)、倭语(1415年)、女真语(1426年)，形成了以“四学”为中心的外语教学，而汉语是其外语教学的核心。朝鲜王朝还把汉语作为科举考试的重要内容。此时编写出版了大量的汉语学习教材、工具书、参考书以及研究汉语的著作，其中《老乞大谚解》、《朴通事谚解》、《伍伦全备谚解》、《华音启蒙谚解》等是这个时期编写出的优秀的汉语口语教材。以上足以说明，朝鲜时期已经形成了自己的汉语教学体系。

《通文馆志》序文云：

我东西接辽燕，南邻岛夷，北界野人。奥自箕子以来，历罗丽之世，使命交通，还往不绝，及乎胜国。有通文官本朝有司译院，专掌事大交邻之事，上下数千年间，朝聘应待，有能以纾患。

司译院是正规的国家教育机构，由教授、训导运作。司译院以掌译语为目的，培养译官，而承文院以掌事大交邻文书为目的，培养吏文官。

朝鲜王朝时期，除文、武官员以外，其他各方面的人才都要通过“杂科”选拔。据《经国大典》规定，杂科以译科、医科、阴阳科、律科为考试内容，平壤、义州、黄州等地各有汉学生徒30名。

中日甲午战争后，朝鲜王朝出现了官立外国语学校，其中包括官立汉语学校。官立汉语学校(现位于首尔市坚志洞邮局处)设立于1897年5月，是第六所正式建校的官立外国语学校。从设立的时间来看，汉语学校排在法语学校和俄语学校之后，其地位与以前相比无疑降低了许多，可见中日甲午战争的影响之大。官立汉语学校的学制为3年，1901年改为4年，每年招生两次。1906年9月改称“官立汉城汉语学校”，学制又缩短为3年。1908年1月，各官立外国语学校被合并成“官立汉城外国语学校”，下设汉语部，汉语部的学制仍为3年。1910年日本吞并朝鲜，官立汉城外国语学校作为韩国人学习外语的教育机关，无助于日本维护其殖民统治，于1911年11月被下令关闭。至此，官立汉语学校前后一共存在了14年，其中1902年3月到1906年8月是较为正规的4年制教育，而其余时间均为3年制。

从官立外国语学校的设立规模来看，汉语和其他语种的外国语学校均只有1所，只有日语学校一家独大，共有3所官立学校。按培养学生的规模（至1910年）排序，汉语学校共培养毕业生63名，居第三位。汉语学校14年间一共招生907名，毕业生63名，毕业率只有6.9%，退学率十分惊人。

官立汉语学校的教学师资由一名中国教官和几名韩国教官构成。聘用中国人担任汉语教师，是朝鲜末期汉语教学的一个新特点。此前朝鲜时期的汉语教学师资构成是不包括中国人的，这说明当时的外语教育已经认识到在外语教学中操母语的外籍教师的重要性了。

（二）朝鲜时期的教学方式与课程设置

根据《经国大典》、《通文馆志》、《李朝实录》等文献所记载的朝鲜时期科举考试的方法和科目，可以简单了解朝鲜初期和中期的教学方式、教学内容以及朝鲜末期时的课程设置，了解当时汉语教学的目的。但是由于现存资料实在有限，我们无法考证当时汉语教学的详细情况。《通文馆志》“汉学八册”条：

> 老乞大、朴通事、伍伦全备（以上三册背讲）
>
> 论语、孟子、中庸、大学 翻经国大典（训导传语 以上五册临讲）

汉学本业书《老乞大》、《朴通事》、《伍伦全备》考背讲，《四书》考临讲。翻译《经国大典》，则是从韩文翻译成汉语，由训导传语试官评价。

所谓“汉学八册”是国家规定的科举考试科目，也是选拔汉语人才的考试科目，是译生在司译院学习的主要内容。汉学考试通过临讲、临文、背讲的方法考察考生的汉语能力。临文、临讲都是通过看书回答的方法，说明意思或者让考生看中间一部分然后背诵前后部分。背讲是不看书背口语教材。译学考试的其他方法还有写字（背写内容）、翻语、翻答。

到了朝鲜中晚期，科举考试制度也得到了很大的完善。考核的内容涉及各个方面：一是临文（讲读经书）；二是背讲（背诵汉语口语教科书）；三是临讲（说明经书）；四是写字（书写汉字）；五是翻语（用汉语说明法典等）；六是翻答（用汉语回答问题）。这种考试制度的变化与成熟为汉语教科书的选用提供了依据和标准，教学的目的性和针对性变得更强。

另外，司译院和承文院在教授汉语的同时，还关心考察中国本土语音，对语音问题的研究使这一时期的汉语教育开始系统化。语音、文字的教学受到了国家教育机构的重视，极大地推动和促进了汉语教学的发展。司译院还设置偶语厅（1682年，康熙二十一年），中国人文可尚、郑先甲当教授，教育年少聪敏者50人，极有成果。

这一时期除了在司译院进行的汉语教学以外，为提高汉语学习效果和教学质量，朝鲜王朝还采取了多种措施，如派学生去中国留学、派质正官质证、请中国人教学，等等。

朝鲜末期设立的官立汉语学校开始把汉语作为外国语进行教学，开设的汉语专业课程分为5门：会话、习字、翻译、书取（即文书记录及整理）和作文，再加上本国历史、地理、算术和体操等课，每天约有5课时的教学量。学习方法则以强制记忆和背诵为主，看来当时还没有开设对汉语语言知识进行讲解的专业课程。

官立汉城外国语学校汉语部设立后，以上5门汉语专业课扩展为10门：学语、韩译、汉译、书取、四声、会话、读法、证音、谈论和温习。

（三）朝鲜时期的汉语教育和教材特点

朝鲜王朝在“慕华”、“崇明”的意识支配下，与明朝的外交往来日益频繁，两国关系更加密切。政治上的稳定为汉语教育提供了难得的发展机遇。汉语教育成为国家教育必不可少的一个组成部分，几乎没有人把汉字汉文和汉文化当做外国语和外国文化看待，汉语教育的舞台变得更为广阔。

教材是搞好教学的依据和保障。朝鲜时期不断开发各种汉语教材和工具书，是当时汉语教学体系逐渐完善的需要和体现。司译院为了培养译官和译生，引进或自己编写教材，把这些教材叫“译书”或“译学书”。朝鲜初期，司译院主要依靠从中国进口的儿童启蒙教材进行教学。朝鲜中期，经过壬辰、丙子两乱等战争之后，由于对外交往的扩大，更加重视学习外语和培养外语人才。因此，司译院自行编写更加实用的译学书，编写了汉语口语教材。朝鲜后期，对这些教材进行修改、改编、补充后继续使用。与文言相比，口语变化又多又快，必须不断加强学习。有时候只懂汉字也并不能完全理解口语的含义，而且汉字合成词，仅仅使用韵书和字典也难以解释清楚词义。因此，又出现了词汇注释辞典。[1] 这些对汉语教学、对正确理解和学习汉语起到了很大的作用。另外，朝鲜王朝和明朝每年互派使团，朝鲜王朝就把明朝使者与朝鲜文臣们相互唱酬的诗文汇辑成《皇华集》，先后编纂了23集，并组织学者翻刻和翻译（谚解）明朝政府赠送的大量中国典籍。朝鲜时期各朝代翻译（谚解）、编撰并刊行了各种类型的汉语教科书和工具书。

1644年清军入关，朝鲜王朝和清朝的关系发生了一定程度的变化。宗藩关系的出现使得文化交流通过朝贡的形式完成，同时也为更加直接地从中国获得汉语典籍提供了便利。朝鲜派往北京的朝贡使团，每次总有人频繁地出入有文籍宝藏之称的琉璃厂书肆大量收购中国书籍，并主动接触中国的著名学者。在奎章阁设立后，朝鲜朝贡使团在北京采购中国书籍的活动达到了一个新的高潮。

据统计，朝鲜时期出版的各种汉语教科书、韵书、谚解书、词典等参考书、工具书等多达80余种。[2] 大致可以分为四大类：

1. 口语读本

主要指汉语口语类教材和翻译口语教材。例如：《老乞大》、《老乞大（华语）》、《翻译老乞大》、《老乞大谚解》、《重刊老乞大》、《朴通事》、《翻译朴通事》、《朴通事谚解》、《朴通事新释》、《伍伦全备谚解》、《华音启蒙谚解》、《大学》、《论语》、《孟子》等。

2. 韵书

指从中国引进的韵书、韩国编纂的汉语韵书、用韩文注音的韩国汉字音韵书、汉韩对音韵书等。例如：《洪武正韵译训》、《四声通考》、《四声通解》、《东国正韵》、《古今韵会举要》、《韵会玉篇》、《韵解训民正音理薮新编》等。

3. 字书

指中国的字书、汉韩对音字书等。例如：《训蒙字会》、《新增类合》、《石峰千字文》、《千韵玉篇》、《字典释要》等。

---

① 金荣晃〔朝鲜〕《朝鲜言语学史研究》，金日成综合大学出版社1996年版。

② 郑光、尹世英〔朝鲜〕《司译院译学书册板研究》，高丽大学校出版部1998年版，第29页。

4. 辞书

主要指工具书、汉韩对译词汇集等。例如:《译语类解》、《古今释林》、《译语类解》、《方言集释》、《华语类抄》、《同文类解》等。

另外,还有《直解小学》、《前后汉》、《译语指南》、《古今通略》、《忠义直言》、《蒙汉韵要》、《同文类集》等,迄今已无法考证是哪个朝代、哪位作者撰写的了。

通过分析考察我们可以看到,朝鲜时期刊行的汉语教材的显著特点,就是注重口语化和实用性,多采用口语对话体编写。朝鲜王朝建立后十分重视汉语教学和译学教育,完善了译科制度,注重选拔与培养翻译和研究人才。这一时期的汉语教学十分重视口语,编写教材在正确处理书面语和口语、语言知识和实际交际能力、语言和文化教育、科学性和趣味性的关系方面,充分体现了科学的外语教学原则,具有非常重要的文献价值。另外,"谚解"类教材是汉语教材编写最有特色的部分,它不仅详细介绍语音、语义、语言习惯,还有深度地介绍中国的社会文化知识,对韩国人学习汉语起了很大的帮助作用。这一时期汉语教科书关注对汉语音韵的研究和教学,重视语音、文字的教学,语音问题的研究使汉语教学开始系统化,教育机构从单纯注重教科书内容的选择逐渐过渡到了语言本体研究与内容兼顾的阶段,极大地推动和促进了汉语教学的发展。在司译院编写的众多教材中,最受推崇的是《老乞大》和《朴通事》这两本会话、讲读教材,以及这两本书的谚解(翻译)本《老乞大谚解》、《朴通事谚解》,另外还有《伍伦全备谚解》、《华音启蒙谚解》等口语教材。这些均被国家教育机构认定为汉语教学的主要教材,用于"司译院"的汉语教学,也用于选拔译官的"科举"考试,在当时的汉语教材中占有非常重要地位。从编写时间上看,这几种教材中,最长的有 500 多年,最短的也有 150 多年的历史。从编写目的和方法上看,朝鲜时期的汉语教学与现代的外语教学有很多相同之处,也符合现代外语教材的要求,是很值得深入探讨和研究的课题。

(四) 朝鲜时期的汉语师资与研究学者

朝鲜王朝建立后十分重视汉语教育,关心汉语教学,通过通事科和汉史科选拔汉语人才,使更多的人员从事有关汉语和汉语研究的工作,促进了汉语教学的发展。

译科是一种奖励译官的选拔人才措施。中人(技术官)通过译科能达到正二品正宪大夫,与文武两班官员具有同等地位。译官通过司译院和礼曹的院试、取才选拔,可以任用于掌握外交和贸易事务的禄职和递儿职,不考译科只能升到从七品的直长。包括译科在内的杂科,可以提高技术官的地位,以符合对外交往所需要的身份和资格。

从事汉语教学的译学者分为两种类型:一种是通过译科或取才等特殊措施而任用的译官,担任司译院的官吏、地方译学的训导,他们最重要的任务就是担任通事。另一种是文官出身的学者,担任汉学讲肄官或质正官。由于工作关系,译官主要从事汉语教学或作为通事往来于两国等实际工作。对于文官出身的学者来说,研究汉语并不是他们的本职工作。不过他们在经书方面有造诣,作为御前通事、质正官等经常有机会往来中国,在研究汉语方面成果比较多。

朝鲜时期汉语教育和译学的大力发展,涌现出许多著名的汉学家、翻译家以及汉语教学与研究的学者、教学人员。

偰长寿,文官出身,19 岁来到韩国,定宗元年去世。据《世祖实录》卷 20 记载:"谨按,自汉唐至宋元朝代,新罗高丽皆遣子弟入学隶业,其后汉人韩方、李原弼、洪楫、偰长寿等相继出来,训诲子弟,上项等人俱已沦没,如今传习无由,汉吏之文理会者鲜少,每遇事大文书未谙体例,且又朝廷使臣到国,应待语音恐致差误,深为未便"。偰长寿去世之前,作为初期司译院的提调为司译院的运作奠定了基础,作为中国行使臣为两国的友好发展作出了贡献。偰长寿在汉语教学方面也起了很大作用,他编写的《直解小学》是用汉语注释《小学》,与《老乞大》、《朴通事》一起曾是重要的教科书。当时辽东人对《直解小学》赞叹不已。不过,随着语言的变化,该书后来被《伍伦全备》所替代,实物不传。

李边(1391—1473 年),太宗十七年登科,精通汉学和吏学。世宗十六年二月与金何(?—1462 年)曾经到中国质证过《直解小学》。据当时的记录:"边,为人性钝,年三十余登科,入承文院学汉语,期于成效,彻夜讲读,闻有能汉语者,则必寻访质证,家人相语常用汉语,遇朋友必先以汉语接语然后言本国之语，由是能通汉语。”世宗曾下令让他讲《直解小学》。成宗四年(1473年)，他精选65个中国古今故事编成了《训世平话》，以帮助后学学习汉语。

申叔舟(1417—1475年)，朝鲜大语言学家，在研究汉语音韵学以及韩语方面成就很大。世宗末年，他和成三问、朴彭年、崔恒等翻译《韵会》、编纂《东国正韵》和《洪武正韵译训》等。他们都是集贤殿研究训民正音的学者，为学习汉语多次访问辽东，向当时谪居在辽东的明朝翰林学士黄瓒求教音韵学，参与创造了训民正音。他还跟曹变安、金曾、孙寿山等编写了汉语教科书《直解童子习译训评话》(不传)。

崔世珍(1473?—1542年)，朝鲜时期杰出的语言学家，精于汉语和吏文，担任御前通事、承文院汉学教授。他编译了大量汉语教科书，成果卓著。他翻译了《翻译老乞大》、《翻译朴通事》、《老朴辑览》，编纂了《四声通解》、《训蒙字会》、《女训谚解》、《韵会玉篇》、《小学便览》、《孝经谚解》等。[①] 其中，对汉语教学与研究影响最大的是《翻译老乞大》、《翻译朴通事》、《四声通解》和《训蒙字会》。

世宗(1397—1450年)，朝鲜王朝的第四代君王，为国家的语言发展和汉语教育作出了巨大贡献。他主持完成了三大语言学工程：(1)1443年创制了民族文字“训民正音”；(2)1447年编撰了韩国汉字音韵书《东国正韵》；(3)1455年编撰了汉语标准音韵书《洪武正韵译训》和《四声通考》。这三项语言工程都与汉语音韵学的研究与汉语教育有着密不可分的联系。

朝鲜王朝经过壬辰倭乱(1532年)、丙子胡乱(1576年)等战乱后，更加认识到司译院教育培养译官的重要性。朝鲜后期，译官出身的学者们在编写教材方面发挥了较大的作用，但是由于流传下来的资料不多，我们对他们的具体成就知之甚少。朝鲜后期译官们的活动更加活跃，通过通事的职务，他们参与了与其他国家之间的各种经济贸易活动。

---

① 韩国东国大学韩溶洙教授的论文《韩国汉语教学概观》中对崔世珍的代表性著作进行了详细整理。

第七节 近代以来朝鲜半岛的汉语教育

一、近代朝鲜半岛的汉语教育背景

1910年日本以“韩日合邦”的名义吞并朝鲜,此后直到1945年,朝鲜完全沦为殖民地。从语言政策来看,日本设置的朝鲜总督府一共下达过4次《朝鲜教育令》,压制和扼杀朝鲜半岛的民族教育:1911年,日语被定为官方语言,成为政府机构和学校用语;1922年,日语被正式定为“国语”,剥夺了朝鲜半岛人民以本民族语言为国语的权利;1938年,下令学校禁止使用朝鲜语;1943年,关闭所有私立学校。

1911年11月官立汉城外国语学校被关闭,汉语部退出历史舞台,官方的汉语专业教学随之中断。可以说,自“旧韩”时期汉语教学在朝鲜半岛下滑为第二外语教学后,官方汉语教学从1912至1926年间到了被废弃的程度。

二、日本殖民地时期朝鲜半岛的汉语教育

日本殖民地时期,朝鲜半岛较高层次的官方汉语教学是从1926年京城帝国大学开设法文学部后才又开始的。京城帝国大学是现在韩国的最高学府国立首尔大学的前身,成立于1924年,当时是半岛唯一一所高等学府,其学生来源不可避免地带有强烈殖民地色彩,朝鲜学生只占全体学生的三分之一左右。具体到法文学部(下设法律系、政治系、哲学系、史学系、文学系五个系)文学系的中文专业,从成立到1945年日本战败的21年间培养出的毕业生只有9人。另外哲学系虽然设有中国哲学专业,但毕业生寥寥无几。

京城帝国大学中文专业的9名韩国毕业生,按入学年度排列依次为崔昌圭、金台俊、车相辕、全昌龙、金永均、李敏宬、裴澔、李明善和朴宗轼,其中毕业后活跃在学术界和教育界的只有崔昌圭、金台俊、车相辕、裴澔、李明善5人。金台俊可以说是一代俊杰,他才华过人,受到鲁迅撰写的《中国小说史略》的启发,1930年就在《朝鲜日报》上连载发表《朝鲜小说史》,是朝鲜半岛学者从比

较文学的角度研究本民族文学的开山之作。他留下来的著作有《朝鲜汉文学史》、《朝鲜歌谣集成》、《青丘永言》、《高丽歌谣》等。

1910至1945年间朝鲜半岛出版的汉语教材只有5种:《独习汉语指南(修订版)》(1918,柳廷烈,京城唯一书馆发行)、《速修汉语自通》(1922,宋宪奭,京城博文书馆发行)、《自习完璧支那语集成》(1939,宋宪奭,京城博文书馆发行)、《支那语讲座》(1940,李相殷,朝鲜放送协会)和《最新华语教科书》(1941,李相殷,自费发行)。

以上5本教材中有3本是专门为自学汉语的人编写的。从教材类型来看,都是口语教材,编写方法多是分类罗列一些常用的汉语词汇,再按情景罗列一些常用问答和会话,语法注释极少,几乎没有设计相关练习。

由于语言是文化的载体,也是国力的辐射,因此我们可以说,19世纪末到20世纪上半期汉语教学在朝鲜半岛地位的严重下滑,标志着半岛由此前源远流长的"慕华"心理进入了一个对中国语言和文化产生离心力和疏离感的时期,也标志着中国自中日甲午战争后对半岛影响力的全面下降。日本的殖民统治使朝鲜民族在历史上第一次全面丧失国家的自治权,在民族心理上造成了极深的心理伤痛,至今仍极为敏感,难以忘怀。

第八节 当代韩国的汉语教育现状

进入20世纪后,朝鲜半岛的汉语教育总体而言是持续发展。由于历史和政治的原因,汉语教育屡经挫折,特别是日本侵占朝鲜半岛后,作为母语的朝鲜语和韩国语教育受到严重摧残。日本投降后,朝鲜半岛的民族教育得到全面恢复。此时,朝鲜半岛南部的韩国对外关系的主要伙伴是美国,所以外语教育以英语为主,其次是德语和法语,而汉语教育受到冷落。半岛北部的朝鲜从50年代开始取消使用汉字,全部改成朝鲜语固有词,汉字教育也受到了冷落。1950年的朝鲜战争使中韩关系骤然紧张,但从另一方面看,却为汉语教育带来转机:它促使韩国政府从国防和外交的角度认识到掌握汉语的重要性及汉语教育的必要性。至20世纪50年代，韩国共有三所大学设立了中文专业：国立首尔大学、韩国外国语大学和成均馆大学；至80年代，随着两国关系的逐步改善，汉语教育在韩国迅速发展起来，设立中文专业的大学数量迅速增长：1981年全国有38所大学设立了中文专业，1991年有61所大学设立中文专业；1992年中韩两国建交，直接推动了韩国汉语教育的发展，汉语教育呈现出空前繁荣的景象。

一、发展速度和规模前所未有

韩国大学的汉语教育发展迅速，这从20世纪90年代学习中文的韩国学生数量、韩国大学中文专业的设置情况即可得到证明。[①]

1990年全国设立中文专业的大学有60所，到20世纪90年代末大约有近120所大学设立了中文专业，几乎增长了一倍。20世纪90年代末以中文为专业的大学生约有24000人，加上以函授、远程教育等方式学习中文的人大约8000人，韩国全国共有约32000人在学习中文。80年代，英语是最受学生欢迎的外语专业，其次是日语和其他西方语言。而现在在有些大学，选择中文专业的人数已经超过了选择英语专业的人数，这是一种新现象。韩国年轻的一代不仅喜欢学习中文，还十分重视学习中国的历史与文化。究其根源，笔者认为，这与中韩两国悠久的历史文化渊源和当代中国经济的发展以及两国和谐的外交关系密切相关。

二、教学内容、课程设置日趋科学化、规范化

大学中文专业的教学内容及中文专业课程设置日趋科学化、规范化，传统教育中的“厚古薄今”、“重文轻语”[②]的倾向正逐步得到改善。

---

① 韩国各大学汉语教育的侧重点不完全一致，有的侧重于培养学生的言语技能，有的侧重于文学教育，有的则侧重于地域学研究的。为此，大学中文学科的命名也各不相同，过去多称为中语中文学科，现在有的叫中国学科、中国语教育学科，有的叫观光中国语科等等。本文中统称中文专业。

② 所谓“厚古薄今”，即重视古代文学、古代汉语的学习与研究，忽视现当代文学、现代汉语的学习与研究；所谓“重文轻语”，即重视文学知识忽视语言知识。

韩国自古以来深受中国传统文化的影响，所以有不少韩国学者对中国的传统文化情有独钟，并将毕生精力投入到中国古代的哲学、历史、古典文学等领域的研究中；另外，由于众所周知的原因，20世纪80年代以前，韩国许多大学中文专业的教授都是在台湾的大学攻读学位，学生大都选择去台湾继续深造。台湾的中文教育相对中国大陆来说，明显存在着重视文言文、忽视语体文的现象。这在一定程度上也影响了韩国大学的汉语教育。这从韩国的中国学研究机构及大学中文专业的教学内容和课程设置上即可得到证明。80年代后期，特别是中韩建交以后，越来越多的韩国汉语学习者来到中国大陆的大学学习，他们当中有一些人已开始关注和研究中国现代文学、现代汉语等，其中有些学者已学成归国进入大学中文专业，专门致力于汉语教育的研究，这无疑为韩国大学的汉语教育带来一股新的气息。

此外，中韩两国在政治、经济、文化等领域交流合作的日益频繁，也使韩国汉语教育者逐渐认识到综合发展汉语听、说、读、写、译各项技能的重要性。因此，他们在中文专业的课程设置上，大幅度增加了各种汉语技能训练课和语言知识课。许多大学引进了现代化的语音教学设备，从基础阶段加强语音教学和听力教学；不仅如此，为适应国际交流的需要，不少大学还开设了较为实用的中文课程，比如同传翻译、经贸汉语、商务汉语、旅游汉语、汉语水平考试（HSK）、中文文书处理、中文信息处理等等，教学内容和课程设置日臻实用而丰富。

三、教育观念的革新

长期以来，韩国大学汉语教育受到中国传统教育思想的影响，教师的职责被理解为“传道授业解惑”，导致了传统教学以“教师一人讲、学生集体听”的填鸭方式进行，学生只能处于被动接受的状态，忽略了他们在教学活动中的感受和作用。实践证明，这种教育观念从根本上束缚了学习者的创造力和潜能，不利于提高汉语交际能力。随着现代教育观念的引进，“以学生为主体”的开放式教育观念逐步建立起来。[①] 在课堂教学中,教师改变了以往以传授语法知识为主的教学方法,开始注意调动学生的积极性和参与意识;同时,只注重阅读能力,忽视汉语听、说能力的现象有所改变。

韩国大学教育观念的更新还体现在开放式的教学方式上:非常重视开展各种课外语言实践活动,将课外活动与课堂教学有机结合起来,不仅提高了学生学习汉语的兴趣,也增加了语言实践的机会,提高了语言交际能力。实践证明,对于非目的语环境中的第二语言学习者来说,这些课外活动是非常必要而有意义的:它提供了真实的语言交际情境,提供了语言习得的机会,不仅培养了学习者学习的自主性和积极性,而且提高了汉语交际能力。同时,学习者们为了小组活动的顺利进行,彼此之间的协作也锻炼了他们的交际能力,对他们今后走向社会是非常有益的。

四、扩大留学机会,鼓励学生走出去

为了实现教学目标,更为有效地培养学生的汉语听、说、读、写各项言语技能,韩国大学不仅在教学内容和教育观念上有所改变,而且积极与中国国内大学建立联系,加强校际之间交流与合作。不仅大量聘请专门的对外汉语教师赴韩任教,加强基础语言教学;中韩教师合作编写针对韩国学生的汉语教材;双方进行多学科领域的合作研究,而且为了能迅速提高学生的汉语交际能力,适应社会发展和企业用人的需要,韩国大学利用休学制度鼓励学生去对象国环境中学习语言、体验文化。自中韩建交以来,来中国大陆留学的韩国学生人数迅速增长,当前在中国留学的韩国学生基本上位居国内各大学留学生人数之冠。当然,这股"留学热"同韩国政府在政策上的支持是密切相关的。[②]

---

① 20世纪50年代末60年代初,应用语言学研究进入新的阶段,即由传统的重在"教",转向重在"学",将"学"作为研究的出发点和重点。在此基础上"课堂教学应以学生的实践活动为主体"的思想建立起来。这在一定程度上促使韩国汉语教学工作者反思过去的教学方法,转变教育观念。

② 韩国政府不断改变已有的留学政策,1994年公布的留学自由化政策只允许大学生出国留学,2000年政府又一次把限制放宽到了高中生。随着政策的放宽,"留学热"迅速升温。

思考和练习

1. 朝鲜半岛对外汉语教学的发展经历了哪些朝代？

2. 朝鲜半岛对外汉语教学经历了哪几个大的发展阶段？

3. 朝鲜半岛对外汉语教学的特点是什么？

4. 朝鲜半岛对外汉语教材有什么特色？

5. 谈谈目前朝鲜半岛对外汉语教学的体系。

第八章 日本的汉语教育史

中国与日本是一衣带水的邻邦，中日两国间的交流历史悠久，源远流长。考古研究表明，中日交流的历史可以追溯到万年前的远古时代。公元57年，日本形成了统一的国家，开始派人到中国朝贡，目的是想从中国得到先进的文化知识和科学技术。在接触中国文化之前，日本虽有语言，但无文字。

从公元前2世纪到公元6世纪的两汉魏晋南北朝时期（日本弥生、大和时代），中日文化交流日益频繁，双方使节互有往来，这在《后汉书》、《晋书》、《宋书》等史籍上均有记载。根据日本第一部书面文献《古事记》记载，4世纪应神天皇年间有百济国学者王仁进献《论语》十卷、《千字文》一卷，这是中国典籍进入日本的最早的记录。在5世纪时大和朝廷就已经可以正确地使用汉文了，478年倭王武给中国南朝宋皇帝的奏文用的就是熟练的汉文。到6世纪至10世纪的隋唐时期（日本飞鸟、奈良、平安时代），中日间的交流达到了鼎盛时期，日本政府为吸取中国先进的文化、技术，积极而全面地学习中国，先后向中国派出了4次遣隋使和16次遣唐使，并有留学生和留学僧随同前往。中国扬州大明寺鉴真和尚6次东渡赴日，与其弟子用汉语为日本人讲经，也间接为汉语在日本的传播作出了贡献。[①]

10世纪至15世纪初的宋元时代，日本来华日僧较多，也有宋僧东渡，民间商船商务来往也不间断，但中日官方的交往较少。15世纪初至19世纪初，

---

① 王晓秋《近代中日文化交流史》，中华书局2000年版，第10页。

中国的明清时期，两国的交往又出现繁荣景象。日本政府派使节来明朝，索要典籍，说明日本政府对汉文典籍的重视，对汉语学习的重视。明中叶后，日本兴起学习宋明理学与古代诗文的热潮，涌现了一批学者和诗人。中国的清朝，是日本的江户时代（1603—1868 年），幕府掌握着日本政府的实权，奉行闭关锁国的政策。但是，历代的幕府将军都较为重视与中国的关系，重视汉学和汉语学习，采取了许多有利于普及中国文化、培养汉语人才的政策。清代，中日间的民间贸易发达，商船往来频仍，日本还出现了专门从事唐话（汉语）翻译的人员——唐通事，主要从事口语翻译。此时的日本出现了许多对汉语教学有突出贡献的学者，最为知名的是荻生徂徕和冈岛冠山。

鸦片战争之后，中国逐渐沦为半封建半殖民地社会，而明治维新[①]则将日本带入了一个新的历史阶段。明治时期，日本学习西方，全盘西化，但并未废止学习汉语。明治维新之后，随着日本口岸向西方开放，中国东渡商人人数增加迅速。商人、学者、留学生云集日本，对于汉语汉文化在日本的传播起到了积极的作用。

明治时代，可以说是进入日本近代汉语教育时期。这一时期的汉语教学是与日本对中国侵略扩张的背景分不开的。汉语不再称为"唐话"，先改叫"清语"，后又统称"支那语"。这一时期，汉语教学的内容由原来的文言文转变到了口语体的白话文；成立了多所汉语专门学校，出现一批专职汉语教师，出版了一批汉语教科书。可以说，明治维新以后，直到第二次世界大战，日本的近代汉语教育态势基本形成。

1945 年又是一个分水岭，战败之后日本的汉语教学状况与战前有所不同，产生了新的特点。战后的汉语教学形式和内容都有所改变。日本的汉语教育界从理论层面开始探讨汉语教育，探讨汉语作为一个学科的可能性，而不仅仅是从实用性出发学汉语和教汉语。成立了以中国语学研究会为代表的专门研究机构。当代的日本汉语教育，以 1972 年中日邦交正常化为分界线，主

① 明治维新是日本历史上的一次政治革命。推翻德川幕府，使大政归还天皇，在政治、经济和社会等方面实行大改革，促进日本的现代化和西方化。明治维新的主要领导人是一些青年武士，他们以"富国强兵"为口号，企图建立一个能同西方并驾齐驱的国家。

要分为两个时期，即中日邦交正常化[①]之前的汉语教育和中日邦交正常化之后的汉语教育。1972 年之后，无论是从汉语教学研究者、学习者，还是从汉语教材、考试来看，都远远超过了 1972 年之前的水平。特别是进入 20 世纪 90 年代以来，随着中国汉语国际推广活动的开展，日本出现了“汉语热”，目前，已在日建立了数所孔子学院。学生互换，教师互访，学术层面的交流也日益扩大和深入。

第一节 飞鸟时代、奈良时代的汉语教育

一、圣德太子与中国隋代的交往

（一）圣德太子与汉学

隋朝（581—618 年）结束了魏晋南北朝长期的分裂局面，实现了国家的统一。它不仅开创了隋朝的繁荣局面，而且为唐的统一和繁荣奠定了坚实的基础。

大隋共传位三代天子：大隋高祖文皇帝杨坚、大隋世祖明皇帝杨广、大隋世宗恭皇帝杨侑。大隋之盛世在中国乃至世界历史上空前绝后，此时的中华帝国国泰民安、经济繁荣、文化昌盛、社会安定。大隋疆域之辽阔宏大超过了以往的所有朝代，据《资治通鉴》记载：“是时天下凡有郡一百九十，县一千二百五十五，户八百九十万有奇。东西九千三百里，南北一万四千八百一十五里。历代之盛，极于此矣。”这个时期是中华文化、政治、经济、外交等方面都达到登峰造极的全盛时期。当时中国是世界上最强大的国家，对东亚邻国包括新罗、渤海国和日本的政治体制、文化等产生很大影响。这个朝代也是日本对中国称臣朝贡的朝代之一。

隋朝统治的最后 26 年时值日本推古天皇在位。推古天皇于 592 年即位，

---

① 1972 年 9 月 25—30 日，日本首相田中角荣应中国国务院总理周恩来的邀请访问了中国，9 月 29 日两国政府发表了《中日联合声明》，宣布两国正式建交，实现中日邦交正常化。

翌年立外甥圣德太子为皇太子。圣德太子 593 年登上日本政治舞台，中国隋朝与日本的关系均发生在圣德太子摄政期间。圣德太子自幼聪慧过人，曾随大陆移民鞍作氏学习佛教和先进文化，有深厚的汉学修养。他主张学习中国，重视发展日本与隋朝的关系。圣德太子辅政后大力进行改革，即大化改新，并遣使入隋，学习中国制度，后派出留学生来华学习中国语言文化。他著有《三经义疏》(为《妙法莲华经》、《胜鬘经》、《维摩经》三经作注)，被尊为日本佛教始祖。圣德太子主持制定的《十七条宪法》，深受中国政治思想的影响。据考证，《宪法十七条》的出典是《诗经》、《尚书》、《论语》、《左传》、《礼记》、《汉书》等大量的汉籍。

圣德太子在执政期间，积极派遣使者与隋朝通好，恢复中断了一个世纪的中日邦交。学习佛法和中国文化制度是圣德太子的两大目的，为此，他首创向中国派遣留学生制度。这些留学生系统地学习和吸收了中国文化。值得注意的是，他一改过去日本统治者仰视中华称臣朝贡请求册封的低姿态，谋求的是对等地位。他成功地维护了中日的良好关系，并提高了日本的国际地位。

(二) 遣隋使[①]与学问僧

圣德太子重视发展与中国的关系，主张向中国学习。自隋文帝开皇二十年(600 年)到隋炀帝大业十年(614 年)，先后共派出了 5 批遣隋使，有数名僧人随行来中国留学，史称“留学僧”。其中曾两次派小野妹子(小野臣苏高)来隋朝。这些留学生中，有的人在中国留学达 30 年以上，日本后来的大化革新，也有这些留学生的贡献。

值得一提的是，大业三年(607 年)，圣德太子第二次派遣小野妹子来华，据《隋书・倭国传》记载，小野对隋炀帝说:“闻海西菩萨天子重兴佛法，故遣朝拜，兼沙门数十人来学佛法。”当时，在日本国内，汉语汉文化已在日本社会生活中发挥重要作用，而圣德太子正是看到了这一点，才多次派遣僧侣来中国留学的。这是日本政府首次向中国派遣的官方留学僧侣，对于中日间的佛教界交流、汉语汉文化交流都具有重要意义。这些人要学习中国的佛法首先应学

① 隋代时，当时日本推古天皇朝(倭国)派遣到中国的使节团。到了唐朝则称为遣唐使。

习汉语，了解汉文化。推古天皇十七年(609年)秋，小野妹子返回日本，为了满足日本国内汉语文学习的需要，他奉命选购了大量的中文典籍带回日本，这是华夏典籍输入东瀛的开端。大量中文典籍的输入，对中国的语言、文化、宗教等在日本的传播无疑起到重要作用。

二、遣唐使与汉语汉文化在日本的传播

(一) 日本的遣唐使

唐朝(618—907年)是中国历史上最重要的朝代之一，也是中国封建社会的鼎盛时期。唐之前，日本没有正式的国号，称为倭，自唐朝后，更名为日本。[①] 由于当时的中国政治稳定、经济繁荣，使得日本愿意同唐朝往来，学习唐朝先进的体制、文化，以促进日本社会的发展。

唐朝时期，中国和日本的友好往来和文化交流空前繁盛。这时日本社会正处在奴隶制瓦解、封建制确立和巩固的阶段，对唐朝的昌盛极为钦佩和赞赏，因此多次向唐朝派遣使者、留学生和学问僧。

公元631年，日本派出了由留学生和学问僧组成的第一批遣唐使。截至838年，日本派出遣唐使共13次。唐初，日本派出的遣唐使团一般不超过200人，从8世纪初起，人数大增，如717年、733年和838年派出的3次遣唐使，人数均在550人以上。使团的构成人员很复杂，除了大使、副使、判官等主要官员外，还有译语、主神、医师等人员，特别是也像隋朝一样往往还有同行入唐的留学生、学问僧。这些遣唐使致力于学习唐朝的典章制度和思想文化，并在日本普及推广，中国文化对日本社会的影响日益广泛。

为了吸收中国的文化成果，日本选派了不少留学生来唐学习，他们被分配到长安(今西安)国子监学习各种专门知识。如阿倍仲麻吕(汉名晁衡)，在唐玄宗开元五年(717年)随第九批遣唐使来华，他擅长诗文，长期留居在中国，在唐历任光禄大夫、秘书监等职。他与著名诗人李白、王维等人来往密切，常作诗互赠。唐代的国子监有六学：一曰国子学，二曰太学，三曰四门学，四曰律

① 欧阳修《新唐书》，上海古籍出版社1986年版。

学，五曰书学，六曰算学。可见，这些日本留学生在学习汉语技能、提高汉语水平的同时，还系统地学习了中国典籍、文化礼仪等，接受了正规的传统教育。他们回国以后，对中国语言文化的传播无疑起了十分重要的作用。

值得一提的一个人物是日本留学生吉备真备（695—775 年），吉备有深厚的汉学修养和良好的口语表达能力。日本在汉字传来前没有自己的固有文字，以刻木、结绳为记事方式。吉备创造了日语的片假名，结束了日本没有民族文字的历史。所谓片假名，是根据汉字偏旁创造出来，“取汉字偏旁以假其音”。[①] 可以说，正是在当时中日交流日益深入的大环境下，才得以产生像吉备这样精通汉语，而且理解汉语汉字精髓的人才。

历任的遣唐使都是国内最知名的学者，随行的学问僧和留学生也是经过选拔的优秀人才，他们在学习中国的文物制度和先进技术之外，还带回了诸如《唐礼》、《大衍历经》、《乐书要录》等大量的珍贵书籍和美术工艺作品，当时求取书籍和佛经甚至成为日本人入唐留学的主要目的。把《日本国见在书目》[②]与《隋书·经籍志》、《旧唐书·经籍志》相对照，可以发现，当时日本国内流传的汉籍已经占中国文献典籍的一半左右。

（二）赴日的唐朝僧侣

大批日本僧侣随着遣唐使先后来唐，与唐代的僧侣结下了友谊。他们回国后，盛情邀请唐朝僧侣赴日，于是大批唐朝和尚到日本宣讲佛法，传播中国语言文化。在这些唐僧中，贡献最大的当推鉴真和尚。

鉴真，俗姓淳于，扬州江阳县人，出生于 688 年，14 岁时到扬州的大云寺出家，后来成为律宗一派的大师，并在扬州的大明寺（即今天法净寺）讲授戒律。唐开元二十一年（733 年），日本的僧人荣睿、普照等人随第 10 次遣唐使到中国来游历学习。唐天宝元年（742 年），荣睿、普照等人到了扬州，请求鉴真东渡日本传授戒律。鉴真其时已 55 岁，他认为日本是和佛法兴隆有渊源的

---

① 王利器《文镜秘府论校注》，中国社会科学出版社 1983 年版，第 105 页。

② 《日本国见在书目》（一卷）由日本学者藤原佐世于宽平年间（889—897 年）奉敕编纂。此目成书于《隋志》和两《唐志》之间，共收唐及唐以前古籍 1568 部，计 17209 卷，模仿了《隋志》分类的结构和次序。此目对中国古典文献学、中国古代文学、中日文化交流史等的研究具有重要学术价值。

国家，于是接受了邀请。东渡的尝试达到5次，每次均以失败告终。753年冬，双目失明的鉴真从扬州开始了第6次东渡之旅，鉴真一行历经艰辛，终于在753年末到达了日本，在日弘扬佛法达10年。鉴真和他的弟子们为日本僧人讲说经论使用的均是汉语[①]，在传播佛法的同时也传播了汉语汉文化，这也使得当时日本有相当一部分僧人通晓汉语。鉴真和尚为中日两国佛教文化的交流作出了巨大贡献，为汉语汉文化的传播倾尽了全力。

（三）日本政府采取的汉语教育措施

当时的日本政府仰慕唐朝的繁盛，重视与唐朝的交流，也极为重视国内汉语学习和汉语人才的培养，为此，先后推出了一系列有力措施。

天智天皇（662—671年）初年，日本开始开设学校[②]，教授课程以汉字汉文为主，学习儒家经典，规模都不太大。到7世纪末文武天皇时，学校规模扩大，出现了“大学”和“国学”。大学隶属于式部省，有等级分明的管理队伍和教师队伍。国学则是各地方属国建立的学校，隶属国司，以讲授中国历史和中国诗文为主。大学毕业称为“学人”，国学毕业称为“贡人”。

学校教育不但要培养人才，而且要选拔人才。学人、贡人经过式部省的考试——“登庸试”，合格者可获得相应的官职。考试的科目有四科：秀才、明经、进士、明法。每科均有不同的考试内容，包括文学、经书、法律、实务等方面。日本当时的考试制度也是参考唐朝的科举制度而制定的。

除了正规的学校之外，还有一些私学、私塾，以认读汉字、讲授经书为主。

当时的教材基本是中国的儒家经典和史书类。日本的汉语教师有严格的等级规定，教师队伍中既有日本人，也有中国人；既有随遣唐使回国的留学生、学问僧，也有赴日的唐朝僧侣。

从学校建立，到师资队伍、管理队伍，再到教材、考试制度，可以说，当时日本的汉语文教学体系已经初具规模。

---

① 木宫泰彦〔日〕《日中文化交流史》，胡锡年译，商务印书馆1980年版，第124页。

② 董明《古代汉语汉字对外传播史》，中国大百科全书出版社2002年版，第407～408页。

第二节　平安时代、幕府时期的汉语教育

一、平安时代与宋代的交往

（一）中日间的交流概况

宋朝（960—1279 年）是中国历史上继五代十国后的朝代。分为北宋（960—1127 年，定都开封）与南宋（1127—1279 年，定都杭州），合称两宋。北宋时期，相当于日本的平安时代。在唐代，日本常派遣唐使来华，其成员有不少为僧侣学者，后成为中日文化交流的使者。而宋代，中日文化交流远逊于唐。894 年遣唐使被废止，日本政府停止向中国派遣使节、留学生和学问僧。可以说，宋朝中日间的交流往来都没有得到两国最高统治者的重视。宋朝鼓励民间进行海外贸易，民间的贸易往来不算少，宋朝的商船几乎年年都到达日本。据记载，宋船仅见于史书的就有 70 次之多。宋船带来了大量的中国锦缎、药材、瓷器、香料和书籍绘画等商品，频繁的日中贸易为汉籍东渡创造了极为有利的条件。

日本方面，也看到了贸易带来的经济效益，鼓励商人到中国进行贸易，种种商贸上的往来，所带来的绝不仅限于经济上的利益，对于汉语汉文化的传播也起到了推动作用。中国商人输入日本的商品中，典籍史书占了相当大的比例。仁宗初年，日本人臣人中臣辅从宋商处购得《唐音》、《玉篇》等。宋孝宗时，日本大臣平清盛从宋商处购得多部《太平御览》。[①] 大量典籍源源不断地向日输出，不但丰富了日本的汉文史料库，也促进了日本对汉语书面语的阅读理解。

（二）来宋的日本僧人及汉语学习

唐代时日本曾大规模组织学问僧来华，也有大批的唐僧赴日传授佛法。到了宋代，热度下降，没有了当初的迫切性，政府也不再派遣像“遣唐使”那样

① 王婆楞《历代征倭文献考》，正中书局，民国三十四年（1945 年）版，第 66 页。

的使团了。北宋时，一些日本僧人崇拜中国的佛教圣地，如五台山等地，纷纷前来膜拜，以达到自我修行的目的。南宋时期达到了高潮，达100余人。他们来华之后，无一例外地都要先学习汉语，接受汉语言、汉文化的教育。经过唐朝中日间频繁的交流往来，汉语汉文化在日本传播已久，输入的典籍已经很多。而在宋代，经过五代十国的战乱，有些典籍在国内已亡佚失传了，如，东汉郑玄所注《孝经》原是中国珍贵典籍，战乱中失传，后经来宋日僧带来献给宋朝，这种回归还有很多，显示了汉语言文化对日本影响的久远。

据《宋史·日本传》记载：景德元年，日本著名国僧寂照(寂昭)来宋。他虽然不懂汉语，但识汉字，能用汉文作诗，有极高的文化素养。在华期间，他广交中国僧侣朋友，逐渐学会了汉语口语。宋人王钦臣在《王氏谈录》中提过这一情况：

> 公言：祥符中，日本僧寂照来朝，后求礼天台山。先中令守会稽，寂照经由来谢。寂照善书，迹习二王。而不习华言，但以笔札通意。[①]

来到中国的日本僧人以禅僧居多，禅僧大多请求中国政府赐给书籍，或自行购买、搜集大量珍贵图书。经过唐、宋、元、明、清历代汉籍东传，从室町时代开始日本逐渐形成了两大著名藏书机构：一为足利学校，一为金泽文库。所藏书籍珍本颇多，泽惠后代。

日本高僧汉语汉文化素养都很高，来华后，口语表达能力和交际能力迅速提高。据统计，宋代来华的日僧达130多人。由此我们可以看出，经过几百年中日文化的往复交流，汉语言文化在日本已经扎了根，来华的僧侣归国后成为传播汉语的使者。

(三) 日本国内的汉语文使用情况

1. 赴日宋僧对日本汉语学习的贡献

南宋时期，赴日留下其名的共有13位僧人。[②] 这些僧人对于佛教在日本的传播，对于中国语言文化的传播都作出了贡献。木宫泰彦指出：

---

① 王钦臣《王氏谈录》，台湾商务印书馆1986年版。

② 木宫泰彦〔日〕《日中文化交流史》，胡锡年译，商务印书馆1980年版，第276页。

> 宋僧和入宋僧传到日本的宗教，其内容和外形都是中国化了的禅宗，因此，他们的日常生活自然也就事事按照宋朝的方式……例如，从他们的语录便可看出，他们宣扬禅学的宗旨时，也用中国语表达；表达见解时，也用中国语言做成的偈，这就大大丰富了日语的词汇，而中国诗歌文学，在日本也同时渐渐兴盛起来。[①]

可见，这些赴日的僧侣，在宣讲禅宗的同时也讲授了汉语，对中国诗歌的传播也有所贡献。

2. 当时日本国内的情况

宋代，汉语及汉文化在日本继续传播和普及。特别是在日本的上层社会，尊崇佛教文化与儒教文化已成为风尚。日本历代天皇都对汉语汉文化有极大的兴趣，这在一定程度上对汉语汉文化在日本的传播起到了推动作用。兴起于唐代的用汉语赋诗的风气有增无减，能否吟赋汉诗一度成为日本政府选拔人才的重要标准。日僧寂照说："每岁春秋二时集贡士，所试或赋或诗，凡及第者，常三四十人。"[②]可以看出，日本当时选拔人才确实实行了赋诗取士的制度。

随着平假名、片假名的使用，日本文学出现了日语的表现形式——和歌与物语文学，但在内容上也同样受到中国诗文以及古小说的影响。在最古老的和歌集《万叶集》[③]中随处可见中国六朝诗以及唐小说《游仙窟》的痕迹。到一条天皇(980—1011 年)时，日本的"文学(汉学)"出现了兴盛的局面。一条天皇本人对文学方面也相当有造诣，留下《本朝文粹》等诗文。一条天皇时代，还出现了一批高水平的女作家。如服侍皇后定子的清少纳言与服侍中宫彰子的紫式部，著有长篇小说《源氏物语》[④]一书，成为日本古典文学名著，有人指出这部书是受白居易《长恨歌》的启发。书中引用了大量中国古代的典故、诗歌

---

① 木宫泰彦〔日〕《日中文化交流史》，胡锡年译，商务印书馆 1980 年版，第 387 页。

② 周凤《善邻国宝记》卷上，东方学会 1928 年版。

③ 《万叶集》是日本第一部和歌总集，由著名歌人大伴家持编成于奈良时代(710—794 年)大约 759 年以后。这个总集共收载各类和歌 4516 首，分编为 20 卷。

④ 《源氏物语》是日本最早的长篇小说，对于日本文学的发展产生过巨大影响，被誉为日本古典文学的高峰。作品的成书年代至今未有确切的说法，一般认为是在 1001 年至 1008 年间。

等，其中引用白居易的诗竟达到100多处，可见紫式部具有高深的汉语汉文化修养。

综上，宋代的汉语汉文化在日本的传播程度虽不及唐代那样轰轰烈烈，但也始终没有中断。只是，我们看到的多是文学文化方面的传播与交流，而不是直接的汉语学习与汉语教学。

二、幕府时期的汉语教育

(一) 一山一宁与元代的僧人外交

日本的幕府统治时期正值中国的元代。元世祖忽必烈于1260年继汗位，宣布建元“中统”，采用中国传统王朝年号纪年。到1271年(至元八年)将燕京改名为大都(今北京市)，确定为元朝的首都。元朝灭南宋，并没有影响日本船只来中国贸易的兴趣。

一山一宁(1247—1317年)，俗姓胡，“一山”是号，临海城西白毛村人。自幼出家，至元三十一年(1294年)，为普陀寺的住持，清谨自持，为道俗所尊仰。大德二年(1298年)，元政府拟再派名僧为使，赴日以通两国之好。第一次出使未果的愚溪如智，以已年事已高，力保一宁担任使者。于是元成宗赐一宁金襕袈裟及“妙慈弘济大师”称号，出使日本。作为使者的一山一宁，刚踏上日本九州博多的土地，即为当时镰仓幕府的执权北条贞时软禁于伊豆国(今静冈县)的修禅寺。日本朝野人士纷纷规劝贞时，贞时顺应众议改变决定，任一宁为建长寺住持。三年后迁于圆觉寺，在职两年，又回建长寺，后一度出主净智寺。

一宁博学多才，精通诸子百家之学，又工书法，交游十分广泛。一宁死后，后宇多法皇赐谥“一山国师妙慈弘济大师”之号，简称“一山国师”。又敕将其塔建于龟山上皇庙侧，并亲撰“宋地万人杰，本朝一国师”像赞，以示怀念之情。一宁访日，阐明元朝修复中日睦邻友好本意，结束了当时中日之间的战争状态。他留居日本近20年，为日本佛教界培养了一大批颇有影响的人才，对于汉语汉文化在日本的传播作出了贡献。在他的影响下，日本佛教界的人士纷纷来华留学。一宁在日所传禅学法系，为古代日本禅宗24个流派之一，号“一山派”。主要弟子有龙山德见、雪村友梅等，其中雪村友梅最为出名。雪村友梅等人及他们的门徒雪溪支山、太清宗渭等都是室町时期五山禅林中的活跃人物。这些人中有许多曾入元寻师求法，礼拜祖庭，归国后为促进了日本人的汉语学习，为中日文化交流作出了巨大贡献。

（二）日本国内的汉语学习情况

1. 典籍的输入与印刷

上述提到的雪村友梅，1307 年来元，在中国住了 22 年之久。他阅读了大量中国典籍，能运用汉语写作诗文，著有诗集《岷峨集》。汉字书法的造诣也极高。雪村等众多僧人东归时，带走了大批以佛学为主的典籍以及一些文学作品。

大量文化典籍的输入，促进了日本出版业的发展。如《景德传灯录》、《五灯会元》、《昌黎先生文集》等刊印出版后，广为流传。

当时学习汉语的人，不仅仅局限王公贵族和僧侣，也有许多武士开始学习，这与幕府制度有关。据说，幕府的执政者北条经常研读中国佛教、儒家典籍。当时出版的典籍，除了佛教、儒家经典外，还有一些文史书类，如《史记》、《汉书》、《贞观政要》、《文选》等。这一时期出版的汉文典籍旁边往往标注上日文假名，这一书写体被称为“延书”。[①] “延书”的出现，方便了汉语汉文化水平不高的武士们学习，在一定程度上也起到了普及汉语汉文化的作用。

2. 在日本讲学的李竹隐

南宋灭亡后，有些人不甘心受元朝的统治，流亡海外，李竹隐就是其中的一位。据《广东新语》记载：“东莞李竹隐先生，当宋末，使其婿熊飞起兵勤王，而身浮海至日本，以《诗》、《书》教授，日本人多被其化，称曰‘夫子’。比死，以鼓吹一部送丧返里。至今，莞人送丧，皆用日本鼓吹，号‘过洋乐’，乐人皆倭衣倭帽以像之。”[②]由此我们可以看出，李竹隐教学数十年，既被日本人所爱戴，也被家乡人所称道。

① 张声振《中日关系史》卷一，吉林文史出版社 1986 年版，第 194 页。

② 屈大均《广东新语》，水天阁绣版，康熙庚辰（1700 年）仲春，吴江潘耒序本，卷九《事语》。

第三节 室町时代、江户时代的汉语教育

一、室町时代与明代的往来

(一) 日本国内的基本情况

元之后明王朝建立(1368—1644 年)。明朝是我国历史上最后一个由汉族建立的封建王朝,也是一个特殊的王朝。前期国力雄厚,经济繁荣,海外贸易一度发达。明太祖朱元璋在洪武元年(1368 年)即位之际,就诏谕日本、安南、占城、高丽四国,告之中国已经改朝换代,希望与各方建立良好关系。朱元璋又多次派特使前往日本,传达希望与日修好的愿望,但因种种原因,相互之间的关系并未得到改善。洪武二十五年(1392 年),日本南北朝统一,进入了室町时代。中国方面,永乐元年,明成祖即位,明朝与日本的关系有所改善,但大多是日本遣使"来贡",明朝出使较少。

日本使团来明时,因其国内的需求,也不断地向明朝提出提供典籍图书的请求。值得一提的是,在所开列的书目中还有学习汉语的启蒙读物——《兔园册府》。"《兔园册府》三十卷,唐蒋王恽令僚佐杜嗣先仿应科目策,自设问对,引经史为训注。恽,太宗子,故用《梁王兔园》名其书。"[①]从日本政府一再提出索要此书可以看出,当时日本国内汉语初学者已不断增多,对教材有迫切需求。

明成祖时,《四书集注》、《诗集传》等宋儒理学书籍传入日本,崇尚理学之风渐渐兴起。德川幕府时期,朱子学兴盛,逐渐成为官学,僧儒一体的现象不复存在。儒学也像佛学、禅学一样,其传播的载体是汉语,幕府政府创造的这种尊崇儒学的氛围,对于汉语教育的发展、汉文化的传播无疑具有推动作用。

(二) 来明日僧及赴日华僧的贡献

在明朝的大约 300 余年间,前往中国的日本僧人为数众多,木宫泰彦《日

---

① 王国维《唐写本兔园册府残卷跋》(《光仓学窘丛书》卷七《仰视千七百二十九鹤斋丛书》),会稽赵氏刻本,光绪六年(1880 年)。

中文化交流史》中列出有姓名的就有 114 人。他们与中国文人有诗文往来，并把中国的文学艺术传到了日本。他们广泛了解明代各地的风土人情，有些人还用汉语撰写了日记体裁的书，如《戊子入明记》、《策彦两渡集》等，为日本国内汉语学习者提供了真实的语言材料，他们自己的汉语水平特别是书面语的写作水平也不断提高。

桂庵玄树是其中有代表性的人物。他成化四年（1468 年）来华，共居住了 6 年。在华期间，师从名儒，专攻朱子学。他的贡献体现在创制了"桂庵标点"。中国典籍传入日本以后，日本人是按照汉语的读音和语序来阅读的，即汉文直读（"素读"），当时无论是中央的大学寮还是地方的国学、私学等各级教育机关，教学内容都以中国儒学经典为主，而教授经典的方法就是先"素读"后"讲义"。素读就是用汉音诵读经典原文，讲义是以法定注释解说经文。显然，当时只有具备了相当深厚的中国语言文字修养的日本人，才能阅读汉文的经典。这就使汉文化的传播局限于贵族和上层知识分子的阶层。日本平安时代，出现了"汉文和训"的读法，这一读法被桂庵加以强化，加上"桂庵标点"得以完善。桂庵玄树为《四书集注》作了和训，创立的汉籍训读法成为中世以后阅读中国文献的新方法。其基本特点是在汉文原著上，按照每一个字的训诂意义，标注上日文假名，这种办法实际上是将"汉文直读"变成"汉文译读"。讲解经典时多采用这种把汉文加以"训读"的方法，就是把汉文颠倒过来，按照日语的语序来读，加上"一、二、三、四"或"上、中、下"或"甲、乙、丙"等符号，这叫做"返点"；训读的时候还要加上一些日语的助词，这叫做"送假名"。"返点"和"送假名"统称为"训点"。这一改变使汉文程度不高的人也能大致理解原著的内容，促进了汉文化的普及。

这种汉文训读虽然对汉文化的普及有积极的一面，但对于汉语学习和汉语教育也有消极的影响，因而遭到日本学者的抨击。古文辞学派的创立者荻生徂徕（1666—1728 年）认为，训读虽然对于汉文化的普及有功，但读者根据和训者的义释去理解文献的意思，往往会背离原著的本意。所以他提出，应该采用汉文直读的方法来读解中国文献，这样才能最大限度地忠实于原著。

二、江户时代的汉语教育

(一) 历史背景

1. 清朝与江户时代

清朝(1644—1912 年)统治者为满族爱新觉罗氏。为中国历史上第二个少数民族建立的全国性统一政权,也是中国最后一个封建王朝。

清朝时值日本的江户时代(1603—1868 年)。从明朝后期开始,江户时代的历代将军都很重视汉文学的发展,也重视同中国的关系。

汉语教育在日本的真正开端,应该从江户时代算起。因为真正的汉语教育应是以口语为主,而不是指汉文或文言文。之前各个历史时期,虽然也有各种往来交流,但大都在政治、经济以及宗教层面,只是间接地传播汉语汉文化。

2. 民间贸易往来对汉语学习的影响

1633 至 1639 年,日本幕府政府连续发布一系列"锁国令"。江户时代也被称为"锁国"时代,断绝了外国的往来交流。17 世纪 30 年代开放长崎一港,只允许荷兰与中国的船入港,进行贸易活动,由此,中国商船往来不断,"自公元 1622—1839 年间,到达日本的商船达 6200 多只"。[①] 这些商船向日本输入了大量的中文图书,"唐山书籍,历年带来颇多。东人好事者,不惜重价购买,什袭而藏,每至汗牛充栋"。[②] 这时候的图书输入与前代有所不同,之前,我们看到,都是一些使节索要或僧侣人员携带,而不是商业性的贩卖。输入的图书种类繁多,除了典籍、小说、戏曲、画谱之外,还有一些自然科学方面的书籍。幕府把输入的书籍以官版翻刻,同时还奖励大名翻刻。汉籍和刻事业可以追溯到 8 世纪,770 年日本刻印了《百万塔陀罗尼经》,成为和刻汉籍的开端。从此时起到江户时代,汉籍和刻事业不断发展,皇室、僧侣、学者、武士、商人等都先后参与,使中国文化通过这一途径更加深入地渗透到日本社会。可以说近代以前的中国文化对日本社会在诸如政治、儒学、文学、医学、艺术等各方面都

---

① 杨考臣《中日关系史纲》,上海外语教育出版社 1987 年版。

② 汪鹏《袖海编》(王锡祺辑《小方壶斋舆地丛钞》),南清河王氏铸板,光绪甲午(1894 年)。

产生了不可估量的深远影响。

由于日本幕府政府严格限制日本人出海航行，这样就跟前朝有所不同，在这一时期，只是中国商船单方往来于中日间，而没有日本人赴清的记载。

清船带来了大批的书籍等商品，幕府在长崎设置了书籍鉴定的专门机构，负责检查鉴别输入的中国书籍。审查人员发现有来自中国的图书后，首先抄录书籍的序文、目录等，然后逐页审查内容，察看有无天主教方面的禁忌文字等，一旦查出问题要立即上报。审查人员的主要工作是阅读汉语书籍，因此这一职业需精通汉语并具有极高的汉语文素养的人才能胜任。

（二）"唐通事"与"唐话"学习

1. "唐通事"产生的历史背景

江户时代日本结束了连绵数百年的战乱，日本社会逐渐进入了以都市为中心的商品经济时代。18 世纪初，大阪和京都拥有人口 40 万以上；而首都江户的人口达 100 万以上，一度超过当时的伦敦和巴黎。

由于传统贵族社会解体，新的市民阶级——以商人和手工业者为主的町人阶层兴起，教育逐渐普及。18 世纪初，日本有 270 多所地方公立"藩校"，1400 多所普通程度的"私塾"，为平民子弟启蒙而设的"寺子屋"到 19 世纪中期超过一万所。明治维新前后，能读书写字、具有初等教育程度的人口比例上升。汉语，当时被称为"唐话"或"白话"。新兴的町人市民阶层对中国明清白话小说产生极大的兴趣，而白话小说这种俗语文学是不适宜训读的，为满足町人阶层的需求，出现了汉语白话翻译。

虽然江户时代幕府继续执行锁国政策，但自 1636 年起，允许中国商船在长崎港靠岸进行贸易，长崎逐渐成为中国文化的集散地。许多中国人居住在长崎及筑前、博多等地，他们加入日本籍，精通中日语言，所以在长崎首先出现了专门从事把中国语口译成日语的翻译——"唐通事"这一职业群体公元 1604 年（庆长九年），正式设立了唐通事一职，懂日语的中国人冯六被任命为唐通事，这是最早的唐通事。唐通事主要从事口语的翻译，所以他们自身十分重视唐话口语的学习。唐通事的唐话实际上是作为使用外国语的汉语口语。唐通事多为侨居长崎的中国人，人数也越来越多，史上留名的就有数十人。

2. 唐话学习

唐通事子弟的唐话学习主要是训练会话，从发音开始学起。语音学习的主要教材是《论语》、《孟子》、《诗经》等。日常用语、词汇阶段的学习教材大都是自编的，如《二字话》、《三字话》、《长短话》、《译家必备》等。到了高级阶段，要求阅读白话文学作品，如《今古奇观》、《三国演义》、《水浒传》等。此外，也有公文写作练习。他们学的所谓唐话，实际上是中国南方话，主要是南京话、宁波话和福州话，而非今日的北方音。这与唐通事们的出生地有关系，另一个原因是当时中国的商船大多来自南京、上海、宁波、福建等地。

唐话虽说是父子相传的家学，只是在一定范围内的学习，普及程度不够，但也意义重大，因为学习的目的与从前有根本的改变，不再是为了阅读儒家经典或古籍，而是实用的需要，因此，更加注重口语交际能力和听说的培养。日本学界称之为"崎阳学"，对于后来的汉语教学具有影响。

（三）旅日华人的贡献

上述谈到日本幕府的闭关锁国政策，实际是自我封闭，日本人不能赴海外，但中国的商船却可以源源不断地开往长崎港，因此，这期间的日清贸易中日本是被动的。有许多中国人跟随商船来到了日本，早期有些明朝的遗民，后来的清朝人中既有知识分子也有僧侣，还有些普通百姓，且大都侨居日本。中国人大批来日，对于日本社会各方面的影响都是巨大的。

在早期的明朝遗民中，贡献最大的为朱舜水。朱舜水（1600—1682 年），浙江余姚人。顺治四年至十五年（1647—1658 年）四次东渡日本借兵，以图恢复明室，均未成。顺治十六年，受郑成功、张煌言邀，返国抗清，败后复流亡日本。1665 年，被水户藩主德川光国聘为宾师，迎至水户讲学，介绍中国儒家经典和中国的风土人情。1670 年，日本开始建造学宫，朱舜水亲临施工现场指导，事后撰《学宫图说》一书。后又制造出簋、笾、豆、登等古祭器，率学生习释奠礼，改定仪注，详明礼节。1672 年，德川光国设置彰考馆，聘请朱舜水指导编纂《大日本史》。朱舜水在日本讲学 28 年，1682 年病逝。德川光国谥之文恭先生，辑《朱舜水文集》28 卷。朱舜水以广博的知识和人格魅力征服了东瀛，他讲授的中国语言文化受到日本各界的欢迎。他强调国运兴衰与教育兴废相关，认为教育的作用在于培养人才，改变社会风气，为国家持久繁荣昌盛创造条件。他的学术思想对当时日本和后来明治维新有很大影响。

相对于唐通事派的汉语学习，日本唐话学习的另一个渠道是黄檗宗的“禅师学派”。来到日本的中国僧人多是知名的僧侣，大都长期居留日本，在明朝与日本的交流中担任重要角色。公元1654年，应长崎唐人寺住持的邀请，福建黄檗宗禅僧隐元隆琦东渡日本，在京都宇治建造了万福寺，创建了黄檗宗。很快，黄檗宗在日本广泛流传，形成了影响深远的“黄檗文化”。禅师学派“也学习唐话口语，但主要研究儒学”。[①] 唐话伴随着“黄檗文化”得到了广泛传播，当时江户著名儒臣柳泽吉宝，20岁就皈依了黄檗宗，师从于高僧悦峰道章，师徒间谈话均用唐话。在柳泽的门下聚集了一批优秀的唐话学者，如荻生徂徕和冈岛冠山等人。

（四）荻生徂徕和冈岛冠山

荻生徂徕（1666—1728年），是日本江户时代中期的著名汉学家、思想家和古文辞家。同时，他也是一位出色的汉语教育家。虽然从未到过中国，却能说一口流利的汉语。他对汉语的形音义理解深刻，在对照分析汉语与日语系统特点的基础上，提出了唐话学和古文辞学。他认为汉文训读的方法不可取，无法真正领会原文的思想情感等内容，主张直接阅读汉文原文。关于教育方法，他认为应首先从语音入手，逐渐增加词汇量，然后阅读汉文原文，进一步掌握古文辞。为推动唐话的学习，1711年他组建了“译社”，请当时汉语水平最高的学者冈岛冠山担任汉语教师，并聚集一批学者定期学习探讨有关唐话方面的内容。荻生还编撰汉语教材《译荃初编》。荻生将他的教育思想付诸实践，从事汉语教育和儒学讲授达40年之久，为汉语教育在日本的发展作出了贡献。

冈岛冠山（1674—1728年），因其精通汉语，初期给萩之毛利氏担任“译士”（通事），后感译士之职过于卑贱，遂辞职回到长崎，来江户的时间约是宝永三年（1706年）。冈岛冠山精通唐话，在江户、京都、大阪之间往来穿梭教授唐

① 张亚军《对外汉语教法学》，现代出版社1990年版。

话。在冠山的努力下，江户、京都的唐话学习者日益增加。

冠山于宝永七年再次来到江户，翌年成为大学头林凤冈的门人。同年还作为汉语教师受聘于徂徕的译社。

冠山是在日本介绍和倡导稗官之学即白话小说的第一人，经冠山的努力，中国的白话小说在日本广为传播。他翻译的白话小说有《通俗皇明英烈传》、《忠义水浒传》、《通俗忠义水浒传》等。此外还翻译了《康熙帝遗诏》、《唐音三体诗译读》、《唐音学庸》等。

冈岛冠山精通汉语口语、书面语，深谙中国文化，是一位杰出的汉语翻译家和汉语教育家。享保元年(1716 年)至享保十一年(1726 年)间，他先后编写和出版了《唐话纂要》、《唐译便览》、《唐话便用》、《唐音雅俗语类》、《经学字海便览》五种唐话教本。[①] 唐话教本的编写和出版，促进了日本汉语教学的普及和提高。

(五)《唐话纂要》简介

《唐话纂要》是唐话教本中最有影响的一部。日本享保元年(1716 年)出版，享保三年(1718 年)再版。主要体例如下：

第一卷有二字话、三字话。

二字话内容包括：人称代词、时间词、方位词、姓名、年龄、感谢、致歉、礼节、心理、品性、疾病、商务等。例如：太平、享福、快乐、快活、爽快、兴趣、有趣、娱乐、兴旺、兴头。

三字话内容有：花费、待人、疾病、打斗、艺术、世故、婚娶、生养、果报、商务等。例如：有才华、善诗文、真正妙、爱读书、发恨学、为人好、肯用心、不懒惰。

第二卷有四字话。话题有：寒暄、航行、饮酒、劝告、感谢、人物、疾病、火灾、贼寇、征战、姓名、年龄、商务、商船。例如：今日何往、许久不见、且请少坐、再坐笑谈、须要留心、必须用心。

第三卷有五字话、六字话、常言。话题有：防火、相识、骄奢、自大、家庭、态度、航行、来去、安排、贼寇、诉讼等。例如：今日天色好、今朝天气不好、明日再

① 六角恒广〔日〕《中国语教本类集成》(全四卷)，〔日本〕不二出版社 1991 年版。

过来、明朝恐来不企。

“常言”多为民间流传的谚语、反映人生经验的警句。例如：平常不做亏心事，半夜敲门不吃惊；只有锦上添花，那得雪中送炭；好事不出门，恶事传千里。

第四卷有长短话。话题有：读书、军事、学问、赏花、宴会、做媒、请托、海难、责备、辩解等。句子长短不一，所以叫长短话。例如：今天下太平、四海无事、上悯下劳、下沐上恩、欢声四起、朝野俱乐、而重值尧舜之时也、恭喜恭喜。

第五卷为词汇，分 14 类，包括：亲属、器具、畜兽、虫介、禽鸟、龙鱼、米谷、菜蔬、瓜果、树竹、花草、船具、数目、布匹等。

第六卷收小说两篇。

《唐话纂要》均在汉字旁边以日文假名注音，每段话之后还有日文释义。编写方法和顺序与母语习得的顺序一致，按照常用词、常用短语、句子再到短文。这部教材贴近生活，通俗易懂，对于当时初级汉语学习者是很实用的。

第四节 明治维新后至二战结束时期的汉语教育

这里指从明治维新后至二战结束日本战败这段历史时期（1868—1945年），以日本侵华战争为界分为战前时期和战争时期。

一、明治维新后至日本侵华战争前（1868—1930 年）

鸦片战争后，中国逐渐沦为半封建半殖民地社会。而与此同时，日本进入明治时期（1868—1912 年）。1867 年的明治维新是日本从封建社会向资本主义社会过渡的转折点，也是日本近代文明的开端。“文明开化”政策的提出和全面贯彻执行，是日本长期以来兴盛兰学、洋学和科技文明的必然结果，其目标是学习和赶超欧美等西方文明大国，以西方资本主义的价值观念取代封建的观念和旧习俗，从而使日本尽快走上现代化道路。而“文明开化”的中心内容是推动近代启蒙运动和兴办近代教育。在这样的背景下，日本的汉语教育受到极大冲击，但是始终没有中断。新政府废除了唐通事制度，同时，汉语也不再称作“唐话”，一度叫“清语”，后日本出于军事方面的需要，又统称为“支那语”。这一时期前期教授的是南京话，属于南京语教育，可以说是江户时代教育的延续。之后，转为北京官话教育时期，这是真正意义上的近代中国语教育的开始。[①]

（一）官办汉语学校

1871年，日本与中国缔结了《日清友好条约》。当年，为了培养翻译人才，日本外务省设立了中国语学校——汉语学所。虽然废止了唐通事制度，但是，这所学校的汉语老师都是唐通事出身，所教授的也均是南京官话。教材有《汉语跬步》、《二才子》、《闹里闹》、《译家必备》等手抄本教材。这是一所最早教授中国语的正规学校，隶属于外务省管辖，可见其出于外交需要的目的，这是实用中国语教育的开端。1873年，汉语学所归为文部省管辖，后来合并进了东京外国语学校(称旧外国语学校)，成为该校的汉语科。日本政府主要希望与北京的清政府打交道，而汉语学所教的是南京官话，为此，从1876年9月开始，日本的汉语教育由讲授南京官话转变为北京官话。为教授北京官话，日本驻中国公使馆还专门从中国聘请了汉语教师。首任教师为最擅长北京官话的旗人薛乃良，所使用的教材为英国驻北京公使威妥玛编的《语言自迩集》。1885年，东京外国语学校(旧外语学校)废止。汉语与俄语、汉语一起并入了东京商业学校，后改为东京高等商业学校。1897年，这一学校附设了有英、德、法、清、韩等语种的外国语学校。两年后即1899年，这些外语学科独立出来成为东京外国语学校，这是东京外国语大学的前身，为与此前的东京外国语学校相区别，称之为新外国语学校。

（二）民办汉语学校

除了官办的汉语学校，还有一些民间私塾性的学校。最主要的有三所：日清社、兴亚会支那语学校、日清贸易研究所。

最早建立民办学校的是日本人广部精(1854—1909年)。广部精，著名汉学家，提倡“日清亲和”，属于“兴亚”派。1876年在东京创办汉语私塾“日清

① 六角恒广〔日〕《日本中国语教育史研究》，北京语言学院出版社1992年版，第77页。

社"，教授汉语，以教授南京官话为主。在日清社教授汉语的除了广部精本人外，还有王治本、松本万年、二口美久等人。他创办了《日清新志》、《寰海新报》等汉文杂志。1877年日清社关闭。广部精后来到东京外国语学校学习北京官话。他参考威妥玛的《语言自迩集》，编辑出版了日本明治时期最早的北京官话教科书《亚细亚言语集支那官话部》(七卷七册)、《总译亚细亚言语集》(四卷五册)。日清社虽然只存在短短10个月，但是意义重大，特别是广部精所编写的汉语教科书在当时以及后世都产生了重要影响。

1880年，民办"兴亚会支那语学校"在东京成立。创办人是军人曾根俊虎，他曾到中国做过实地考察。这所学校共接受了145名学生，其中军人占了绝大部分，由此可见，办学的初衷有军事方面的考虑。这所学校两年后关闭。

善邻书院是中日甲午战争后建立的民办汉语学校。创办人宫岛大八(1867—1943年)是日本近代著名的汉语教育家，曾到中国留学7年，精通汉语汉文化。善邻书院的教学对象是社会人员，宫岛自编了汉语教科书《官话急就篇》。宫岛以儒教思想为善邻书院的教育精神，讲授汉学和中国语。"这个善邻书院办得很好，外语学校的支那语学科，好似善邻书院的支店。"[①]善邻书院直到1945年日本战败时才停办，40年间共培养了1000多名学生。

进入19世纪80年代后，为了更加快速地培养汉语人才，日本还到中国设立汉语学校，从日本募集学生来中国学习。1884年，日本人在上海创建了东洋学馆，不过存在时间极短，取而代之的亚细亚学馆，维持的时间也不长。1900年创建南京同文书院，后迁至上海，改称东亚同文书院。1890年，同为军人出身的荒尾精在上海创办了一所汉语学校"日清贸易研究所"。名义上培养日中商贸人才，实际上是培养从事情报工作的特务人员。1894年，甲午战争爆发，第一批毕业生几乎全部从军充当翻译谍报等工作。

这一时期的汉语教育反映出日本扩张主义的倾向，与之前的汉语学校有很大区别。由此我们看到，前期日本政府创办汉语学校是出于外交、经济、文化等方面的需要，而新的形势下，一些私塾汉语学校的创办更多是出于政治、

① 田中庆太郎〔日〕《日本帝国文部省第25年报》，第68页。

军事上的考虑。

(三) 中国语及北京官话的教材

《语言自迩集》是英国驻北京公使威妥玛(1818—1896 年)在任外交秘书官时编写的。初版于 1876 年,是教西洋人学北京官话口语的问答体教科书。1886 年版的《语言自迩集》(第二版),在当时是一部权威性的北京话课本。它系统地记录了 19 世纪中期的北京官话音系。作为课本,语音、汉字、语汇、阅读并重,1500 多条注释提供了丰富的语言文化背景知识。它也是一部用威妥玛式拼音(Wade system)记录 19 世纪北京话的资料集。《语言自迩集》全书共有 8 章,其中以"散语"、"问答"、"谈论"三章最为重要。形式上采用一问一答的会话方式,主要内容包括北京官场上的应酬、宴会及访问时的谈话、主仆之间的对话等不同场面,生活场景生动,语言贴近生活。这部书在日本受到极大欢迎。

1879 年出版的日本明治时期最早的北京官话教科书《亚细亚言语集支那官话部》(七卷七册)、《总译亚细亚言语集》(四卷五册),是广部精以《语言自迩集》为底本,加进了日本人所熟悉的内容编写的,在日广泛流传,逐渐代替了《语言自迩集》。

1880 年出版了福岛九成编写的《参订汉语问答篇国字解》,主要是将《语言自迩集》加上了译注。1886 年陆军军官福岛安正依据《语言自迩集》编写的《自迩集平仄编四声联珠》,是一部独特的问答体教科书。

这一时期,还有一部高级会话课本《官话指南》,是吴启太和郑永邦合编的。他们继承的是唐通事唐话的传统,而与《语言自迩集》关系并不大。内容上反映的是当时中国人的日常生活场景,被誉为"支那语"时代的经典之作,这是日本人最早独立编写的汉语教科书。

1904 年,善邻书院出版了宫岛大八编辑的《官话急就篇》,1933 年改为《急救篇》。编者宫岛曾于 1887 至 1894 年在中国生活并学习汉语,他是以自己经历的生活为基础来编写的,语言生动、贴切,符合当时北京话的特点。在日本汉语教育界,《官话急就篇》被誉为二战前日本汉语教科书的"经典","这本教科书可以说是战前中国语教育的象征,从出版到这次战争结束,再版了 170 多次”。[①] 此外，宫岛大八还编写了《急就篇总译》、《罗马字急就篇》、《急就篇发音》、《续急就篇》，另有《日华字典》、《时文类纂》、《支那官话字典》、《支那语会话篇》等。中田敬义把日语的《伊苏普喻言》(《伊索寓言》)译成北京官话，也是明治时期较早的一本汉语教科书。御幡雅文的汉语课本代表作是《华语跬步》，另外还编写了《沪语便商》、《沪语便商意解》、《沪语津梁》、《官商须知文案启蒙》、《生意集话》、《台湾土语读本》等。

《官话指南》、《燕京妇语》都是日本人在北京工作生活所用的汉语教材。《官话指南》共分四卷：第一卷“应对须知”，是关于询问姓名、年龄、工作以及看望病人等方面的对话；第二卷“官商吐属”，是关于拜年、做生意、狩猎、劝朋友戒毒等方面的对话；第三卷“使令通话”，是吩咐仆人或其他人工作或办事等用的话语；第四卷“官话问答”，是大臣出访时接受酒席招待使用的话语，还有外国领事到中国政府机关调和商船冲突使用的话语等。《燕京妇语》是一本日本驻北京的侨民女眷学习北京话用的会话课本。教材分上下两卷，共22课。课文内容反映的是北京当时中上层社会的生活，有中外妇人之间的会话，有妇人和男士们的会话，有妇人和下人们的会话，有妇人和商人们的会话等。谈话的话题主要有初次见面、邻居相遇、探亲、访友、游览、拜年、接风、送行、宴请、祝寿、裁衣、种花、租房、打首饰等。

另外，当时的琉球国由于与福建等沿海地区的贸易往来频繁，汉语教育也有所发展，出现了一些汉语教材，其中比较著名的是《白姓官话》，由清人白瑞临于乾隆十四年(1749年)编写而成，是当时琉球人学习汉语的一部高级课本，影响很大。

二、日本侵华战争期间(1931—1945年)

日本政府很久以前就开始把中国语教育定位在“商务”和“军事”两个方面，战前更是把军事目的作为重点。1879年，参谋总部派遣旧外国语学校的毕业生来中国学习汉语。1881年创办的陆军士官学校也开设中国语课程。前面谈到

---

① 安藤彦太郎〔日〕《中国语与近代日本》，卞立强译，北京大学出版社1991年版，第32页。

的日清贸易研究所的创办者荒尾精本人即为现役的陆军军官。日清贸易研究所得到了参谋总部的资助，毕业生中的大多数人在战争中都充当了翻译官。

1931年，日本发动"九一八"事变，中国东北沦为日本的殖民地，日本在那里炮制了伪"满洲国"。日本政府派驻中国东北地区的军队称为"关东军"，1934年，关东军参谋部出版了《速成满洲语自修书》等实用性教材，冠以"满洲语"、"满洲口语"之类的书名也乘机出现了，所谓"满洲语"就是中国语。从"唐话"到"清语"，再到"支那语"和"满洲语"，从对待中国语称呼的改变，我们可以清楚地看到日本政府对待中国态度的变化。

上述提到的宫岛大八编的《官话急就篇》，1933年改版为《急就篇》，内容上也作了调整，删除了有关清朝的"状元"、"进士"之类的词语，在"问答之上"、"问答之下"部分里增减了一些内容，如将"兵船"改为"军舰"，"初几了"改为"几号了"。这本改订版的教科书成了日本人学习汉语的必读书，具有广泛的读者群，既有日本国内的人使用，也有在殖民地伪"满洲国"的日本人学习。据统计，此书"自昭和八年(1933年)10月出了改订初版以来，已发行两万部"。[①]为巩固统治，日本政府派遣了大批的日本人进入中国东北地区，创办了一些汉语学校，编写了一批教材，如《实用中国语》、《铁道会话》、《速效满洲语说法》、《参观旅游用语》等会话教材。

1937年，"卢沟桥事变"后，侵华战争全面爆发，出现了不少为普通士兵编写的如《简明军用中国语》、《日支会话速记》、《日满会话》之类的速成汉语读物。

与以往不同的是，这一时期的教材种类繁多，涉及的行业也很多，甚至还有农业方面的汉语教材。另外，除了会话课本，还出现了一些语法书、教学参考书和词典。在这一时期，成就突出的是仓石武四郎。关于他个人的成就下文将作全面介绍，在此只侧重介绍他的教材编写。仓石武四郎共编写了8种教材，有《支那语发音篇》、《支那语语法篇》、《支那语读本》(卷一、卷二)、《支那语翻译篇》(卷一、卷二)、《仓石中等支那语》(卷一至卷五)等，其中《仓石中等

---

① 六角恒广〔日〕《日本中国语教学书志》，王顺洪译，北京语言文化大学出版社2000年版，第138页。

支那语》是高级汉语教材，内容有蔡元培、叶圣陶、鲁迅等现代作家的作品。他的贡献在于"将现代中国文学作品引进了教科书，使停留于实用语的中国语学习的教育，转变到文化语言学的教学上来"。①

在日本国内，中国语学习月刊有《支那语》、《支那语与时文》、《支那语杂志》三种。汉语教育就是在这种扭曲的现实背景下发展的。战败后，所谓"支那语"的教育顿时寂静下来。

综观日本近现代将近80年的汉语教育历史，我们可以看到，这一时期的汉语教育是紧紧伴随着日本政府扩张的政治需要而开展的，我们从"支那语"、"兴亚学院"、"东亚同文会"等一系列的名称上便可看出端倪。从另一个角度来看，在这一特殊的历史背景下，汉语教育也确实得到了普及，学习的人数也是空前的。

第五节　当代的汉语教育

这里所说的日本当代的汉语教育是指从战后至今的60年时间。以1972年中日邦交正常化为分界线，可再分为前后两个时期，即中日邦交正常化之前的汉语教育和中日邦交正常化之后的汉语教育。1972年之后的30年，无论是从汉语教学研究者、学习者，还是从汉语教材、考试来看，都远远超过了1972年之前30年的水平。

一、中日邦交正常化之前的汉语教育

（一）概况

1945年日本战败，近现代汉语教育宣告结束。日本汉学家六角恒广指出："明治以后近代日本的汉语教育以昭和二十年（1945年）为分界线，其前后

① 六角恒广〔日〕《日本中国语教学书志》，王顺洪译，北京语言文化大学出版社2000年版，第164页。

存在着巨大的差异。"[①]前者以会话实用为目标,后者则以学习中国文化为目的。

战后从吉田内阁到岸内阁,即从1946至1960年,中日关系处于冻结状态,双方基本上没有什么往来。因此,这段时期的汉语学习者寥寥无几。即使在这种情况下,日本仍有许多汉学家不断致力于汉语的研究和教学。

1946年10月,东京大学教授仓石武四郎主持成立了中国语学研究会,汇集日本的汉语学者和教师,共同探讨汉语教学的发展道路。

1949年10月,在日本的上野学士院成立了日本中国学会。该学会讨论研究的领域包括文学、语言学、哲学三大部分,创立之初会员有246名。学会刊物有《日本中国学会报》和每年发行两期与会员沟通的《会报》。该学会发表的论文对于日本的汉学研究起到了巨大的推动作用。

1951年4月,仓石武四郎在东京成立了中国语讲习会,在汉语教育的实践方面起了重大的推动作用。该组织还发行了会报《朋友》,内容从最初的"朋友的报纸"逐渐演变为中国语学习杂志。1954年该杂志改名为《中国语》。

战后初期在汉语教育的过程中,教师、学生、教材等各方面都面临着未曾遇到的问题——日本对中国的政策以及与国际政治相关的各种问题,这些敏感的问题在汉语教育的过程中是不可回避的。而且,战后几年在汉语教育方面,教师一直处于迷茫状态,汉语教育停滞不前。许多汉语教师都意识到,需要从新的角度、新的观点来认识汉语教育,但究竟使用怎样的教材,采取一种怎样的教育方式,对于当时的汉语教育者来说,是很难把握的。

1952年11月,在日本的天理大学召开了中国语学研究会第三次大会。在这次会议上,与会人员除了发表研究论文之外,还对"现代汉语教育的各种问题"这一议题进行了探讨和研究。当时所讨论的问题包括日本战后汉语教育中所出现的发音教育、语法教育、词典的编纂,以及教材和教育方法等诸多项目。其中的中心议题就是关于语法的问题。但是,这些问题只是提出,没有得到解决。

---

① 六角恒广〔日〕《中国语教育史论考》,〔日本〕不二出版社1989年版。

1953年11月，在中国语学研究会第四次大会上，汉语的语法问题仍然是与会者议论的中心议题。这次语法问题的讨论是从两方面展开的。一方面对语法研究者来说是理论上的问题，即如何考虑语法研究的方法论问题；另一方面是汉语教育者的问题，即在汉语教育的过程中，对于尚未解决的各类语法问题，通过怎样的解释让学习者能够明白。这次研讨会，以形态论的语法论和表现论的语法论为中心，探讨了语法研究的方法论。在现实教育的过程中，如何面对尚未解决的各类语法问题，作为下次例会讨论的议题而被确定下来。

1954年，在中国语学研究会第五次大会上，汉语的教育方法论成为与会者讨论的中心议题。这个议题是由学会的关西分会提出来的。这个议题的内容按照教育的目的分为以下两项：

1. 作为大学一般教育的汉语教育

2. 作为大学专业学科的汉语教育：

a. 为了培养从事国际事务人员而进行的教育

b. 为了培养从事中国文化研究人员而进行的教育

1960年，日本与中国签订了LT贸易条约，中日之间经贸往来加深。进入60年代之后，汉语的学习者逐年增加，到60年代后期，有较多的学习者进入大学或学会开始学习汉语。从1967年4月开始，日本NHK电视台第三频道开始播放汉语电视讲座的节目。由1952年的收音机汉语讲座到1967年的电视讲座，从一个侧面证明了日本对于汉语教育重视程度的变化，以及全国范围内汉语学习者人数的不断增长。

此外，战后在日本还出现了许多汉语研究家以及教育家，如著名的汉学家仓石武四郎、藤堂明保等等，他们为日本汉语教学的发展作出了巨大贡献。

（二）主要代表人物

1. 仓石武四郎

仓石武四郎（1897—1975年）是国立东京大学名誉教授，日中学院院长，东方学会评议员，中国语学研究会理事长，勋二等、瑞宝章获得者，日本朝日文化奖获得者，中国语学文学研究家。

仓石武四郎出生在新潟县高田市，他的父亲仓石昌吉是明治维新时期著名思想家、教育家福泽谕吉的学生，典型的书香门第使他从小就喜欢日本与中国的古籍。1921年，他毕业于东京帝国大学中国文学科。同年，到中国江苏、浙江沿海进行考察，短期的中国之行使他对“训读”法与中国现代语之间的隔膜产生了深刻的认识，因此成为他一生研究汉语教育、改革的契机。虽然在那一年他考上了东京帝国大学大学院的特选公费生，但一年之后即中途退学，于1922年进入当时日本中国学的中心——京都帝国大学大学院，在京都学派狩野直喜、内藤虎次郎等日本中国学的奠基者指导下从事研究工作。1926年，他担任了京都帝国大学讲师，1927年升任助教授。

1928年，仓石武四郎以日本文部省资助的在外研究人员身份被派往北京留学。仓石刚到北京的时候，找了个名叫奚待国的旗人为他讲解《红楼梦》。每天上午用三个小时的时间学一回，一百二十回的《红楼梦》他学习了四个月。他通过这段时期对《红楼梦》的学习，打下了非常好的中文基础。

在北京留学期间，仓石武四郎与中国学者频繁来往。当时中国的著名学者，他大多登门拜访，讨教学问。在规定的两年留学期满后，他又得到上野育英会的奖学金资助，于1930年8月5日回到日本。

留学回国后，他继续在京都帝国大学任职，并兼任东方文化学院京都研究所(今京都大学人文科学研究所前身)研究员。1939年，他以《段懋堂的音韵学》一文获文学博士学位。同年，任京都帝国大学教授。1940年，又兼任东京帝国大学教授。1949—1958年，任东京大学专任教授。此后又担任日中学院院长等职。

仓石武四郎致力于日本的现代汉语教育，并作出杰出贡献。仓石武四郎创立了中国语学研究会、仓石中国语讲习会(日中学院前身)，并通过《支那语教育的理论与实际》、《汉字的命运》、《中国语五十年》、《架起通往中国的桥梁：仓石25年中国语教学总结》、《语言、思维与社会》、《汉字·日本语·中国语》等研究专著与《仓石中国语教本》、《岩波中国语辞典》等教材和工具书的编纂，深入研究汉语并对汉语学习进行推广。

仓石武四郎还以大量的精力投入到中国文学作品的译介传播中。1955年，他参加《现代中国文学全集》(15卷本)的编译，主编第14卷《短篇集·谢冰心篇》;1955—1958 年参加《世界大百科事典》(33 卷本)中国文学部分的编写等。他还是将鲁迅作品搬上日本大学讲堂的第一人。

仓石武四郎作为日本著名的中国学家,以对汉语研究、汉语教育及词典编纂等方面的成就而成为现代日本汉语研究的泰斗。

2. 藤堂明保

藤堂明保(1915—1985 年)是文学博士,早稻田大学客座教授,汉语教育家,日中学院院长,日中文化交流协会常任理事,"NHK 中国语讲座"讲师,中国语学研究会理事,中国语学文学研究家。他在战后日本汉语教育史上占有重要地位。

藤堂明保 1915 年出生在日本三重县一个普通教师家庭。1921 年,因父亲在当时"满铁"所属的学校工作,他随父母到了中国东北,在那里生活了 11 年。年幼时期的这一段特殊经历,给他打下了良好的汉语基础,并使他了解了中国和中国人民。这是藤堂明保后来走上汉学和中日友好道路的主要原因。

1943 年,藤堂明保被调到南京日军总部当翻译,日本投降后又做了一段善后工作,直到 1947 年夏才回到日本。1947 年到 1970 年,藤堂明保在东京大学工作了 20 余年,把全部时间和精力都用在汉语教学与研究上。他一生单独或与他人合作,著书 50 余部,编、译书 30 余部,编字典、词典、事典 30 余部,发表文章 400 多篇。

(1) 汉语音韵、音韵史研究。藤堂明保在中国服兵役时,就研读过王力的《中国音韵学》。战后,他结合自己丰富的语言实践,对汉语音韵学进行了深入研究。20 余年间,发表这方面的论文近 30 篇。1957 年由江南出版社出版的《中国语音韵学》一书,集中体现了该时期他在汉语音韵学方面的研究成就,并成了他的代表作。该书从音韵研究的内容、意义到音韵学方法论,从对中国韵书的解说到对中古、上古汉语音韵的探讨,从对北京、苏州、广东、福建方言音韵的分别论述到与日本、朝鲜、越南汉字发音的联系比较,内容丰富、系统,论述细致、深入,颇多创见,是战后日本屈指可数的汉语音韵学著作。

(2) 汉语字词研究。藤堂明保在大学时代,熟读中国典籍,古汉语功底深厚。战后他对汉语字词的研究,主要是在古汉语方面,汉字研究功夫尤深。主要论文有《中国语虚词的位相问题》、《上古汉语中指示词的机能》、《"祖"与"社"的语源》、《汉字的本质》、《副词的基本意义》、《"无"的思想本质》等。特别是在60年代后，他接连出版了《汉字语源研究——上古汉语字词族群之研究》、《词语的系谱》、《汉字语源辞典》、《汉字的起源》、《带"女"字旁的汉字》、《汉字的思想》等一系列专著。

(3) 汉语语法研究。早在1956年，藤堂明保就出版了汉语语法专著《中国文法之研究》，并与他人合作出版了《中国古典的读法——汉文文法》。在此之前，他曾发表过《表现论的语法论之构想》、《中国语文法论总复习》等论文。之后，他又陆续发表了不少有关论文。主要有《北京语语法》、《汉语的熟语是怎样构成的》、《文法论的性质》、《文法论的方向》、《存现句的本质及解释》、《宾语提前与"格"概念之导入》、《生成文法论——关于变化规则》等。

(4)语言比较研究。藤堂明保研究汉语的一个重要特点是，将汉语与日语进行联系、比较。他还懂得一些越南语、朝鲜语、泰语、蒙古语，也将汉语与这些语言相联系、比较。这就使他的汉语研究，眼界更开阔，探讨更独特。该方面的论文主要有《越南汉语的声调》、《支那音韵学与万叶假名的母音系统》、《日本语与汉语》等。1965年出版的《汉字的智慧——它的产生与日本语》、1969年出版的《汉语与日本语》、1971年出版的《汉字及其文化圈》以及后来出版的《汉字文化的世界》是藤堂明保将汉语与日语等进行比较研究的专著。

五六十年代处于学问黄金期的藤堂明保，在社会上已有一定影响，除了主要在东京大学任教外，还在东北大学、大孤市立大学、岩手大学等七所大学兼过课。1964年，藤堂明保当选为日本权威性的学术机构学术奖励审议会、国语审议会的委员。1966年，战后日本第一个汉语工作者代表团访华，藤堂明保担任团长。

1970年，东京大学发生学潮，作为一位正直的学者，藤堂明保坚决反对当局对学生的处理，愤然辞去了教授职务。1972年，他被早稻田大学聘任为客座教授。1971年7月，日本NHK广播电台请藤堂明保担任"中国语讲座"教员，他明确提出了四项条件：第一，不承认台湾；第二，学习中华人民共和国普通话；第三，不是单纯教习语言，而是通过语言介绍中国的政治、思想、社会、文化；第四，政治权力不得对授课内容进行干涉。尔后，他主持NHK电视“中国语讲座”节目达8年之久，收到了良好效果。

除讲授汉语和中国文化外，藤堂明保还积极从事中日文化交流活动。七八十年代的藤堂明保行政工作和社会活动较多，然而作为一个学者，他仍撰写了大量文章，编著了许多书籍和字典。仅他单独完成的著作和工具书就有20余部。主要有《汉字及其文化圈》、《汉字的故事》、《“武”的汉字“文”的汉字》、《中国语概论》、《话说汉字》（两册）、《汉字文化的世界》、《中国的历史与故事》、《中国遗迹之旅》（上、下）、《例解学习汉字辞典》、《学研汉和大字典》、《汉和事典》等。由此可见，藤堂明保确实是一位才华卓群、为日本的汉语教育及中日友好作出了巨大贡献的学者。

3. 波多野太郎

波多野太郎（1912—2003年），文学博士，日本中国语学会会长，国际知名汉学家。东洋大学文学部教授，私立圣心女子大学和日本大学大学院讲师，中华古籍整理研究所名誉所长，日本道教学会理事，日本中国学会会员，现代中国学会会员，东方学会会员，中国古代文学戏曲史研究家。

波多野太郎精通汉学，曾多次访问中国，与中国的教授、专家有着深厚的友谊与广泛的交往，并且经常向日本国内介绍中国古典戏曲研究的进展。同时，又不断地向中国反馈有关日本汉学研究的信息。

波多野太郎1949年担任大东文化学院教授，1953年到横滨市立大学任助教授，1957年任教授。当时他治汉学的重点还不是戏曲和语言，而是《道德经》，即《老子》，他的训诂学、校勘学等多方面的才能充分显示在其力作《〈老子〉王弼注之校勘学的研究》一书中。他的治学方法受中国清代乾嘉学派的影响很深，尤其是戴震、段玉裁两位大师，他景仰非凡。后来，他的研究工作就逐步向中国戏曲倾斜了。他的戏曲论文以探讨《西厢记》、《窦娥冤》、《汉宫秋》、《秋胡戏妻》等元杂剧的主题思想为主，也介绍一些中国学者戏曲研究的成果，或对中国戏曲专著作介绍或评论。

波多野太郎晚年仍孜孜不倦地钻研中国戏曲，并为中日两国戏曲理论界提供种种帮助和各种信息，不时奉献出新的成果。

波多野太郎大事年表：

1937年大东文化学院中国文学研究科毕业，任东北帝国大学助教。1946年参加中国研究所的创建，并任大东文化学院教授，1949年任日本大学文学部讲师，讲授“汉文学”。1955年任横滨市立大学文理学部副教授，其后任教授。1956年获文学博士学位。1956—1958年兼任横滨市立大学学报编委。1959—1962年参加《亚洲历史事典》(10卷本，平凡社刊)的编写。1967年获文部省科学研究费11万日元，进行“中国地方志所收录的各地方言的搜集、整理和研究”。1969年参加中国语学研究会《中国语学辞典》的编写。1971—1972年参加《中国的语言与文学》(天理出版社)《文学篇》的编写，撰写《读词杂志》一章。1973年参加《万有百科大事典》(24卷本，小学馆刊)第1卷《文学》中国部分的编写。1975年获文部省科学研究费22万日元，进行“中国民间文学的研究”。同年在日本道教学会第26届大会上作了《论马王堆出土的〈老子〉》的报告。1976年从横滨市立大学退职，任东洋大学文学部教授。1977年以来在东洋大学讲授“中国哲学”。

4. 太田辰夫

太田辰夫(1916—1999年)，日本著名汉学家。长期任日本神户外国语大学教授，对汉语历史语法、词汇以及中国古代文学都有精深的研究。除《中国语历史文法》外，还著有《中国语史通考》、《中国语文论集》(语学篇、元杂剧篇、文学篇)和《西游记研究》等。

《中国语历史文法》一书初版于1958年，后又出了汉译本，本书从历史的角度考察现代汉语语法是如何形成的，对于汉语语法从唐代直至明清的历史发展的描写尤为细致，可以说是近代汉语语法史的开创之作。此书以丰富、翔实的语言材料为基础，对汉语语法的历史发展作了详细、深入的论述，得到世界各国汉语语法研究者的高度评价，其材料和论述经常为人们引用。直至今天，仍是研究汉语语法史(特别是近代汉语语法史)的一本必不可少的参考书。

太田辰夫主要学术成果：

《中国语史通考》(普及版)，太田辰夫著，白帝社，1999；

《元版孝经直解[贯云石著]》，太田辰夫、佐藤晴彦编，汲古书院，1996；

《中国语文论集》，太田辰夫著，汲古书院，1995；

《中国语史通考》，太田辰夫著，白帝社，1988；

《中国秘籍丛刊》，太田辰夫著，坂田吉郎编，汲古书院，1987；

《中国语历史文法》，太田辰夫著，蒋绍愚、徐昌华译，北京大学出版社，1987；

《现代中日辞典》（增订版），香坂顺一、太田辰夫著，光生馆，1984；

《西游记研究》，太田辰夫著，研文出版，1984；

《古典中国语文法》（改订版），太田辰夫著，汲古书店，1984；

《中国历代口语文》（改订版），太田辰夫著，朋友书店，1982；

《中国语历史文法》，太田辰夫著，朋友书店，1981；

《西游记新探》，太田辰夫著，神户市外国语大学外国学研究所，1977；

《满洲文学考》，太田辰夫著，神户市外国语大学外国学研究所，1976；

《海上花列传》，韩邦庆著，太田辰夫译，平凡社，1969；

《现代中日辞典》（增订5版），香坂顺一、太田辰夫著，光生馆，1968；

《现代中日辞典》（增订版），香坂顺一、太田辰夫著，光生馆，1965；

《现代中国语》（修订版），太田辰夫等编，光生馆，1963；

《现代中日辞典》，香坂顺一、太田辰夫著，光生馆，1961；

《现代中国语入门》，太田辰夫著，江南书院，1957。

5. 六角恒广

六角恒广（1919— ），日本早稻田大学名誉教授，著名日本汉语教育史专家。已出版著作有《近代日本的中国语教育》、《日本汉语教育史研究》、《日本中国语教育史论考》、《日本中国语教学书志》等。

《日本中国语教学书志》一书是六角恒广先生继《日本中国语教育史研究》之后的一部新著，1994年8月由日本不二出版社出版。它以“书志”的形式，对从明治初年到第二次世界大战结束期间，在日本出现并发生过重要影响的156种汉语教科书、工具书，作了比较详细的题解、介绍。所涉及的汉语教科书、工具书，大都是六角先生精心收集、保存，并经过长期深入研究和认真筛选的，可以说基本包括了日本近代约80年间汉语教科书、工具书中具有代表性的版本。本书揭示了该历史时期日本汉语教育的面貌。

六角恒广主要学术成果：

《日本近代汉语名师传》，六角恒广著，王顺洪译，北京大学出版社，2002；

《中国语教育史稿拾遗》，六角恒广著，不二出版社，2002；

《日本中国语教学书志》，六角恒广著，王顺洪译，北京语言文化大学出版社，2000；

《中国语教本类集成·补集：江户时代唐话篇》，六角恒广编，不二出版社，1998；

《日本中国语教育史研究》，六角恒广著，王顺洪译，北京语言学院出版社，1992；

《中国语教本类集成·第1集—第10集》，六角恒广编，不二出版社，1991；

《中国语教育史论考》，六角恒广著，不二出版社，1989；

《近代日本的中国语教育》，六角恒广著，不二出版社，1984。

二、中日邦交正常化之后的汉语教育

1972年中日邦交正常化以后，日本开设汉语课的大学逐年增多，汉语被视为与欧美语言等同的一门外语，正式列入大学的外语教学科目。学习汉语的学生人数也逐年递增，中国语学会制定了日本的“中国语检定试验”，即日本的汉语水平考试标准并付诸实施。至此，日本的汉语教育开始快速发展。

（一）日本的汉语研究机构

1. 日本中国语学会

日本中国语学会，可以说是最具有权威的研究机构，日本许多著名的汉学家都参加了这个学会。日本中国语学会成立于1946年10月20日，原名为“中国语学研究会”，1978年改为现名。由已故的日本著名汉学家仓石武四郎先生创办，并在当时的京都帝国大学（现京都大学）举行了第一次会议。1947年《中国语学》作为学会刊物正式创刊。

本学会的活动以每年秋季召开全国大会及发行《中国语学》为中心，此外，在东京、名古屋、九州等地还举办地区性研讨会。会员多数为于大学等机构从事汉语教学的教师以及有志于汉语研究的研究生。近年来，学会中研究普通语言学、日本语言学等学者也有所增加。自2000年起，日本中国语学会特设奖项以鼓励并培养优秀青年学者。

《中国语学》杂志所用语言为日语、汉语、英语，年度全国大会所用语言定为日语和汉语。鉴于过去20年间研讨会和会刊上的汉语使用率大幅度增加，同时为了加强与海外学者的合作，日本中国语学会自2005年度起制定了"海外会员制度"及"特约编委制度"。

2. 日本中国学会

日本中国学会是以中国相关学术研究为目的，以从事中国哲学、中国文学、中国语学研究者为主的全国性综合学会。

日本中国学会成立于1949年10月，在上野的学士院召开了成立大会。它包含文学、语言学、哲学三大部分，创立之初会员有246名，现在会员总数超过了2000人。学会刊物有《日本中国学会报》和每年发行两期与会员沟通的《会报》。这个学会的本部设在东京汤岛的孔子庙。学会于1969年设立"日本中国学会奖"，目的是鼓励学者研究，原则上要求获奖者不超过40岁，并主要以在《日本中国学会报》上发表的论文为评选对象。每年选出哲学1名，文学与语学1名，在学术大会的总会上颁奖。目前研究中国近现代问题的中国学学者也有所增加，不过年会的论文宣读和每年一期的《日本中国学会报》所载论文，仍以中国古典研究为中心。活动内容包括：

(1)召开一次学术大会；

(2)发行一期机关杂志《日本中国学会报》；

(3)刊行两期《会报》，向会员报告学会情况或提供必要的信息；

(4)评出"日本中国学会奖"；

(5)为会员的研究提供帮助；

(6)与海外的中国学术团体交流。

3. 日本中国语教育学会

1996年，日本著名汉语学者舆水优发起成立日本全国中国语教育协议会。这是日本第一个专门以汉语教学为研究对象、面向所有汉语教师的专业学术研究团体，他们在研究汉语语言学之外，还非常重视在课堂上出现的各种问题。凡是从事汉语教育的人，不管是大学老师、高中老师，都可以参加这个学会。其宗旨是通过相互之间的经验交流，提高自己的教学及科研能力，从而进一步推动日本汉语教育事业的发展和壮大。

1997 年，日本全国中国语教育协议会召开了第一次全国大会，中国世界汉语教学学会会长、北京大学教授陆俭明等中国学者参加了此次会议。2002 年，该会更名为日本中国语教育学会，会刊是《中国语教育》。

4. 日本中国语教育研究会

日本中国语教育研究会成立于 1986 年，是由日本著名汉语学者舆水优发起成立的。该学会以当代汉语的教授法为研究对象，其主要目的是为了提高汉语教学者的教学水平。日本中国语教育研究会每年召开两次会议，每次会议都由两名研究者作主题发言。

(二) 日本各大学的汉语教育状况

日本的大学汉语教育主要分为三个系统。

1. 外国语大学的汉语系

全日本两所国立外大（东京外国语大学、大阪外国语大学[①]）、一所公立外大（神户市外国语大学）以及十多所私立外大都设有汉语系，课程除汉语以外还包括中国文学与文化。一、二年级学生每周上四五节（每节 90 分钟）汉语课，到三年级上专业课。各校每年招收 40 至 60 名学生。

东京外国语大学 2003 年中文专业设置表

年 级	课 型	内 容
1 年级	汉语 1	读解（精读 A、B）；作文（写作 A、B）；会话（口语）
2 年级	汉语 2	读解（精读 A、B）；讲读（阅读 A、B）；作文（写作 A、B）；会话（口语）

① 大阪外国语大学目前已合并到大阪大学，为大阪大学外国语学院。

续表

3年级	汉语表达演习1	汉语表达研究1;汉语口语1;汉语写作1;汉语文章表达方法1;福建话初级A、B、C、D;广东话初级
4年级	汉语表达演习2	汉语表达研究2;汉语口语2;汉语写作2;汉语文章表达方法2;福建话高级A、B、C、D;广东话高级
副专业科目	汉语A	汉语初级(语法);汉语初级(语音、口语)
	汉语B	汉语高级(语法),汉语高级(精读)
地域基础科目	东亚地区基础1	现代中国研究入门
	东亚地区基础2	中国的传统与文化
地域专门科目	东亚地区言语论	汉语朗读与演讲 汉语商务信函
地域专修科目	东亚地区言语论亚洲语言研究讲座	汉语言学概论;汉语教学法;中国方言学概论;上海话;广东话;古典汉语
	东亚地区文化论亚洲文化论讲义	中国音乐史概说;中国现代思想史;中国古典诗歌
	东亚地区文化论亚洲文学讲义	中国当代文学史;中国古代文学史;台湾与香港文学
	东亚地区社会论亚洲地区研究讲义	中国近代史;当代中国经济;当代中国法律体系;当代中国论;中亚历史与文化;东亚社会人类学

2. 综合性大学的中文系

日本许多综合性大学(如东京大学、早稻田大学等)都设有中文系,但都以文学为主。汉语课程不如外大那么专,选汉语为专业的学生也得选一些文学或文化课。一、二年级每周大约上四五节汉语课,三年级以后,根据自己今后的发展方向选择不同的课程。

3. 综合性大学公共外语的汉语课

日本的大学生一般都得选修两门公共外语,英语为第一外语,然后再从德语、法语、汉语等语种中选择一种作为第二外语。这种公共外语课,不论英语还是汉语,只是属于教养课,一周最多上两节课,基本上只让学生接触一下不同的语言文化。

日本汉语教学无论哪所高等院校都存在一个同样的问题，这就是初学汉语的人数最多，越到高年级人数越少。这种现象也反映在本科教学方面，初级班的人数最多，到了中高级逐学期减少。

（三）日本国内汉语考试的种类

中日邦交正常化之后，日本国内产生了许多类型的汉语水平考试，其中最主要的有3种，即"中国语检定"、"商贸中国语检定"和"中国语交际能力测试"。此外，导游资格考试等职业资格考试中也包含汉语能力的考试。

1. 日本中国语检定考试（中国语检定试验）

中国语检定考试是为促进日本汉语学习的普及与发展，并以此推动中日两国的经济、教育、文化交流而进行的汉语技能考试，是日本官方（文部省）认可的最重要的汉语技能考试。日本中国语检定协会作为中国语检定考试的授权组织单位，在日本汉语教学方面享有崇高威信。

该考试迄今已有近30年的历史，累计超过50万的日本人参加考试，是当前日本本国最具权威性、参加人数最多的汉语考试。考试于每年3月、6月和11月的第四个星期日举行，分为准4级、4级、3级、2级、1级、准1级和商务汉语共7个级别。

2. 商贸中国语检定考试

商贸中国语检定考试从1990年开始举行，由以大学教授为主要成员的日本商贸汉语协会主办，主要考查从事中日商贸工作的公司职员的汉语能力。"商贸中国语检定"每年12月的第1个星期日考试，共有4个等级，由低到高分别为4级、3级、2级、1级。各级使用不同的试卷，只有检查读写能力的笔试。试题以选择、填空、问答形式为主。

3. 中国语交际能力测试

中国语交际能力测试从1998年开始举行，由中国语交际协会主办，是汉语专家和从事中国业务的大公司共同开发的考试。它相当于英语的TOEIC考试，主要测试被考者的日常会话能力。

"中国语交际能力测试"每年7月和11月举行考试。在中国也设有考场。参加考试者使用同一试卷，满分1000分。试卷为4选1的标准化考题，共

140 题，其中读写 70 题，听力 70 题。按照分数由低到高分为 F、E、D、C、B、A 等 6 个等级。

除了上述三种主要的汉语考试之外，日本还有实用汉语鉴定考试、汉语导游考试、中日口译能力测试、汉语笔译基础能力测试，等等。

4. 中国汉语水平考试(HSK)在日本的实施情况

汉语水平考试(HSK)在日本的东京、大阪、京都、名古屋、福冈、金泽、札幌、神户、广岛等城市设有考点，具体由“HSK 日本实施委员会”承办。参加 HSK 考试的人数近年成倍增加，仅次于中国语检定考试。

随着中国综合国力的不断提高，日本的汉语学习者越来越多。为了满足这些汉语学习者的需求，进一步扩大汉语在日本的推广，2005 年 6 月 28 日，国家汉办与立命馆大学签署合作协议，筹建日本首家孔子学院。同年 10 月 1 日立命馆孔子学院在京都正式成立。截至 2007 年底，日本已经建立了包括早稻田大学、樱美林大学、北陆大学在内的十几所孔子学院和孔子课堂。

纵观 60 多年的当代汉语教育，我们看到，日本汉语教育的发展与中日两国关系的发展是成正比的。特别是中日恢复邦交的 30 多年来，两国的交流与合作领域不断扩大，在两国政府以及广大汉语教育工作者的共同努力下，汉语教育在日本走上了正轨，成为继英语之后的第二大外语，汉语教学研究也成为一门独立的学科。

思考和练习

1. 为什么说圣德太子在中日语言文化交流史上占有重要地位？
2. 为什么说宋代的日僧和宋僧是汉语言文化重要的传播者？
3. 简述中国典籍的输入对日本汉语言文化的影响。
4. 简述“唐通事”与“唐话”的历史。
5. 近 30 年来日本汉语教育的特点是什么？

第九章　东南亚汉语教育史

第一节　越南的汉语教育史

自古以来越南就与中国有着密切的联系，和日本、朝鲜同属“汉文化圈”，无论是在语言、文学、风俗礼仪方面，还是在社会制度方面，都受到汉文化的深刻影响。

在越南的历史上，汉字一直占据着极其重要的位置，越南比韩、日两国都有更长久的汉字使用史。据考古资料显示，汉字在西汉时期就已传入越南，并在此后的2000多年时间里始终占据主导地位，直到20世纪才被由拉丁字母拼写而成的国语字完全代替。在这2000多年里，大量汉文经典伴随着汉字一并传入了越南，并在越南得到了广泛的传播，而各种学校也是把汉文经典作为教授的课本。

一、越南北属时期的汉语教学

中越两国的交流史可以追溯到远古时期，在中越两国的历史文献中都有记载。[①]《史记·五帝本纪》说：颛顼“北至于幽陵，南至于交趾，西至于流沙，东至于蟠木。动静之物，大小之神，日月所照，莫不砥属”。《尚书·尧典》记载：“申命羲叔宅南交。”《墨子·节用中》说：“古者尧治天下，南抚交趾，北降幽

---

① 当时的越南被称为交趾。

都，东西至日所出入，莫不宾服。”在越南的史籍中也有很多这方面的记载：“黄帝时，建万国，以交趾界于西南，远在百粤之表。尧命羲氏宅南交，定南方交趾之地。禹别九州，百粤为扬州域，交趾属焉。成周时，始称越裳氏，越之名肇于此。”另《越南辑略》中记载：“越南，古交趾也，后为骆越。帝颛顼时，南至于交趾，莫不祗属。其国自称系出神农，号雒雄氏，亦曰骆鸿氏。”[①]

有关中越两国在远古时期交往的史籍资料表明，越中两国在远古时期就已经有了十分亲密的关系。

（一）处于中国秦汉时期的交趾汉语教育

公元前 214 年，秦始皇占领了岭南地区，并设置了桂林、南海、象郡三郡。其中象郡包括今天广西的一部分及越南的中北部。这无疑为汉文化在越南的传播打开了一扇大门。秦朝在岭南设置郡县后，开始派官员到岭南进行管理，“使岭南的社会制度基本上与内地保持一致”。[②] 中原的官吏到岭南做官必然会带来中原汉文化的道德准则和风俗礼仪，这为汉文化在这一地区的传播打下了良好的基础。除派出官员外，秦始皇还向包括今天越南中北部在内的岭南地区迁移了大量的中原人，其中包括被谪贬的官吏、逃亡者、商人、赘婿、知识分子以及罪犯。他们到岭南后，在为秦始皇驻守边疆的同时，也与当地的百越民族杂居在一起。

当大批的中原人带着先进的科学技术、政治经济制度以及汉文化来到相对落后的岭南时，必然对岭南经济文化的发展起到极大的推动作用。如果说中越两国的交流从远古时期就开始了，那时的中原文化还在星星点点地影响越南的话，那么秦朝是真正使越南印上中国文化烙印的开始，从此，汉文化渐渐渗透到了越南生活的各个方面。

秦朝末年，中原战乱不断，公元前 204 年，赵佗在岭南建立南越国，并将象郡改设为交趾、九真二郡。公元前 196 年，汉高祖正式封赵佗为南越王，自此南越国归于汉朝的统治之下。赵佗积极推行中原文化，鼓励汉人与当地人通

① 转引自董明《古代汉语汉字对外传播史》，中国大百科全书出版社 2002 年版。

② 何成轩《儒学南传史》，北京大学出版社 2000 年版，第 63 页。

婚，大大推动了汉文化在越南的传播与影响，从而使自秦朝开始的汉文化南传，“在南越国进入第一个高潮”。[①] 公元前 110 年，汉武帝平定南越国，设置南海、苍梧、郁林、合浦、交趾、九真、日南、珠崖、儋耳九郡。其中交趾、九真、日南郡在今越南中北部。公元前 106 年，西汉设立交趾刺史部统领以上九郡，由汉朝派出的官员直接进行管理，并实行与汉朝基本相同的政治体制。此外还在当地开设学校，用中国的课本、经典教授当地人，从而达到同化当地人、巩固统治的目的。

虽然从秦朝起，汉文化已经逐渐传入了越南，但是汉字在当地的传播以及汉语教学活动的展开都是从汉朝才真正开始的，越南学者阮才书、章收曾说：“中国人来到这里以前，越南人还没有文字。汉人来后就把汉字传到越南来，从这时起，越南也使用汉字。所以，中国文字，越南人叫汉字（从汉代传来）。中国文字除了记录中国行政机关的行政文件之外，还成为传播中国学术的工具。越南语言也一步一步地接受汉语的词汇和语法，使越语越来越远离初期的情况。”[②]

在汉朝派往越南的官员中，不少人都深受儒家思想的熏陶，具备较高的文化素质，他们善以“德政”推行同化政策。[③] 其中交趾太守锡光和九真太守任延为汉文化在越南的传播及汉语教学活动的开展作出了突出贡献。

在锡光、任延上任之前，儒家文化已经在越南有所渗透，但还是处于比较初级的阶段。锡光和任延担任交趾、九真太守后，开始利用政府的力量“建立学校，导致礼仪”[④]，传授儒家经典。自此以儒家文化为主的汉文化开始大规模、深入地在越南传播，并在当地落地生根，对社会各个方面产生了巨大影响，而汉字也从此在越南逐渐占据了主导地位。正如越南阮朝嗣德皇帝所说：“我越文明，自锡光以后，盖上自朝廷，下至村野，自官至民，冠、婚、丧、嫁、理数医

---

① 何成轩《儒学南传史》，北京大学出版社 2000 年版，第 74 页。

② 同上书，第 75 页。

③ 董明著《古代汉语汉字对外传播史》，中国大百科全书出版社 2002 年版，第 225 页。

④ 《后汉书·南蛮传》，转引自《古代中越关系史资料选编》，中国社科院历史研究所 1982 年版，第 35 页。

术，无一不用汉字。”[①]

秦汉时期，汉文化开始在越南有了大规模的传播。特别是学校的建立，标志着中国在越南汉语教学的正式开始，汉语汉字也开始在越南传播。在这一时期，儒家经典《论语》、《春秋》等书得到普遍讲授，汉字也伴随着这些儒家经典的传播逐渐在越南占据主导地位，直到 1936 年法国殖民者明令废除汉字为止。

（二）处于中国三国两晋南北朝时期的交趾汉语教育

从公元 220 年魏国代汉开始至 265 年晋国代魏，史称三国。在中原地区一片战乱之时，交趾地区却保持了稳定的社会秩序，文化教育事业都得到了发展，这与当时的交趾太守、被称为“南交学祖”士燮的努力是分不开的。

士燮的祖辈是鲁国人，因避王莽之乱而移居到苍梧广信。士燮年轻时曾留学京师，汉灵帝中平四年（187 年），任交趾太守。献帝三年（203 年），上奏献帝改交趾为交州，献帝应允。士燮本人精通《春秋左氏传》，在担任交州太守期间，积极传播汉学和儒学，用中原文化来统治交州地区。由于治理有方，使得交州在中原地区战乱之时保持了一方的安宁。交州地区的稳定，加上士燮礼贤下士，吸引了众多的中原有学之士来到交州。在《三国志·吴书·士燮传》记载道：“燮体器宽厚，谦虚下士，中国士人往依避难者以百数。”这些“中国士人”的到来，大大促进了汉文化在越南的传播，并使交州成为了当时的一个文化交流中心。此外，士燮还大力发展教育，建立学校，教授中夏经传。据明代严从简《殊域周咨录》记载：“旧制称：……时有刺史名仕（士）燮，乃初开学，教取中夏经传，翻译音义，教本国人，始知习学之业。”[②]除士燮建立学校，传授汉学之外，从中原来到交州的有识之士也在当地收徒讲学，如刘熙、程秉、薛综、许慈、虞翻等精通经史的大学问家就曾在交州授课，门徒常数百人。这些学校、讲堂的建立，极大地促进了汉文化特别是儒家文化在当地的传播与发展。

① 转引自董明《汉语汉字的传播》，中国大百科全书出版社 2002 年版，第 227 页。

② 转引自董明《古代汉语汉字对外传播史》，中国大百科全书出版社 2002 年版，第 229 页。

两晋时期，对交州的控制一如既往，交州地区也依然保持旧制，汉文化继续在当地传播。在这一时期，因为交州百姓不堪晋朝赋税重负，特别是不少晋朝官员暴虐，当地的反抗活动时有发生。当然，在这些晋朝官员中，也有少数深受当地百姓敬重的好官，如陶璜、杜慧庆等人。他们"笼络民心，积极办学，将中国封建朝廷同化交州的政策具体化，保障了汉语汉字在交州的有效传播"。[①]

到南朝时，依然控制着交州，委派官员，直接进行管理。汉文化也在当地继续传播着。

虽然三国两晋南北朝时期，中国内地战事不断，朝代更替频繁，但是汉文化在交州地区的传播以及汉语教学工作并没有因此而停止。相反，因为一些内地官员的努力，汉语教学在这一时期有了很大的发展，汉文化也更加深入地在当地传播。在这一时期，儒家经典依然被作为汉语教学的主要教材。

（三）从李朝到安南：处于中国隋唐时期的汉语教育

梁朝时，担任交州刺史的萧咨为政贪暴，他趁梁氏朝政混乱，无暇顾及交州事务，大肆搜刮百姓，引起了当地豪强地主和百姓的强烈不满。仕途不顺的李贲和并韶便利用这一时机于544年起义，一举攻下郡治龙编，九真、日南两郡人民也纷纷起兵响应。起义成功后，李贲称帝——南越帝，国号万春，年号天德，建都于龙编，越南历史上称为前李朝(544—602年)。

545年，梁朝派杨标做交州刺史，又派陈霸先率军攻打万春国。李贲兵力不及梁朝，撤出京都龙编。548年，李贲去世，其部将赵光复掌权，称赵越王。571年，李贲的族将李佛子趁赵光复不备，占领了龙编，自称李南帝。589年，隋朝统一中国。602年，隋朝派兵攻打龙编，李佛子投降，至此将近60年的万春国被隋朝灭亡，重新回到中国封建王朝的统治之下。隋朝虽前后只有37年(581—618年)，但它却为中国文教事业的发展作出了重要贡献。特别是炀帝开创的科举制，对整个中国社会、文化及教育产生了深刻的影响。唐朝取代隋朝后，继承了隋朝的文教事业及科举制度，并使之发扬光大，将中国封建社会

---

① 董明《古代汉语汉字对外传播史》，中国大百科全书出版社2002年版，第237页。

的发展推向了鼎盛时代。

唐朝依然像前朝一样控制着交州地区,设交州都督府。高宗调露元年(679年)改交州都督府为安南都护府,“安南”之名便始于此。到肃宗至德二年(757年)时,改安南都护府为镇南都护府,代宗大历三年(768年),又改镇南都护府为安南都护府。

唐朝在安南实行与内地一致的政治经济制度,各级官员均由中央直接任免。此外,据史书记载,唐朝还在安南实行了与内地相同的文教制度和科举制度,给予了安南人入朝做官的机会。唐朝还在安南特别实行了“南选”①,根据这一政策,每四年朝廷派遣五品以上京官为选补使,铨选安南人在内的岭南及黔地士人在当地或入朝做官,这一政策无疑大大刺激了包括安南在内的岭南士人学习汉文化的热情,促进了以儒家文化为主的汉文化的传播。由于在安南举行的科举考试与中国内地相同,因此学习、熟读中国各种典籍也就成为了安南人入朝做官的必要条件。这也大大促进了各地私学和官学的发展,学校所授教材以儒家经典为主。安南人通过自身的努力,陆续有人考中进士,登上仕途。其中最具代表的是曾官至宰相的安南人姜公辅。

姜公辅(?—805年),爱州日南县(今越南清化省安定县)人,唐德宗时登进士第,为校书郎。应制策科高等,授右拾遗,招入翰林院为学士,兼京兆尹户曹参军,后为谏议大夫,以本官同中书门下平章事(宰相)。其作品有《对直言极谏策》、《白云照春海赋》。《对直言极谏策》是姜公辅唯一一篇完整保留下来的作品,其内容是姜公辅与德宗的对答,这篇作品不仅展现了姜公辅高超的汉语水平,而且也反映了他的政治思想,是迄今所见的越南人所撰写的最早的一篇政论。作为安南人的姜公辅通过科举走上仕途,并能高居朝廷宰相之位,他无疑成为安南士人的榜样,安南的文风也日益兴盛起来。

唐朝与前朝一样,安南也被作为流放官吏的地方。如唐初四杰之一王勃的父亲王福畤被贬到交州任交州令,大力开展文教事业,为当地人所敬重,为

① 据《新唐书·选举制》记载:“高宗上元二年,以岭南五管、黔中都督府,得即任土人,而官或非奇才,乃遣郎官,御使为候补使,谓之南选。”

他立了祠堂。此外被贬到安南的还有李巢、沈诠期、杜审言等人,这些人都善诗文,受过良好的教育,具有较高的文化水平,因此他们任职于安南,必然带动当地文化教育事业的发展,这无疑也有利于汉文化在安南的深入传播。唐朝一系列的举措,特别是科举制度在越南的实行,加大了汉文化在安南传播的力度,而一批内地有识之士的到来,也大大推动了汉语教学的发展。

总的来说,在越南一千多年的北属时期里,汉文化从一种自发的、民间的传播转变为一种政府的、刻意的传播。秦汉、魏晋、隋唐各朝官员为了达到“同化”当地人的目的,积极建立学校、传授儒家经典,而大量移民到越南的中国内地人及被贬黜到越南的官员,也带来了汉文化的精粹,使汉文化渐渐深入到越南社会的各个方面,也为日后更大规模的越南汉语教学打下了良好的基础。

二、越南李朝时期的汉语教学

唐朝末年,安南政局也不稳,图谋割据事件不断,先后有曲承裕、杨廷艺、矫公羡等人控制安南,但都没有称王。直到937年,杨廷艺的旧将吴权打败了矫公羡,后又在白藤江大败南汉军队,史称白藤江战役。此次胜利后,吴权称王,建都螺城,建立了越南北部历史上第一个独立政权,开创了越南独立自主的封建社会的新纪元。

吴权在位仅6年时间就死了,自此从944年到968年的20多年里,吴氏大权旁落,各地贵族纷纷割据称雄,争夺皇位,史称“十二使君之乱”。在十二使君中,布海口(今属太平省)陈明公的势力逐渐强大起来,其手下大将丁部领打败了吴朝军队,吴朝灭亡。968年,丁部领打败了其他贵族,平息了使君之乱,统一了安南,建立“大瞿越”国,自称“大胜明皇帝”[①]。从此越南成为一个独立的封建国家,史称丁朝(968—979年)。

当丁部领在安南平息“使君之乱”之时,中国中原地区也出现了新的变化,后周的殿前晋军统领赵匡胤自立为王,并用武力统一了全国,建立了宋朝(960—1276年),赵匡胤即为宋太祖。

① 后被称为丁天皇。

丁王主动派使者前往宋朝，与宋朝寻求和好。973年，宋太祖遣使封丁部领为"交趾郡王"，封其子——南越王琏为"静海军节度使安南都护"。从此越南与中国建立了"藩属"关系。这种宗藩关系一直持续到19世纪下半叶法国占领越南为止。

979年，丁部领被杀，"十道将军"黎恒趁机掌握了大权。980年，宋朝派兵侵入越南。与此同时，丁朝各大臣拥立黎恒为皇帝，年号天福，建都于华闾，史称前黎(980—1009年)。次年，宋朝失败。抗宋胜利后，黎恒马上向宋朝示好，宋朝遂封黎恒为南平王。

黎朝末年，帝王昏庸，朝政腐败，民不聊生。左亲卫殿前指挥使李公蕴趁机夺权，建立李朝(1010—1225年)。

在越南北属时期，中国各封建王朝在越南建立学校、推广汉文化是以"同化"当地人为目的的，可以说越南本地人是以一种被强迫、被动的方式接受着汉文化。而越南在取得独立后，各朝统治者并没有抛弃汉字和汉文化，相反，他们主动选择汉字作为国家的正统文字，并大多采用儒家文化治理国家。自此，越南对于汉字及汉文化开始从被动接受转变成主动接受，汉文化在越南传播的广度和深度也有了大幅度的提升。特别值得一提的是，越南自李朝之后开始建立国子监、文庙，并举行科考，这使得越南的汉语教学工作有了突破性的发展。

李朝的各任皇帝大都精通汉文，可以用汉文吟诗作赋。李朝的开国太祖皇帝李公蕴在迁都后改名为升龙(今河内)的大罗城时，曾用汉文写下《迁都诏》，其中引典准确，语言流畅，从中可以看出其汉文水平非同一般。

在李朝时，佛教被高度推崇，特别是在李朝初期，佛教的地位要远在儒家之上。当时僧侣众多，寺庙林立，"百姓大半为僧，国内到处皆寺"(《大越史记全书·本纪》卷二)。然而，佛教的理论"往往不能解决巩固和发展封建专制制度的实际问题"[①]，李朝的统治者也渐渐意识到儒家三纲五常等理论要比佛教能更为有效地维持皇权。因此，李朝统治者有意识地发展儒家文化，以儒家思

① 何成轩《儒学南传史》，北京大学出版社2000年版，第336页。

想作为“定朝制和社会制度、维持君臣关系和统治秩序的政治思想理论”。[①]此外，他们还兴办学校，实行科举制度，传授儒家文化，儒士的地位日益提高。

1070年，李圣宗在京都升龙修建了首座文庙，塑孔子、周公和四配（颜子、曾子、子思、孟子）像，画七十二贤像，开启了越南修建文庙、祭奠孔子之风。

1075年，李仁宗举行了越南独立以后的第一次科举考试，“诏选明经博学及儒学三场”（《大越史记全书·本纪·李纪》），为朝廷选拔官员。因为受到社会条件所限，李朝的科举考试尚不规范，其举办的时间和规模都不是固定的。但是这种不固定的科举考试，依然大大激励了人们学习儒学的积极性。1076年，李仁宗在京都文庙边修建了国子监，皇太子和文职官员入读，国子监所教授的内容也以儒家经典为主。1086年，成立翰林院。

1156年，李英宗建立孔子庙，而后又建立了国学院、太学院等，招收贵族子弟，培养儒学人才。

李朝时，国子监、国学院等高等学校的建立，为在越南贵族子弟间传授汉语、包括儒学在内的汉文化提供了很好的条件。但是当时的国子监等尚未招收民间的子弟，因此这种汉语教学活动还只是在一个很小的范围内进行的。

三、越南陈朝时期的汉语教学工作

李朝末年，国家混乱，王权旁落到外戚陈守度的手中。1225年12月，年幼的女主李昭皇让位于自己的丈夫——年仅8岁的陈煚，由其叔父陈守度直接摄政。自此，经历了215年的李朝灭亡，越南进入了新的朝代——陈朝（1225—1400年）。

陈朝时，社会秩序混乱，统治者急需使用儒家学说中的三纲五常、君臣尊卑等思想来维护封建统治。因此，陈朝的统治者比李朝更加重视儒家思想，希望儒家的等级尊卑原则可以贯彻到家庭、家族和国家政治生活当中。[②]完善教育体系和科举制度正是陈朝推广儒家思想的重要手段。在此基础上，陈朝

① 贺胜达《东南亚文化传播史》，云南人民出版社1996年版，第148页。
② 何成轩《儒学南传史》，北京大学出版社2000年版，第339页。

的汉语教学工作也有了显著的发展。

陈朝统治者出台了不少改进科举考试的措施,使得科举制度日趋完善。建中八年(1232年),陈太宗开科取士。1246年,朝廷又确定了每七年举行一次科举的制度。1247年,设状元、榜眼、探花。1304年陈朝举行了历史上规模最大的一次科举考试,科举的内容已不像李朝那样举行三教并试,而是以儒家经义作为考试内容。正如董明所说:"科举考试的本质是为封建朝廷选拔官吏,其考试内容以儒家经典为核心,考试手段以汉语写作能力为准绳。因此,科举制度的推行,决定了读书人必然对之趋之若鹜,对汉语文和儒家经典的学习必然精益求精,因而也就决定了汉语文在安南的影响更加深入人心,其传播必然更加深广,高级汉语文人才必然层出不穷。"[1]

也正因为如此,陈朝在完善科举制度的同时,也大力发展教育,建立了一套较为完整的教育体系,既有供贵族子弟读书的中央一级的国子监、国子院、国学院、太学以及一些书院,也有建立在地方的、供黎民百姓子弟读书的府学、县学。在1253年朝廷设立的国学院里,塑孔子、周公像,画七十二圣贤。召集全国的儒士入国学院讲学,学习的内容为"四书五经"。

陈朝时设立了国子监司业,主管国子监的业务。越南"儒圣"朱文安(1292?—1370年)就曾担任过司业一职,为太子讲解儒家经义。朱安极为推崇儒学,用毕生精力传播、传授儒学,门徒众多。朱文安去世后,皇帝陈艺宗赐朱文安从祀文庙,成为越南历史上第一位从祀文庙的大儒。

另一位在陈朝时具有影响力的人物是张汉超(?—1354年),被越南史学界尊为"儒宗"。张汉超极其排斥佛教,独尊儒学,主张重视发展教育,建立学校,学习孔孟之道。他说:"当会圣朝,欲畅皇风,以振颓俗;异端实可黜,圣道当复行;为士大夫者,非尧舜之道不陈前,非孔孟之道不作。"(《大越史记全书·陈纪·裕宗皇帝》)张汉超去世后,也被赐予从祀文庙。

由此可见,儒学在陈朝得到了很大的发展,已渐渐取代佛教。特别是科举制度的完善,以及科举考试内容从儒、释、道三教经典向儒学经典的转变,大大

① 董明《古代汉语汉字对外传播史》,中国大百科全书出版社2002年版,第269页。

激发了士子们潜心学习、研究儒学经典的积极性，儒学得以从贵族阶层向民间传播，影响力也随之扩大。学校也以“四书五经”等儒家经典作为主要教材，汉字作为学习儒家经典的媒介也必然得到了很好的学习与传播。可见，在陈朝时，越南的汉语教学工作在政府的支持下得到了较大的发展。

四、越南黎朝时期的汉语教学

公元1400年，陈朝外戚胡季犛篡位，建立了胡朝（1400—1407年）。1406年，明朝军队受陈朝后裔的要求率兵攻打胡朝，1407年，明朝军队俘获胡季犛父子，胡朝灭亡。明朝打败胡朝后，开始了对当地的殖民统治，史称“属明时期”（1407—1427年）。明朝取消了越南的国号，改称为交趾郡，设置交趾布政司。1418年，越南清化土豪黎利发动蓝山起义，与明军抗争十余年，驱逐明军，建立了黎朝（1428—1784年），史称后黎。

虽然，胡朝和明朝统治的时间较短，但他们对于汉字、汉文化在当地的传播都采取了不少积极的举措。

胡朝时，胡季犛十分倾慕汉文化，采取了尊儒限佛的举措。他对科举考试进行了改革，把考试分为乡试、礼部试、会试，“参场文字定位四场，依次为经义文、诗赋、拟诏制表文和试策文”。①

在文化教育方面，胡季犛最大的贡献就是推动了喃字的发展。喃字，又称字喃，出现在陈朝，是在汉字基础上创造出来的一种越南本土文字。早在登上皇帝宝座之前，胡季犛就曾将《尚书》中的《无逸》篇译为字喃，教授陈顺宗。1396年，他又用字喃翻译了《诗经》，以教授后妃及宫女。② 然而，虽然在以后的各朝都得到了不少文人的大力推崇，但是由于喃字过于复杂，并且无法摆脱对汉字的依赖，因此始终没有取代汉字的主导地位。

属明时期，明朝政府在越南（时称交趾郡）大力发展文化教育，“以化夷风”。明朝在越南各地建文庙，开办学校，招揽人才，1417年“定岁贡儒学生充

---

① 贺胜达《东南亚文化传播史》，云南人民出版社1996年版，第154页。

② 董明《古代汉语汉字对外传播史》，中国大百科全书出版社2002年版，第345页。

国子监。府学每年二名，州学二年三名，县学一年一名。后又定府学每年一名，州学二名，县学二年一名”（《大越史记全书·本纪实录·黎纪》）。1419年，明朝政府赐《四书》、《五经》、《性理大全》等著作给越南各府、州、县学，作为教授生徒的教材。[①] 由此可见，属明时期，各地学校加大了对儒学特别是理学的学习，当然这也是明朝运用政府手段的结果。但从另一个角度说，明朝的统治促进了越南汉语教学的发展，并将儒学的影响进一步深入到民间。

明朝统治时期，除了向越南颁赐教材以外，1425年，在交趾布政司的要求下，还向越南选派了儒学教官进行教学。这也是中国政府向越南派出的首批汉语教师。这一举措对当地汉语教学工作的发展起到了推动作用。

黎朝建立后，儒学从一开始就被统治者选为巩固中央集权、维持社会秩序的理论学说，自此儒学在黎朝“达到了它的鼎盛阶段，取得了独尊的地位，成为支配全社会的正统思想”。[②] 黎朝统治者重用儒士，大量引进并刊印儒学经典，扩大了儒学在越南的影响力。黎朝时，孔子的地位得到了空前的提高，黎太祖黎利在立国之始就开始祭祀孔子。黎圣宗时规定每年春秋两季丁日举行祭孔典礼。祭孔在黎朝时形成了一种制度，孔子的形象也被神化了。

在提高孔子地位的同时，黎朝的统治者与前朝相比更加重视科举制度及文教事业。1434年，黎太宗举行科举考试，并宣布科举考试每三年举行一次，考题为第一场：经义一道，《四书》各一道，并限三百字以上；第二场：制、诏、表；第三场：赋诗；第四场：策一道，一千字以上。自此科举考试就形成了一种正规的制度，每隔三年各地举行一次乡试，京师举行一次会师，参加考试的人数达千人以上。黎朝对参加科举考试的人不限身份，不分贫富贵贱。黎朝通过科举考试选拔出了很多优秀人才，巩固了黎朝的政权。

黎朝对士子们还采取了一些优惠的政策，如免税、免徭役等，鼓励士子们努力学习，为朝廷服务。

与科举考试相辅相成的是教育的发展。黎朝在立国之初就十分重视学校

① 何成轩《儒学南传史》，北京大学出版社2000年版，第347页。

② 同上书，第347页。

的兴建，在中央建有国子监、崇文馆、昭文馆、秀林局等，在地方则有由府学、州学、县学等。此外，还有各村社集资兴办的乡学、社学以及各类私塾等。[①]

黎朝时，国子监监生的来源除了贵族及官员子弟外，还选拔民间的优秀子弟入国子监读书。由于儒家学说在黎朝的主导地位，科举独考儒学，国子监的教育与科举息息相关，因此学生们在国子监等学校学到的都以儒家经典为主、与科举考试的内容相同。国子监的学官也都是儒士出身，通过科举入仕。黎朝时，国子监主要以儒家经典作为主要教材，包括《四书》、《五经》、《资治通鉴纲目》、诗、赋、字汇、诏、表、诰、策论以及武官谋略、文官词命等。在黎朝后期，增加了八股文体。此外，由于科举考试中的诗赋文章大都取典自中国历史，因此越南黎朝时无论是国子监，还是地方学校的学生除了学习一些儒家经典以外，还要学习中国的历史，而对于本国历史则几乎没有关注，这种情况一直持续到 20 世纪初期。《左传》、《史记》、《汉书》、《后汉书》、《三国志》、《宋书》、《资治通鉴》、《资治通鉴纲目》、《文献通考》、《一统志》等都是当时学生的必读书。

国子监作为中央一级的学校，其教学内容必然会影响到地方各级学校。黎朝时，社学、私塾也主要是以儒家学说作为孩童识字启蒙的教材，如《千字文》、《孝经》、《论语》、《小学》等。中国家训类的书籍也在越南广为流传，如《太公家教》、《明心宝鉴》、《明道家训》等。

黎朝时，中国的书籍在越南传播甚广，其中的一个重要原因就是黎朝政府大量刊印儒家经典。黎太宗绍平二年（1435 年）刊刻《四书大全》板；黎圣宗时，下诏重刻了《五经》官板，颁给国子监，供监生学习。黎朝时，印刷业得到了长足的发展，因此刊印了大量的中国文化典籍，如《资治通鉴》、《三国志》、《左传》、《汉书》、《唐书》等。传入的书籍除儒书外，还有天文、地理、历法、相书、算法、医药、佛经等各类书籍。

在黎朝的前期，国子监所用的课本都是刊行的版本，到黎纯宗龙德三年

① 陈文《越南黎朝时期的社学和私塾——简论中国古代基层教育制度对越南的影响》，《东南亚研究》2007 年第 5 期。

(1734年),开始刊颁《四书》、《五经》、史书、诗赋等书籍,并禁止再买中国印行的书籍。[①] 从此,越南开始了使用自行刊行汉语课本的历史。虽然,课本是自行刊行的,但是课本的内容仍为中国的。

黎朝时期为了使孩童更好地学习儒家学说,越南本地人开始编撰适合本地人学习的、浅显易懂的汉语文课本。阮辉僓于1773年编撰了《初学问津》,教孩子识字及作诗赋的方法;裴扬珪因有感于小孩难以记住《孝经》、《小学》等儒学经典的内容,因此以四字一句的形式编撰了《裴家训孩》;裴辉碧为配合科举考试编撰了《周礼节要》、《五经节要》、《书经节要》、《四书节要》等儒家经典节要书籍;此外还有《一千字》、《伍仟字》、《黎朝阮相家训歌》、《吴公训子文》、《穷达家训》等自编的汉语文教材。[②]

可以看出,黎朝时越南的教育普及程度已经达到了一个相当高的水平,特别是自行刊行书籍的发展,给黎朝的汉语教学工作提供了很好的发展条件。在越南除了从中国流传过去的各类书籍外,也出现了由越南人自己编撰的识汉字、讲解儒家学说的教材。这些教材符合越南本地人的特点,浅显易懂,对在民间普及汉语、汉文化以及儒学经典在越南民间的深入传播起到了极大的推动作用。

五、越南阮朝时期的汉语教学

黎朝末年,政局混乱,先是权臣莫登庸于1527年篡位称帝,黎维宁则在阮淦等黎朝老臣的拥立下在清化、义安一带称帝,从而形成黎、莫对峙的南北朝局面(1527—1592年)。不久后,黎朝大将郑松攻入升龙(河内)(1592年),赶走莫氏,黎朝复辟。但实权掌握在郑松和阮淦的手中。郑氏和阮氏两个封建集团连年混战,形成北郑、南阮新的对立局面,史称南北纷争时期。连年的战争,人民的生活苦不堪言。1771年,阮文岳、阮文侣和阮文惠三兄弟发动了西

① 陈文《越南黎朝时期的社学和私塾——简论中国古代基层教育制度对越南的影响》,《东南亚研究》2007年第5期。

② 陈文《越南黎朝时期的社学和私塾——简论中国古代基层教育制度对越南的影响》,《东南亚研究》2007年第5期;《越南黎朝时期的国子监教育》,《南亚问题研究》2006年第1期。

山起义，这也是越南历史上最大的一次农民起义。西山起义获得重大胜利，1788年，阮文惠称帝，建立西山王朝。但西山王朝没有坚持几年，就被勾结了法国殖民者的南方阮氏集团推翻了。

1802年，阮福映称帝，建立阮朝，年号嘉隆，定都富春（今顺化）。阮朝也是越南的最后一个封建王朝。

嘉隆二年（1803年），阮福映向清朝政府请求册封，嘉庆皇帝册它为越南国王，自此得名“越南”。这样，阮朝政府仍然与中国清政府保持了藩属关系。

西山王朝像以往的封建贵族统治者一样推崇儒学。他们在义安建立了崇正书院，遵朱子学规，培养人才。西山王朝积极发展民族文字——喃字，并将喃字作为国家的正式文字，公文诏诰都须用喃字书写。西山时期，用喃字翻译了《小学》、《四书》等书，并刻印了以喃字译注的《资治通鉴》、《诗经越音注解》等书。这些书籍的刊印，大大促进了汉籍在越南的传播与本地化进程。

阮朝建立初期，帝国主义对越南虎视眈眈，国内矛盾激化，在这种情况下，儒学的纲常等思想就成了阮氏封建王朝统治者巩固政权、维持社会秩序、控制人民思想的最佳选择。正因为如此，儒学在阮朝继续保持了其独尊的地位，特别是儒家的伦理纲常思想得到统治者的积极推广。汉字再次成为越南的官方文字。

阮朝比以往各个朝代更加注重儒学的教育，制定了全国通行的教育条例：“每社选择一名有德行、文学之人，免其徭役，使教授邑中子弟。邑中子弟，年8岁以上入小学，次及《孝经》、《忠经》；12岁以上，先读《论语》、《孟子》，次及《庸》学；15岁以上，先读《诗》、《书》，次及《易经》、《礼记》、《春秋》，旁及子史。”[①]1835年，明命帝还颁给国子监《四书》、《五经》、《小学集注》3种书各50部，作为初学的教材。1836年，又颁发给国子监和各地学校《四书》、《五经》、《四书人物备考印行》1170部，后又颁《通鉴辑览》给各省学堂。[②] 此外，阮朝政府还大量印行《四书大全》、《五经大全》等书，在越南全国广泛流传。

---

① 转引自董明《古代汉语汉字对外传播史》，中国大百科全书出版社2002年版，第334页。

② 何成轩《儒学南传史》，北京大学出版社2000年版，第360页。

除了儒学经典外，阮朝与黎朝一样在学校里要求学习史学，特别是中国的历史。当时在阮朝基层学校使用的史学教材主要有《天南四字经》、《安南初学史》、《北史歌》等。孩童通过阅读这些史书，增加了对中国及越南历史的了解。

阮朝时，处于巩固统治的需要，科举考试也得到了统治者的重视，参加考试人数众多。阮朝的科举考试不仅独试儒学，并且还在考试中引进了八股文，考试内容越发死板。科举考试的变化，必然引发教育体制的改变。阮朝时，学子们的学习更加功利化，以中举做官作为学习的唯一目的。“学习的人要把许多工夫花在记忆《五经》、《四书》和这些书中先儒的注释，并要加学几部中国史书。每天练习者，主要是熟悉科场的方法，即经义、四六、诗赋、策文。这是用虚文来鉴定实用之才，以华美为尺度来衡量经纶之才。”[①]

1858 年 8 月 31 日，法西联军出兵越南，1859 年 2 月 16 日，殖民者军队攻陷嘉定城。1862 年 6 月 5 日，潘清简和林维浃代表阮朝和法国海军少将普纳签订了丧权辱国的《西贡条约》，越南从此丧失了政治、外交主权，沦为了法国的殖民地。

法国殖民者“为了消除越南人民的民族意识和民族文化，他们有意限制汉文化的传播和发展，而宣传西方的思想文化”[②]，他们妄图彻底切断越南与中国在文化上的联系，削弱中国对越南的影响。消灭作为传播汉文化媒介的汉字就成为法殖民者迫切需要解决的问题。他们希望可以用传教士于 16—17 世纪左右创造的拼音文字——国语字逐步代替汉字，之后再用法语替代国语字，以达到在越南法语化的目的。

为了达到这一目标，法国殖民者对越南的教育体系也作出了相应的调整，如科举考试有科目要用国语作答；学校的汉文课程大幅度减少，学生升到高年级(第二级)后就不再学习中文，而法文和国语的教育大幅度增加。

由于汉字的复杂性，因此在越南使用汉字的千年历史里，懂得汉字的人数仍不多，大多集中在越南的上层社会以及文人雅士中。国语字的出现大大弥

---

① 陈重金〔越〕《越南通史》，戴可来译，商务印书馆 1992 年版，第 358 页。

② 何成轩《儒学南传史》，北京大学出版社 2000 年版，第 365 页。

补了汉字书写复杂、记忆困难的问题，因此这种新型文字以一种极快的速度在越南传播开来，并只用了大约100年的时间就彻底代替了汉字在越南的主导地位，成为越南正式官方文字。

1919年5月15日，越南举行了最后一次科举考试。1945年，越南正式宣布取消汉字，汉字从此在越南成为了一种古文字。

随着越南封建王朝的灭亡，汉字也在越南走到了历史的尽头。汉语教学也从一种如同本国语言、文化的学习转变成了一种外语、外国文化的学习。尽管如此，汉文化在越南的影响是根深蒂固的，并已渗透到了越南社会的方方面面，这不是通过废除汉字就可以一并抹杀掉的。从文字的角度来说，法国殖民者在越南推行的政策无疑是成功的，成功地将汉字赶出了历史舞台；但从文化同化的角度来看，他们无疑是失败的。毕竟经过千年的浸润，汉文化特别是儒家文化已经成了越南文化不可分割的一部分，这种影响不是那么容易消除的。

六、越南当代汉语教学①

1954年，越南正式将汉语列为主要外语之一，成为与俄语、英语、法语同等重要的语言。当时，除了在大学里设有中文系以外，汉语还是初中、高中学生的必修课。河内外国语大学（现更名为河内大学）和河内外语师范大学（现隶属于河内国家大学）中文系培养出了大量的汉语人才。

1979年，由于中越两国关系的恶化，汉语教学在越南不再得到重视。直到1991年，中越两国关系正常化后，越南的汉语教学工作才得以复苏。特别是大量大陆、台湾、香港及新加坡的企业涌入越南投资设厂后，对汉语专业人才的需求急剧扩大，这也促使中文专业一跃成为越南的热门专业。

据统计，目前越南已有数十家大学开办了中文专业，其中既有国家公立大学，如河内国家大学（下属多个大学及学院都设有中文系）、河内大学、胡志明市国家大学、胡志明市师范大学等，也有民办和半公办大学，如河内的东都民

① 本节内容主要参考韦锦海《越南高校汉语教学的现状》，《广西民族学院学报》2004年9月；潘其南〔越〕《越南汉语教学概况》，《世界汉语教学》1998年第3期。

立大学、胡志明市的外语信息大学、雄王大学、孙政胜大学等等。这些大学都拥有优秀的师资，特别是近几年，有不少从中国毕业的汉语博士回越南任教，大力推动了越南汉语教学事业的发展。

除了这些公立及民办大学的中文系外，社会上开办的各种语言中心有不少也开办了中文学习班。

越南的汉语教学工作以教授简体字为主，使用的教材大多是北京语言大学版或北京大学版的各级对外汉语教材，自编教材较少。

现在，越南不少高校都与中国高校建立了友好合作关系，签署了合作协议。不少越南汉语教师都有曾在中国长期或短期学习、培训的经历，我国一些大学也向越南派出汉语教师进行讲学，效果显著。

越南汉语教学存在着师资短缺、中文参考书籍不易购买、教学设备简陋等困难，这些问题都有待改善与解决。

第二节　马来西亚的华文教育史

马来西亚从19世纪起成为英国的殖民地，分为马来联邦(管辖雪兰莪、霹雳、彭亨和森美兰4邦，华人俗称“四州府”)、马来属邦(管辖柔佛、吉兰丹、吉大、丁加奴和玻璃市5个邦，华人俗称“五州府”)以及海峡殖民地(管辖新加坡、马六甲和槟城，华人俗称“三州府”)。1948年新加坡分治，1957年马来亚独立。1963年马来亚、新加坡、沙巴、沙捞越组成马来西亚联邦。1965年新加坡独立。

因此，在论述马来西亚早期华文教育时，我们将新加坡华文教育放在一起论述。

马来西亚主要由马来族、华族和印度族组成。目前马来西亚总人口约2600多万。其中华人约占26%(约600多万人)，是马来西亚的第二大民族。这与多数华人属于居留国少数民族的情况有很大不同。

中国人在汉代就与马来亚有经贸往来，但大批移居则是19世纪以后的事。华文教育从无到有逐步发展壮大，当局对华文教育的政策也从放任自流到逐步加以管理限制。华人为了捍卫母语教育的权利展开了长期抗争，并取得一定胜利。至今，马来西亚是除中国以外，保存着从小学至大专完整华文教育体系的唯一国家。

一、19世纪私塾教育时期

1920年以前，英国殖民政府没有制定专门针对华文教育的条例，让华文教育自生自灭。但是由于华人人口总数不多，经济实力有限，华人知识分子欠缺，因此华文教育长期处于私塾教育阶段。

1815年，马六甲有3所私塾，其中2所为华人所办，1所为教会所办。另一份资料说，当年马六甲有9所私塾，其中8所的学童为闽籍儿童，约有150人，另一所为粤籍学童，有十几人。① 在槟城，1820年有3所私塾和1所女校，新加坡在1829年有3所私塾，分别用闽南语粤语授课。② 另外，学者认为，1819年在槟城创办的五福书院也是华人较早开办的私塾之一。可惜除遗址外，没有留下更多文字资料，详细情况不得而知。到1884年，海峡殖民地有私塾115所。③

私塾具有以下特点：只教授中国古书，如《千字文》、《三字经》、《论语》、《孟子》、《大学》、《中庸》以及《百家姓》等，外加商业所需的尺牍和珠算；以中国方言，如闽南语或粤语作为教学用语，这是因为当时的华人祖籍多为福建省和广东省；没有严格的办学方针、教学大纲或校历；办学经费由华人筹集；教师由中国南来、稍有一点知识的落第秀才等担任；校舍条件甚差，设备简陋。

1889年槟城华人办的南华义学在总结以前私塾经验的基础上，形成了较好的办学理念。根据《南华义学条议十五条》，该校制定了学制、聘任规定和考核办法；规定入学年龄为8岁至15岁，塾师领取薪俸；有学生40余人；同时以

---

① 郑良树《马来西亚华文教育发展简史》，外语教学与研究出版社2007年版，第8页。

② 郁树锟主编《南洋年鉴》(乙)，新加坡南洋报社有限公司1951年版，第39页。

③ 陈绿漪《大马半岛华文教育的发展》，载林水壕、骆静山合编《马来西亚华人史》，马来西亚留台校友会联合总会，1984年版。

闽南语和粤语授课。严格说来，私塾或义学还不能算是正规教育，只能算是正规教育的启蒙阶段或雏形。尽管如此，它在传承中华文化方面还是作出了很大贡献。

二、新式教育的兴起与发展

20世纪初，以孙中山为首的中国共和派及以康有为为首的保皇派分别到新加坡与马来亚开展活动。尽管他们在政治上有重大分歧，但是在鼓励华人兴办教育方面则是一致的。新式学校如雨后春笋般地在各地建立起来。

当时新加坡有30所华文学校。[①] 1904年槟城中华学校、1906年吉隆坡尊孔学校以及1915年槟城钟灵学校先后创办。

华人重视女子教育，一些女校先后开办：吉隆坡坤成女校（1908年）、怡保华人女校（1914年，后改为吡叻女校）、槟城福建女校（1920年，后改为槟华女校）等等。

与此同时，师范教育也开始问世。1906年槟城中华学校附设师范传习所开办，这是第一个师范类学校。此后各地华校也开办了师范班，为解决华校师资紧缺问题作出了贡献。

新式学校发展很快。1904年至1911年新加坡和马来亚的新式华校达100所。[②] 民国成立后，华人办学热情高涨，加快了新式学校建立的步伐。以新加坡为例，1910年有25所，到1930年增至132所；马来亚1910年有20多所，以后每十年增三四十所，甚至达60多所。[③]

同私塾相比，新式学校有不同特点：课程不再局限于"四书五经"，而普遍开设了社会所需的语文（白话文）、英语、算术、常识、自然、历史、地理、数学、物理、化学、音乐与体育等等。新式教育使学生的应用文写作能力有很大提高，掌握了更全面的知识，为今后谋生打下了较好的基础；改变了以方言授课的方式，改用国语（普通话）授课，使学生有了统一的语言，方便他们后来到中国的

---

① 林水檺、骆静山《马来西亚华人史》，马来西亚留台校友会联合总会，1984年版，第283页。

② 黄昆章主编《华侨华人百科全书·教育科技卷》，中国华侨出版社1999年版，第179页。

③ 郑良树《马来西亚华文教育发展简史》，外语教学与研究出版社2007年版，第17页。

学校进一步深造；办学者不再局限于私人，而是扩大到华人社团，除了地域性团体外，综合性社团也加入了办学行列；办学经费仍依靠华人捐款，校舍要比过去的好很多；教员从中国聘请，不少人具有大学学历，有些教师是当地师范班培养出来的，教师水平比过去的塾师有较大提高。由于新式学校具备更多优势，广受华人欢迎。

但是，新式教育的发展也并非那么顺利和风平浪静。英国殖民主义者早期不认为华文教育会对殖民政权构成威胁，这是马来亚华文教育得以较快发展的一个重要因素。但是，当华人的民族主义运动再次高涨时，英国殖民主义者就开始调整了对华文教育的政策。第一次世界大战结束后，马来亚华人反对不平等的《凡尔赛和约》，五四运动也在马来亚华人社会引起强烈反响，殖民者担心这些会起连锁反应，并担心华人在政治行动中扮演更重要的角色。因此从20世纪起，殖民主义者终于改变了过去不干预华人教育的方针，开始加强对华文教育的管理和控制。

1920年英国殖民政府制定教育注册条例，目的在于"取得对所有殖民地各类学校的控制"，要"好好地管制学校"，"有效地训练"教师。条例规定：所有10人以上的学校，教员以及董事都要向当局注册登记，否则将予以罚款或注销准字；政府有权管制以及限制华校；总督有权宣布任何"教导有关革命或与政府利益冲突的事务"的学校为非法学校并加以取缔。

华人为捍卫华文教育展开了抗争。华校组成联合会向政府呈交反对上述条例的请愿书，派代表到中国求援，要求向英国殖民政府施压撤销条例。但是殖民政府不仅不接受华人的要求，反而逮捕了一些华人领袖，有的教师被驱逐出境，有些学校被吊销开办准证，新申请开办的被拒绝注册。殖民政府还规定，禁止华校采用一些教科书，只有在马来亚出生者才有出任教师的资格，并向华校派出更多监督官员。1925年至1928年海峡殖民地有315所华校被取缔。[①] 尽管如此，华校仍不断向前发展。当局也意识到，过于严厉的手段不仅不利于解决问题，反而激发了华人更大的反抗心理。因此，从1935年以后，华

① 郑良树《马来西亚华文教育发展简史》，外语教学与研究出版社2007年版，第41页。

文教育政策有所松动,津贴华校的金额比1933年增加约1倍。

1921年后的华校数字如下:1921年有252所;1924年有564所,学生27476人,教员1257人;1934年有766所,学生54618人,教员2371人;1938年有1015所,学生91534人,教员3985人。[①] 总的来说,除1931年外,其余年份都在增长。

1942年至1945年日本法西斯占领期间,许多华校被关闭,华文教育备受摧残。

三、二战后限制与反限制的斗争

日本投降后,英国人卷土重来,重新统治新加坡和马来亚。1948年的马来联合邦协定实行马来族优先发展政策,马来人和马来文享有特殊的优越地位,直至现在,此项政策都未改变。它使华文教育的发展受到很大影响。

1950年马来亚联邦有华校1319所,学生216465人,教员6245人。[②]

从1951年至1961年,政府先派人进行调研,然后陆续公布教育报告书,再出台教育法令。这些报告书有:1951年的《巴恩报告书》和《方吴报告书》、1954年的《教育白皮书》、1956年的《拉萨报告书》、1959年的《达立报告书》。在此基础上先后颁布了1952年、1957年和1961年教育法令。

上述几个报告书中,《方吴报告书》较为缓和,认为各民族可以保留母语教育,其余报告书都认为,马来亚的终极目标应该是将教育本土化,所有学校都要改制为以马来语为教学媒介语的国民学校。1961年法令第21条第2项指出:"教育部长在他认为适当的时候可将华文小学改为国民小学";政府不承认华文独立中学的文凭,华人学生上国立大学实行定额制,即使成绩十分优异,由于受到名额的限制而失去深造的机会和权利;独立中学的教员不能享受公务员的待遇,收入明显低于国民学校的教员。很明显,这些都是种族歧视的体现。

---

① 林水壕、骆静山《马来西亚华人史》,马来西亚留台校友会联合总会,1984年版,第308～309页。

② 同上。

华社强烈反对政府不公正的教育政策，尤其是1961年的教育法令。1995年教育法令颁布后，虽然取消了1961年第21(2)条，但第143条又规定，教育部长在他认为适当的时候，可以取消任何获得豁免权的学校；1980年12月，教育部推出在国民型学校推行三M制度的计划，即在全国302所源流学校加强马来语的教学，企图弱化华文教育。即使华人强烈反对，当局也只是作了小修改，本质却未改变。这些都为取缔华文教育留下了伏笔。

在限制与反限制、控制与反控制斗争中，一般的规律是，先是政府出台打击华文教育的报告书，征求各界的意见，然后华社提出反对和修改的建议，政府作出小小的修正，再正式推出必须坚决贯彻执行的教育法令。华文教育就在挫折中谋求发展。1961年全马华校有1406所，学生432772人，教员14098人；其中小学1274所(接受津贴的有1022所)，中学132所(接受津贴的有60所)[①]；80年代，因经济困难，有54所华校改制为马来语教学的国民中学，另外16所坚持独立，不接受改制，后来华文独立中学增至60所。

进入新世纪后，政府淡化华文教育的脚步从未停止。政府在加强英语教学的借口下，提出了在华文小学的数学科和科学科用英语教学的议案，到2008年，学生以英语进行考试。政府明显是要削弱华文小学的华文教育，尽管华社一片反对声，政府仍然强行通过了这一方案。

在马来西亚政府打击华文教育的政策之下，华文教育仍然得以发展，这要归功于坚持母语教育的“董总”、“教总”的坚强领导以及广大华人群众的大力支持。“教总”的全称是华校教师会总会，成立于1951年；“董总”全称是华校董事联合会总会，成立于1954年。两个总会机构健全，通力合作，并肩战斗，负责统筹华校教科书的编写、师资培训、考试计划以及升学工作等的实施，董教总被誉为“华校司令部”和“华校保姆”，在坚持母语教育斗争中贡献卓著。

数十年来，“董总”、“教总”领导了反对将华文教育边缘化、争取华文教育有一席之地的斗争。他们保持清醒的头脑，只要政府推出打击华文教育

---

① 刘真主编《华侨教育》，台北中华书局1973年版，第127～128页。

的报告，便立即联合其余社团向政府呈交有关维护华文教育的备忘录，表达华人坚持母语教育的坚强决心和信念；"董总"、"教总"将原教总主席林连玉逝世的日子——（1985 年）12 月 18 日定为华文教育节；出版《华教导报》、《马来西亚华文教育》以及其他有关华文教育的书籍；发动和开展为华校筹款运动；成立华文独立中学工作委员会和发展华文小学工作委员会；1973 年开展华文独立中学复兴运动；组织和派代表出席世界和东南亚华文教育研讨会，加强和各国同人的联系，争取世人的同情和支持。华人为争取母语教育作出了很大牺牲，有人被剥夺了公民权，有的人被无辜逮捕入狱，有的人被华人政党——马华工会开除党籍。但这一切都丝毫没有削弱和动摇他们的斗争意志与决心。

新加坡在 1956 年成立了南洋大学，成为海外华人创办的第一所大学。马来西亚华人也一直在为此开展工作。1968 年开始为成立华文独立大学而开展工作，成立了筹备工作委员会，向政府呈交了申请报告，但是未能获得元首批准。1973 年和 1974 年再以独立学院和成功工艺学院名义申请，仍被否决。政府还以安全为由，取缔了有关会议。独大理事会向联邦法院提出上诉，被驳回。1997 年政府同意成立新纪元学院的申请，尽管它不是华文独立大学，但它毕竟是大专院校。在华文教育领域增添了一支生力军，为华人子女深造提供了一个新的园地。

如今马来西亚的华文教育取得了稳定的地位。现有华文小学 1280 多所，在校生 63 万人；华文独立中学 60 所，学生约 6 万人；大专学校 3 所（南方学院、新纪元学院和韩江学院），学生 3000 人。还有一所以华文为主的拉曼大学。华文教育教学质量不低，吸引了不少友族子女前来就读。据 2002 年 10 月统计，在华文小学学习的非华人学生有 6 万多人。[①]

目前，马来西亚是中国以外唯一一个拥有独立和完整华文教育体系的国家。许多马来西亚华人为此而深感自豪。

但是，大好形势并不等于这里的华文教育开始进入一帆风顺的局面。事

① 《参考消息》，2002 年 11 月 5 日。

实上，由于马来西亚实行了几十年的马来人优先的方针始终没有改变，华文教育危机四伏，隐忧时现。马来西亚领导人慑于华人占有不小比例以及坚持母语教育决心的现实，一方面不得不保证不会取缔华文教育，企图以此安抚华人，另一方面又不时放出打击华文教育的言论。例如教育部副部长阿兹三苏丁于 2002 年 12 月发表文告说：现有马华小学就如同马来西亚宗教一样，都是马来西亚社会发展的不良因素，更是国民团结的绊脚石；巫青团柔佛州教育局主任在互联网站说：华小是造成今天国民仍无法结合在一起的主要局限，因此唯一办法便是关闭华小。①

董教总负责人陆庭谕曾指出，马来西亚华文教育正处于一个"最好的时代，也是最坏的时代"。② 华人的斗争、世界华文热的升温及友族的支持等是华文教育处于"最好的时代"的有利条件；但是，顽固的种族主义歧视又使华文教育处于"最坏的时代"。正如陆庭谕所言，当权者念念不忘推行单元教育文化政策……华社只要稍微松懈大意，则基本的母语教育权益，势必将一步步地被剥夺。③

马来西亚华人捍卫华文教育的抗争任重道远。要实现董教总提出的"维护华小，支持独中，发展民族高等教育"的目标，还须经过艰苦漫长的斗争历程，不过，在董教总的坚强领导下，依靠华社不屈不挠的抗争，我们有理由相信，马来西亚的华文教育将创造更加辉煌的业绩。

第三节 印度尼西亚的华文教育史

印度尼西亚华人约 800 多万，是全球华人最多的国家。印度尼西亚的华文教育有过蓬勃发展和令人羡慕的时代，但也曾历尽坎坷，以致陷入万劫不复的黑暗境地。目前正进入重新发展的时期。

---

① 《参考消息》，2002 年 12 月 17 日。
② 新加坡《联合早报》，2003 年 10 月 30 日。
③ 同①。

一、私塾和义学时期(1901 年前)

早期印度尼西亚华人因人口不多等原因,各地只有旧式的私塾和义学。17 世纪末,巴达维亚(巴城)有明诚书院,几年后停办;1729 年,巴诚养济院内设有义学,由华人官吏承担经费,有学生三四十人,不久停办;1775 年巴城复办明诚书院,旋即停办;1787 年巴城华人寺院金德院内开办明德书院,华人公馆承担一切费用。这些义学的教师是来自闽南的落第秀才和僧侣,用闽南语教学,教学质量差。1900 年,印度尼西亚有 439 所私塾和义学,学生 7835 人,大部分分布在爪哇岛的大中城市。[①] 私塾和义学没有统一的教学计划,用旧式方法进行教学,严格来说,只能算是现代华文教育的雏形。

二、新式华文教育的诞生、发展和衰落(1901—1966 年)

(一) 1901—1945 年的华文教育

19 世纪末 20 世纪初,中国保皇派和共和派派人到印尼开展活动,极大地推动了华文教育的发展。

1900 年,巴城华人成立了中华会馆,7 月散发《巴城中华会馆兴办学堂公启》,号召华人发扬中华文化的优良传统,兴办学校;《公启》列举了 8 项办学章程,对办学宗旨、师生比例以及经费等问题都有详细说明。公开信得到华人的热烈响应。1901 年 3 月 17 日,隶属中华会馆的中华学堂宣告成立。

中华学堂废除了旧式教学方式,以正音(普通话)进行教学,开设国语、算术、地理、体育、音乐和常识等课程,教学质量明显高于私塾和义学。华人公馆关闭了书院,大部分教学经费转用于办中华学堂。

巴城中华学堂的诞生产生了深远影响,各地中华会馆纷纷开办新式学校。1908 年爪哇中华学堂有 50 所,学生 5500 人,教员 140 人;1912 年增至 65 所,

---

① Leo E. Williams, *Overseas Chinese Nationalism-The Genesis of the Pan-Chinese Movement in Indonesia 1900—1906*, The Free Press, Glencoc, Illionois, 1960, p.66.另一资料说,1899 年,爪哇和马都拉的私塾和义学有 217 所,学生 4425 人;外岛有 152 所,学生 2170 人。M.F.A.Somers, *Peranakan Chinese Politics in Indonesia*, Ph.D Thesis, Cornell University, 1965, p.48.

学生5451人。[①] 民国政府成立后，各地中华学堂改名为中华学校。

康有为曾于1903年到爪哇访问，鼓励华人办学；共和派的不少人在学校任职任教，对华文教育的发展起了极大作用。1906年清朝政府开办暨南学堂（1911年停办，1918年复办，1927年升格为大学），不少学生来自印度尼西亚。

1907年华侨学务的成立促进了华文教育的发展。起先它称为爪哇华侨学务总会，只管辖爪哇地区的华文教育，1911年扩大为荷印华侨学务总会，领导与协调全印度尼西亚的华文教育，由巴城、三宝垄和泗水中华会馆轮流主持日常工作（后巴城退出）。1921年停办，1926年复办，1927年再次停办。

华侨学务总会负责制定办学章程、为华校聘请教师、筹集办学经费、代会员学校采购图书、与中国教育部联系、选派代表出席在中国召开的教育会议、请名人做报告、召开教育工作会议、主办师生成绩展览会、开展调研工作、选派学生到中国留学、出版杂志书籍，以及为作出突出成绩的教师向中国政府申请奖励，等等。功不可没。

在华侨学务总会领导下，华文教育取得较大成绩。1914年全印度尼西亚的华校有148所，学生10844人；1919年学校215所，学生15948人；1926年学校313所，学生31441人。[②]

除上述普通华校外，华人还开办面向贫苦华人子女的平民学校，此类学校收费低廉或免收学费。1927年有100所左右。[③] 为满足在职华人青年或家庭妇女的要求，还开办了夜校、妇女识字班或家政班。为减少华人文盲和协助华人就业作出了贡献。

二战前的1935年，在450所华校中，有21所独立中学或附设有中学的中小学，多数是初中班，学生达1251人，占中小学生总数（29187人）的4.28%。[④]

在此阶段，荷印殖民政府为了争夺生源，于1908年开始开办荷华学校，它

① 梁友兰《巴城中华会馆40年历史》（印尼文版），巴城中华会馆1940年版，第135页。

② 荷属华侨学务总会编《荷印华侨教育鉴》，1928年版，第402、408、448页。

③ 暨南大学东南亚研究所编《东南亚研究资料》1963年第1期，第53页。

④ 《巴城新报二十五周年纪念特刊》1935年，第91页。

不设华文课程，经费充足，设备齐全，毕业生可到政府办的职业学校、师范学校或大学深造，学成工作后可享受公务员待遇。教会也开办了荷华学校，吸引了一批华人学生前往就读。

荷印政府规定，华文学校属于私立学校，不予资助，不承认学生的学历，学校必须接受政府的监督管理，凡是违规者可随时予以关闭；政府还常以学校宣传政治为由，迫害教师。如 1929 年 9 月至 1930 年 10 月，有 25 所学校的 33 名教师被以各种理由驱逐出境、拘留或停职。① 政府还规定，只要书刊中印有“三民主义”、“苏俄”、“劳工”、“华侨”、“革命”等字眼，都必须禁止使用；革命史、政治或政党历史等的书籍也禁止学校收藏或使用。上世纪 30 年代，中国大陆出版的 16 种文史地类教科书被禁止使用。② 华校只好采用新加坡、马来亚出版的教科书或自编讲义。

1942—1945 年日本法西斯占领印度尼西亚，华文中学一律停办，只允许小学开办。据统计，爪哇岛有华文小学 172 所，学生 59531 人，教员 1464 人。雅加达开办了数理化讲习班，招收相当于初中一至初中三程度的学生 200 多人。③ 因为中学停办以及日本占领军的限制，华文小学不足，学生拥挤不堪，给教学造成极大困难。华文学校的教师在极端困难条件下坚持办学的精神是十分可贵的。

(二) 1946—1966 年的华文教育

日本投降后，荷兰殖民主义者占领了部分印度尼西亚的领土，称联邦区，印度尼西亚统治的地区称共和区。因双方忙于战争，无暇顾及华文教育，华人复办了一些学校。据 1948 年统计，联邦区华文小学有 588 所，中学 33 所，商业学校 1 所，合计 622 所。共和区没有统计数字，估计 1950 年有 92 所。印度尼西亚统一后的 1950 年估计有华校 816 所。④

---

① 钱鹤《南洋华侨学校之调查与统计》，暨南大学南洋文化事业部 1930 年版，第 554 页。

② 温禹卿编《荷印各种条例汇刊》，巴城 1939 年版，第 322～324 页。

③ 黄昆章主编《华侨华人百科全书·教育科技卷》，中国华侨出版社 1999 年版，第 4～5 页。

④ 郁树锟主编《南洋年鉴》第 5 篇，新加坡南洋报社有限公司 1951 年版，第 103 页；新加坡《南洋学报》15 卷第 1 辑(1959 年 7 月)，第 10 页。

华校学生数量增长也很快，1950年联邦区中小学生达172608人，共和区55000人。[①] 值得一提的是1946年至1950年期间，华文中学发展较快，新办的有10所，复办的有10余所。

1950年统一的印度尼西亚政府建立后，开始加强对华文学校的管理。政府制定了华侨教育条例，总的精神是加强管理与监督，最终消灭华文学校。具体而言，它规定华侨学校属于私立学校，经费靠自筹；华校学生的学历不获政府承认；学校设备必须充足，符合卫生条件；必须时刻接受教育部官员的监督检查，不合规定者得随时加以关闭；从1958年起，华侨学校不许招收印度尼西亚国籍的华裔学生；同年限制华文学校的开办地点；1958年取缔了亲台湾华校700多所，1960年禁止县以下地区开办华侨学校；华校校长和教师必须通过印度尼西亚文史地知识的考试；华校须开办印度尼西亚文史地课程；禁止开办华文大学；禁止采用中国大陆与台湾出版的一些书籍；禁止教唱大陆歌曲；华校不得宣传政治，等等。

此阶段的华文教育有如下特点：

(1) 无论是亲大陆还是亲台湾的华校都有较大发展。据统计，1953年注册华校有1371所，学生达254730人。[②] 1957年华校有1800多所，学生425000人。[③]

1950年至1957年的7年间，华校增加约1000所，增长速度是相当快的。

亲大陆华校多于亲台湾华校。如1957年全部华校为1800所，其中亲台湾华校有700多所；又据1957年雅加达、万隆、泗水、棉兰、巨港、三马林达、坤甸与锡江8个城市的统计，亲大陆华校有125所，占71.5%，亲台湾华校50所，占28.5%，亲大陆华校学生占70%以上。[④]

亲台湾基督教华人于1955年与华裔合办珈玛烈大学，有300多名学生，

---

① 郁树锟主编《南洋年鉴》第5篇，新加坡南洋报社有限公司1951年版，第104、109页；新加坡《南洋学报》15卷第1辑(1959年7月)，第11页。

② 廖建裕《现阶段的印尼华族研究》，新加坡教育出版社1978年版，第60页。

③ 雅加达《生活报》，1959年1月5日。

④ 中国新闻社编《印度尼西亚华侨基本情况》，1959年，第4页。

大部分为华人子女，设有神学院、文学院、商学院和汉学院 4 个学院。它之所以获准开办，显然是因为打出了华裔的旗号。1958 年当局认为有亲台背景而被取缔。

（2）大部分华校为社团所办，社团领导人兼任学校董事长或董事；少部分华校为私人开办；华人基督教会或天主教会也开办了华校。全印度尼西亚华文教育没有统一的领导机构，雅加达、泗水与巨港亲大陆华校分别由当地中华侨团总会、泗水侨联会和巨港华侨教育委员会领导，有的地方的华文教育由教师公会协调。

（3）华校董事会成员大部分由中国籍华侨担任，少数是华裔。1958 年前允许华校招收印度尼西亚籍华裔学生，占有不小比例，如 1957 年统计，雅加达的 54044 名学生中，中国籍者 38878 人，印度尼西亚国籍者 15160 人，其他国籍者 6 人。①

（4）华校的办学方针、课程设置等基本上照搬中国的教育制度。每逢学年结束，都有大批亲大陆华校的学生返回大陆深造，返台湾者较少。只有少数华校的英语和印度尼西亚语程度较高。华校一切面向中国的办学方针曾遭印度尼西亚教育部官员的批评。上世纪 50 年代中期，华校开始纠正这一偏向，加强了印度尼西亚文史地和职业课程的教学，但收效不大。

（5）由于学生众多，校舍不足，一般华校实行上下午上课的制度。小学每周总学时为 30 节，初中 31—33 节，高中 35—37 节。

1958 年华校分家（华校不再招收印度尼西亚籍学生，安排在籍民学校上课）以及亲台湾华校被接管后，华校数量急剧减少，当年只剩 510 所，学生 12.5 万人。② 1960 年印度尼西亚发生排华事件，又有一批华校被取缔，1963 年中国与印度尼西亚关系好转，一些华校复办，1965 年华校达 629 所，学生 27282 人。③

华校停招印度尼西亚国籍的学生后，逐步走向衰落，1966 年终于被悉数

① 新加坡《星洲日报》，1957 年 9 月 19 日。

② 泗水《大公商报》，1959 年 1 月 5 日。

③ Charles A.Copple, *Indonesian Chinese in Crisis*, Oxford University Press, 1983, p.66.

取缔，华侨学校从此在印度尼西亚国土消失。

三、印度尼西亚籍华裔办的华文教育

(一) 1958—1966 年的华文教育

1958 年后，为了解决印度尼西亚籍华裔的上学问题，籍民学校相继开办。当年有 100 所，学生 25 万人。①

籍民学校属于国民教育范畴，用印度尼西亚文教学，华文课程较少，因而学生的华文程度较低。1966 年，籍民学校或被关闭，或被改为国民学校。

(二) 1967—1998 年的华文教育

1967 年印度尼西亚和中国中断了外交关系。新上台执政的军人政权实行强迫同化华人的方针，所有华文学校概被取缔。1968 年当局允许民间人士组织特种教育基金会，负责筹办特种民族学校，归教育部管辖。特种民族学校可以学习少量华文，学校 60%学生必须是印度尼西亚国籍；除设华文课外，其余课程与国民学校相同。特种民族学校颇受欢迎，从 1969 年起陆续在各地开办。1972 年达 25 所，学生 4 万余人；1974 年增至 50 所，学生 5 万余人。② 此类学校集中在雅加达、棉兰和巨港等华文教育基础较好的城市。每周上华文课 2 节，其余课程以印度尼西亚语为教学媒介语。教师都是印度尼西亚国籍。但是，特种民族学校的寿命不长，当局认为它妨碍了同化华人的进程，1974 年予以关闭。从此，正规的华文教育不复存在，华人只好请家庭教师在家为子女补习华文。一些华人开办了华文补习班，尽管它有违教育条例，但是当局睁一眼闭一眼，未多加干涉。

1990 年 8 月，印度尼西亚和中国复交，两国经贸来往日益频繁，需要更多华语人才，于是允许开办华文补习班(学校)；与此同时，台湾商人在雅加达与泗水开办了台北学校，招收台商子女入学。一些大学开设了汉语系。

(三) 1999 年至今的华文教育

1998 年军人政权垮台后，新政权实行多元文化方针，允许并鼓励开办华

① 雅加达《新报》，1959 年 1 月 4 日。

② 《华侨志总志》，1978 年，第 321 页。

文学校。目前华文教育有如下形式。

补习班或学校。这是专为学习华文的人士开办的，学员既有华人也有友族。办学的有社团或私人。此类学校究竟有多少，没有统计数字。

三语(印度尼西亚语、英语、华语)学校。雅加达华人 1982 年开办圣光学校，那时不准开设华文课，1999 年才开设华文课，属于必修课。该校有学生 980 余人，其中华裔学生占 74.1%，印尼裔 22%，阿拉伯裔 3.9%。华文教师有 7 位。[①] 雅加达客属联谊总会办的崇德三语学校于 2002 年 7 月开学，有幼儿园到高中。2006 年有学生 1000 余人，华文课每周 10 节。[②] 巴厘华人 2004 年 7 月开办的文化桥梁三语国民学校 2005 年 9 月有学生 450 人，从幼儿园到高中共 25 个班，以华语作为教学用语。[③] 泗水、万隆、棉兰和三宝垄等地陆续有三语学校开办。

大专学校。万隆华人劲松基金会于 2004 年 6 月开办国际外语学院，设有汉语等系；雅加达的巴中、新华和新文校友会联合马来西亚南方学院、中国华侨大学、福建师范大学、北京燕京文化专科学院于 2005 年 9 月开办新雅学院，设有企业管理、师范等系，三年级学生可到中国大学的本科深造。2007 年有 105 名学生，其中 21 人于 7 月到华侨大学和福建师范大学深造[④]；泗水师范专科学校于 2006 年 5 月开学，由东爪哇华文教师联谊会与玛琅国立工艺专科学校合办；由印度尼西亚苏北华社慈善与教育联谊会主办的棉兰亚洲国际友好学院属于本科院校，2008 年 9 月开学，有中文系学生 153 人，英文系学生 17 人。[⑤]

教师培训班。由印度尼西亚教育部与广东等省教育部门合作开办，暨南大学、华侨大学、厦门大学等在印度尼西亚设有大学函授部，专家定期到印度尼西亚讲课，考试成绩合格者发给毕业证书。此外，近年来越来越多印度尼西

① 雅加达圣光学校校长颜培椿 2003 年 3 月 2 日致作者的电子邮件。

② 雅加达《国际日报》，2006 年 4 月 22 日。

③ http://Chinanews.com.cn，2004 年 6 月 17 日。

④ 雅加达巴中校友会编《巴中文苑》，总第 13 期(2007 年 6 月)，第 5 页。

⑤ 《棉兰早报》，2008 年 9 月 9 日。

亚华文教师到中国大陆或台湾的大学进修。印度尼西亚还与中国合作，在印度尼西亚开设了汉语水平考试点。印度尼西亚的台北学校现在已经允许当地的华人子女入学，但人数不得超过总数的20%。

当前印度尼西亚华文教育存在的主要问题。一是合格的华文教师紧缺，由于华文教育断层32年，50岁以下的华人基本上不谙华语，华文教师普遍已经六七十岁，而且大多没有经过师范教育或汉语系的培训。按照印度尼西亚教育部的设想，国民学校都要陆续开设华文课程，华文教师至少缺数万人。二是没有适用的本土化教材，现有的教材五花八门，教学进度和计划要求不一，影响教学质量的提高。三是目前半官方的华文教育协调机构名义上统筹全国的华文教育，但因体制和组织领导上存在一些问题，尚不能发挥真正作用，各地华文教育大多都由当地华文教育协调机构或教师联合会领导和协调。

第四节 泰国的华文教育史

泰国总人口5000多万，其中华人600多万。华人的一个显著特点是与泰国人通婚的比例很高，混血华人超过1000万人。

泰国华文教育经历了曲折、反复的历程，主要是由于历届政府实行时松时紧的华文教育政策。

华文教育分为两种类型，一是华人兴办的私立民校，二是政府办的公立学校。

一、私立民校教育

华人兴办学校较早，它经过萌芽、发展、衰落以及复兴几个阶段。

（一）华文教育的萌芽与初步发展

14世纪以后，一些华人聚居的城镇开始出现私塾，但为数很少，教授“四书五经”。18世纪吞武里王朝时期，大城（阿瑜陀耶）华人将分散的私塾联合成为“黉洲”（泰文称“阁良”，意为学府），将学生集中在一起上课。因受条件限制，不久停办。

20世纪初叶，孙中山到泰国组织同盟会，推动华人开办华文学校。1909年，华人在暹京开办华益学堂，为华文教育之始。它引进了新式课程，一些同盟会会员还开办了国文学堂。保皇派于1910年开办了中华学堂。同年，各方言华人群体联合开办了新民学堂，不同方言的学堂也次第建立。学堂后来改称学校，到1915年华文学校已达12所。①

当时泰国政府对华文教育采取放任态度，因而华文学校得以发展。

1918年，政府开始制定政策，加强对华校的管理和监督。当年4月颁布《民校条例》（又称《钦定民立学校法》），主要内容有：民校（即私立学校）校长须由泰国人担任；必须将学生培养成为热爱泰国的公民；民校教师必须通晓泰文，要先通过泰文的考试才能取得教师资格；设立调查员，负责监督民校实施条例的情况，作为是否续办或者取缔的依据。

1922年，政府颁布《强迫教育实施条例》。规定7岁至14岁儿童，必须接受初小四年级的泰文教育，华人子女也不例外。不过，由于政府的政策遭到华人的强烈抵制和反对，在后来的10年中难以贯彻实施。这样，华校就得到发展的空间。

1921年华校达30所，全为小学，学生总人数达3000余人。1932年华校增至200所②，其中几所为中学。

（二）华文教育在受打击中继续发展

1932年6月，泰国发生政变。新政府下决心实施以前制定的华文教育政策。具体办法是：在华校中一律办强迫班，进强迫班接受泰文教育的是10岁至14岁的学童（1933年改为7岁至14岁）；每周上泰文课25小时，华文课程不得超过6小时；华校教师取得教师资格的泰文考试水平由以前的小学三年级提高至四年级，即提高了任职的门槛；华文只能作为外文来学习。

1936年，政府又颁布新修订的《民校条例》，主要有：华校教员必须具有泰

① 黄昆章主编《华侨华人百科全书·教育科技卷》，中国华侨出版社1999年版，第278页。

② 《华侨志·泰国》，台北华侨志编纂委员会1959年版，第89～90页。

文中学三年级的毕业文凭方准任教，否则须先通过泰文小学四年级水准的考试才可以任教；华校每周教授华文 6 小时者可获政府津贴。这实际上是以经济手段来达到减少学习华文的目的。在此期间，泰国政府因为实行打击华人经济和教员的方针而遭受损失，被迫修改和放松了华人政策。这样，华文教育就在夹缝中得以继续发展。表现在：

(1) 创办了一些中学。上世纪二三十年代已有一些小学开办附属初中，1931 年和 1932 年新民学校与黄魂学校先后加办初中程度的师范班；育民学校、崇实学校等也加办了初中班；1933 年林中川等创办华侨中学；1934 年原由中华总商会主办的华侨中学改为中华中学，1938 年增设高中部，成为泰国华人社会的唯一一所完全中学，同年，暨南中学成立；1939 年黄魂学校改为黄魂中学。

华文中学的发展，巩固了华文教育的基础，教学质量有了较大提高，为华社培养了一批人才。

(2) 学校与学生数量都有较大增长。1936 年华校达 191 所，学生 7562 人；1937 年学校有 224 所，学生 9124 人；1938 年学校有 233 所，学生 16711 人。男女学生比例为 6∶4。① 在这 3 年中，华校数量虽然增加不多，但学生数则有较大增长。

(三) 华文教育的衰落与复苏

1938 年 12 月，銮披汶政府执政。他是反华反共以及与日本亲善的政治家，在外交方面实行亲日政策，对华人加以严厉打击和排斥。这样，以前未真正落实的华文教育政策全面实施，以致华文教育再度遭受挫折。

1939 年，泰国政府限令华校每周只准教授 2 小时华文，285 所华校被取缔。② 1940 年 6 月，边远地区的华文学校也被关闭。至此，所有近 300 所华校均被查封，在内地以泰文小学名义注册的华校也被迫停办，所有华人学生都被迫转到泰文学校上学。

① 陈烈甫《东南亚洲的华侨、华人与华裔》，正中书局 1983 年版，第 464～465 页。

② 同上。

在第二次世界大战中，泰国因为同日本结盟而沦为战败国。战后对战胜国的中国另眼相待，对开办华文学校有所让步。1946年1月23日签订的《中暹友好条约》规定：缔约国双方人民，得依照对方的法律规章，在对方境内，享有设立学校、教育子女的权利。据此，华文教育得以初步复苏，原来被取缔的华校纷纷复办，又新建了一批华校。到1946年8月，华校已达426所，学生6万余人，到12月华校增至500多所。[①] 著名的华侨中学、中华中学、黄魂中学与南洋中学等都先后复办，还新办了一些学校。

但是泰国政府仍坚持7岁至14岁华人学童必须接受4年泰文教育的政策。后经双方谈判，泰方作出一定让步，小学一年级、二年级及三四年级的强迫班每周可以教授华文的学时分别增加至10.5小时、11.5小时与12.5小时。华文学校教师考取泰文合格证书的时间宽限至2年。

（四）华文教育再次遭受的打击

1947年11月，銮披汶政府再次执政，华文教育又一次陷入深渊。

1948年5月，泰国政府规定华校必须注册，否则得停课；华校的华文只限一至四年级教授，每周不超过10小时；华校校主和校长必须是泰国人；华校教师须持有泰文考试合格证；华校必须采用泰国编写的教材，不得宣传中华文化；不准新建华文学校；不承认华侨学校，一律改称民办小学。1948年6月，泰国政府逮捕了一批华校教师，华侨中学不复存在，未注册的小学也被迫停办。因此，华文学校陆续减少，1948年剩下426所。[②]

新中国成立后，泰国实行反共反华政策，与中国没有外交关系，并视华文为社会主义语言而加以敌视，严查华校活动，随意以各种借口加以查封。1953年教育部取消华校教师泰文程度放宽的考试方法，限制教师人数。到1951年华校只有230所，1955年有217所，1958年再减至185所。华校学生有6.3万人。[③]

① 陈烈甫《东南亚洲的华侨、华人与华裔》，正中书局1983年版，第465页。

② 陈国华编著《先驱者的脚印——海外华人教育三百年》，Royal Kingsway Inc.，加拿大多伦多1992年版，第323页。

③ 同①，第467页。

1975年中泰建交，当局对待华文教育的政策未变。1980年规定华文小学初小每周只准上华文5小时，其余年级只准教泰文，华文教育急剧衰落。1987年华校剩下125所，学生不到3万人，教师约500人。[①] 原有的黄魂中学及现代中学只好办夜校，相当于中国学校的高小水平。一些地方开设华文补习班，但当局规定不得超过20人，否则必须注册。为避免烦琐的注册手续，补习班的学员都在20人以下。

（五）华文教育的第二次复苏和发展

上世纪80年代末，随着国内外形势的变化，泰国政府调整华人政策。中泰两国经济关系日益密切，对华文人才的需求旺盛，华文也不再被视为社会主义语言；华人社团成立文教小组委员会，要求当局放宽华文教育政策，取消不合理的限制措施。于是，出现了华文教育的第二次复苏与发展。

1991年2月，泰国通过了新的华文教育决议，主要内容有：华文享有与英语、日语、法语、德语同等的外语地位；民办华校的华文课程从初小延长至高小；官办中学与大学可以开设华文课程，每年200个小时；不懂泰文的华文教师亦可在华校任教。

上述规定极大地鼓舞了华人办学的积极性，为华文教育的发展带来了希望。华文教育重现生机。首先是组建了一批复兴华文学校的专业团体，如泰华文化教育基金会、教师奖励基金会、泰国中华国际学校基金会、课授华文民校联谊会以及华文教师联谊会，等等。其次是原有停办的华文学校陆续复办。第三是新办了一批华校。除中学外，还开办了一些大专院校，如华侨崇圣大学、东方文化书院、国际文化学院及华文师范学院等。台湾会馆开办了中华国际学校。到90年代末，华校已恢复至150所。2005年正式注册的民办华校达119所，学生多的达千余人，少的有数十人。[②] 这些华校已不是原来华侨开办的华侨学校，而是由泰籍华人主办的、纳入当地教育计划的学校。

华文大专学校重视华文教育。华侨崇圣大学成立于1992年，至2005年

---

① 黄昆章主编《华侨华人百科全书·教育科技卷》，中国华侨出版社1999年版，第279页。

② 同上书，第280页。

已开办文学院、商学院、医学院、企业管理学院等11个学院，合计开设27个专业，另设有泰中研究中心以及中华文化研究院，在校学生达7300人，其中中文系学生达505人，教职员达750余人；2002年有毕业生1460人，其中硕士生96人，中文系毕业生43人。1992年由泰国华文教育基金会创办的东方文化书院设有书法、绘画、诗词及古筝等培训班，2003年学员达5000人；1992年中华会馆创办的中华语言中心由台湾派遣的教师任教，使用台湾版的教材，学习繁体中文，设有基础班、初级班、中级班、高级班与会话班，有教员40余人，学员2000余人[①]；1998年创办的曼谷语言学院办有一批连锁分院，除了汉语班外，还设有书法班等。此外，尚有曼谷语言音乐学院、中华语言学院及百姓华文学院等。

二、官办或半官办的华文教育

近10年来，在泰国王室诗琳通公主等的大力支持与推动下，政府以积极姿态发展华文教育事业。2005年12月，泰国教育部一位官员指出：2006年将在每个府设立至少1所能教授华文的中学，已有200多所私立和公立学校将华文作为第二外语上课，计划5年内使大约30%的中学生能熟练使用华文。[②]

据2007年泰国教育部的统计，全国3000多所公立学校中，设有华文班的有500多所。[③] 2001年4月，曼谷市教育局规定全市所有公办中小学都要开设华文课程，作为第二外语教授；中国驻泰国大使馆与泰国一些大学连续4年合办汉语桥华文竞赛活动，2005年有9所大学的15名学生参加决赛。[④]

上世纪90年代初，有20所国立大学、26所私立大学开办了华文课程。朱拉隆功大学于1975年将华文列为副选修课，1981年文学院将其列为主修课，1997年招收硕士研究生。该校还开办了华文夜校。此外，法政大学、宋卡王子大学、一些商业学校、技术职业学校开设有华文课程，有的为副修课，有的

---

① 李谋《泰国华文教育的现状与前瞻》，《南洋问题研究》2005年第3期。

② 《参考消息》，2005年12月31日。

③ http://chinese.people.com.cn/gb/42310.

④ http://www.news.xinhuanet.com.

是主修课。

为提高华文教师水平以及解决教师紧缺问题，泰国教育部与华人社团报德善堂合办华文师范学院，于 1996 年 1 月开学，主要是培训华校校长和教师，第 1 期有 90 余名学员[①]，经 3 个月学习，考试合格者可以取得结业证书；它们还于 1996 年合办华文教师准学士班，学制 2 年；1997 年又开办 2 年制的华文工商管理专业准学士班，获得准学士学位后再学习 2 年，考试合格者可获学士文凭，享有与国立大学同等的资格。

泰国还与中国合办华文学校。2003 年 9 月创办的泰中语言文化学院由泰中文化经济协会与北京师范大学合办；北京语言大学曼谷分院是与泰国合办的；华欣远程教育电视台于 2001 年开播汉语节目，中国方面提供了帮助；两国教育部还签订了培训华文师资的长期协定。两国合办的孔子学院 2007 年已达 9 所。

第五节 柬埔寨的华文教育史

柬埔寨建国于公元 1 世纪，9—14 世纪的吴哥王朝时期最强盛。1863 年沦为法国保护国。1940 年 9 月被日本占领，1945 年日本投降后重新为法国统治。1953 年 11 月独立。其后经历过西哈努克王国、朗诺政权、韩桑林政权及民柬联合政府时期，1993 年 5 月成立王国联合政府。全国人口 1300 万，华人约 70 万。

一、历届政府的华文教育政策

法国殖民者对华文教育采取放任政策。日本占领时期允许华文小学开办。柬埔寨独立后加强了对华文教育的管制。1957 年 5 月，柬埔寨教育部召集华校校长会议，规定不准新建华校以及增加学校人数，凡是超过 10 名学生

① http://Chinaqw.com.cn/node2.

的非官办学校即为私立学校，申办条件极为严格。自1955年起停止批准新建私立华校；华校不准私自成立带有统战色彩的董事会；不准谈政治；不准招收柬埔寨籍学生；关闭金边60所私立华校，不久允许复课。

1958年9月2日，教育部长召开外侨学校负责人会议，重申柬埔寨实行中立政策，不偏袒亲中国大陆或亲台湾学校。柬埔寨不希望外侨学校过分强调国家主义与民族优越感。显然这是因为柬埔寨政府吸取了此前华校发生的学潮教训，不希望两岸的政治纷争影响到华校，进而影响社会的稳定。

教育部规定：外侨小学每周须教授柬文20节，包括各门课程以柬文讲授的课时；华校每3个班须用2名柬籍教员，月薪2000元；柬籍学生学华文须经教育部批准；柬文教材由政府列出书目。

上世纪70年代柬埔寨政局动荡不定，华校概被取缔。

90年代后，柬埔寨政府逐渐放宽华文学校政策。一方面是由于需要引进外资，需培养更多华文人才，以加快经济的发展；另一方面是由于与中国的关系良好。新政府取消了1979年政府规定华人必须进行政治甄别的"315"歧视性通知，承认华人是国家的少数民族，向他们发放公民身份证，不得加以歧视；1994年2月9日，洪森与拉那烈首相对华人代表发表了友好讲话。洪森说：柬埔寨不会执行歧视华人的政策。华文教育的复苏和发展，对柬埔寨社会经济的发展起了一定作用。柬埔寨实行开放政策，要吸引外资；中文是世界通行语言，中文的发展有利于柬埔寨同外界的联系。

90年代以来，在宽松政策推动下，华文教育取得了较快发展。

二、华文教育的诞生与发展

因华人人口较少，柬埔寨的华文教育起步较晚。1901年磅湛省的潮州籍华人成立新民学堂，1908年金边华人创办私塾，教授"四书五经"。

1914年金边潮州会馆将原来的私塾改为学校。1918年该校定名为端华学校，用潮州话授课。各省五种方言群体社团华人陆续开办学校，华社称之为公立学校，以区别于私人办的学校。1957年华校达173所，其中公立148所，私立25所。[①] 较具代表性的公立华校有：

端华学校。1927年设立女子部，1934年加办初中补习班，1936年停办。1944年以普通话授课，1945年金边被炸，学生只剩40余人。1946年复办初中班，1955年学生达2000余人。[②] 70年代停办，1992年复办。1995年有学生4500人，教师96人，夜校学员2000人；2002年日校和夜校学生达1.3万人，有200多名教师。[③] 该校规模宏大，成为柬埔寨最大的华校。

金边广肇惠中学。广肇籍华人于1930年开办，由广肇华人社团中华理事会管理，当年有学生70余人。[④] 1946年后发展迅速。1955年增办初中部，学生千余人。因发生学潮于1957年停办，不久复办，1958年有学生1200人。[⑤]

金边民生中学。1927年由闽籍华人社团福建会馆创办，免费入学，以华语授课，开义务教育与普通话教学之先河，有学生百余人。1935年获中国政府侨委会津贴。1941年办初中班，1947年停办，1950年复办。1953年办初中班，有学生千余人。1958年有学生1500余人。[⑥]

金边集成中学。海南人于1941年发起复办筹资运动，1946年建成校舍，定名为集成中学，3月4日开学。1958年有学生450人。[⑦]

金边崇正学校。客家人1942年所办。为完全小学，1958年有学生600多人。[⑧]

除了金边外，各省均有华文学校。1937年至1938年共有95所，学生4057人，教职员123人。[⑨]

---

① 黎庄《柬埔寨华侨教育》，台北海外出版社1958年版，第24页。

② 同上书，第27页。

③ 香港《华人月刊》1995年第11期，第8页；陈予《柬埔寨金边的华文教育事业》，《海内与海外》2003年第12期。

④ 同①，第29页。

⑤ 邢和平、彭晖《柬埔寨华文教育的过去和现在》，《东南亚纵横》1997年第2期。

⑥ 同①，第31、33页。

⑦ 同⑤。

⑧ 同上。

⑨ 刘真主编《华侨教育》，台北中华书局1973年版，第180页。

20 世纪 60 年代全柬有华校 23 所，学生 5 万余人。1970 年有 172 所。[①] 1974 年所有华校被取缔。

20 世纪 90 年代后走向复苏和重新发展。1990 年 12 月柬华理事会成立，次年成立复课委员会，各省相继成立类似的机构。1991 年 12 月，磅湛省棉末县公立启华学校首先复办。1992 年 9 月经教育部批准复办的华校达 12 所，学生 8600 人；至 1995 年，全国 19 个省中，有 14 个省的 60 所华校复办或新办；1999 年增至 69 所，学生 5 万人；2003 年达 80 多所，学生 5.6 万人。[②] 虽然复办与新办华校数量为 60 年代的 1/3，但是学生数量却未减少。如金边原有学校 53 所，2000 年为 16 所，但是学生数量没有变化，校舍拥挤不堪。

目前柬埔寨的华文教育有如下特点：

（1）华文教育仍未列为国民教育体系，华校经费仍须自筹，政府不予津贴，学生学历不获政府承认，不能参加国民学校的升学统考（只有立群学校例外）。华校学生半天在国民学校，半天在华校上课，学习负担很重。

（2）绝大多数为小学。90 年代只有 23 所华校有初中班。其中有几所有专修班，相当于高中程度。学生小学毕业后，如果要学习更多华文知识，只有转到外国留学。由于华文教育中断了 20 多年，学生的华文程度较低，中学生的程度不及五六十年代的小学水平。

（3）教师水平较低。80％的教师只有初中甚至高小水平，而且没有经过正式培训；教师每周要上 20 多节课，月薪相当于 100—200 美元，家庭负担重，有的只好兼职；50 岁以上的教师占 30％，因为待遇低，年青一代都不大愿意做教师，呈现青黄不接现象。甚至从广西引进的一批教师只工作一两年就离开。柬华理事会开办了小学教师中专师范班，借以提高教师的水平，但仍满足不了要求。有的华校教师 30％来自大陆。长期依靠大陆提供教师和培训，非为长久之计，如何解决教师本土化问题，很值得华社研究。

（4）办学经费短缺。90 年代复办华校，按规定，赎回过去被柬人占用的

① 郝彦忠《柬埔寨华文教育全面复苏》，《海内与海外》2000 年第 5 期。

② 同上。

学校，必须为柬人另建住房，挤占了不少华校经费；华人多为中下阶层劳动人民，收入本来不高，穷年累月地募捐，也使他们不堪重负。目前华校主要依靠学费维持。金边学校学生交费情况如下：以美元推算，幼儿园每学期交25元，1—2年级30元，3—4年级35元，5—6年级40元，初中一年级50元。[①] 乡镇华人收入低，只好将孩子送到国民学校就读。90年代以来，有10多所华校因经费紧缺被迫停办。[②] 不少学校教学环境欠佳，如教室拥挤狭小，年久失修，采光与通风设备欠缺，课外活动场地不足，等等。

(5) 柬埔寨华文教育的优点是有一个统一的领导机构——柬华理事会。它负责协调和领导华文教育的有关事宜，解决疑难问题。华校统一使用由暨南大学编写的《华文》及《数学》教科书。在《华文》教材中，柬埔寨文化占40%，中华文化占50%，世界文化占10%，着重培养学生的应用能力。这套教材很受欢迎，其他一些国家也选用。但初中班教材则五花八门，有用马来西亚出版的，也有用新加坡或中国台湾出版的。

为了解决华文教育存在的问题，柬华教育工作者认为，有必要向政府呼吁，将其纳入国民教育体系。为此，建议将华校改成全日制学校，以便与国民学校同步发展；每周上课40节，聘请柬文教师，用20节上柬文课程，另20节上华文课程。这样一来，可培养既了解中华文化、具有中华文化气质，又精通柬文与华文的人才。华校也可获得政府的资助，减轻负担；同时也可减少柬埔寨人对华社"国中之国"的误会，消除政治敏感与疑虑，有助于华人融入主流社会，创造更有利于华人生存与发展的机会与条件。

思考和练习

1. 越南北属时期时，中原各王朝采取了哪些措施来推动汉语教学在当地的发展？

2. 越南在独立前后的汉语教学有哪些不同？

---

① 吉隆坡《星洲日报》，2002年10月21—25日。

② 新加坡《联合早报》，2002年3月14日。

3. 法国占领越南后，为什么要禁止汉字的使用？

4. 汉字的停用，对越南文化而言是利还是弊？

5. 简述马来西亚、印度尼西亚、泰国与柬埔寨政府的华人政策对华文教育的影响。

6. 谈谈振兴与发展东南亚华文教育的对策与建议。

第十章　西欧当代的汉语教育

第一节　法国当代的汉语教育

二战曾使法国汉学研究遭到极大摧残，几位汉学大师相继去世，研究人才匮缺①；战争中断了中西人员的往来，给法国汉学资料的获得和深入研究带来了诸多不便。战后，随着美、日、苏中国研究的崛起和日益重视现当代中国研究的国际汉学的兴起，以深厚的中国古典文化底蕴著称的法国汉学暴露出了它的弱势，法国汉学研究一度步履艰难。同样，作为汉学的一部分或者说基础，法国的汉语教学也一度面临困境。但是，二战以后，随着中法关系的深入发展，中国本土经济的迅猛崛起，以及法国汉学家们的奋力拼搏，法国的汉语教学在五六十年代就已取得决定性的改观，进入八九十年代，当西欧再度出现"中国热"、"汉语热"的时候，法国的汉语教学已成绩卓著。法国战后汉语教学的巨大发展，不仅体现在教学规模的不断扩大，教学体制的逐渐完善和健全上，同时也体现在教学理念上的巨大变化。

一、教学和研究机构的调整和发展

二战后，法国几所大学纷纷建立中文系，这是法国汉语蓬勃发展的一个重

① 以历史研究著称的马伯乐（1883—1945 年）惨死于法西斯德国集中营，汉学家和社会学家葛兰言（1884—1940 年）因法西斯德国侵略而忧郁致死，以文献学著称的伯希和（1878—1945 年）也于 1945 年病故。

要标志。1957年，巴黎大学文学院的中文专业，是战后法国高等院校最早成立的中文专业。著名的汉学家谢和耐任该专业的负责人，同时还亲自为学生开设中国语言文化课。1969年在巴黎大学院系调整时，该系被划归了巴黎第七大学。继巴黎大学后成立中文专业的是波尔多大学和埃克斯-马赛大学。波尔多大学中文专业成立于1959年，汉学家吴德明和雷威安先后担任主任；埃克斯-马赛大学中文系于1966年成立，旺德迈担任主任。1968年巴黎第八大学成立中国部，吴德明担任主任。也就在这一年，原法国国立东方语言学校改为国立东方语言文化学院，并与巴黎第三大学合作，负责培养东方语人才。中文系负责中文教学与汉学研究，成为该学院第二大系，注册人数在法国所有中文专业中一直处于领先地位，且逐年上升。接着，1970年，中断了35年的里昂汉语教学也在里昂第三大学远东系重新启动，开出汉语课。

在谈到法国汉语教学机构时，绝不能忽视一些理工科大学和中小学在汉语教学方面的贡献。据统计，1985—1986年间，除设有中文系的大学之外，法国还有11所大学开设有汉语选修课，20来所高校设有中文短期培训班。汉语在高校外语教学中占第7位。到了90年代，已有16所大学和36所高等学校设有中文课，同时，有些院校还把汉语作为入校会考的一门课程。巴黎高师的当代语言专业，巴黎第十大学人类系的中国部，巴黎政治研究学院国立政治科学基地，高等翻译学校，巴黎高等商业学校国际语言和通讯系，高等经贸学校语言系，里尔天主教大学语言、国际关系和外国学生基地中心等都不同程度地开设有汉语课程和研究课题。这些院校开设汉语课程在法国汉语教学事业发展中的重要性已引起有关人士的重视。其一，在这些院校中，有一部分是属于法国精英型学院，毕业生中有相当一部分在法国各领域处于决策地位。这些院校学习汉语的热情程度，往往直接影响到毕业生与中国交往和对汉语教学的态度。① 其二，其中另一部分学生，毕业后大都从事东亚，尤其是中国的经贸方面工作，学好汉语是他们就业的必备知识和技能之一，因此，他们很重

① 2004年第1期《国外汉语教学动态》的一则信息《法国巴黎东方语言学院徐丹教授来访》，谈到这一问题。

视汉语的学习。其三,这部分学生的人数,正在逐年增长。

战后法国中、小学的汉语教学受到汉学家戴密微、谢和耐、于儒伯、吴德明、苏远鸣、艾田扑、李治华等汉学家的热情支持和鼓励。

法国中、小学的汉语教学起步于20世纪60年代,70年代以后取得了迅速发展。1958年,巴黎南郊蒙日洪中学在一位哲学老师的倡议下,首次在法国中学中开设了汉语课。这一实验受到了普遍欢迎,第一年就招收了135名学生。1962年,巴黎西郊的圣日耳曼中学也开设了汉语课。一年后,巴黎的阿尔萨斯学校中学部开设了中文课。70年代初至1978年,法国开设汉语课的中学从十几所增至32所,90年代增至约40所,2002年全法国已有120所中学教授汉语。[①] 此外,国家函授教育中心还开设了适合中等教育阶段的中文函授班。1984年,国家教学法研究所以中等教育为对象的汉语教师研究组制定了一个汉字表,规定400个常用汉字为中学毕业考试测试能力最低标准,重点衡量书面理解能力。

有资料表明,在国外汉语教学事业中,法国中学汉语教学发展之健全,已居首位。在法国,中文已作为正规的语言教学课程列入了中学教学计划和教学大纲,汉语教学点在全国分布之广,学生人数之众,非其他国家可以比拟。因此"中学汉语教育"发展的迅猛,便成为"法国汉语教学的一个主要特征"。[②]

1985年巴黎中国城一所小学率先成立中文班,并于1989年正式聘请中文教员,从此法国小学的汉语教学引起社会广泛重视。此外,巴黎阿尔萨斯学校的小学部,从一年级开始也安排了名为"启蒙教育"的中文班。

如果我们把中学和小学合在一起计算的话,80年代全法国已有60所中、小学开设汉语课,90年代有88所学校开设中文课。这个数字应该说是十分可观的。

法国的汉学研究一向发达,在新的形势下,一些在法国汉学发展史上起过重要作用的汉学机构,如法兰西学院、法兰西远东学院、巴黎研究实践学院、巴

① 《求学人数逐年增长 法国汉语教学蓬勃发展》,《华声报》,2002年2月27日。

② 戴庆厦《第二语言(汉语)教学概论》,民族出版社1999年版,第53页。

黎高等汉学研究所、利奇研究所等，继续起着领头的作用。但它们的任务主要是研究，而不是教学，因此下面我们重点交代一下设有中文专业院校的科研情况。

为了促进和推动汉语教学，从60年代开始，一些院校纷纷成立相关汉学研究机构。1975年，在汉学家于儒伯的发起下，国立东方语言文化学院建立了“中国研究中心”，研究中国政治、经济、社会、哲学、美学、文学、汉语和汉语教学等。中心由研究员、部分教员和已在第三阶段注册的学生组成，并约请国外学者参加。中心出版的《中国论丛》和《中国研究手册》在国际汉学界颇有影响。前者是一套中法文对照的专题论文丛书，后者是一份定期刊物。1995年，由白吉尔和安热勒·毕诺主编，该研究中心出版的《东方语言学院百年汉语教育，1840—1945》，对东方语言学院一个世纪来的汉语教学作了全面而系统的回顾和评价，是一部不可多得的国外汉语教育史著作。中心还与其他大学和国外相关机构保持联系，举办有关学术讨论会。巴黎第八大学成立的“汉学中心”由教员组成。中心从比较研究的角度，着重研究当代中国文化、意识形态、文学以及汉语教学等问题，还创办刊物《远东与远西》。里昂三大和里尔三大，也成立有相关的研究中心。里昂三大的“近代远东研究中心”，主要从事19世纪和20世纪上海社会、经济史研究；里尔三大的“远东研究中心”则涉猎当代云南史问题。由于这些研究机构不同程度地为教师的学术研究提供了方便，因此，一些教师在承担教学任务的同时，在科研上也取得了可喜的成绩。在语言文学方面，巴黎第七大学的吴德明、巴迪、白乐桑，波尔多大学的雷威安，东方语言文化学院的程纪贤、依沃娜，巴黎第八大学的卢瓦夫人、李治华等，都不断有研究成果问世，在法国乃至世界汉学界都有不同程度的影响。雷威安翻译的《金瓶梅》、《水浒》等中国古典小说，在法国汉学界荣享盛誉。吴德明在汉赋、司马相如、《聊斋》等的翻译和研究上，作出了卓越的成就。巴迪从事中国现代文学教学和研究工作，他对老舍、茅盾、巴金、曹禺、钱钟书等都有所研究，尤其是对老舍作品的翻译和研究，在法国汉学界有很大影响。继于儒伯之后，白乐桑长期担任法国教育部的汉语督导工作，致力于中、小学汉语教学事业的发展，他所编写的《汉语语言文字启蒙》（与北京语言学院张朋朋合作),被法国许多中、小学所采用。程纪贤在语言文学方面卓有成就,他对中国古典文学,尤其是有关唐诗研究的成果,曾多次见著于国内刊物;他在本世纪初被选为法兰西学院院士,在中法文化交流事业中作出了巨大贡献。依沃娜曾三次来华,参加编写并校对业已出版的《汉语词典》。卢瓦夫人在指导鲁迅作品的翻译和研究方面,在法国汉学界也颇有影响。李治华先生把中国古典戏剧,尤其是古典文学名著《红楼梦》翻译成法文,不仅轰动了法国汉学界,同时也震动了整个西欧文坛。

最后我们必须提到的是1984年成立的法国汉语教师协会和2002年成立的法国汉语研究与教学会。法国汉语教师协会的宗旨是发展法国中国语言和文化教学,提高法国中文教学水平;通过召开学术会议、出版书籍和刊物等方式,为会员之间相互交流和传送信息提供方便。同时,协会还协助法国有中文教学的学校和机构开展与中国的校际交流。该协会与法国教育部、法国中文学校、北京世界汉语教学学会、中国驻法使馆教育处、一些商业机构和大众传媒等保持广泛的联系。参加该协会的大都是在大、中、小学从事汉语教学的教师,也有高等专科学校、民间协会等的汉语教师,此外还有一些热心于汉语教学和中法文化交流的法国各行业人士。学会成立时有40多位汉语教师,首任会长是埃克斯-马赛大学的杜特莱,之后,由巴黎第七大学东亚语文系白乐桑接任。法国汉语研究与教学会是法国一个综合高等院校研究与教学于一体的汉学学术团体,它的成立是法国汉学界继法国汉学协会和法国汉语教师协会之后的又一大举措。学会由徐丹任主席,Pierre de la Robertie 任副主席,齐冲任司库,Marc Fabienne 和金丝燕分别为正副秘书长。

二、办学规模和师资队伍的扩大

进入20世纪70年代,法国汉语教学的办学规模不断扩大,师资队伍的建设受到一定程度的重视。

(一) 教学规模

战后法国汉语教学规模的不断扩大,主要体现在两个方面:一是学生人数激增;二是办学方式日趋多样。

1. 学生人数激增[1]

在战后建立的几所大学的中文系或中文专业中。巴黎第七大学中文专业开办时仅一个中文班，1966 年增加到 150 人，1981 年后保持在 400 人以上。埃克斯-马赛大学，开初只有学生 10 人，1981 年后增至 100 人。90 年代波尔多大学和埃克斯-马赛大学的学生分别都达到 250 人。国立东方语言文化学院，1966 年约有 200 名学生，到了 1971—1972 年间已增至 530 多人，1980—1981 年则高达 1840 名，往后一直保持在 1000 人以上；该学院在 90 年代，仅注册第一、第二阶段的学生就达 1500 人，就读一年级的 565 名，毕业时还有 111 名。里昂第三大学远东系，到了 90 年代，也已有大学生 75 名。

再看其他大学情况。据统计，1985—1986 年间，11 所设有汉语选修课大学的学生总数已达 2853 人。高等师范学校、高等商业学校、工程师学校等 20 来所设有中文短期培训班的高校，学习汉语的学生总数达 3000 以上。这些非中文专业院校的学生人数在逐年增长。

华侨对子女的中文学习也更加重视。在高校，不仅从事工、商、贸易等行业的华侨子女对汉语兴趣有增无减，而且大学中文系学生中的华侨子女比例也明显提高。[2]

看一下中、小学学习汉语的人数。1985 年率先成立了国际中文班的巴黎中国城小学，到 90 年代时，学习汉语学生已达 271 名。80 年代全法国中、小学选修汉语课程的学生约 2500 人；90 年代达到约 3000 名。

到 2002 年，全法国各地大、中学校里学习汉语的人数超过 1.2 万人。报考中学汉语专业会考的学生，在巴黎学区也从 1970 年的 30 多名，增至 90 年代 120 多名。法国每年参加中国汉语水平考试(HSK)的考生人数在欧洲国家中稳居第一。[3] 法国教育部教学司负责人让·保罗·德戈德马尔

---

① 主要参考胡书经《法国汉语教学与研究的现状》，《语言教学与研究》1982 年第 4 期；北京语言学院世界汉语教学交流中心信息资料部编《世界汉语教学概况》，国际文化出版公司 1990 年版；白乐桑《法国汉语教学史浅论》，载《中国文化研究》，1993 年，冬之卷；卡特琳娜·戴思博、钱林森《汉学教育在法国》，《中华读书报》，2003 年 3 月 5 日；http://www.inalco.fr/。

② 《求学人数逐年增长 法国汉语教学蓬勃发展》，《华声报》，2002 年 2 月 27 日。

③ 同上。

在 2004 年 3 月 26 日“全法汉语教学研讨会”上介绍说，在其他外语语种的学生都在减少的情况下，学习汉语的学生人数始终呈上升趋势。虽然与传统的德语和俄语等语种相比，学习汉语的学生绝对人数还不够多，但发展势头相当好。[①]

2. 办学方式日趋多样

20 世纪 70 年代以后，随着学习汉语人数的增加，学习汉语的目的也趋向复杂化，因此，办学方式逐渐走向多样。尤其是相当数量的业余学校、民间协会、法中友协、电化教学等机构，它们的教学方式和方法更加灵活和多样。通过单独聘请教师进行汉语教学的情况，也为数不少；尤其是与中国政治、经济文化交往较为密切的城市，这种现象更加明显。如法国前总统吉斯卡·德斯坦开始学习汉语（1986 年），就是聘请汉语教师授课的。[②]

为应付竞争日益激烈的局面，吸收更多学生学习汉语，一些大学中文系，除正规授课方式之外，也开设了一些夜班、特设班等。如东方语言文化学院中文系，除开办正规本科生和研究生课程之外，还为谋求大学教师职位或前往中国的工作人员，开办汉语短期培训班。该系还和外语或其他系科合办外语应用、当代东亚文化等专业，为这些专业的学生开设相关的汉语及中国文化课程。埃克斯-马赛大学，在教育部的支持下，开办了一种名为 MAGISTERE 的特殊专业，专门招收具有政治学、经济学、法律学、社会学硕士文凭的学生，进行中文培训。他们所学的中国语言文化课程，甚至比中文系和其他文科系的学生还要多。此外，他们还组织一些配合教学的活动，如二年级暑假全体学员到中国进行语言实习，平时组织一些与中国方面的专家、企业家座谈，举办有关展览等。[③]

（二）师资队伍建设

随着学生数量的增多，教师的数量和质量要求也日益引起重视，尤其是中学教师的选拔。法国汉语中学师资合格证书会考开始于 1966 年，1967 年又

---

① 《全法汉语教学研讨会在巴黎召开》，中国侨网，2004 年 3 月 31 日。

② 《人民日报》，1987 年 12 月 24 日。

③ 王忠华《法国南方的汉学中心——埃克斯大学》，《世界汉语教学》1989 年第 2 期。

进行了一次，后因故停办几年，1974 年得以恢复。从此，政府每年授予 2 名中学汉语教师资格证书，至 90 年代，经会考通过的教师已有 30 多名，其中一半在中学任教，部分在大学任职。随着汉语教学蓬勃发展，法国教育部不断增设汉语教学职位，在各专业师资会考中，汉语专业名额增长率最高。除中学师资合格证书会考之外，法国教育部还连续两年开设汉语大中教师学衔考试，并在巴黎地区增加了 4 个中文专业副教授的名额。[①] 与此同时，法国外聘汉语教师人数也大大增加，60 年代巴黎东方语言学院聘请第一任中国教员后，巴黎第七大学、第八大学、爱克斯-马赛大学和蒙日洪中学都聘有中国教员。至 90 年代，法国大、中学校的本地汉语教师是 130 人，政府或校际交流聘请教师约 20 人，合在一起约 150 名。

（三）存在的问题

法国汉语教学所存在的问题，归纳起来主要有如下几个方面：其一，各校教学质量、学生水平差距甚大，这给教学带来了困难。其二，学生人数呈金字塔状分布状况，低年级人满为患，坚持继续学习的并不多；由于汉语在中学大多作为第三或第二外语，且不作中学会考科目，学生自流现象严重，出勤率难以保证。其三，学习汉语的大学毕业学生不易找到对口的工作，从而影响了学生就读汉语专业的积极性。其四，在师资方面，二战后法国汉语师资数量虽然有较大增加，但从总体上来说，跟不上学生人数的激增，从而出现学生多教师少的尴尬局面[②]；二战后，法国虽然设立了中等教育任教资格证书，但很长时期内未设高等教育资格证书，造成人才流失；汉语教师正式职位少，临时聘请多，临时聘请的老师，为生计问题，往往同时奔波于几所学校或同时从事其他工作，业务水平难以提高。所有这些，在某种程度上影响了法国二战后汉语教育事业的发展。

---

① 《求学人数逐年增长 法国汉语教学蓬勃发展》，《华声报》，2002 年 2 月 27 日。

② 据统计，自 1966 年，特别是 1968 年至 1980 年，有的学校中文系学生人数几乎增加了一二十倍，而相同的时间内，教育部任命的汉语教师仅十几名。东方语言学院、埃克斯-马赛大学和波尔多大学中文系，教师与学生的比例高达 1∶50，对教学造成了巨大的压力。

三、高校中文系学制和课程趋向完备[①]

(一) 高校中文系学制

法国正式设立汉语学士学位是在1959年，到了90年代，已有五所大学设有中文硕士学位，两所设有博士学位。法兰西学院、高等研究实践学校的第四和第五系、社会科学高等研究学校等研究机构的教学带有研究性质，学生在导师的指导下也可取得硕士和博士文凭，但这类学校一般以研究汉学为主，这里不作重点论述。

法国大学攻读相关文凭，都采用分阶段（第一到第三）制度。第一阶段学制为两年，考试合格者可得到普通大学毕业证书（DEUG）。第二阶段也为两年，第一年即三年级，攻读高等教育文凭（DES）或学士学位文凭（Licence），第二年即四年级，攻读硕士文凭（Maîtrise）。[②] 第三阶段也是两年，第一年即五年级，攻读深入研究文凭（DEA），如第一年修完规定的学分，第二年，即六年级，便可进入博士论文写作阶段，其有效注册期为三至六年，到时不能完成论文者将被取消攻读资格。学生若完成论文并通过论文答辩，则可获得第三阶段博士学位（Doctorat），并可在大学或研究机构任教或谋职，论文被放在图书馆公开借阅，跟已出版的作品有同样参考价值。

法国攻读汉语学位的体制跟其他学科基本一致，但略有不同。如国立东方语言文化学院中文系，跟其他普通高校一样，凡持有中学毕业会考文凭即可

① 有关法国大学中文系的学制和课程设置，主要参考如下几份资料。何金兰《吴德明教授》、《法国东方语言文化研究院，中国语言文化系及中国研究中心》，载《汉学研究通讯》1984年，第3卷，第3期；Lettre de l'AFEC, Numéro spécial, décembre, 1991; Livret de l'étudiant, Institut National des Langues et Civilisations Orientales, 1993（另有一份打印资料：BROCHURE pédagogique, Année, 1993—1994）；Sous la direction de Marie-Claire Bergère et Engel Pino, Un Siècle d'enseignement du chinois à l'Ecole des Langues Orientales, 1840—1945, Asiathèque, 1995；吴勇毅《法国国立东方语言文化学院中文系的学制及课程设置》，《世界汉语教学》1996年第2期；阮桂雅《法国国立东方现代语言学院有关中国语言和文化的教学》，载《法国当代中国学》，中国社会科学出版社1998年；晓阳《巴黎东方语言文化学院汉语系概况》，载《中国文化与世界》第6辑，上海教育出版社1998年；潘先军《法国东方语言学院中文专业课程设置及简析》，《国外汉语教学动态》2004年第1期；http://www.inalco.fr/。

② 实际上Maîtrise只相当于中国的"本科毕业学位"，也就是大学本科四年级，翻译成"硕士"实有不妥，而"DEA"即"深入研究文凭"倒跟我国硕士生情况基本相符。

在该校申请注册入学。进大学后，分阶段逐级攻读相关文凭。中文系分三个阶段，每个阶段都要学完规定的学分。第一阶段有两年制和三年制的，可攻读这样的证书：语言文化文凭（CLC），两年，10 个学分；双语文凭（Diplôme bilingue），两年或三年，20 个学分；东方语言文化单一语言文凭（DULCO），两年或三年，20 个学分。东方语言文化学院规定，光持有语言文化文凭（CLC）的学生不能升入第二阶段，只有 DULCO 持有者才允许进入第二阶段学习。第二阶段：第一年（大学第三年），有两种文凭可供攻读，即高级文凭（DS）和现代外语（汉语专业）学士专业（LLVE）文凭，学制都是一年，学分都是 10 个；第二年（大学第四年），分为应用研究和学习文凭（DREA）以及现代外语（汉语专业）硕士（MLVE）文凭，学分也都是 10 个，学制也是一年，但另外还有一些具体的要求。要指出的是，第二阶段的“高级文凭”和“应用研究和学习文凭”属于学院文凭，而“学士”和“硕士”文凭才是国家文凭。完成第二阶段后，便可进入第三阶段，即攻读深入研究文凭和博士文凭，主要是写作论文。

（二）相应的课程设置

下面以东方语言文化学院为例，列出与学位相关的选修课程。

1. 第一阶段

分两年制和三年制两种，可攻读如下几种文凭所需学分。

语言文化文凭。两年，10 个学分，其中语言课 8 个，文化课 2 个。具体分配如下：一年级，语言课 4 个学分：《语法 I》、《课文和书面表达》、《听力》、《会话（日常生活 I）》；二年级，语言课 4 个学分：《语法 II 及汉译法》、《书面表达及模拟法译汉》、《听力》、《会话（日常生活 II）》。文化课 2 个学分，学生可根据自己兴趣从《中华人民共和国概况：1949—1989》、《中国地域：中国地理概论》、《十三世纪前中国历史》、《元、明、清中国史》、《清王朝末期史：1840—1910》、《鸦片战争至 1949 年中国史》六门课中选读两门。

双语文凭和东方语言文化单一语言文凭。两年或三年，20 个学分，语言课 13 个学分，文化课 7 个学分。课程具体安排如下：语言课 13 个学分中，有 8 个学分的课程与攻读语言文化文凭相同。三年级时，另外 5 个学分的课程是：《文言作品》、《白话作品》、《书面表达及模拟法译汉》、《听力》、《会话 III》。

7个文化课学分中,《中华人民共和国概况:1949—1989》、《中国地域:中国地理概论》、《十三世纪前中国历史》三门是必修课,共3个学分;可在《元、明、清中国史》、《清王朝末期史:1840—1910》、《鸦片战争至1949年中国史》、《元、明、清艺术与社会》、《中国分区地理》、《中国鼎盛时期艺术史》、《汉以前中国文物与艺术史》、《中国哲学通史》、《中国文学通史》课程中任选一门,为1个学分;最后3个学分,可选读上述科目中未修课程,也可选读其他系科,甚至是其他学校相关的课程,或从校外直接取得文凭充当学分。

2. 第二阶段

两年,即大学三年级和四年级。

第一年(大学三年级),攻读如下几种文凭所需学分。

高级文凭。10个学分,因攻读专业方向不同,可分三几种情况。第一种情况是"现代研究和国际关系方向"。这一方向所需选修课程有:从《现代汉语:汉译法》、《现代汉语:口头表达及汉译法》、《现代汉语:口头表达及法译汉》、《汉译法口译职业预备》、《现代汉语:书面法译汉》五门课程中选修四门,共4个学分;另4个学分是,可在当代研究方向的学士文凭有关课程中选修3门,加一门《中华人民共和国政治史》;剩下的2个学分,从本校为中文系第二阶段学生开设的任何课程中选修。第二种情况是"现代语言方向(汉语专业)",需要10个学分,其中8个是语言学分,需选修如下课程:《现代汉语:汉译法》、《现代汉语:口头表达及汉译法》、《现代汉语:口头表达法译汉》、《汉译法口译职业预备》、《法译汉口译职业预备》、《报刊阅读:政治、行政及经济》、《经、贸、科技汉语》、《现代汉语:书面法译汉》,另外2个学分可从中文专业第二阶段第一年学分中选修。第三种情况是"对外法语教学方向",需13个学分,其中10个学分的选修课同"现代汉语方向",另3个学分的课程是有关法文的课程。

现代外语(汉语专业)学士文凭。共10个学分,其中6个学分的必修课程是:《古汉语:文本语法解释》、《现代汉语:汉译法》、《现代汉语:口头表达及汉译法》、《现代汉语:口头表达及法译汉》、《中华人民共和国政治史》、《中国现代文学》;1个学分自由选择,可从第二阶段专业第一年的课程中任选一门;剩下

3个学分，因攻读方向不同，可分如下三种情况。第一种情况是“语言文学方向”，选修《中国古典诗歌》和《中国小说和戏剧》两门，2个学分，另1个学分从《远古至唐的书法史》和《现代汉语：书面法译汉》中两选一；第二种情况是“当代研究和国际关系方向”，在《1945年以来远东国际关系》、《18世纪至1949年中国社会经济史》、《1949年以来中国对外政策》、《中华人民共和国经济》、《中国法律》课程中选修两门，得2个学分；1个学分从《法译汉口译职业预备》、《现代汉语：书面法译汉》、《报刊阅读：政治、行政及经济》课程中选修一门中获得；第三种情况是“口、笔译方向”，在《汉译法口译职业预备》、《法译汉口译职业预备》、《现代汉语：书面法译汉》课程中选修两门，得2个学分：在《报刊阅读：政治、行政及经济》和《经、贸、科技汉语》中选一门，得1个学分。

第二年（大学四年级），攻读如下两个文凭和所需学分。

应用研究和实践毕业文凭。10个学分，课程安排是：写一篇论文，可充当6个学分；选一门指导老师所开设的选修课程，得1个学分；在剩下的3个学分中，《快速阅读I》和《快速阅读II》两门为必修课，可得2个学分，还有1个学分，可在第二阶段未曾选修的课程中选修。

现代外语（汉语专业）硕士学位文凭。10个学分，课程具体安排如下：撰写一篇约150页的论文，可充当6个学分；选一门导师所开设的选修课程，1个学分；剩下的3个学分，《快速阅读I》和《快速阅读II》为必修课，可得2个学分，还有1个学分，可从第二阶段未曾选修的必修课程中选修。

3. 第三阶段

攻读深入研究文凭和博士文凭，以撰写论文为主，课程不多，且基本上由导师安排，没有统一要求。

从东方语言文化学院的课程设置中可以看出，一、二年级的课程以语言课程为主，且强调口头的表达和翻译，进入三年级，文化类课程逐渐增多。一般情况是，负责语言课技能训练的老师，大都是中国人，有大陆、台、港等地的教师；而有关汉语的基本知识，则由母语为法语的老师，用法语进行较为系统的解释和介绍；文化课程也由法国教师担任，且用法语讲授。在翻译课上，担任汉译法课程的，一般要求母语是法语的老师，而法译汉则一般由中国教师担任。

法国其他几所院校中文系的体制和所开设的课程，基本也是如此。如巴黎第七大学中文系，也可招收攻读大学学士、硕士、博士，在本科的教学上，第一阶段（一、二年级）主要学习汉语课程，第二阶段（三、四年级）偏重中国文学、历史、文化等课程。埃克斯-马赛大学中文系，除大学汉语专业普通学习文凭、汉语专业学士、硕士文凭外，还设有汉语应用语大学第一、第二阶段文凭。波尔多第三大学，一、二年级也是以学习汉语课为主，三、四年级文化课程逐渐增多，有中国历史、地理、当代文学、古典文学、中国社会及社会组织等。

四、教材的编写和使用的多元化

（一）教材的使用和编写

战后法国汉语教材的使用和编写有两个基本特点。

其一，"八仙过海，各显神通"。

法国大、中学校对汉语教材的选用很不统一，甚至在同一学校，几个平行的班级所用的教材也不一样。因为，在多数情况下，教材的使用是由教师本人决定的。战后法国所采用的汉语教材，有法国教师自己编写的，有大陆、台湾、香港教师编写的，也有美国教师编写的，各校不甚相同。国立东方语言文化学院很长一个时期内，采用的是北京语言学院编写的《实用汉语课本》（法文译释，商务印书馆）和其他一些口语教材，埃克斯-马赛大学从一年级到三年级使用的是美国60年代编写的初、中、高级汉语课本。大陆、台湾、香港或美国编写的教材，各有其优点，也有不足之处。大陆的教材，能反映大陆政治、经济、文化的情况和变化，也能体现我国对外汉语教学和研究的水平，但法国教师反映，课本内容枯燥，政治性太强，科学性也较欠缺（如词汇重复率不符合要求），不太适合法国学生学习。埃克斯-马赛大学的教师认为，美国的汉语课本内容充实，难度大，口语和书面语兼备，实用性强，文化背景知识丰富，有利于培养尖子学生。[①] 但使用台湾、香港地区或美国教材，存在着一个明显的问题，即时常会因繁、简汉字使用的混乱而影响教学效果。此外，法国在汉语教材的使

① 王忠华《法国南方的汉学中心——埃克斯大学》，《世界汉语教学》1989年第2期。

用中,初、高中和大学课程的衔接,非文科专业高中毕业生进入大学理科后的汉语继续学习等问题,很长时期内也没有很好解决。

战后,法国教师也编写了一些汉语教材,这些教材各有特点,也不同程度地发挥过各自的作用。① 如戴密微编写的《基础汉语教材》(1953 年),主要是一些文章的汇编;布尔热瓦的《基础汉语课本》(1965 年),是法国第一本专以中学生为对象的汉语教材;李治华的《汉语视听课本》(1974 年),使用结构完整的视听教学法教授现代口语;游顺钊和戴乐生的《有没有护照?》(1974 年),为一套视听汉语课本;高静的《每日汉语》(1976 年),是一本口语教材;康多的《吸收的方法》(1981 年),编者的意图是在于提高学生的口头会话和表达能力;米仙客和德丽芬的《现代汉语程序教材》(1986 年),也是一本汉语入门教材,一度被法国不少大学所采用;白乐桑和张朋朋的《汉语语言文字启蒙》(1989—1991 年),重点放在汉字上,强调记字、组词能力;华卫民的《这是汉语》(2000 年),是一本"汉语双轨教程",分"读写本"和"听说本"两册。

其二,注重"实用性"和"现代性"。

我们知道,法国汉语教学虽然不像美国那样一开始就鲜明地表现出它的"实用性",但是法国的汉语教学也有重视鲜活性和实用性的传统。早在 19 世纪,当东方语言学校开设出汉语课的时候,该校的汉学家巴赞(1799—1862 年)就树起教授"白话"的大旗,他把"文言"和"白话"区分开来,编写出《官话语法》(1836 年)这样具有开拓性的教材。从那时起,该校的汉语教学,就已实现了在"原则上"以白话为主,文言只作为"补充"的目标。此后,该校一直坚持这一传统,直到当代。② 战后的法国汉语教学,所有新建的中文系和汉语教学专业或小组,从一开始就重视教学的"实用性"和"现代性",坚持以教授现代汉语为主,附带开一些古代汉语课的教学原则。显然,这既是整个国际汉学研究的大势所趋,更是中法建交以后两国外交、经济、文化交往日益频繁,学生对现代

---

① 上个世纪末,东方语言学院的汉语老师与大陆汉语教师共同编写的汉语教材,也已于本世纪初正式出版,并得到好评。

② Paul Demiéville, Aperçu historique des études sinologiques en France, Acta siatica, Bulletin of the Institute of Eastern Culture, the Tōhō Gakkai, Tokyo, 1996, №11.

汉语要求更为迫切的结果。战后的东方语言学院中文系，在学生手册（1980—1981年）中明确规定："中文系旨在造就能说、能写中文，能了解中国现状和它在漫长的历史过程中所取得的人类经验的独创性的专门人才，其教学和研究工作与古代汉语、现代汉语、中国文学、地理、历史有密切联系。"这一计划充分体现了重视现代和"实用性"的宗旨。巴黎第八大学中文系的教学内容几乎全部涉及现代中国课题，如现代汉语、中国现代文学等。该校的"汉学研究中心"及其刊物《远东与远西》，也着重研究当代中国文化和意识形态。普罗旺斯大学中文系现代语言教学更具特色，尤其是该校的"广播课"和"电影视听课"，内容和课程安排方式都富于创造性，重点在于训练学生的听、说、译的能力。在"广播课"上，教师每天收录北京电台对西欧、北非的华语广播，然后按照深浅加以剪辑，装订成册，作为教材供学生使用。到高年级，教师便把前一晚的录音直接拿来作为教材，有着浓厚的新闻色彩。该教材已于80年代正式出版，并配有华语广播录音带和生词的英文注释。该系三年级的"电影视听课"，是该系主任杜特莱设计的一门新课。他从几部中国电影（以故事片为主）中选取一些片段，上课时放给学生看，或者从头至尾放一部大片，老师跟学生在一起，边看，边交谈，边辅导。电影语言不易理解，但最大的难处在于不同民族之间的文化差异。杜特莱认为，对于高年级学生来说，学习的重点已不再是解决语言结构问题，而是解决文化差异所带来的难点。这种方法实际上是对法国传统视听教学法的继承和发扬。传统的视听法一般用在初级教学阶段，教学内容是由老师设计的，而"电影视听课"跟"新闻广播课"一样，使用的基本上是原始材料，更加突出语言教学的实践性。① 因该系使用了这种方式，该校中文系毕业生的语言表达能力都能达到较高的水平。②

（二）现代汉语研究

战后法国汉语研究始于60年代，取得巨大成果是在70年代以后，因此，人们一般把60年代作为法国汉语研究的"草创"时期，70年代以后为"成熟"期。

---

① 王忠华《法国南方的汉学中心——埃克斯大学》，《世界汉语教学》1989年第2期。

② 胡书经《法国汉语教学与研究的现状》，《语言教学与研究》1982年第4期。

60年代初，汉语言学家李嘉乐呼吁共同探讨汉语问题，吸引了一批汉语研究人员。李嘉乐原有个庞大计划，要编写一本"汉法辞典"，后虽因种种原因，编写工作没有取得预期成果，但却团结了一批年轻力量，从而在法国形成了"中国语言研究中心"。该中心起初有贾永吉夫人、艾乐桐和程纪贤等，到了七八十年代，又有一批更年轻的人积极投入。1971年，李嘉乐将中国语言研究中心改成"东亚语言研究中心"。法国汉语研究从"草创"到"成熟"的分界是在1976年，其主要标志是艾乐桐和贝罗贝创办的《东亚语言学报》的诞生。此后，法国的汉语研究便出现了"更好协调"的大好局面，并在国际上发行大量出版物，产生了巨大影响。[①]

战后法国汉语研究的特点可以概括为：历时与共时研究并存，欧洲语言传统与新理论结合，国际交往的加强。[②]

战后法国的现代汉语研究已取得主导地位，"从70年代到80年代，法国汉语语言学者的论著绝大多数都是关于现代汉语的研究"。[③] 在现代汉语方面，汉学家们的视野十分广阔，语法、语音、少数民族语言、聋哑人的手势语等方面都有所涉及，并取得了很大的成就。在研究观念上，法国汉语语言学者也有自己的特色，许多研究者不急于把自己划在某个理论框架之下，一般也不甚重视理论的探讨，而是注重汉语的事实。[④]

战后法国汉语研究主要集中在如下几个单位。东亚语言研究中心是法国汉语研究的主要力量所在。中心主要研究现代汉语，从80年代开始，便着手编写《汉法词典》，研究"汉语的共时和历时句法"、"普通话的语音学与音位学"、"使用汉语国家和地区的语言政策"等；中心招收博士生。中心学术活动十分活跃，经常派人员参加有关汉语研究的国际会议，并邀请国外学者前来讲学、交流，每年召开一次东亚语言学年会，讨论有关事项；中心与我国社会科学院、北

---

① Viviane Alleton〔法〕《法国对中国语言学研究》，载《法国当代中国学》，中国社会科学出版社1998年版，第341页。

② 同上书，第347～348页。

③ 徐丹《法国汉语研究概况》，载石锋编《汉语研究在国外》，北京语言学院出版社1995年版，第215页。

④ 同上书，第214～215页。

京大学和北京语言大学建立有联系；中心出版的刊物，在世界各大图书馆都有收藏。社会科学高等学院也是一个汉语研究的重要单位，招收博士生，由艾乐桐担任研究导师。巴黎第七大学设有研究组，由白梅丽任研究组教授。1985年起，东方语言文化学院也设了讲座，并于1994年设立了讲师席位。

战后，法国出版了不少汉语方面的刊物、丛书和辞书。东亚语言研究中心出版的《东亚语言学报》，1977年由艾乐桐和贝罗贝创办，编辑委员会的成员有艾乐桐、贝罗贝、李嘉乐、沙加尔、游顺钊等，由吕卡和瓦尔特罗具体负责。刊物问世不久，立即引起国际汉语学界的重视，成为一门有国际影响的语言研究刊物。中心还从1980年开始，着手编写《汉法词典》，与新加坡、香港等地的语言人员合编《人民中国、新加坡、香港和台湾的语言政策》，中心还出版有《交叉语言》丛书，这是1978年游顺钊创建并任主编的一份刊物。除中心外，其他机构出版的汉语书籍有“利氏学社”（利玛窦研究所）编纂的《汉西词典》（1971年）和《汉法综合词典》（1976年）[①]；社会科学高等学院出版的《汉学书目杂志》，每册都有介绍中国语言的内容。

战后法国汉语学的研究队伍已经形成，而且每个研究者都有自己的主攻方向，如以研究语法为主的李嘉乐、贝罗贝、艾乐桐、白丽梅、海然热，以研究语音、方言、少数民族语言为主的李嘉乐、沙加尔、郭幽、弗朗索瓦·德勒，以研究手势语为主的游顺钊等，其中最有影响的是李嘉乐、贝罗贝和艾乐桐。

李嘉乐是伯希和的学生，可以说，也是法国中国语言学“这一学科”中的“先驱”。[②] 1971年至1985年间，他曾任“东亚语言研究所”所长，为法国培养了一大批汉语语言学者。他曾出版有《中国与言语学：语言、缀音法和书法》、《汉语基础语法》等。尤其是后一部著作，反映了作者在汉语语音、词汇、句法等方面的研究成果，被认为是一部具有“开创性的著作”。他对汉语的某些特殊动词、某些词缀对汉语的演变史等，也颇有研究。法国当今许多汉语音位学

---

① 该词典也叫《利玛窦小辞典》，由利氏学社巴黎和台北分社共同组织，所收汉文单词1.1万—1.2万，近20万—25万个词组，附录中还有许多中国文化知识。

② Viviane Alleton，La Linguistique chinoise en France；中译文《法国对中国语言学研究》，载《法国当代中国学》，中国社会科学出版社1998年版，第339页。

学者都受过李嘉乐的启蒙教育。他以比较的方法研究现代拼音系统、现代广东话及古汉语(以《广韵》为代表)的音节,研究它们之间的联系及来龙去脉。[①]

贝罗贝是法国科学研究院的研究员,1985年继任“东亚语言研究所”所长。他提倡历时句法研究,写有大量论文,“为法国的汉语研究填补了空白”。他的专著《汉语历时句法》,探讨了汉语“给予式”的历史发展,这种“全面的历时研究在法国尚属首次”。他在进行汉语历时句法研究的同时,还涉及了“双宾语句”、“把字句”、“比较句”、“被动句”、“处所句”等句型问题,无疑,这些探索在现代汉语研究史上具有“深远的影响”。[②]

艾乐桐曾于1965年至1966年间在北京大学学习,后又到中国社会科学院进修,1968年获巴黎大学语言学博士。主要从事中国语言研究,曾任法国社会科学院高等学院教授。主要作品有《汉语语法》、《中国人对姓名的迷恋》等。

五、中法汉语教学的互动

国外的汉语教学,一向跟中外关系的变化有着紧密的关联,二战后的法国汉语教学也不例外。

二战后法国汉语教学能摆脱困境,是法国汉学家努力的结果。中法关系的改善,两国政治、经济、文化交流的加强,也为法国汉语教学提供了良好的环境。1964年,戴高乐将军率先冲破西方封锁与我国建立外交关系,给法国汉语教学带来了生机。当时法国有一批年轻学者来中国学习汉语和中国文化,回国后,大多在汉语教学和汉学研究机构中担任要职,成为法国汉语教学和汉学研究的骨干力量。

70年代以后,中国内地、台湾、香港与西欧贸易的长足发展,大大地激发了欧洲各国大、中、小学汉语教学的热情,大陆对外汉语教育事业也得到了蓬勃发展。80年代以后,西欧再度出现“中国热”、“汉语热”,法国更是一片热土。

法国是西欧国家中最早向中国政府聘请汉语教师的国家。1964年9

---

① 徐丹《法国汉语研究概况》,载石锋编《汉语研究在国外》,北京语言学院出版社1995年版,第219、224页。

② 同上书,第220～221页。

月，巴黎东方语言学院首次向中国聘请了一名汉语教师，接着，巴黎第七大学、第八大学、埃克斯-马赛大学也相继向中国聘请了汉语教师。此外，巴黎近郊的蒙日洪中学，也于 1965 年向中国政府聘请了汉语教员。与此同时，中国方面从 50 年代开始，在全国各大学的中文系毕业生中选拔人才，着手培养汉语出国储备师资，语种包括英语、法语、西班牙语、意大利语等，其中以英语和法语的出国储备师资为数最多。"文革"前，共培养了三批。"文革"期间，对外汉语教学几乎处于停顿状态。"文革"后又培养了两批。我国政府派往法国的历届汉语教师，多数业务水平较高。他们在法国的大、中院校担任汉语教师，课程内容包括基础汉语、中国文化、历史、文学、报刊阅读、翻译(法译汉)等。值得注意的是，这些汉语教师回国后，大都继续活跃在对外汉语教学和研究领域。

"中国热"、"汉语热"的出现，更促进了中法汉语教学的互动。师资的聘请也突破了政府级而走向校际交流，并日趋活跃。如北京大学与巴黎第十大学、北京外国语大学与蒙彼埃大学、北京第二外国语大学与法国高等商业经济学校、北京语言大学与埃克斯-马赛大学、里昂的让·穆兰中学与北京教育学院等，在汉语教学方面都建立了联系，并互派教学人员。

第二节　德国当代的汉语教育

一、前言

德国的汉语教学与汉学研究是密不可分的。1887 年东方语言学院在柏林的诞生以及 1909 年汉堡大学殖民地研究所第一位汉学教授职位的设立，标志着德国"专业汉学"的形成。在德国大学的汉学系，汉语是一、二年级的基础语言课程。20 世纪 80 年代以后，随着中国经济的崛起，德国对中国的关注程度日增，独立教授汉语的机构逐步增多，汉语教学已不再局限于高等院校，逐渐立足于德国社会的各个层面，如中小学和人民业余大学以及各种形式的语言培训中心等。

战后德国的汉学发展因受其政治形势的局限，在东德和西德两地表现迥异。在东德，柏林洪堡大学和莱比锡大学都分别设立了汉学系，并开设了现代汉语课程。20世纪50年代初期至60年代中期，还向中国派送了留学生。他们归国后在东德现代汉语的教学和研究工作中发挥了积极作用。遗憾的是，60年代末，随着国际以及国内局势的变化，特别是中苏矛盾的加剧和中国"文革"的爆发，历史悠久、尤其在语言学方面贡献突出的莱比锡大学汉学系遭到关闭，被迫停止的汉语教学直至80年代中期才逐步恢复。因而这一时期，民主德国的汉语教学主要集中在洪堡大学。[①]

在西德，1945年第二次世界大战结束时，仅有汉堡大学的汉学系得以保留下来。60年代初期，慕尼黑大学、柏林自由大学、波恩大学、科隆大学和海德堡大学等先后重建或新设了汉学系，迄今已拥有20多位教授席位。[②] 当时的汉语教学以古代汉语为主，注重学生的阅读能力。傅海波教授担任慕尼黑大学汉学系主任后，才加强了口语会话和书写的能力。60年代中期，几乎和中国"文革"同步，在西德爆发了年青一代的抗议运动，学生们要求放弃古代汉语、传授现代汉语[③]，进而引发了关注中国当代问题研究的转向。以此为转折点，课程设置发生了根本变化，例如在慕尼黑大学，现代日常语言、现代文学和思想史的课程比重都有所增加。然而这一时期，由于中国政府停止同国外进行任何学术交流，包括对外接收外国留学生，台湾便扮演起"中国替身"的角色。众多西德的汉学家如鲍吾刚和马汉茂等都在台湾接受了汉语教育。[④] 80年代初起，随着中国政治和经济形势的巨大变化，德国涌起"中国热潮"，此时的中国对西方国家而言，意味着潜在的市场和无限的经济利益，而传统汉

---

① 费路〔德〕《民主德国的当代中国研究》，载《德国汉学：历史、发展、人物与视角》，大象出版社2005年版，第286页。

② 魏思齐〔波兰〕《德国汉学研究的历史与现状》，《世界汉学》第4期，大象出版社1999年版，第37～66页。

③ 屈汉斯〔德〕《1968年的抗议运动、毛泽东思想和西德的汉学》，载《德国汉学：历史、发展、人物与视角》，大象出版社2005年版，第317页。

④ 马汉茂〔德〕《德国的汉学研究：历史、问题与展望》，载《德国汉学：历史、发展、人物与视角》，大象出版社2005年版，第25页。

学已无法满足德国社会对汉语人才的需求，于是一些机构从汉学系脱离而专门教授汉语，马汉茂倡导的北威州语言学院汉语培训中心便是一例。

二、汉语教学机构

基础教育、高等教育、职业教育和继续教育是德国教育的四个基本层次。各种类型的学校教育都归州文教部管辖。高等教育由国家兴办，属州级的国家机构。高校在联邦基本法规定的范围内自己管理学校，州政府及文教部对高等学校行使监督权。目前开设汉语课的教学机构有以下几种。

（一）高等院校

1. 以汉语课为基础课的汉学系/中文系、中国学系或东亚研究所现有 21 所院校；

2. 以汉语语言为主专业的东方语言系有一所；

3. 下属于普通语言学系的汉语专业有两所；

4. 下属于经济系的经济汉语专业有四所，开设经济汉语课的有五所；

5. 开设汉语课的大学和高等专业学校的语言中心有许多所院校，目前还没有作详细调查，其中提供汉语课程比较全面的是乌尔姆大学和帕骚大学。

（二）成人教育、继续教育

德国的继续教育复杂多样，政府、社会、团体和个人竞相参与，继续教育在德国真正成了全社会积极参与的终生教育，其中最有影响的是人民业余大学，类似于中国的夜大，是由州文教部管理的全国性自费大学，全德已有 2391 所业余大学。其中有 300 多所业余大学给成人或学生提供汉语课，有些学校甚至给学龄前儿童提供汉语课。另外还有为准备去中国工作或旅游的人开设的中国信息短期班。

在私立语言培训中心中，资历最深的是北莱因-威斯特法伦州语言学院 LSI，还有 1997 年成立的汉诺威中国中心。

这两所培训中心开设的大都是为期三个星期的语言强化班，一个班的人数不超过八个人；最基础的语言课是以汉语拼音为基础，不教汉字，目的是训练学员的口语交际能力；北威州的 LSI 采用是本校教师出版的教材；另外还开设一些实用的介绍中国的课程——经济汉语强化班。在汉诺威中国中心还开设了网络中文课，另外，这里也是除柏林自由大学、爱尔兰根-纽伦堡大学和苏黎世大学以外，德语国家汉语水平考试 HSK 的考试点。

以传播中国语言和文化为宗旨的孔子学院，为德国对外汉语教学提供了一个新的教学、师资培训及汉语水平考试等平台。2006 年 4 月，由北京大学和柏林自由大学共建的柏林自由大学孔子学院正式成立。这是在德国建立的第一所孔子学院。截至今日，已在爱尔兰根-纽伦堡、法兰克福、杜塞尔多夫、汉堡、莱比锡和海德堡等城市成立了近 10 所孔子学院。在德孔子学院以公益或者非公益形式注册，所设置的课程面向社会各界，除了现代汉语各个等级的语言和会话课程、专题研修班以外，还定期举办系列中国文化、历史、政治和经济方面的讲座，开展对中文教师的培训，和经济界合作进行跨文化培训。此外，爱尔兰根-纽伦堡孔子学院还是德国境内汉语水平考试考点之一。

（三）中小学

近几年来，德国开设中文课的中小学越来越多。1998 年德语国家（德国、奥地利、瑞士）开设汉语课的中小学仅有 34 所，到 2007 年达 120 多所。[①] 早在 1963 年，慕尼黑的圣安娜中学就开设了全德最早的中文兴趣班，现在已把汉语课列入毕业考试课。现今，全德把汉语作为必修课的学校有 26 所，这就意味着每星期的汉语课至少有三个课时。各州的文教部还为汉语课制定了统一的教学大纲和考试大纲，2007 年德国汉语教学协会建议各州的中学毕业考试应达到《欧洲统一语言参考架构》A2（相当于 HSK 基础二级）的水平，掌握 390 个汉字。

目前开设汉语课的小学还不多，全德只有 7 所，其中在柏林雷尼肯多夫区的维克多·戈兰茨小学提供中文课已有 9 年的历史，四到六年级的学生中大约有 10% 的学生上过汉语课。该校还与北京海淀区知春里小学建立了友好关系，成为国际友谊学校。

---

① http://www.fachverband-chinesisch.de/chinesischindeutschland/institutionen/Grundschulen_in_Deutschland.html.

三、德国大学中文系或汉学系

在德国，汉语基础课程一般都设在大学汉学系或中国学系中，研究方向包括中国历史、政治、社会、文学、哲学、经济等，甚至也包括对于海外华人的研究、德汉翻译史。汉学可以分为古典汉学和当代中国研究。古典汉学根据不同的划分，主要是对于1850年以前或者1911年以前或者1949年以前中国的研究，这以后的时期则属于当代中国研究的领域。汉语语言教学大都下属于汉学系，作为汉学系的基础课，也有些大学汉学系与汉语语言教学是分开的。

（一）本科学位类型

近几年来，为了与欧洲其他国家统一学位制度，德国大学的制度进行了大的改革，目前德国高等院校的本科学位有以下类型。

1. 学士学位

学士学位是高等院校最低的本科学位名称。德国大学自2003年来，开始引进这一制度，一方面为了与欧洲其他国家的学制统一，另一方面希望大学生尽快结束学业，走上工作岗位。

读这一学位的学生也是全德国学汉语人数最多的一类人，学习这一专业的学生大部分还选经济或法律作为第二专业。原因是不言而喻的，中国经济的发展，中德经济来往的增加以及欧洲劳力市场的饱和，使许多年轻人把就业的希望放在亚洲特别是中国的经济领域，因此自改制以来，每年申报中文系的新生从以前的二三十人猛增到一二百人，有些大学不得不限制招生。

学生在三年内，必须学习基础语言课，每学期的课程安排是固定的，其他课程可自由选择，积累学分，学生拿到所要求的学分就可以申请写毕业论文。另外，有些大学如法兰克福大学中文系要求本系主专业的学生去中国参加半年到一年的语言强化班。

2. 硕士学位

读完学士学位的学生可直接报考读硕士学位，读过其他学位的学生必须参加入学考试，汉语水平要求达到HSK中级C或CEF高级B2。目前只有少数几个大学中文系开始招收硕士生，如波鸿大学中国语言文学系，美茵兹大学实用语言学系中文专业，波恩大学东方语言学院中文专业。各校专业重点不一样，波鸿大学的侧重点是中国文化、历史、哲学等，美茵兹大学和波恩大学则是汉德翻译。

3. 文科硕士学位

文科硕士学位是德国改制之前采用的高等院校最低的本科学位名称。目前大部分高校已停止招生，限定在校学生学到一定的年限必须毕业，比如波恩大学的学生必须在2010年之前提交毕业论文。但仍有一些大学还没有参加改制，继续使用这一学制，如特里尔大学中文系、柏林洪堡大学业非语言学系中文专业。

（二）学士学位课程设置及师资配备

下面代表性地介绍一下几所大学中文系学士学位的课程、课时安排、所用教材及师资配备。

1. 波鸿大学中国语言文学系

波鸿大学是德国最早改制、引进学士学位的大学，其汉语语言课下属于东亚学系中国语言文学专业，学生在学习语言的同时必须上一些中国历史、哲学。语言文学的专业课以及汉语语言基础课课程安排见下表：

学年	课程名称	每周课时（SWS）	汉语课教材
第一年	1. 现代汉语基础课 2. 汉学研究的课题 3. 两门汉学专题课	1. 10 SWS 2. 2 SWS 3. 2 SWS	Ruth Cremerius: *Chinesisch für Deutsche 1. Hochchinesisch für Anfänger. In Langzeichen* (Hamburg: Buske, 2007). 平均每学期上30课
第二年	1. 现代汉语中级 2. 古汉语 3. 两门汉学专题课 4. 近代中国 5. 现代中国	1. 8 SWS 2. 8 SWS 3. 2 SWS 4. 2 SWS 5. 2 SWS	1. Zhu Jinyang: *Chinesisch für Deutsche 2. Hochchinesisch für Fortgeschrittene* (Hamburg: Buske, 2006). 2. *Antikchinesisch*（古汉语）GASSMANN, R. H. & W. BEHR (2005). 第一册. Bern: P. Lang
第三年	1. 现代汉语高级 2. 近代中国 3. 现代中国 4. 泛读课 5. 练习课	1. 2 SWS 2. 2 SWS 3. 2 SWS 4. 2 SWS 5. 2 SWS	口语和写作（比如商贸信函写作） 教师自由挑选阅读材料

波鸿大学目前为语言课安排的教师是四位，第一学年的学生每周上十个课时的汉语基础课，其中四个课时是集体课，六个课时是分为三个平行班的小课，每班人数在30人以上，教师采用繁体字教学，目的是让学生以后能读懂古文；第一学年结束后应掌握1250个词，850个汉字；第二学年采用简体字教学，每周八个课时均是分班上课，第三学期学生分为两个班，每班人数也在30人以上。第二学年结束后学生应掌握2500个词，1600个汉字。第三学年学生只上两课时的口语和写作课，两个课时的泛读课，主要是上专题课，为写毕业论文作准备。

2. 法兰克福大学中文系

法兰克福大学中文系的汉语基础课与其他院校不同，采用拼音和汉字分开教学的方法。第一学年，汉语基础课每周为六个课时，采用的教材是北大出版的《标准汉语教程》，以汉语拼音为基础，不教课本中的汉字，目的是要加快学生的听、说、读能力；另外有四个课时的汉字课，采用的教材是《新实用汉语课本》，主要是训练学生的汉字阅读和书写能力，还有两个课时的中文软件及中文汉字处理系统练习课。第二学年要求所有中文专业为主专业的学生去北京大学参加一年的语言强化班。第三学年学生要上每周为十四课时的汉语课，目前采用的课本是《中国全景》中级，三年学士毕业后学生应达到的汉语水平是HSK中级。另外在上语言课的同时，学生还要选修一些关于现代中国社会与文化、汉语语言文化的课程，学生可选择其中的一个题目写毕业论文。

中文系自2007—2008年冬季学期得到了比以往更多的教学资金，从而增多了代课老师，从原来的两位增加到九位，从原来一年级的两个平行班增加到四个平行班，三年级的一个平行班增加到两个平行班，为高年级学生也提供了不少练习课程，如口语课、报刊课，这些练习课没有固定教材，教师自己选择适应于学生汉语水平的教材。

3. 波恩大学东方及亚洲语言系汉语专业

自2003—2004年冬季学期开始，学生只能修学士学位，2007—2008年冬季学期开始招收汉语硕士专业。读本系学士学位的学生必须上三个学期的语言基础课，当然一般学生都读完六个学期。三年的语言课分为两段：前三学期为基础课，每学期必须上八个课时，其中两个课时是集体课；后三学期为语言加深阶段，六个学期的课程安排可见下表：

学期	课程	每周课时	教材
第一学期	1. 汉语及汉字入门（集体课） 2. 语音 3. 基础语法及课义 4. 练习	各两个课时： 4×2	《新实用汉语课本》第一册
第二学期	1. 汉语及汉字入门（集体课） 2. 听力 3. 基础语法及课文 4. 练习	各两个课时： 4×2	《新实用汉语课本》第二册 口语课教材：《交际汉语》第一册
第三学期	1. 语法（集体课） 2. 口语练习 3. 精读课 4. 练习	各两个课时： 4×2	《新实用汉语课本》第三册 口语课教材：《交际汉语》第二册
第四学期	1. 语法和词汇（集体课） 2. 报刊阅读(1) 3. 精读课 4. 练习	各两个课时： 4×2	《新实用汉语课本》第四册 《报刊阅读》第一册
第五学期	1. 口语课：热门话题 2. 报刊阅读(2) 3. 精读课	各两个课时： 3×2	《新实用汉语课本》第四册 《报刊阅读》第一册
第六学期	1. 写作课 2. 德汉翻译 3. 汉德翻译	各两个课时： 3×2	教师自由挑选授课材料

学士毕业生必须在三年内拿到168个学分才允许写毕业论文，一般在第六学期开始，学生可选择在语言系写论文，本系要求学生在所给的题目之下先用德语讲解课题，然后自己选翻译文章，写15页左右的汉德翻译。学生也可选择在中国历史系写论文，但本系不要求学生在论文中翻译文章。

在改制的三年多来，语言系汉语专业的学生人数剧增，至今已招收了四批新生，均超过了100多人，最多一期为157人。小班人数按规定不得超过25人，第一年一般得分六个平行班，第二年大概为三到四个平行班，第三年所剩的人数不多，一般在20到40人不等。教师人数也由开始的两名增加到四名，代课老师由四名增加到八名，但目前师资配备仍远远不够。

四、德国汉语教学协会

(一) 德语区汉语教学协会①

1979年在当时的西柏林，几位西德大学中文系的教授和讲师组织召开了第一届德意志联邦共和国现代汉语教学讨论会。1984年成立德意志联邦共和国汉语教学协会，会址在美因兹大学应用语言学与文化学学院。1988年改名为汉语教学协会，协会涉及范围是以德语为母语的三个国家：德国(1989年前只是西德)、奥地利、瑞士。协会宗旨规定如下："汉语教学协会的首要宗旨为建立德语母语者和中文母语者之间的友好关系，并促进两国民族间的相互理解。而掌握汉语普通话则是其必要前提，因此，本协会致力于支持各成人教育领域的汉语教学活动，以促进该领域内德国和国际专业人士及机构间的合作，促进汉语教学纳入德国文理高中的教学课程。本协会组织并举办各语言班、语言教学和学术会议活动。参与相关项目，发行出版物，支持个人和机构，为扩大和改善德语区汉语教学活动而努力。"

协会自1979年至今已组织召开了14届现代汉语教学大会，举办了10期师资培训班，出版了21期协会年刊《春》和12本汉语语言学丛书，另外还为德语区汉语授课的突出贡献者授予典宁豪斯奖。

(二) 德意志学术交流中心②

德意志学术交流中心简称DAAD，成立于1925年，代表德国231所高校和128个大学生团体，是目前全球最大的教育交流机构之一，其主要任务是扶持德国和其他国家大学生、科学家的交换项目以及国际科研项目，并以此来促进德国大学同国外大学的联系。目前，DAAD在世界范围内设立了14个办事处，为当地提供信息和咨询，其中北京代表处成立于1994年。

---

① http://www.fachverband-chinesisch.de.

② http://www.daad.org.cn/home.htm.

DAAD每年为30名德国在校优秀大学生提供留学中国一年或一学期的奖学金，为大约180名提供部分奖学金。

DAAD自1996年开始还为德国大学毕业生提供一个名为“在中国学习语言与实践”的项目，其目的是为了适应和满足德国企业对于员工汉语言文化的要求。参加此项目的一些学生，毕业后大多在经济或者是工业领域中从事高级职位，同时这个项目对于中德的贸易关系也起到了很显著的影响。这一项目面向所有自然科学、工程学、法律、经济及建筑学领域的大学毕业生。

五、汉语水平测试

1990年汉语水平考试(HSK)正式实施以来，汉语水平测试实现了标准化和统一化。但目前德国各大学的语言专业按照全欧统一的《欧洲统一语言参考架构》(CEF)来确定学生外语水平的等级，所规定的六个等级由最低级A1(初级)到最高级C2(流利级)。柏林自由大学中文系的顾安达博士把HSK和CEF这两种水平测试的等级作了一下比较：①

学时	课时及所需的学年/院校种类	HSK测试等级	CEF等级
400 UE	三年文理中学(每星期三到四课时)或半年在中国的语言强化班	HSK Elementary (基础) (大约400—600汉字) 一、二级	A1—A2 Way Stage (基础)
800 UE	一年在中国的语言强化班或一年德国大学汉语专业课	HSK Elementary (基础)或 HSK Basic (初级) (大约800—1000汉字) 三级	B1 Threshold (初级)
1200 UE	三学期在中国的语言强化班或两学期德国大学汉语专业课＋一学期在中国的语言强化班	HSK Basic (初级) (包括大约1600汉字) 四、五级	

① http://userpage.fu-berlin.de/～guder/Niveaustufen.htm.

续表

1600 UE	大约两年在中国大学汉语专业课	HSK Intermediate（中级）六级	B2 Vantage（高级）
2000 UE	大约两年半在中国大学汉语专业课	HSK Intermediate（中级）七级	
3000 UE	三年半在中国大学汉语专业课	HSK Intermediate（中级）八级	C1—C2 Effective Operational Profeciency（流利级）
über 3000 UE	至少三年在中国大学汉语专业课	HSK Advanced（高级）（2200 多汉字）九、十级	

按照上表的对比，现德国汉语学士学位毕业生所能达到的汉语水平应是 HSK 初级或 CEF 的初级 B1，但录取硕士生所要求的汉语水平是 HSK 中级 C（Level 6）或 CEF 的高级 B2。如果汉语课上把教学局限在拼音的基础上，让学生掌握听说能力的话，口语能力能达到 CEF 的 A 级。在德国只用拼音教学的课本，其内容只限于教 B1 级水平以下的学生。

纵观德国当代汉语教学的发展，不难发现，它与中德两国的政治和经济形势紧密相连。尤其在 21 世纪初，在中国经济迅猛腾飞之时，德国却经济衰退，失业人数激增。恰逢此时德国的高等院校推行学制改革，三年学制的本科及两年学制的硕士亚洲/中国学科于是受到众多年轻学生的青睐，以波恩大学为例，至 2003 年夏季学期，每年以汉学为主专业的新生人数历来都在 20 人以下。但是到了 2003—2004 年冬季学期大学引进三年制本科亚洲学专业后，每年以中文为主专业的新生人数则在 80—150 人之间，单从学习者人数上看，德国当代汉语教学便面临着新局面、新挑战。

新的局面主要体现为机构的多样性和规模的扩大。如上所述，德国当代的汉语教学逐渐脱离了传统的汉学，教学机构也超越了大学的汉语/东方语系，已深入到德国各个教育层面，而且规模不断扩大，学习者人数日益增多。新局面的出现对教师和教材提出了新的挑战。

与早期汉语教学中许多汉学家亲自担任语言教学工作的情况截然不同，现在从事语言教学工作的相当一部分人并未系统地接受过汉语教学的训练。

虽然汉语教学协会、国家汉办及孔子学院近几年组织过一些培训活动，但是类似语音、词汇、汉字认知和句法等有针对性的专题培训依然十分欠缺，而这类专业培训对提高教师的专业知识和教学水平是不可或缺的。

合格汉语教师匮乏的另一重要原因是德国高等院校的教师聘用政策。自90年代起，德国各大学便面临着严重的财政危机。汉学系自然也陷入研究经费紧缩和人员编制不足的困境。更不合理之处在于德国大学聘用语言教师不允许签订长期合同，通常合同限定在两年，而且没有延长的可能性。这样的任职条件意味着，一位刚走上讲台的教师在短短两年内适应了新的工作环境和内容、初步摸索出适当的教学方法之后，又该告别讲台了。对教师本人而言，有不能继续刚开始的工作之苦；对学习者而言，由于教师更换频繁，教学缺乏延续性，遭受的不利影响是显而易见的。

中国的对外汉语教学机构以及德国从事汉语教学的人员，近几年在教材方面都做了很多工作。但是国内出的教材仍然主要针对英语为母语的学生，重点考虑这些学习者在语音和语法以及其他语言习惯上的学习困难；针对德语为母语学习者的汉语学习教材寥寥无几。德语学习者受其母语的局限，在汉语学习中所遇到的困难和英语学习者是完全不同的。学习者的年龄、身份、学习的目的和时间以及对内容的要求等等大相径庭，因而教材也应具有针对性和多样性，这方面的工作亟待加强。

德国高等院校范围内的汉语教学逐渐脱离传统的汉学/中国学研究，已是大势所趋。对于中国学研究而言，这一发展变化不禁让人担忧。现在，绝大部分选择中文为主专业的学生，其学习目的十分现实，或想增加自己的就业机会，多一门语言，多一种选择；或源于个人因素。真正出于对中国历史、哲学或文学等的热爱而选择学习中文的学生微不足道，德国汉学的前途面临着空前挑战。从另一个角度而言，正因为中文学习者对中国社会的历史文化的兴趣减弱了，如何科学地开设中国文化课程以弥补学生在文化素质方面的不足，是值得探究的课题。

第三节 英国当代的汉语教育

一、英国当代汉语教育概况

英国汉学研究历史久远，英国政府虽认识到在大学开展中国学的研究对于国家经济和政治利益的重要性，但未能就此建立一个健全的部门。从斯卡巴勒报告(1945年)开始，到后来的海特报告(1961年)、帕克报告(1986年)、霍德·威廉斯报告(1993年)以及1999英格兰高等教育拨款委员会(HEFCE)有关建立中国学的倡议，英国曾有过一系列的创新计划。

上个世纪60年代，汉语被称为社区语言，不属于现代外语，未被列入中学现代外语课程之中。当时开设汉语课程的大学也只有几所，学生人数也较少，且学习目的多是准备从事外交活动。

从20世纪90年代起，中学和大学里选学所谓现代外语，特别是德语、俄语的人数相对减少，而选学中文、日文和阿拉伯文的学生有所增加。与此同时，全球一体化和欧盟的发展要求英国改变许多传统的观念，包括对现代外语的理解，这使得传统的现代外语的外延扩大了，与之相适应，中小学教学大纲中把社区语言也包括在现代外语之中。

在专业语言学院系统建立之前，除了个别学校之外，几乎没有相关的汉语教学。专业语言学院系统建立于20世纪90年代末，任务是教授非欧洲语言。到2003年，有64所语言学院讲授汉语，汉语教学明显增多。

2002年，英国教育与技能部提出了“国家语言战略”，将汉语列为“战略上具有重要意义的语言”，作为发展对华关系的重要手段。① 当年6月，英国教育大臣就与中国教育部长签订了联合教育框架协议，从制度层面推动汉语教学。具体表现为把汉语普通话教学和中国文化科目纳入课程体系建设。2004年，经中英两国政府合作，中文被列入英国中学的外语教学课程，并在一些中

① http://www.ciein.com/article/1318.shtml.

学试点。此外,政府还拨款资助一系列项目的实施,如“校际往来项目”、设立英国中学生汉语学习奖学金、在华招聘200余名汉语教师等。

1999—2004年间,英国政府每年提供不少于100万英镑的特别资助,所有重要的中国学中心都获得了相应的经费。[①]

近年来,汉语正逐步成为英国学生选修的热门语言,学习汉语的学生逐渐增加,将汉语设为必修课的学校也在增多,特别是许多知名私立学校,如Brighton College等主流学校,也将汉语列为必修课。此外,全国上下两百多所华人办的周末中文学校也构成了英国汉语教学的主体。这些学校大都租用当地小学的校舍开设中文以及与中国文化有关的课程,如书法、中国舞蹈、中国绘画、中国功夫等。

目前,中英两国的经贸前景已成为大部分英国人学习汉语的最大动力。据英国工商界的最新预测:到2009年,英国对华出口总额将占据英环球销售的10%,达到2千亿英镑,中国将成为英国最重要的出口市场。这一前景积极地推动了英国汉语教学的发展,尤其体现在中学的语言课程调整上,教育大臣琼森鼓励将汉语列为中学生的必修外语,以迎合国际经济发展的潮流。[②]

目前,英国汉语教学的发展主要受限于师资、教材和资金等因素。与美国相比,英国的中国研究在经费上主要仰赖于政府和大学,私人和基金会的资助只占很小的比重。经费不足会在一定程度上限制了汉语教学的普及和发展。自2007年起,政府预计每年拨款42万英镑资助学校开办中文课程,目前逾百所小学已收到津助费用。[③]

二、英国当代汉语教学发展现状

2007年10月5日,英国国家语言中心发布了《普通话语言学习》的调查报告[④],肯定了汉语教学正在英国教育界中成为一个潮流。2008年9月,汉语

---

① 韦立德〔英〕《澳大利亚和英国的中国学比较》,《国外社会科学》2004年第6期。

② http://news.xinhuanet.com/edu/2007-02/05/content_5696642.htm.

③ http://www.xmuoec.com/showarticle.aspx? article_id=313.

④ http://www.cilt.org.uk/research/mandarin.htm.

成为英国普通中等教育证书[①]的考试科目。

(一) 中小学现状

英国的小学汉语教学还处于起步阶段,根据 NFER(National Foundation for Educational Research)[②]对处于 Key Stage 2[③] 的学生所作的一份调查报告,初步估计,所有提供语言课程的小学中,只有 1%的学校教授汉语。[④]

英国国家语言中心 2007 年初对全英 112 所小学进行了问卷调查,反馈显示,共有 22 所学校教授汉语。据估计,这些学校学习汉语的学生总人数大约为 2179 人,且多为华裔。报告指出,大部分小学的汉语教师都没有教师资格证书,仅 3 所学校的汉语教师持有此证书,大部分小学有英国委员会汉语助教。这些学校教授汉语的形式有课堂正规讲授(13 所)、课后俱乐部(8 所),还有一些学校仅仅开设临时的体验汉语课程或者举办年度庆典。

该报告认为,目前制约英国小学汉语教育发展的主要因素为师资缺乏、资金有限、课时不够、信息不足、学生学习汉语的困难。

与小学现状相较,英国中学的汉语教学正稳步推进,逐渐成为潮流。综合英国国家语言中心 2007 年 10 月 5 号发布的《普通话语言学习》的调查报告以及 2006 年 Key Stage 4 语言趋势调查报告的结果,初步估计,目前全英开设汉语课程的中学大约有 400—500 所。10%—13%英格兰高中开设了汉语课程,其中 7%—8%是公立学校,25%—33%是私立学校。这些学校往往教育质量比较高,很多公立学校是语言特长学院,类似中国一些有项目特长的高中。

《普通话语言学习》的调查报告称,此次参与调查并提供反馈的 154 所中

---

① 普通中等教育证书(GCSE)课程时间为两年,学生年龄为 15 周岁及以上,学生将于课程结束时参加考试。该课程是中等教育的最后强制性课程。

② NFER 创建于 1946 年,是英国一个重要的非营利性组织和已注册的慈善机构,其工作主要是在全国范围内开展教学情况调查及测试,为决策者、管理者以及教学实践者提供信息和参考。见网站:http://www.nfer.ac.uk/index.cfm。

③ The Key Stages 是英国的教育体系中根据学生的年龄及所掌握的知识程度所作的教育阶段划分。从 Key Stage 0 到 Key Stage 5,一共有六个阶段。Key Stage 2 指的是英国公立学校中从三年级到六年级为期四年的教育阶段,这一阶段的学生在 7 岁到 11 岁之间。见网站:http://en.wikipedia.org/wiki/Key_Stage。

④ http://www.cilt.org.uk/research/mandarin.htm.

学中，60%的学校将汉语列入正规课程大纲，专门开设汉语课程，而另外40%的学校仅在课外时间教授汉语。在开设汉语课程的中学中，86%的学校教授初级水平的汉语。其中34%的学校教授Level 1汉语，31%的学校教授Level 2汉语，还有14%的学校教授Level 3汉语。

此次调查发现，不同年级学习汉语的人数分布也呈现出一定的规律性。以下是参与调查的130所学校提供的不同年级学生学习汉语的总人数以及所占的比例：

Year 7	3427	42%
Year 8	1927	47%
Year 9	2198	53%
Year 10	605	50%
Year 11	430	44%

可以看出，七年级学生学习汉语的人数最多，在将近1/3的学校，七年级学习者人数往往达到甚至多于100个；十一年级，学习汉语的学生最少，74%的学校中，这一年级的学习者不到10人。而九年级和十年级的学生分布范围最广，半数以上的学校都有学习汉语的学生。

该报告也论及了中学的师资情况，在参与调查的学校中，大部分汉语老师都是英国本地人。持有教师资格证书的汉语教师非常少，仅仅31%的学校拥有这样的师资。46%的学校的汉语教师或助教都没有此证书，此外24%的学校有英国委员会承认的汉语助教。

同小学情况相似，英国中学汉语教学的制约因素主要为课时有限、与其他欧洲语言相比汉语比较难学。此外，教学资源不足、师资有限以及资格证书不完善同样也制约着汉语教学的开展。

（二）高等教育现状

1. 概况

多年来，设有中文专业的大学有剑桥大学、杜伦大学、利兹大学、伦敦大学亚非学院、爱丁堡大学、牛津大学、谢菲尔德大学和西敏寺大学。在这些大学中，有的只有纯中文专业，即中文和与汉语有关的课程，在英国称之为single honour专业（如牛津、剑桥大学）；有的大学可由学生选择纯中文专业或中文加另一个专业，如经济学、发展研究、历史等（如利兹大学和伦敦大学亚非学院），这类中文专业被称为 joint honour 专业。西敏寺大学已从 1999 年起，不单独开设中文本科，学生需选修中文和另外一门专业。

此外，巴斯大学、中兰卡什尔大学、赫尔大学、米德塞克斯大学、纽卡索大学、萨福堡大学和约克大学 7 所大学开设了用汉语进行教学的课程。还有 11 所大学开设了与中国有关的学科或区域研究课程：布里斯托大学、丹迪大学、东昂格利亚大学、埃塞克斯大学、赫尔大学、基尔大学、米德塞克大学、纽卡索大学、萨福堡大学、斯德令大学和兰皮特大学。诺丁汉大学在 1999 年 10 月成立当代中国研究所，并开设了汉语语言课程。另外，约有 15 所中等教育语言学院开设汉语。①

2. 学生规模变化

2007 年英国国家语言中心在高等教育数据局所提供数据的基础上，在《普通话语言学习》中对英国高等教育中汉语教学开展的现状和趋势作了一系列定量统计。

报告称，英国大学中学习汉语的人数近几年比例有了大幅增长，但是总体人数仍然不多。三分之二的大学生都是选修一门中文再加另外一门专业，主要是经济学、管理学和历史。申请汉语作为第一学位的人数在 2000—2006 年间翻了三倍，增长尤为明显。2006 年有 392 名学生被大学汉语系录取。

表 1　1996 年至 2006 年申请就读汉语系的学生数以及变化比例②

	1996	1997	1998	1999	2000	2001	2002	2003	2004	2005	2006	%变化
纯中文专业 Single	371	386	434	328	253	286	355	359	353	476	747	+101%
主修汉语专业 Major	141	115	119	91	64	90	80	101	57	89	63	−55%
组合式专业（即中文再加上另一门专业）Joint	499	488	495	400	357	410	359	481	590	780	1133	+127%
辅修汉语专业 Minor	64	91	38	45	29	29	69	120	209	318	339	+106%
总计	1075	1080	1086	864	703	815	863	1061	1209	1663	2282	+112%

① 陈向阳《英国的中国研究现状与前景》，《世界教育信息》1999 年第 11 期。

② 表 1—表 3 数据转译自 *Mandarin Language Learning Research Study*，见网站：http://www.cilt.org.uk/research/mandarin.htm。

表2 1996年至2006年大学汉语系录取学生数以及变化比例

	1996	1997	1998	1999	2000	2001	2002	2003	2004	2005	2006	%变化
纯中文专业 Single	72	77	95	71	58	58	80	70	78	100	115	+57%
主修汉语专业 Major	29	22	24	15	13	22	23	19	6	16	6	*
组合式专业(即中文再加上另一门专业)Joint	64	76	95	83	88	80	87	100	101	164	196	+206%
辅修汉语专业 Minor	0	0	5	3	1	5	66	29	58	72	75	*
总计 Total	165	175	219	172	160	165	256	218	243	352	392	+138%

报告称,截至2005年6月,已有将近2000名学生学习汉语。

表3 英国高等教育学习汉语的学生人数变化趋势(2002年3月至2005年6月)

	2002年3月	2003年4月	2004年5月	2005年6月	自2003年3月以来的变化情况
汉语专业的本科生 UG First Degree	605	685	755	850	+41%
其他专业本科生 UG - Other	255	365	585	805	+214%
学习汉语的研究生 PG Taught	170	205	235	245	+43%
研究汉语的研究生 PG Research	15	15	10	35	+143%
总计 Total	1045	1275	1585	1935	+85%

(三)教材使用情况

1. 中小学教材使用情况

英国华人办的周末学校一般选用两本教材。

(1) 暨南大学华文学院专门为海外中文学校编写的《中文》(1—12册)。

该书内容生动活泼,图文并茂,教师和家长普遍较为满意。但该书只有简体字版本,繁体字只在书后词汇表中对照列出,不能满足部分学校和家长选教繁体字的需要。

(2) 英国中文学校联会编写的《英国华文课本》。

该教材第一版出版于1993年，十年来多次修改，按照英国中学现代外语的课程大纲增补内容。该教材初期只使用繁体字，后逐步扩展为部分简体版。全套书简、繁体并列，从而满足了学校和家长的不同需求。

(3) 国家汉办与英国文化委员会合作编写的《快乐中文》。

该书的编写经费分别来自英国教育与技能部和中国国家汉办。该书是专门为英国中学开展中文教学编写的，学生对象是11—16岁的初中生，以参加中等教育普通证书中文科目为目标。该书共3册，每册都分学生用书和教师用书。另配以录音带、录像带、教学挂图、识字卡等，制作精美。《快乐中文》于2002—2003学年在英国部分学校试用，2003年9月正式出版使用。该教材的出版因得到英国文化委员会的介入，有可能在今后英国主流学校的中文教学中占据优势。

2. 大学教材使用情况

2003年英国汉语教学研究会对会员所在院校的中文教材的使用情况作了调查，结果如下：

表4 英国大学初级阶段中文课本使用统计（2003年）①

教材	使用院校
《初级汉语课本》鲁健骥等著，北语出版社，1998	剑桥大学、利兹大学
《新编汉语教程》黄政澄著，商务印书馆，1996	杜伦大学、爱丁堡大学、英国外交部中文培训部
《汉语口语》佟秉正等著，Routledge，1982	爱丁堡大学、英国外交部中文培训部、伦敦大学国王学院、利物浦 John Moore 大学、伦敦经济学院、伦敦 Guildhall 大学、伦敦大学亚非学院、谢菲尔德大学、牛津大学
《汉语口语》阚茜著，Routledge，1994	兰开夏中央大学
《实用汉语课本》刘珣等著，商务印书馆，1993	牛津大学、Salford 大学、伦敦南岸大学、西敏寺大学

虽然教材的使用一般应相对稳定，但随着课程的变化、新教材的出现，英国大学使用的中文教材也在不断变化。英国汉语教学研究会每年都对会员所

① 宋联谊《近五年英国汉语教学综述》，《国际汉语教学动态与研究》2005年第2辑。

在院校中文教材的使用情况进行统计。

(四) 汉语水平测试

1. GCSE 和 A-Level(AS、A2 level)中文考试

英国的中学分为两个阶段:11—16 岁和 16—18 岁。大致相当于中国的初中和高中。在 15 岁时,学生一般要参加 10—12 门科目的考试,考试合格者被授予中等教育普通证书(GCSE)。GCSE 考试之后,大部分学生继续学习两年,一般选修 3—4 门科目,18 岁时参加中等教育 A 级证书(通常称作 A - Level,advanced level)考试。它是英国高中的最后两年课程,即中学高级水平考试课程,分为 AS Level 和 A2 Level 两个部分,在 AS Level 阶段学生需要选择四门科目进行学习,之后进入 A2 Level 阶段,要求学生选修三门科日学习。这是进入英国高等院校就读的衔接性考试课程,因此可以理解为"英国的高考"。A - Level 的考试成绩也为英国以外的绝大多数国家的高等教育机构认可,是国际通用的入学标准。

GCSE、AS 和 A2 Level 考试均设有中文考试,参加这两个考试的绝大多数是华裔学生。根据英国国家语言中心发布的《普通话语言学习》调查报告,自 2001 年起至今,参加 GCSE 考试的考生人数下降了 14%,但是报考 A2 的考生人数增加了 81%。成人报考人数在这两项考试中均稳步增长。以下为英国教育与技能部提供的从 2001 年至 2006 年英国中小学和大学报考 GCSE 和 AS、A2Level 的考生数[1]:

表 5

	GCSE	A2 Level	AS Level
2001	2124	1102	
2002	2289	1400	
2003	1686	1496	
2004	1865	1677	
2005	1973	1606	1057
2006	1827	1996	1183

① http://www.cilt.org.uk/research/mandarin.htm.

由于2003年引进了一种新型的考试类型，它与GCSE考试相冲突，因此报考GCSE的考生人数有所下降。而参加A-Level考试的考生人数逐年增加，主要是由于英国私立学校的华裔学生在过去几年内有所增加。90年代从香港和中国大陆来的新移民使英国华人人口大大增加。英国人口普查的统计显示，1999—2002年，来自大陆的学生增加了14.6%，来自香港的学生增加了25%。[①] 在校华人学生的增加促进了中文课程的开设和推广。

此外，根据JAC（Joint Council For Qualifications）的统计，全英报考GCSE和A2 Level的成人考生人数均稳步增长。以下是自1995年到2007年报考GCSE、A2 Level和AS Level的总的考生数（包括中小学、大学、成人培训）：

表 6

	GCSE	A2 Level	AS Level
1995	2234	956	
1996	2254	1152	
1997	2483	1038	
1998	2127	1188	
1999	2136	1286	
2000	2238	1359	
2001	2320	1439	
2002	2635	1736	1171
2003	2675	1914	1538
2004	3141	2119	1708
2005	3098	2055	2071
2006	3034	2447	2239
2007	3007	2422	*

2. 汉语水平考试（HSK）

---

① 《泰晤士报》，2002年4月15日。

HSK 在英国一直开展得很不理想。1995 年第一次举办，有 7 人参加。1996 年未举办。1997 年中国英国旅游服务咨询中心承办了在英国的 HSK 考试，当年也只有 3 人参加了考试。之后的几年，考生人数虽略有增加，但与同在欧洲的德国和法国每年数百名考生相比，实在少得可怜。据国家汉办提供的数据显示，1998—2003 年在英国的考生人数为：

表 7

年份	1998	1999	2000	2001	2002	2003
人数	10	13	15	26	45	48

国家汉办考试处曾两次在英国与部分中文教师探讨如何在英国进一步推广 HSK 的问题。但由于有英国国家认可的 GCSE 和 A-Level 中文考试，学习中文的中学生（主要是华人子女）一般不太考虑另考 HSK。不过随着英国中文教学的发展，高等院校学生和业余学习中文的成年人参加 HSK 的会逐步增加。

（五）汉语教师队伍的现状及问题

1. 正规军

他们一般具有英国大学教育学硕士学位，这也是到公立学校任教的基本条件。

2. 在英国居住的中国人或留学生

尽管中国学生在英国读研究生学位的人数每年都在飞速增长，然而大多数都是学金融贸易或理工科、传媒等热门科目。对于教育学，目前中国人拿到这个文凭的并不是很多。不少私立学校聘请在英国居住的中国人或留学生担任汉语老师。

3. 英国人自己培养的汉语老师

虽然人数较少，未成规模，但一些好的私立学校，已开始注意这个问题，已经开始把对中国文化有兴趣或教汉语的英国老师送到伦敦大学亚非学院或中国进修，培养汉语老师。

据英国文化委员会统计，目前 85%的汉语老师都是临时工。临时工一般都只和学校签订非正式的合同，约束性不强。工资普遍按小时计算，也没有一个标准的费用，一般每小时10—36镑不等。这样的聘用方式是学校的中文师资力量得不到保证的根本原因。在伦敦南部地区，有一个民间组织的中国文化促进会，会长刘彩云从各种民间渠道筹集了一笔中文教育资金，用于派遣中文老师到该区的普通学校免费教授汉语。经过几年的努力，已经有十多所学校开始在课外时间加上一小时的中文课，形势颇为乐观。然而，这些留学生缺乏教书的热情，对教学钻研不够，人员流动极大，稳定性差。

英国国家语言中心发布的《普通话语言学习》调查报告指出，师资力量缺乏成为汉语教育普及的首要制约因素，因此汉语教师队伍的培训迫在眉睫。

目前，中国正在与英国教育部门商讨开展项目，培训汉语教师。英国文化协会、汇丰银行等机构也组织了汉语助教项目来满足英国中小学对汉语教师不断增长的需求，今年英国文化委员会和汇丰银行从中国聘请了86名汉语助教来英执教，在一定程度上缓解了英国中小学汉语教师缺乏的压力。①

三、研究机构以及研究成果

（一）研究机构

1. 英国中文教育促进会

英国中文教育促进会（简称促进会）成立于1993年6月，为非营利性的志愿团体，旨在弘扬中华文化，支持华人办学，促进教学交流及提高教学水平，推动英国华文教育事业。促进会的工作包括：推荐及提供由中国国内专业人士编写的中文教科书，安排英国中文教师回国参加师资培训班，举办教学研讨会和中文讲演比赛，组织青少年夏令营回国学习，推广普通话、简体字和汉语拼音等。促进会现有会员学校近60所。

2. 英国中文学校联会

① http://www.fmprc.gov.cn/ce/ceuk/chn/gdxw/t362894.htm.

英国中文学校联会(简称联会)于1994年7月成立,到2007年约有会员学校100所。联会先后举办了四次广东话师资培训班和两次普通话师资培训班。联会不仅提供与开发教材、举办师资培训班,在文娱活动方面也很活跃,举办过中文作文造句比赛、新年贺卡设计比赛、中国象棋比赛等活动。

3. 英国汉语教学研究会

英国汉语教学研究会(简称研究会)成立于1997年。研究会的宗旨是促进英国汉语教学与研究,但侧重于高等院校的汉语教学与研究。研究会每年举办两次研讨会,以研究会会员的学术讨论为主,有时也请在英的访问学者参加学术交流。

随着英国高等院校中文教学的发展,该研究会的会员也逐年增加,由1999年的36人扩大到2003年的49人。会员代表的院校从1999年的10所发展到2003年的21所。

4. 白玫瑰东亚研究中心和英国校际中国中心

2006年高等教育资助委员会、社会科学研究理事会以及艺术和人文科学研究理事会展开合作,资助五个基于不同语言区域的研究中心。其目的是培养掌握了语言技能的世界一流研究人员,开展基于语言环境的研究工作,增进英国对阿拉伯语国家、中国、日本和东欧国家的了解。其中有两个专门研究中国问题的中心,即:白玫瑰东亚研究中心和英国校际中国中心。

(1) 白玫瑰东亚研究中心

2006年,利兹大学的东亚研究系、国际商业中心和谢菲尔德大学东亚研究学院合并,携手创建了白玫瑰东亚研究中心(关注日本和中国)。该中心下设有中国学研究中心和日本学研究中心。

中国学研究中心创建之初,获得了高等教育资助委员会、社会科学研究理事会以及艺术和人文科学研究理事会400万美元的资助。该机构有博士生和硕士生培养方案。博士生培养方案目标是培养高级研究人员,以便进行与中国相关的领域研究、汉语研究、东亚区域下的中国研究,或者是进行中国与其他区域比较研究;硕士生培养方案目标是为学生提供一系列培训,以便毕业后从事学术研究,或进入私营企业、公有企业从事与汉语相关的工作。

(2) 英国校际中国中心

2007 年牛津大学、布里斯托大学以及曼彻斯特大学联手创建了英国校际中国中心，该中心获得了高等教育资助委员会、社会科学研究理事会以及艺术和人文科学研究理事会 500 万美元的资助，旨在成为英国最重要的中国研究及汉语教学中心。该中心将在以下三个方面作出努力：第一是扩大本科生和研究生的教学内容，教授更多有关中国语言以及中国区域研究方面的知识；第二是推动汉语研究工作的开展；第三是发起一系列涉猎广泛、影响范围大的学术传播活动。

(二) 重要的研究项目以及成果

2000—2002 年，牛津大学中国研究学院获得了英国教学发展基金（The Fund for the Development of Teaching and Learning，简称 FDTL）的资助，进行了一项为期两年的中文教学试验。试验对象为对中文有兴趣的志愿者，这些志愿者均没有中文基础。试验分为四组分期进行，前三组每组只集中于一种技能：听、说、读，第四组是广东话为母语者集中学说普通话。试验目的在于探索单项语言技能独立教学的特点以及与之相适应的教材编写的特点。教学试验的每一阶段都向英国汉语教学研究会报告，研究结果及相关教材也供研究会成员及其所在院校参考，为英国基础汉语教学提供了有益的经验。

此外，由英方发起的“时代中国”教育项目于 2007 年 11 月 12 日正式启动。在这一项目中，英国小学生将学习如何用中文从一数到十、聆听古老的中国故事以及学写中国汉字。本项目包括研讨会、教材、竞赛和资金资助等，由汇丰银行及诺顿·罗氏集团提供赞助，并由“时代中国”主办，旨在帮助英国各地学生学习和了解中国文化，了解中国在 21 世纪的世界舞台上扮演的重要角色。英国文化协会和英国创新教育联盟为教师提供免费的教育资源，并提供资金支持中国艺术、节日和文化活动，举办全国竞赛，鼓励英国的中小学校了解中国文化。

第四节　意大利当代的汉语教育

一、汉学在意大利的重要地位

中国和意大利同为历史悠久的文明古国，在西方汉学研究中，意大利占有极其重要的地位。13世纪威尼斯人马可·波罗第一次向欧洲介绍了一个神秘、富足、地域广阔的中国，《马可·波罗游记》成为"游记汉学"的标志性著作。16世纪晚期，罗明坚、利玛窦等一批批传教士来到中国，读中国古书、念儒家经典、交朝野文人，介绍、翻译、研究中国文化，写了近千部的著作、报告、通信。欧洲的汉学研究肇始于利玛窦对中国典籍的翻译和词典编纂工作。[①] 最早的一部词典——《葡汉辞典》是1853年至1588年由罗明坚和利玛窦编写的。利玛窦在1605年编写了《西字奇迹》。[②]

1653年，卫匡国编写的西方第一本《汉语文法》，对想了解汉语的欧洲人产生了重要影响。1654年，出版了他编写的《新中国地图集》，这是第一部有关中国地理的著作。

马国贤(1682—1745年)神父从中国返意后1732年在拿波里创立的中国学院，是欧洲最早研究中国文化和语言的地方。中国学院是一所培养精通拉丁语的中国神职人员的学校，他们完成学业可以取得神职，同时又可以学习中文，了解中国文化。有的教士及枢机主教寄住于此只为学中文。

19世纪初，意大利在经过了耶稣会士的"儒学"和礼仪之争的"儒学"后，开始了"思索和务实"的、以儒学为核心的汉学研究。1810—1813年间，米兰发行了《科学和文学年鉴》期刊。《年鉴》收入了在法国和英国出版的、适合意大利人需要的多种汉学著作，成为意大利主要的汉学资料库。

19世纪末，意大利的首堂大学中文讲座由专攻远东语文学及宗教的学者

① 朱仁夫《儒学传播意大利》,《东方论坛》2005年第3期。

② 马西尼〔意〕《外国人学汉语的开端》,"全球化与中文研究的新方向"国际交流论坛,2006年。

赛维理尼于佛罗伦萨皇家高等研究院开设。

第二次世界大战前夕，意大利出于对外侵略扩张的需要，汉学研究又开始活跃起来。例如，创立中意文化学院，一方面请汉学家讲授《中国文化史》和《孟子》等课程；另一方面组织翻译汉文书籍。[①]

第二次世界大战之后，意大利经济萧条、资源极度匮乏，汉学传统濒临崩溃。当时意大利唯一的中文教授德礼贤神父只有两个学生，白佐良和兰乔蒂。一直到二战结束之后几年，汉学研究才再度复苏并推广开来。

意大利汉学最有代表性的领域是中国历史、中国宗教和哲学。

二、当代意大利汉语教学迅速发展的契机

1970年11月6日，中意政府代表在法国巴黎签署两国建交公报，中意两国正式建立外交关系。随着中意两国在各个领域的交流与合作的迅速发展，威尼斯、米兰等大城市先后在大学和社会团体开设了汉语课程。1972年中国教育部开始向意大利罗马大学派遣汉语教师。1978年10月6日在罗马签署了意中文化合作协定，中意双方在文化教育方面的交流得到了进一步发展。

中国改革开放以后，经济实力不断增强，在世界政治舞台中的地位不断提升。意大利也逐渐成为中国在欧盟的重要贸易伙伴。越来越多的意大利人对中国产生了浓厚的兴趣，学会汉语不仅可以深入了解中国文化，还可以为意大利年轻人的就业打开一道新的大门。

从20世纪80年代开始，随着中意之间的商业往来和人员交往不断扩大，也由于意大利优越的自然、社会条件的吸引，越来越多的中国人移民到意大利工作、学习和从事商业活动。90年代以来，在意大利的中国移民迅速增加。据意大利有关部门2007年统计，目前意大利的中国移民已近20万。在当地华人努力学习意大利语的同时，中国移民的增加理所当然能促进当地的汉语教学。

---

① 朱仁夫《儒学传播意大利》，《东方论坛》2005年第3期。

三、迅速发展的当代汉语教学

(一) 成立与汉学有关的研究机构、发行专业期刊

1956年意大利著名的汉学研究机构——远东及近东研究所出版《中国》。1973年开始出版《中国界》。

1979年成立意大利汉学协会。其成员是意大利大学从事教学和研究工作的教授、专家,协会每两年召开一次年会,讨论汉学研究、汉语教学等,发表论文,编论文集。

1992年意大利拿波里东方大学与罗马的意大利非洲与东方研究所合作,创办汉学研究学刊《明清研究》,主编为拿波里东方大学的史华罗,副主编为兰乔蒂和威尼斯大学的萨巴蒂尼。

(二) 开展汉语教学的主要大学

意大利全国有公、私立高等院校近百所,目前大约有30所大学开设了中文课。学习汉语的学生有5000人左右,其中汉语作为本科或本科以上教育的大学占一半以上。学生的学习模式为"汉语+专业",即掌握一门专业,还要学会汉语。

从2002年开始,意大利进行了大学教育体制改革。基础本科阶段由4年改为3年,实行"3+2"学制,即实行"3年制基础本科+2年制专业课程"。在3年的基础本科阶段,主要学习专业的基础知识,培养专业技能。修满180学分,完成学士论文,可以毕业,直接就业,也可以继续学习更专业的知识。通过两年的学习,使学生具有在特定领域从事高层次工作的能力。取得300个学分后(包括基础本科期间所要求的180学分)可以获得高级本科(相等于硕士)学位。

1. 开设各等汉语学历(学士、硕士、博士)教育的大学

(1) 拿波里东方大学

(2) 威尼斯大学

(3) 罗马智慧大学(又称罗马大学、罗马第一大学)

开设的主要课程:现代汉语、古代汉语、汉语修辞学、中国文学、中国艺术、

中国历史，以及其他如语言学、亚洲历史、文化、艺术、第二外语、国际关系等。

2. 开设汉语基础本科教育的大学

(1) 罗马第三大学

(2) 波罗尼亚大学

(3) 米兰大学

(4) 乌尔比诺大学(乌尔比诺市)(私立)

(5) 都灵大学

(6) 罗马圣皮奥五世自由大学

(7) 特里埃斯特大学

汉语基础本科教育的课程包括：现代汉语、中国文学、中国历史、中国文化，以及其他如语言学、第二外语、国际关系等课程。

半数大学将汉语课设为选修课，学生一般只学当代汉语，没有其他中国文化课。

在意大利的大学里，中国语言和文学方向的正教授 12 名，副教授 19 名，在编研究员 12 位。[①] 一般由意大利教授用意大利语讲授汉语语法、汉字、修辞、古代汉语、中国文学等课程，由汉语母语教师负责口语教学。汉语母语教师包括中国教育部派遣的教师和在意大利招聘的当地华人。

3. 主要大学介绍

20 世纪 80 年代，如果想在大学学汉语或是认识中国文化，主要有三个选择：第一个是意大利北部的威尼斯，第二个是意大利中部的罗马大学，第三个是意大利南部拿波里大学。[②]

(1) 意大利拿波里东方大学

在西方的汉学研究机构中，拿波里东方大学的历史最为悠久，一直被认为是意大利汉学研究中心。

马国贤神父从中国返意后，于 1732 年在拿波里创立了欧洲第一个汉学研

① 马西尼〔意〕《意大利汉语教学与研究概况》，《世界汉语教学学会通讯》2009 年第 2 期。

② 阿乐〔意〕《意大利区域性背景内的中文教学》，“全球化与中文研究的新方向”国际交流论坛，2006 年。

究中心——中国学院。起初的中国学院，主要致力于招收和培养中国青年，向他们讲授欧洲文化和基督教教义，以便进一步在中国传教，并加强商业联系。后来开始逐渐招收意大利的青年和神职人员，学习神学和中文。学院从1812年起隶属于公共教育管理处，体制等同于意大利南部的高中阶段，除了开设文法、修辞、希腊文、历史、地理、几何学与哲学课程，也提供包括中文在内的外语课程。学生多半来自贵族家庭。1888年改为"东方皇家学院"，成为一所公共教学机构，接受对东方文化感兴趣的意大利学生和外国学生。为了扩大意大利在东方的影响，又发展了新的非宗教部门，几乎全由非神职的教员所掌管，命名为"活的东方语言组"。1925年更名为"东方学院"，1957年成为国立大学，教授多种古代语言和现代语言。

目前在三个学院开设汉语课程：文学与哲学学院、政治科学院、语言与外语学院。每年有上百名学生在这里学习中文。现有20位汉学家，从事着不同专业研究。

著名的汉学家有高察、兰乔蒂、史华罗等。其中，史华罗的汉学成就颇具影响。

史华罗（1943—　），1966年在罗马大学获得博士学位，现任意大利那不勒斯东方大学亚洲系中国史教授，汉学系主任，罗马大学东方学院东亚史教授，《明清研究》杂志创办人及主编，意大利汉学学会、欧洲汉学学会理事。研究领域主要为15—19世纪的中国社会文化思潮，情感研究等。出版学术专著十余部，主要有《明清文学作品中的情感、心境词语研究》、《孔子与儒家学派》、《中国思想通史》等，其中《明清文学中的自然观》、《生态主义与道德主义》等，曾在港台被译为中文。兼任《中国历史与文化百科全书》第五卷主编。[①]

（2）威尼斯大学

1868年由威尼斯省代理省长爱德华·德奥达蒂创立的商学院标志着威尼斯大学的诞生。首任校长佛朗西斯科-佛拉拉是当时意大利声名最为显赫的经济学家。1903年学院升级为大学。威尼斯大学的商学和经济学具有悠

① 张泉等《史华罗：情感重构中国》，《生活》2008年4月号。

久的传统。该校设有经济学院、外国语言及文学学院、文学及哲学学院、理学院，学院之间还设有共同的教学和研究中心。

1964年起开设汉语课程。1967年成立了远东印度语系（也称中文系），1992年中文系与日语系合并为东亚系。现该校开设与中国相关的专业有三个：中国语言与文化；中国语言和经济法律制度；翻译，包括口译和笔译。2008年东亚系有学生1500人。学习汉语的学生学士班：文化方向的335人，经贸方向的520人，翻译方向的96人，共951人。硕士班：文化方向的55人，经贸方向的62人，翻译方向的20人，共137人。博士班：6人。

阿比亚蒂（Magda Abbiati）是著名语言学家，第一部意大利文汉语语法的著者。2001—2006年任威尼斯大学东亚系主任。

（3）罗马智慧大学

罗马智慧大学（又称罗马大学、罗马一大）建立于1303年，是意大利最大的国立综合性大学。罗马大学东方学的教学与研究开始比较早，也是西方进行汉语教育最早的大学之一。

1883年诺全提尼被意大利政府派往中国留学，1899年成为罗马大学汉语专业的第一位教授。[①]

罗马大学1903开设了汉语课，1905年出版了第一期《汉学》学报。1968年，开设了现代汉语选修课。1972年罗马大学开始聘请中国教师到该校任教，并选用北京语言学院编写的《基础汉语课本》作为主要教材。1981年，曾在意外交部任职多年的著名汉学家白佐良教授应聘到罗马大学任教并为学生开设中文讲座。

1982年，在文学与哲学学院内成立了东方研究系。1994年正式开设“东方语言与文化”本科专业，有两个方向：东方语言和文化；亚非文明和文化。2001年3月独立成立东方研究学院。目前有基础本科、高级本科（相当于硕士）及博士课程。

东方研究学院开设的课程分五大类：语言学（语言史）、修辞学、文献考古学、历史艺术、哲学宗教。中文方面的课程包括：汉语课（语法、汉字和口语）、

---

① 马西尼〔意〕《意大利汉语教学与研究概况》，《世界汉语教学学会通讯》2009年第2期。

中国古典文学、中国近代文学、当代文学、中国古代史、近代史、艺术史、古代汉语等。

2008年全院学中文的学生注册总数1000人左右，汉语专业博士生有6人。

东方学院院长为著名汉学家马西尼，他曾任意大利驻北京大使馆新闻处官员，1997年开始担任罗马大学东方学院中国语言文学教授，2001年任罗马大学东方学院院长，著有关普通语言学、中西史、意大利传教士在华活动等多篇论文，其《现代汉语词汇的形成——十九世纪汉语外来词研究》一书在国内外引起了相当的反响，此外，马西尼还参与编写了《近现代汉语新词词源词典》。1996年他和意大利著名汉学家白佐良共同编写的《意大利与中国》，为读者展现了相距遥远的东西文明古国间二千余年交往历史的画卷。2005年起主持编写针对意大利大学生的汉语综合教材《意大利人学汉语》(基础篇、提高篇)和针对意大利中学生的《我们学汉语》。这些教材出版后，受到意大利师生的欢迎。

(4) 米兰(国立)大学

与其他地区相比，米兰的经济更为发达，与中国的经济贸易往来更加频繁，中国移民数量更多，因此汉语教学的发展相当迅速。特别值得一提的是，2002年米兰市政府特别聘请中国教师培训汉语教师，考试合格者获得市政府授予的汉语教师资格证书。

米兰国立大学20世纪80年代在政治科学学院开设汉语选修课，1995年设立了汉语专业。1993年、2001年米兰大学两任校长先后访问中国，逐渐提高了汉语专业的地位，专业经费增加。2008年有4名汉语教师：1名教授，2名讲师，1名中国教育部公派教师。学生人数2006年达到了540人。

著名汉学家兰珊德，1994年至1998年任意大利驻华使馆新闻参赞。她用15年时间翻译了《文心雕龙》，1995年5月意大利文版《文心雕龙》出版发行，引起了意大利文学理论界和汉学界的关注。在兰珊德的倡导下，2001年米兰大学组建了国际语言与文化交流学院，开设了三年制加两年制(简称3+2)的汉语课程。

（三）意大利的中学汉语教学

近几年，伴随着“中文热”，不少中学（主要是高中）开办了汉语班。目前全国约有100多所中学开了汉语班，但基本都是课外班，而非正式课程。开设汉语课有的是校方的“前卫行为”，有的是来自家长的建议，也有市、区教育部门的尝试性项目。例如，拉齐奥大区（首府罗马）区政府的教育厅与罗马智慧大学东方学院于2006年签署了一项合作协议，在拉乔奥大区的中学开设汉语课。项目第一步是在高中开汉语课，第二步将在中学（初中）和小学开班。汉语班面向本校和社会招生，即除了本校的学生和教师外，校外社会人士也可以报名上课。各校汉语课的费用全部由大区承担，罗马大学提供师资。目前，当地政府已经批准将汉语作为高中的正式课程。凡在高中按计划完成汉语课程学习的学生，毕业后若注册罗马智慧大学东方学院，学院承认2个学分。在拉乔奥大区第一批开设汉语课的有4所高中，目前已经达到20所。

中学汉语课使用的教材有罗马大学与北京外国语大学合编的《我们学汉语》及其他自选教材。根据学校的情况以及学校所处地的师资情况，授课采用意大利教师与中国教师共同配合、意大利教师或中国教师独立任课三种办法。每个班的学生人数没有太严格的限制，从数人到30人左右不等。学时一般为每周两次，每次两小时；也有的为每周一次，每次两小时。一期40到60小时。

（四）语言学校的汉语教学

目前在意大利，除了大学、中学外，中文学校和开设中文课程的语言学校约50所，其中开设汉语课历史最长、最著名的有：罗马的意中友好协会、意大利非洲与东方学院（前身为意大利中东与远东学院）和米兰的意中经济文化交流协会等。

成立于1962年的意中友好协会早在70年代就开办了中国语言文化学校，开设有初、中、高各种水平的汉语培训班。当今活跃在意大利汉语教学界的很多人都曾在这里学习或教授汉语，是培养意大利汉语教师的一个摇篮。

意大利非洲与东方学院的前身意大利中东与远东学院，成立于1933年，教授和研究中国语言与文化一直是该学院的主要活动之一。

米兰意中经济文化交流协会成立于1971年,汉语教学已有二十多年的历史。

在近几年的“汉语热”中,意大利成立了许多规模大小不一的中文学校,如罗马的鼎力中文学校、米兰的意中华语言学校、都灵的金老师文化协会等。

除了中文学校和其他语言学校外,还有许多中国或亚洲文化中心也开展中文教学活动,如不少武术学校、中医学校等都开办了汉语课。

语言学校每班的学生人数一般限定为最低8人,最高15—20人,约有2000多人每年在意大利各语言学校学习中文。

大部分学校的开课时间为10月上旬或中旬,普通课程为每周两次,每次两小时;多数学校按学年招生,即学生一次性报名交费,一年的总课时为100小时左右;按学期招生的学校每学期50小时左右。第一学期:10月初—2月初;第二学期:3月初—6月初。

(五)华侨子弟中文学校

意大利大中城市中一般至少有一所当地华侨社团开办的中文学校,这类学校的学生大都是华人华侨子弟。

米兰华侨中文学校是米兰最早创办的中文学校之一,由华侨和米兰市政府合办,校舍由米兰市政府提供,现有教职员工17名、学生180余名。

罗马的华侨子弟学校主要有两所:基督教罗马中文学校和罗马中华语言学校。前者成立于2002年,后者成立于2005年。两所学校的学生人数都在200人左右。

佛罗伦萨中文学校是2001年创办的一所全日制中文学校,现有学生136名,包括小学三年级的6个班和初中的2个班。计划还将开办正规的初中,将学校的学制从3年改成5年,并开设英文课。保罗茨落中等学校是旅意温州籍华侨子女就读较为集中的一所集幼儿园、小学、中学为一体的全日制学校。

(六)与中国的合作交流情况

1. 公派教师

为进一步促进意大利的汉语教学,加强中意两国在教育领域的合作,1972年起中国教育部开始向意大利派遣汉语教师。接受公派教师的意大利大学包括罗马大学、威尼斯大学、拿波里东方大学、米兰大学、比萨高等师范学校、波罗尼亚大学。至 2007 年，已经达到 89 人次。

2. HSK 考试

汉语水平考试(HSK)1994 年在米兰大学设立第一个考点，2001 年在威尼斯大学、2004 年在罗马大学、2005 年在拿波里大学设立考点。

3. 孔子学院

为增进世界人民对中国语言文化的了解，发展中国与各国的友好关系，为全世界汉语学习者提供方便、优良的学习条件，自 2004 年 11 月全球首家孔子学院在韩国成立以来，至 2008 年 10 月中国教育部已在全球建立了 267 家孔子学院。①

目前在意大利已有 7 所孔子学院。

由北京外国语大学与罗马大学合办的罗马大学孔子学院成立于 2006 年 10 月。除了举办文化讲座、承办汉语桥比赛以外，罗马大学孔子学院还开设了初、中、高级汉语课、商务汉语课等等，在这里接受汉语培训的有青年学生、公司职员、大学教授、退休老人等等，目前已达近千人次。

2007 年 12 月 20 日，由上海外国语大学和拿波里东方大学合办的拿波里东方大学孔子学院成立。2008 年 10 月由意大利都灵大学、中国华东师范大学、意大利当代中国高级研究中心联合创建的都灵孔子学院成立。2008 年 10 月重庆大学与意大利圣安娜大学合建的比萨孔子学院于正式揭牌。2009 年 3 月中国人民大学与意大利博洛尼亚大学合建的孔子学院正式成立。2009 年 4 月广州大学和帕多瓦大学合作建立帕多瓦大学孔子学院。首都师范大学与威尼斯大学已经签署合作建立孔子学院的协议。

孔子学院的建立进一步推动了意大利汉语教学的发展。

四、意大利当代汉语教学发展的特点

传统的意大利汉语教学重点在汉学。汉学一词在 19 世纪末出现，“是运

---

① http://www.kzxy.com.cn.

用语言学方法，从中文史料来研究中国、中国历史和文明”。[①] 汉学重视理论型、研究型人才的培养，忽视学生的实际语言能力。不少学生看得懂中文书，了解中国的历史和文化，但是言语表达能力很差。不少研究汉学的教授只能用意大利语讲授中国文化。

20 世纪 90 年代开始，新一代的意大利汉学家逐渐走上教学管理岗位，他们大多有过在中国学习、生活和工作的经历，所以越来越重视学生语言能力的培养。随着中意在政治、经贸、教育方面的合作逐渐加深，学习者对汉语表达能力的学习需求越来越强烈。所以目前意大利的汉语教学更重视学习者实际语言能力的培养。

（一）教材

在 2006 年以前，意大利各大学使用的汉语教材以北京语言大学杨寄洲主编的《汉语本科系列教材——汉语教程》及刘珣编写的《实用汉语课本》为主。

2005 年 3 月，由意大利著名汉学家马西尼教授任主编，罗马大学与北京外国语大学开始合作编写针对意大利学生特点的系列汉语教材——《意大利人学汉语》（基础篇、提高篇）和针对中学生的《我们学汉语》。2006 年 8 月底，《〈意大利人学汉语〉基础篇》由意大利最权威的教材出版社正式出版。目前教材已经再版，多次印刷，销售了近万册。教材受到了意大利学生和教师们的普遍好评，许多大学选用了此教材。也有一些大学使用任远与马格达·阿比亚蒂编写的《汉语》和李雪梅编写的《你好！中国》以及其他中国出版的教材或教师自编的讲义等。

（二）教师

意大利的公立大学，经费有限，教室紧张，师资名额严格限制。这与迅速发展的汉语学习需求、学生人数的急剧增加形成了鲜明的矛盾。在意大利，每个人都有享受高等教育的权利。有的大学，有的专业学生免试入学，在大学注册交费后，就可以成为正式学生。学生上课不记考勤，来去自由。不少大学 100 多人一起上汉语口语课。上课的难度和效果可想而知。

---

① 朱仁夫《儒学传播意大利》，《东方论坛》2005 年第 3 期。

合格的汉语教师严重匮乏，教师来源复杂，教学水平与整体素质参差不齐。在大学任教的汉语教师素质较高，在一些培训学校任教的教师素质难以保证。一些做生意的中国人、家庭主妇，会说一些汉语的意大利人都可能被拉去当汉语教师。因此急需开展针对意大利人和当地华人的教师培训。

（三）教学模式

意大利的汉语教学以意大利教师为主，一般不会让母语教师独立负责汉语课程，很多大学在开设汉语的最初阶段只有意大利教师，招聘中国教师往往是在课程开始了一段之后。在一些重点大学，一般由意大利教师讲授汉字、汉语语法或其他与中国文化有关的课程。中国教师作为母语教师教授口语。

在意中友协一类老的语言培训学校一般采用"一配一"的传统办法，即每个班级有一名意大利教师与一名中文母语教师配合教学，意大利老师教授汉字、汉语语法，中国老师讲授口语。不少新成立的学校或学校新开设的中文课由会说意大利语的中文母语老师独立任课。

思考和练习

1. 试述当代法国汉语教学的特点。

2. 试述当代德国汉语教学的特点。

3. 试从英国当代汉语教学史的角度谈谈汉语教学在当今英国教学中的地位。

4. 当代意大利教授汉语的主要大学有哪些？有哪些主要的汉学家？

第十一章　东欧、北欧的汉语教育

第一节　俄罗斯的汉语教育史

一、18 世纪俄罗斯人的汉语学习

（一）18 世纪俄罗斯东正教驻北京使团的汉语学习

外国人学习汉语的历史，当代学者常常要追溯至 16 世纪的欧洲耶稣会士入华，不过，耶稣会士学习语言的目的与一般的语言学习目的是有区别的。而 18 世纪起俄国定期向中国派出专门学习中国语言的留学生，目的在于培养中俄交往所必需的语言人才，是完全意义上的作为第二语言的中国语言习得活动。

1927 年签订的《中俄恰克图条约》为俄商队入华提供了保证，从此时至 1755 年，俄国共向中国派出了六批商队。此间派往中国学习语言的学生均随商队往返于中俄之间。

早期派遣随东正教使团入华的俄罗斯学生的汉语满语学习主要有两条途径：其一是依靠中国先生授课，授课按照中国传统的教学方法——典籍诵读；其二是耶稣会士所编的拉汉词典，由于学生全部来自教会学校，已有的拉丁语基础使他们有条件利用耶稣会在华百余年来编写的汉语词典。另外，北京的语言环境以及他们掌握了一定程度的汉语之后在理藩院帮忙翻译中俄往来文书，对他们的汉语学习也有一定的推动作用。

虽然理藩院按雍正旨意为俄国东正教使团调配了教师，但教师问题仍

然是影响使团学生学习语言的一个难题。1796 年,第八届使团团长索夫罗尼花经费为随团学生学习语言聘请私人教师,学生的学习效果得到了明显改善。

1729 年到达北京的第二届东正教使团团长普拉特科夫斯基曾将耶稣会士编写的汉语学习资料带回俄国,这份资料后又交给了 1744—1755 年在京的第四届使团,使团成员抄写复本并依其与当地居民交谈,培养了语言能力。[①]

现在保存下来的随团学生最早在京使用的汉语学习资料,是随第二届东正教使团入华的罗索欣 1730 年留下来的“满语汉语会话读本”,现存俄罗斯科学院图书馆手稿部。该读本为俄、汉、满三语对照的会话,中国先生把用满语编的对话译成汉语,罗索欣再译成俄语,内容是日常生活中的 52 个专题。

首批赴华学习语言的 6 名学生中,布霍尔特回国后仍在科学院担任抄写员,罗索欣返回俄国后于 1741 年 3 月 24 日被安排在彼得堡科学院担任翻译,这一天被俄罗斯汉学界看成是俄罗斯汉学的开端。在语言学习效果方面,罗索欣在理藩院翻译中俄往来文书、在内阁俄罗斯文馆担任教师,以及在科学院受命开办汉语学习班,这些都证明了罗索欣的语言水平;而他翻译、注释的《资治通鉴纲目》、《异域录》、《八旗通志初集》(与列昂季耶夫合译)等典籍也体现了他对中国广博而深入的认识。

在罗索欣之后到京的列昂季耶夫,1755 年返回俄国后被安排在外务委员会担任翻译。在北京期间,列昂季耶夫收集整理了《俄满汉专题词表》,该手稿只有 25 页,类似口语教材,俄、汉、满语课文的内容分为天、地、皇族、军阶等等。[②] 现藏于科学院档案馆列宁格勒分馆。彼得堡科学院德籍院士帕拉斯在 1786—1788 年间在彼得堡出版了世界上第一部方言词典——《全球语言和方言比较词汇》,列昂季耶夫从中选出 286 个常用词译成了满语,这就是现藏在俄罗斯科学院图书馆手稿部的手稿《俄词满译》,体现了俄罗斯早期的汉学家对当时语言学研究成就的关注。列昂季耶夫与罗索欣一样,成为 18 世纪俄罗

① 尼古拉·阿多拉茨基〔俄〕《东正教在华两百年史》,阎国栋、肖玉秋译,广东人民出版社 2007 年版,第 150 页。

② С.К.Булич, *Очерк истории языкознания в России*. Т. 1, СПб., 1904, стр. 225～227.

斯汉学的代表，他所翻译的大量关于中国思想文化的典籍大都得到了出版[①]，为当时的俄国知识界提供了直接译自中国语言——汉语和满语的第一手资料，极大地丰富了18世纪俄国关于中国的信息，使中国进入了俄国启蒙运动的文化进程之中。[②]

随第六届东正教使团入华的学生阿加福诺夫，1787年调任外务委员会翻译，翻译出版了关于中国历史文化译作近5种[③]，其中有的还出版了第二版。巴克舍耶夫在1776年完成了《满俄辞典》，该词典按满文字母表排列，包括1万多词和词语，这部词典的两份手稿现保存在圣彼得堡的国立萨克蒂科夫—谢德林公共图书馆的手稿部。巴克舍耶夫被认为是俄罗斯第一位编写满语词典的人。[④] 帕雷舍夫集以往学生的劳动成果，最后编写了《汉清俄文三体合璧字汇》。[⑤]

随第七届使团入华的学生安东·弗拉德金，回国后在外交部担任翻译，成为当时俄国关于驻北京东正教使团问题的顾问，并于1798年受命在彼得堡开办了汉语和满语培训班。安东·弗拉德金留下了5部词典的手稿:《满语辞典》、《满俄词典》、《汉满语词典》、《俄满词典》、《译成俄语的满语和汉语词语》。除最后一本词典外，前4部都是在北京时期编写的。[⑥] 此外安东·弗拉德金还留下了一些满语教材。1794年第八届随使团入华的学生“都相当好地掌握了满文。两名学生斯捷潘·利波夫措夫和瓦西里·诺沃肖洛夫可以非常不

---

① 列昂季耶夫翻译出版的作品，有《大清一统志》、《八旗通志初集》(与罗索欣合译)、《大清律例》、《大清会典》、《异域录》、《中庸》、《大学》、《孙子兵法》、《圣谕广训》等，是俄罗斯汉学史上出版作品最多的汉学家之一。其论著目录见《中国书目》(*П.Е.Скачков*，*Библиография Китая*，М.，1960)第748、808、811、877、899、999、1259、1262、1285、1485、1796、5095、10783、11779、14475、14481、14487、15022、17666条。

② 柳若梅《启蒙运动中俄罗斯相遇中国文化的首次机缘》，载白春仁主编《中俄文化对话》第一辑，黑龙江人民出版社2008年版，第414～429页。

③ П.Е.Скачков，*Библиография Китая*，М.，1960，第1185—1190条。

④ П.Е.Скачков，П.Е.Скачков，*Очерки истории русского китаеведения*，М.，1977，стр. 78.

⑤ 尼古拉·阿多拉茨基〔俄〕《东正教在华两百年史》，阎国栋、肖玉秋译，广东人民出版社2007年版，第222页。

⑥ П.Е.Скачков，П.Е.Скачков，*Очерки истории русского китаеведения*，М.，1977，стр. 81，398，399.

错地读写说译汉语”。[①] 卡缅斯基两度在中国长期生活(后来就任第十届东正教使团团长),留下的手稿词典有5部:《医学俄汉词典》、《大俄汉词典(带例句)》、《汉满成语词典》、《汉语读音词典》、《有读音和声调的汉语辞典》。卡缅斯基1794年入华,在北京期间开始编写汉蒙满俄拉词典,后来在彼得堡编完。该词典是俄罗斯汉学史上俄皇批准并拨款出版的第一部词典。遗憾的是,1818年,卡缅斯基受命担任第十届东正教使团的团长入华,词典的出版只停留在清样阶段。此外,利波夫措夫还留下了3部手稿词典:《满汉俄词典》、《拉汉词典》、《拉汉词典》。1819年,卡缅斯基和利波夫措夫都被推举为彼得堡科学院通讯院士。

18世纪在中国学习语言并最终返回俄国的十余名学生,不仅在中俄交往中发挥了作用,而且由于他们长期在华生活,在语言及中国知识方面得到了丰富的积累,留下了大量关于语言学习的资料和关于中国信息的资料,为俄罗斯汉学的早期发展作出了贡献。

(二) 18世纪俄国境内的汉语教学

汉语在18世纪俄国境内的出现与彼得堡科学院的建立密切相关。1725年成立的彼得堡科学院从欧洲聘请了大量学者,德国莱比锡大学的硕士拜耶尔(1694—1738年)[②]1725—1734年间受聘于“古希腊罗马史”院士席位、1734—1737年间受聘于“东方古代史”院士席位。作为东方语言专家,拜耶尔通汉语、蒙语、满语、藏语、阿拉伯语、叙利亚语、梵语、突厥语。他早在1713年就开始自学汉语,后来柏林图书馆所藏的关于中国的书籍、汉语词典和欧洲传教士所写的汉语语法资料,为拜耶尔学习汉语提供了帮助。在彼得堡科学院,拜耶尔充分利用俄国与中国直接交往的便利,进一步研究中国及其语言,于1731年出版了欧洲第一部汉语语法书《中文博览》。尽管囿于时代、欧洲与中国交往条件不足的限制,拜耶尔关于汉语的描述存在一些错误,但作为从学术角度最早关注汉语的东方语言学家,他对于“汉语的内部机制的理解是完全正

① 尼古拉·阿多拉茨基〔俄〕《东正教在华两百年史》,阎国栋、肖玉秋译,广东人民出版社2007年版,第273页。

② 关于拜耶尔,详见柳若梅《18世纪俄国汉学先驱拜耶尔》,《中西文化研究》2003年第1期。

确的"[①]。本来彼得堡科学院要求院士同时担任教授,以培养后继人才,但拜耳尔却没能培养学生,因此,在拜耳尔这一时期,俄国没能进行中国语言的教学。

《中俄尼布楚条约》签订以后,大批俄国商队来到中国,俄国的对华贸易日益活跃。然而,俄国负责远东问题的外务委员会却没有一位满汉语翻译,这使俄国感到与中国交往的种种不便,外务委员会着手组织汉语和满语的培训,培养翻译人才。

1. 俄国外务委员会体系中汉语和满语培训的尝试

(1) 中国人周戈在莫斯科的汉语和满语教学

1739 年 6 月 13 日,外务委员会莫斯科处从俄国 18 世纪上半叶唯一一所普通高等学校——莫斯科斯拉夫-拉丁语学院[②]的学习班中挑选的两名学生即列昂季耶夫和卡纳耶夫,让他们跟随被俘的中国人周戈学习汉语和满语。周戈按照字、词、句子和文章的诵读方式指导学生学习,教学活动一直持续到 1741 年初。两名学生掌握了满语和汉语的基础知识,于 1743 年随俄国向中国派出第四批商队的信使绍库罗夫前往中国。

(2) 列昂耶季夫的汉语和满语教学

18 世纪中叶由于中俄间边界问题和俄商在华自律不善的问题使中俄关系陷入了僵局,在北京已没有学习语言的俄国学生,彼得堡也只有列昂季耶夫一人进行汉语和满语翻译工作。翻译人员不足的问题再次显现出来。1762 年叶卡捷琳娜下令选拔 4 名有天赋的学生跟随列昂季耶夫学习汉语和满语[③],1763 年 2 月底诺夫格罗德教会学校修辞班的 4 名学生被派到列昂季耶夫这里,经过拉丁语知识和其他能力的考核,列昂季耶夫收下了其中的安东·伊万诺夫、米哈依尔·安基波夫[④]。列昂季耶夫同时请求从彼得堡神学学校

---

① 见比丘林〔俄〕《汉文启蒙》(*Китайская грамматика*, 1838, СПб, стр. Ⅹ)。

② 莫斯科斯拉夫-拉丁语学院,存在于 1701 年至 1775 年间,该校同时附设学习班,教授哲学、演讲学、诗学、句法学、语法学等内容。

③ ПСПр. *Царствование Екатерины II*. Т. 1, с. 56, №62. 转引自 Кулькова А. М., *Востоковедение в российских законодательных актах*, СПб., 1993, стр. 83.

④ П.Е.Скачков, П.Е.Скачков, *Очерки истории русского китаеведения*, М., 1977, стр. 70.

抽调两名特别想学汉语和满语的学生前来学习:诗歌班15岁的亚科夫·科尔金和语法班14岁的亚科夫·波良斯基。1764年,两名年龄较大的学生安基波夫和伊万诺夫学习吃力,在列昂季耶夫的帮助之下被安排工作。科尔金1767年随列昂季耶夫赴边界处理中俄事务,1768年被派往北京学习汉语(1771年抵京,1779年不幸在北京病逝)。列昂季耶夫因教学成绩显著而多次得到沙皇叶卡捷琳娜二世嘉奖。从现存的档案资料来看,列昂季耶夫的教学活动持续到1780年。[①]

(3) 安东·弗拉德金的汉语和满语教学

在保罗一世1798年的沙皇令中规定,外交部的预算中要有专门的款项——每年3000卢布用于汉语、满语、波斯语、土耳其语和鞑靼语教学,1798年7月19日,在北京学习汉语后回国担任外务委员会翻译的安东·弗拉德金受命主持汉语和满语教学。学生有3名:季莫费·哈里托诺维奇、叶夫格拉夫·德兰切夫和亚历山大·捷涅西卡,德兰切夫在学习期间病逝,由米哈依尔·德米特里耶维奇·西帕科夫补缺。教学于1798年5月开始,除了星期天之外每天都安排了课程,除了语言课,还开设了算术、简单的教理问答课。[②]弗拉德金编写的教材有:《俄国学生用满语初识》、《俄国学生用满语语法》、《满语学习指南》。《满语学习指南》中还附有学习用的译自满语的《三字经》、《名贤集》。1800年安东·弗拉德金在关于学生学习情况的报告中说,学生们已经能够读、写出近1000个汉字,知道词的意思,能把汉语的短文译成俄语和满语,或从俄语译成满语。现存的档案资料中有安东·弗拉德金教学过程中安排给学生的将满语和汉语译成俄语的练习,其内容主要是各种日常生活对话。安东·弗拉德金的教学活动持续到1801年。学生西帕科夫跟随俄罗斯东正教第九届使团于1807年前往中国。

2. 彼得堡科学院罗索欣主持的汉语和满语教学

---

① А.М. Куликова, *Востоковедение в российских законодательных актах* (конец XVII в.–1917 г.), СПб. 1993. стр. 18.

② П.Е.Скачков, П.Е.Скачков, *Очерки истории русского китаеведения*, М., 1977, стр. 80～84.

1741 年 3 月 24 日罗索欣进入彼得堡科学院，其职责为翻译并教授汉语和满语。[①] 罗索欣的学生有 4 名：亚科夫·沃尔科夫、列昂季·萨韦利耶夫、斯捷潘·切克马廖夫和谢苗·科列林。在教学中，罗索欣运用中国幼教蒙学的诵读方法，以他在北京时当做教材的满汉对话读本以及他自己翻译的《三字经》、《千字文》等作为教学资料，并编写了用俄语转写汉语的发音规则，这份资料目前仍具有研究价值。

罗索欣的语言教学持续了 10 年，4 名学生中除切克马廖夫于 1748 年退学外，其余 3 人一直坚持到最后。有人建议派他们去北京以巩固、扩充其汉满语知识，但他们却并不在 1755 年向中国派出的留学生之列，最终也没能在汉学的道路上发展。

3. 伊尔库茨克的语言教学

1725 年 8 月 11 日在伊尔库茨克主升天修道院开办了蒙汉语学校，蒙语学校的教学持续到 1734 年，但关于其教学活动的具体内容现无从查找。1763 年，伊尔库茨克总督曾组织东方语言教学，涉及的语种也有汉语、满语和蒙语。[②] 1791 年在伊尔库茨克学校开办了汉语、满语和蒙语学习班。不过，关于伊尔库茨克这一时期汉满蒙语学习具体情况的资料一时难以查找。

综上所述，18 世纪，俄国开始有计划地组织中国语言的教与学。为解决俄中交往中翻译匮乏的问题，俄国利用其本国宗教的、政府的活动以及教权与皇权的特殊关系，处心积虑地向中国派出了一批又一批以学习语言为主旨的学生。他们在沟通中俄交往的同时，把关于中国的信息和中国文化带给了俄国政府和彼得堡科学院，并为俄国在其境内组织中国语言学习提供了师资，这些在中国长期生活过的学生成为俄国进行中国语言教学的中坚力量。他们关于中国语言的学习心得、词典等资料，虽然没能够及时出版，甚至至今大部分仍以手稿的形式深藏于档案馆之中，却为我们今天了解当时中俄关系以及中

① Материалы для истории миператорской академии наук, том четвертый (1739—1741), СПб, 1887, стр. 619.

② А.М. Куликова, *Востоковедение в российских законодательных актах* (конец XVII в. – 1917 г.), СПб. 1993. стр. 20.

俄文化沟通的状况，了解当时北京在语言应用方面的变迁以及当时的语言面貌提供了宝贵的原始资料。

二、19世纪俄罗斯人关于中国语言的教与学

19世纪以后，俄国不仅希望夺取新的殖民地，而且更加重视东方对于俄国经济和军事的战略意义。俄国需要在国际关系中更加广泛地干预东方事务，因而它必须认真研究与东方相关的问题，语言学习成为他们关注的重要目标。19世纪俄国对于中国语言的教与学需要从外交部、大学和边境地区几个方面来考察。

（一）俄国外交部组织的关于中国语言的教与学

1819年，俄国外交部成立亚洲司，其工作对象是“亚洲各民族、俄国附属国以及同俄国有着贸易和其他重要关系的国家”[①]，其第二处负责高加索、阿斯特拉罕的游牧民族等中亚各民族事务以及与亚洲司直接相关的亚洲其他各民族事务。亚洲司有一位司长、两名官员，另有8名翻译，翻译语种涉及包括汉语在内的7种语言。1819年俄国成立了负责近东与中东问题的亚洲委员会，由军事部长、财政部长和外交部长组成。从1827年8月起，亚洲委员会由临时性机构改为常设机构。俄国东正教驻北京使团是俄国外交部在远东的下属机构，具有外交功能，实际上发挥着俄国派驻在中国的使馆的作用，使团的教士和世俗人员的首要任务是学习语言，在词典编纂、语法规律探索等方面都作出了贡献。

1. 俄罗斯东正教驻北京使团的汉语学习

1807年，修士大司祭比丘林带领由4名神职人员和4名学生组成的第九届东正教使团赴华。4名学生是：马克尔・拉夫罗夫斯基、列夫・济马伊洛夫、米哈伊尔・西帕科夫和叶夫格拉夫・格罗莫夫，于1808年1月10日到达北京。在到达北京的初期，“第九届使团以痴迷的热情开始学习中国人的语言和风俗。亚金夫神父为大家做出了榜样。一年以后，使团的全体成员看来都

---

① *Очерк истории Минитерства иностранных дел*. 1802—1902. СПб. 1902, стр.89.

取得了很大成绩”。1821年5月15日，第九届东正教使团离京。在语言学习的成就方面，第九届使团团长比丘林留下的手稿词典颇多，现藏于俄罗斯科学院古代手稿文献研究所档案馆的有4部：两卷本的《按俄语字母排列的汉俄词典》、两卷本的《汉俄词典》、《满汉俄词典》、《汉拉词典》。此外该馆还藏有编于1821年共10页的《满汉俄钟表生产术语词典》。在圣彼得堡大学东方系图书馆，确定是比丘林留下的手稿词典有：《汉俄声调词典》、《汉拉词典》、《汉俄词典》。1830年，俄国向中俄贸易中心恰克图派出了以希林格为首的科学考察队，比丘林是考察队成员之一，其6项考察计划中有3项与汉语直接相关：编写详细的汉语语法书、在中国人的帮助下整理他分专题按汉字偏旁编纂的汉俄词典、教授汉语。此行比丘林在恰克图创办了俄国第一所具有一定规模的汉语学校，并出版了其汉语研究的成果——《汉文启蒙》，这本书成为该校教材。

由于第九届使团在京秩序混乱，因而俄国政府开始考虑规范以后的驻北京使团，对使团成员在华工作的要求更加具体，明确规定每一位成员的学习内容。同时还提出了严密的使团管理制度。1819年5月，卡缅斯基被任命为第十届使团团长，并将他调入教职，委以重任。1820年12月抵京的第十届使团在传教、语言学习、中国研究、协调俄清关系等方面都取得了突破性进展。使团全体成员认真学习语言。团长卡缅斯基将满汉蒙三文合璧、集语法和词典为一体的《三合便览》译成了俄语，将汉语字典译成俄语并按俄文字母顺序重新排列成书，还抄录了欧洲传教士按拉丁文字母顺序编写的《汉语同义词词典》。大学生列昂季耶夫斯基曾尝试将《康熙字典》译成俄语。教堂服务人员沃兹涅先斯基编写了《汉满词典》。随团医生沃依采霍夫斯基编写了12卷本的词典。[①] 第十届使团成员回国后为俄国第一所将汉语教学纳入高等教育体系的喀山大学的汉语教学作出了贡献。在北京期间，丹尼尔·西维洛夫在汉语学习的过程中编撰过多部汉语词典，现存于圣彼得堡大学东方系图书馆的有：两卷本的《拉汉词典》、《拉汉词典》、《典雅词语词典》、两卷本的《法汉满成

① Бэй-гуан, *краткая история Российской духовной миссии в Китае*, М., 2006, стр. 73～74.

语词典》。除词典外，在喀山大学时期，丹尼尔·西维洛夫还为教学编写了《汉语文选》。

在第十一届使团筹备之时，外交部和圣主教公会决定使团成员一律提前一年集训，由曾在中国长期生活、当时在外交部任职的西帕科夫、利波夫措夫和比丘林教授他们汉语。① 1830 年 1 月 20 日，第十一届使团成员从彼得堡启程，一路上他们与同行的喀山大学的科瓦列夫斯基和波波夫、比丘林学习蒙语。1830 年 11 月 18 日，第十一届使团到达北京。同第十届使团一样，抵京后使团成员认真学习语言，司祭阿瓦古姆利用比丘林的《三字经》俄译本学习汉语，"四书五经"等也成为他提高汉语的重要资料，甚至在满语和藏语文献的俄译方面也留下了重要成果。司祭费奥菲拉克特的汉语学习成绩体现在其汉译东正教书籍方面。大学生科瓦尼科娴熟地掌握了汉语口语后关注文言文，编写了《简明技术术语词典》。大学生罗佐夫则专注于满语词典和文法。②

在西伯利亚省长斯佩兰斯基的举荐之下，1839 年，第十一届使团辅祭波利卡尔普被任命为第十二届使团团长。在彼得堡神学院，组成了第十二届使团。从派出前的 1839 年 8 月起，使团全体成员开始在亚洲司的组织之下学习包括汉语和满语在内的中国语言，比丘林担任语言教师，每周 5 次课，都安排在下午和晚上。12 月，语言短期培训完成，全体成员都通过了外交部亚洲司的语言考核。到达北京后，语言学习立刻成为使团生活的主线。时值鸦片战争，中国时局动荡，在欧洲列强在华争夺利益的角逐中，俄国最大化地得到了其他国家同样觊觎已久的特权，这与第十二届使团在京的活动密切相关。在学习语言的基础上，他们广泛地收集中国的政治、经济、军事、文化、科技等资料并通过各种手段送往俄国。1850 年 5 月 2 日，第十二届使团离京。

1847 年 4 月 27 日，第十二届使团修士辅祭帕拉季离开北京，经蒙古回国筹备新一届使团。新使团驻京时间为 6 年，9 名成员全部来自彼得堡神学院。1848 年秋天起，帕拉季带领全体成员开始学习汉语：从《三字经》学汉字，然后

① 外交部长涅谢尔罗德在给圣主教公会的总监督官的信中提及这一点，但是否实施不得而知。

② Бэй-гуан, *краткая история Российской духовной миссии в Китае*, М., 2006, стр. 80～82.

学汉语成语。使团于1849年2月8日在喀山整休后前往北京，1849年9月27日到达北京。在北京，使团成员全体成员学习语言，同时各司其职。1859年5月29日，这一届使团在北京度过了近10年后离京，回国后论功行赏。

1856年8月25日，曾任上一届使团修士司祭的古里·卡尔波夫被任命为第十三届使团团长。同前几届使团一样，在赴华前古里·卡尔波夫为使团全体成员进行了为期5个月的语言培训。1857年6月20日，使团到达伊尔库茨克，由于此时中俄关系的复杂性，使团在伊尔库茨克待命达一年多，直到1858年7月25日，使团才从伊尔库茨克启程，于9月28日到达北京。在伊尔库茨克的一年多时间里，使团成员在东西伯利亚省长翻译希什马廖夫的指导下学习汉语和满语。

由于此时西方列强在华的活动，第十四届俄国东正教驻北京使团的功能发生了转变。

1858年《天津条约》的签订，使俄国可以向中国派驻直辖中俄事务的公使。从此，俄国东正教驻北京使团在京150年来的使命发生了变化，以传教为其主要工作内容。在北京期间，同前几届使团一样，使团全体成员首先学习语言，在此基础上研究中国的宗教、信仰、农业、经济、法律、天文、医学等，翻译出版东正教书籍。在语言方面，司祭伊赛亚为阿尔巴津学生编写了《简明俄汉词典》、《汉俄声调词典》。

1865年3月25日，以曾两次驻华的修士大司祭帕拉季为团长的第十五届俄国东正教驻北京使团抵京。随着俄国东正教驻北京使团功能的转变，从第十五届使团开始，使团成员全部为教士。出于传教的目的，使团成员认真学习汉语。精于汉语口语的伊赛亚在布道传教和唱圣歌时都使用汉语，弗拉维安到中国后投入大量精力学习汉语，初识汉语后便在帕拉季的布置之下把福音书的简要解释翻译成汉语。团长帕拉季自1871年起耗时8年专心于汉俄词典的编写，清代韵书如《诗韵音义注》、《韵综》、《骈字类编》、《谐声品字笺》、《字贯》，欧洲传教士的词典如卫三畏的《汉英韵府》、江沙维的《华葡词典》等，以及俄罗斯东正教驻北京使团成员留下的手稿词典，都是他编纂词典的重要参考资料。其成果《汉俄合璧韵编》是俄国东正教驻北京使团最重要的语言学成就之一，该词典以帕拉季留下的手稿为蓝本，经俄国驻华公使馆翻译波波夫两年的编辑整理，于1889年将此词典在北京出版。

1879年1月9日，圣主教公会任命已在北京的修士司祭弗拉维安为第十六届东正教使团团长，组成了新一届使团。以宗教传播为主要使命的第十六届使团，除汉译东正教经书外，还翻译了一些以东正教价值观为基础的日常生活道德手册，同时在新译出版和再版旧译方面也进展很大。此后，俄国先后分别于1884年春和1896年10月向北京派出了第十七届和第十八届东正教使团，这些使团继续以在华传播东正教为主要活动内容。由于东正教中中国教徒的增多，尤其是东正教中国教士的出现，直接地消除了先前难以跨越的语言障碍。随着远东国际秩序的变化特别是中外关系的发展，俄罗斯东正教驻北京使团独享在中国语言学习便利的情形已成为过去。以交流为目的的语言学习，一方面继续在俄国驻华公使馆进行；另一方面，随着俄国在华事务的日益增多，尤其是中东铁路建设的开展，到19世纪末，在远东地区以及中国境内，特别是在哈尔滨，俄罗斯人学习汉语的条件越来越便利。

近200年的俄罗斯东正教驻北京使团的中国语言学习，是俄罗斯汉学得以产生和发展的基础。以语言为基础，俄罗斯东正教驻北京使团的学生和教士，开始了对中国历史、文化、政治、军事、经济和社会生活的全面研究，并把他们对中国的认识广泛地传播给俄国社会，为中俄文化交流提供了前提。他们身处北京社会，也把俄罗斯文化最直观地带到了北京，成为中俄文化交流的践行者。

2. 外交部东方语言教学部

鉴于俄国东方事务的增多，1823年亚历山大一世签署关于在亚洲司设立东方语言教学部的沙皇令。教学部设秘书1人，在编教授2人（东方语言理论教学），教授或辅导教师2人（东方语言实践教学）。招生对象为18岁以上、信仰东正教、具有大学或中学毕业资历的贵族青年，要求有法语基础。最初教授的语种只有阿拉伯语、波斯语、土耳其语，后来增加了意大利语、希腊语、鞑靼语、卡尔梅克语。具有东方语言基础者学制为两年，没有东方语言基础者建议学习四年，教学部常举行公开的结业考试，邀请国内与东方国家事务相关的官员以及东方学专家参加。学生上学期间享受国家补贴，毕业后担任翻译或派往俄国驻东方国家的公使馆工作。外交部东方语言教学部一直坚持到1918年，毕业生近250人，虽然人数不多，但大都成为俄国东方外交的重要人物或重要的东方学学者，俄国驻东方国家公使馆的翻译无一例外地出自该校。[①]

虽然东方语言教学部所教授的语种中没有汉语和满语，但实际上，其教学活动还是包括了汉语和满语教学。从第十一届俄国东正教驻北京使团开始，为减轻使团成员入华后的生活困难，使之更快地掌握中国语言，亚洲司开始为使团成员进行临行前的培训。为第十一届使团成员授课的是亚洲司的翻译比丘林、利波夫措夫、西帕科夫，他们学习汉语和满语的读和写、语法含义及两种语言的特点，学说纯正的口语。为第十二届使团进行培训时，汉语教师仍是比丘林，满语教师是利波夫措夫。学习内容包括汉字、词组以及汉语和满语语法的基本知识。1848年秋，第十三届使团成员也在这里开始了在团长卡法罗夫指导下的活动，为他们进行汉语和满语启蒙的是比丘林和切斯诺依，比丘林的《三字经》是主要的学习资料。经过培训，他们掌握了一些汉字，会说简单的汉语口语。[②]

在东方语言教学部成立之前，亚洲司就着手建立东方学图书馆，在东方语言教学部的经费中，每年都有专门用于购买图书的款项，起初是每年1千卢布，1825年又追加了图书经费。图书馆的藏书除用于教学的阿拉伯语、波斯语、土耳其语、意大利语、希腊语、鞑靼语、卡尔梅克语外，还有中文、满文、蒙文、日文图书。该图书馆一直是俄国最重要的东方藏书保存地之一，于1921年并入科学院亚洲博物馆。巴托尔德在《欧洲和俄国研究东方的历史》[③]一书中提到，彼得堡所藏东方写本的数量在欧洲堪称名列前茅。

（二）中俄边界的汉语教学

1. 恰克图汉语学校

恰克图地处贝加尔湖以南的中俄边界（今俄蒙边界），位于注入贝加尔湖

---

① *История отечественного востоковедения до середины 19 века*. М., 1990. стр.162.

② П.Е.Скачков, *Очерки истории русского китаеведения*, М., 1977, стр. 141,155.

③ В. В.Бартольд, *История изучения Востока в Европе и России*, Ленинград, 1925.

的色格楞河东岸，得名于色楞格地区的一条小河——恰克图河。1727 年 11 月签订的《中俄恰克图条约》第四款规定，“除两国通商外，有因在两国交界处所零星贸易者，在色楞额之恰克图、尼布楚之本地方，择好地建盖房屋情愿前往贸易者，准其贸易”。随着恰克图贸易规模的扩大，乾隆二十七年设置库伦办事大臣，辖下设专门官员辖理北徼事务。1774 年俄枢密院在恰克图设政府性质的管理机构。恰克图逐渐发展成为中俄贸易中心，1792 年中俄之间签订了《恰克图市约》，中俄恰克图贸易开始进入了相对稳定的发展时期。[①] 在 19 世纪中叶之前，俄国与中国进行的贸易有 95%以上是在恰克图进行的。

“几乎与恰克图同时，在距恰克图 120 俄丈的地方，即紧靠边境的蒙古一侧，中国人建成了自己的贸易镇——买卖城。”[②]到 19 世纪中叶，仅商人就有约 1500 人，在贸易繁忙季节，买卖城总人数有时可达 2900 人。交易过程中，买卖双方直接洽谈，无需翻译，中国商人都能说俄语。虽然中国人的俄语并不标准，但为了便于中国人理解，俄国商人时常也说这种不标准的俄语，以致这种俄语被俄罗斯人称为“买卖城方言”。尽管如此，俄国商人仍认为，俄人不懂汉语，中国商人懂俄语，使他们在贸易中受到很大局限，自然产生了开办汉语学校的想法。

1830 年，比丘林随希林格参加了俄国向后贝加尔地区考察团。比丘林向外交部亚洲司提交他此次东西伯利亚之行的计划：(1)编写详细的汉语语法书；(2)在中国人的帮助下整理他分专题按汉字偏旁编纂的汉俄词典；(3)为《中国详志》收集补充资料；(4)对照俄国和中国地图查看俄国和清朝的边界；(5)收集蒙语语言实践知识；(6)教授汉语。1830 年 1 月 10 日，经恰克图海关关长批准，在恰克图大商人伊古姆诺夫的支持下，比丘林在恰克图开始了他的汉语教学活动，第一批学生为 10 名男孩。1832 年 11 月 28 日，俄国政府正式发文同意开办恰克图汉语学校，学校由财务部外贸司所属，由恰克图海关直接监管，一等文官的助手负责任课汉语教师和学生的工作，为教师发放薪俸，依

---

① 从恰克图贸易开始起，时兴时停，1792 年后稳定。

② 孟宪章主编《中苏贸易史料》，中国对外经济贸易出版社 1991 年版，第 130 页。

学生学习语言的成绩可为其"终生免除兵役和其他社会责任"。1831 年,第十届东正教使团回国学生克雷姆斯基回国时被留在恰克图汉语学校工作。希林格后贝加尔考察团活动结束后比丘林返回彼得堡。1835 年 2 月初,应恰克图地方的请求,沙皇任命"亚金夫修士和九级文官克雷姆斯基为汉语教师"。比丘林重返恰克图,并带来了石印出版的汉语语法书《汉文启蒙》。1835 年 5 月 16 日举办了学校开学庆典,比丘林在开学庆典上介绍了学校的教学安排,鼓励学生认真学习汉语。学校的学制设为四年。第一年,"通过对照俄语语法规则讲解汉语语法的使用规则,使学生了解汉语和俄语的差别所在";第二年,继续学习语法,并按相关的贸易专题开始练习会话;第三年,"按照汉语语法规则通过分析翻译短文进行扩展对话练习";第四年,除练习汉语会话外,还"教授常见汉语短语和一些形式的用法,特别是音在称名时的区别,最后将学习分析汉语书面语,并练习翻译书面语"。[①] 除汉语外,比丘林还为学生讲授算术、俄语和神学基础知识。教学分为"中级班"和"高级班"两个层次。学生也分两类,由海关官派前来学习的人为正式生,而经海关关长允许、教师同意前来学习的人是旁听生。学生按汉字读写程度从中级班升入高级班,再通过考试升入高一年级,最后通过全部考试得到毕业证书。学生毕业后必须用汉语知识为恰克图商界工作至少 3 年。市民和农民的子弟因家事或是在商铺工作而缺课,辍学之事时有发生。恰克图学校的发展日益成熟,为了培养学生的全面素养,19 世纪 50 年代以后专门派教师开设了俄语课、历史课、地理课、算术课,使得恰克图汉语学校达到了与沙俄中等专业教育水平相一致。1837 年底,比丘林离开恰克图返回彼得堡,汉语学校由克雷姆斯基负责。

恰克图汉语学校图书馆书籍也在不断丰富,源于恰克图商人出资购买和有关人士的赠予。在开学庆典之前,恰克图商人伊古姆诺夫就将他自己收藏的汉文、满文、蒙文、藏文书籍赠送给了学校,其中包括《大清会典》、《理藩院则例》、《三语词典》和《四语词典》。1835 年 11 月,比丘林又将他自己关于中国

① П.Е.Скачков, *Очерки истории русского китаеведения*, М., 1977, стр.108—111.

和中亚的所有著作以及大部分标注了满语和汉语的科学院6卷本词典[①]通过克雷姆斯基赠给了恰克图汉语学校。1845年恰克图学校收到了恰克图商人1841年出资在北京购买的书籍。1850年7月，第十二届东正教驻北京使团司祭因诺肯季·涅米罗夫将13种中文书籍赠给了学校。1859年，恰克图商人出资将第十三届使团大学生涅恰耶夫[②]去世后留下的大量中文和满文书籍运到了学校，使学校图书馆藏书得到进一步充实。1861年10月11日，克雷姆斯基去世，恰克图汉语学校暂时关闭。1767年，恰克图学校彻底关闭。

尽管恰克图汉语学校的教学效果与开办时的初衷有一定距离，但在其存在的近30年间还是培养了不少学有所成的汉语翻译，同时作为俄国第一所培养汉语人才的专门性学校，其意义是不言而喻的。恰克图学校为满足中俄贸易中心的恰克图贸易发展需要而创建，俄国教育部备案，由财政部管辖。在比丘林的主持之下，制定教学大纲，编写了针对本校教学的教材，在教学过程中，关注学生整体修养的提高。这一切都使得恰克图学校的汉语教学有别于俄罗斯汉语教育史上任何一次的汉语教学，具有突破性意义。

恰克图汉语学校的创办，催生了比丘林《汉文启蒙》的出版，由此推动了其后开展汉语教学的喀山大学、圣彼得堡大学汉语语言教材的规范化。1838年正式出版的《汉文启蒙》，是当时俄国语文学领域重要的学术成果之一，于1839年获得了当时俄国最重要的学术奖——杰米多夫奖。《汉文启蒙》作为国际上较早出版的汉语语法书之一，是历史上中外汉语语法研究的重要成就，对于当前了解清代北京语言面貌，了解清代及以前中外人士对于汉语语言研究的成就，多角度地把握汉语言的内在规律，都是十分重要的。

2. 库伦和伊犁的语言学校

中俄边境地区语言学校的开办与中俄贸易的发展密切相关。

---

① 1783年，在彼得堡创建了专门研究俄罗斯语言和语文的学术机构——俄罗斯科学院，其具体任务之一便是编纂俄罗斯语言和语法的详解词典，这里指的就是俄罗斯科学院于1789—1794年间出版的《俄罗斯科学院词典》，这是世界上第一部俄语详解词典。1841年，俄罗斯科学院改组为科学院俄罗斯语言和文学研究室。比丘林在为《俄罗斯科学院词典》对应标上了中文和满文，现藏于俄罗斯国立赤塔州档案馆。

② 涅恰耶夫入华前在恰克图时曾跟克雷姆斯基学汉语。

库伦为今蒙古共和国首都乌兰巴托所在地，17世纪时地处喀尔喀蒙古土谢图汗境内土拉河畔，与俄国的色楞格斯克水路相通。自17世纪中叶起，经西路来京的俄商常以库伦为落脚点。后来库伦成为中俄往来的必经地。1706年，俄国家商队垄断了"京师贸易"，库伦逐渐成为俄私商在中国境内推销毛皮和采购中国商品的主要市场。18世纪20年代初，"库伦互市"日益兴盛。此后随着中俄关系的起伏变化，库伦贸易转入衰退，但库伦却日益成为中俄交往的枢纽，雍正九年(1731年)清政府在库伦设互市处司员，乾隆二十七年(1762年)改设库伦办事大臣，该职持续设置直至清王朝覆灭。1858年《中俄天津条约》使俄国全面获得了陆路、海路对华贸易和在贸易口岸设立领事馆的保障，1860年的《中俄北京条约》更是为俄在华贸易提供了便利。贸易的扩大必然导致对语言人才的需求，而此时恰克图汉语学校已经关闭，彼得堡大学东方系毕业生人数有限。在东西伯利亚省，翻译奇缺，1864年，西伯利亚省长科尔萨克将4名学生派往库伦，由此开始了具有56年历史的俄国库伦翻译及口译学校的存在。俄国政府方面，经东西伯利亚省长和后来担任库伦领事的希什马廖夫的多次报告，直到1884年才开始为学校提供国家财政的拨款。库伦语言学校学制5年，学生毕业后应服从东西伯利亚省的派遣，并至少在指定岗位上工作6年。从1876年起，库伦语言学校只招收中学毕业生。56年间，学校尽管经费拮据，缺少教材，但大部分学生还是掌握了语言。库伦翻译学校培养的翻译逾百人，在吉林、哈尔滨、宽城子、汉口等地都有他们活动的身影。

伊犁，又名惠远，位于今新疆霍城南。乾隆二十七年(1762年)清政府设伊犁将军，统辖新疆南北路，包括额尔齐斯河上游地区和巴尔喀什湖直至帕米尔等地的军政事务。在中俄贸易之初，清政府本严禁俄商来新疆贸易，中亚商人是中国西北地区中俄贸易的中介。经西西伯利亚、穿中国新疆准噶尔盆地和甘肃进入中国中心汉口，这条最便捷的商路，较经恰克图到北京贸易的路线，要节约两个月的时间。富饶的伊犁河谷也令俄国垂涎。19世纪下半叶，沙俄在中国西北贸易的开放及边疆活动的加剧自然引发翻译的需求。早在19世纪70年代，俄七河省军政长官就向伊犁送来了5名学生，1880年前来伊犁勘界的希什马廖夫再次建议在此开办语言学校。1883—1884年间，俄边界政府从伊犁的收入中拨出了办学规模为2名教师(满汉教师各一)和4名学生的经费。1884年,俄枢密院颁发了"库伦和伊犁翻译学校章程",伊犁学校正式开办。学校的培养目标是为草原和突厥地区培养翻译,对一般学生而言学制5年,所学语言包括汉语、满语、卡尔梅克语、中亚鞑靼语的口语和书面语,以及简明地理、中国历史、中俄条约史。学校的教师均为母语者。招生对象为西伯利亚和七河省哥萨克军队中掌握哈萨克语的年轻人以及有着四年级受教育程度的哥萨克子弟,享受助学金的学生中至少要保证有3名是俄罗斯血统。此外,俄国各州和县的长官可以出资向学校送学生。自费生入学需每年交纳学费200卢布。1890年1月,军事部决定每年派1名军官到伊犁语言学校进修两年汉语,这名进修者要通过鄂木斯克军区组织的俄语和军事地形学考试。1886年、1889年、1893年都有学生毕业,这些来自军队的学生被安排在地方政府、边界警察机构、东干人学校和军队。1891年,有人认为伊犁学校培养翻译的成本过高而提出关闭学校,尽管对此持反对意见者大有人在,然而,学生学习期间生活无着、学习5年后并不易找到对口工作等原因导致伊犁学校生源不景气。1895年,学校仅有的一名学生自杀身亡,伊犁翻译学校自消自灭。

(三) 高等教育中的汉语教学

1. 喀山大学

喀山地处欧亚之间的伏尔加河中游,今为俄联邦鞑靼共和国首府,是欧俄通往乌拉尔的必经之地,也是东欧、北欧同高加索、中亚、西伯利亚等地区进行贸易的要道。19世纪初,喀山已经成为大的经济中心,每年有大量的商品从喀山运往彼得堡、阿斯特拉罕、西伯利亚各地。因此,喀山地区具有东方语言教学的传统,喀山第一中学早在1769年就开始了鞑靼语教学,为喀山大学东方学的进一步发展奠定了基础。喀山大学后来的汉语满语教师,大都同时在喀山第一中学授课,为喀山大学培养了有语言基础的生源。1800年喀山第一中学又成立了能够出版鞑靼语、波斯语和阿拉伯语书籍的印刷厂。1804年,刚刚组建的喀山大学就预设了包括教授和口语教师在内的东方语言编制。1807年起喀山大学设立了东方语言教研室,除鞑靼语外,最初教授的语种是阿拉伯语,1837年增设了汉语教研室。1835年,喀山大学原来的4个专业被分为3个系：哲学系、法学系和医学系。哲学系分为语言文学专业和数理专业。语言文学专业又分为一般语言文学理论和东方语言文学两个专业。

1837年5月11日，喀山大学开设了俄国第一个中国语言文学教研室。首位中国语言文学教授，是曾在第十届俄国东正教驻北京使团担任司祭的丹尼尔·西维洛夫神父。在喀山大学的教学中，西维洛夫按照他自己编写的讲义和中文资料授课，教授中国古代史、中国历史、汉语、中国文学等课程。他当时的汉语课的讲义题为《汉语教学大纲》，现存于俄联邦鞑靼共和国中央档案馆。这份大纲体现了丹尼尔·西维洛夫对汉语语法的一些认识，他认为汉语同其他语言一样有语法规则。在实际教学中，掌握汉语的西维洛夫特别强调声调的重要性。特别可贵的是，西维洛夫在当时中文文献不使用标点符号的情况下提出汉语中要有标点符号。[①] 对于汉语的词法，西维洛夫的认识是——认识汉语的秘密，那就是词经常变化，正是这种多变性使得词在言语中产生了惊人的美感和张力。[②] 俄罗斯第一部汉语文选，也出自喀山大学教授西维洛夫之手，得到了比丘林的高度评价，遗憾的是最终却因技术条件欠缺而没能出版。除上述自编的讲义之外，比丘林的《汉文启蒙》以及欧洲一些汉学家的著作也是喀山大学汉语教学的重要教材。1839年，与西维洛夫一同作为第十届使团成员在北京生活了10年的索斯尼茨基应邀来到喀山大学担任督学，他和同学们住在一起，每天帮助学生练习汉语口语，教他们中国书法。遗憾的是，索斯尼茨基在喀山大学只工作了4年，于1843年因病去世。1844年，西维洛夫因病回到了修道院，沃依采霍夫斯基到喀山大学继任汉语教授席位。在喀山大学，沃依霍夫斯基开设了满语课程，成为俄国第一位满语教授。沃氏为教学之用编写了汉语和满语学习方面的一些资料、满语语法以及一部《汉满俄词典》。协助沃氏进行教学的，是喀山大学汉语专业的毕业生拉杜辛。1850年，沃依采霍夫斯基因病去世，喀山大学汉语和满语教研室的汉语和满语教师暂时告缺。1850年随第十届东正教使团入华的喀山大学蒙古学硕士

---

① П.Е.Скачков, *Очерки истории русского китаеведения*, М., 1977, стр.194.

② *О начальном этапе преподавания китайского и маньчжурского яхыка в Казанском университете*, ——Цч. Зап. Казанск. Ун-та, т. III,1957, кн. 2, стр. 59.

瓦西里耶夫回国，解决了喀山大学汉满语教学的燃眉之急。1851 年 1 月，瓦西里耶夫成为喀山大学汉满语专业的编外教授，正式开始了他在喀山大学的教学生涯。在教学中，瓦西里耶夫为一年级学生开设了汉语语法和满语语法，选用的汉语语法教材是比丘林的《汉文启蒙》、雷慕沙的《汉文启蒙》和马礼逊的《通用汉言之法》，满语语法教材是《清文启蒙》和戛柏莲的《满语基础》。在教学过程中还以文学作品为蓝本进行汉满俄翻译，以锻炼学生的语言技能。

1837 年起，东方专业修改了大纲，要求学生在入学时选择一种东方语言，深入地学习这个国家的历史和文学，同时还要学习一些与这门语言关系密切的其他科目，如语言专业的学生，除了要学作为专业的东方语言以及几种欧洲语言外，还需选修别的东方语言，另外，俄国史、世界史、世界文学、语文学体系史、诵经学、教会史也都是学习的内容。在教学目标定位方面，喀山大学和喀山第一中学有着密切的承接关系，1840 年大学理事会颁发一项特殊条例，即在第一中学进行语言实践训练，在大学进行深入的理论学习。优先录取第一中学那些有语言天赋、愿意学东方语言的毕业生。1839—1840 年全校 225 名学生，东方语言文学专业学生 23 人，其中汉语专业有 4 名学生。在教学中，喀山大学注重学术研究，体现在以下几个方面：一是编写新教材，制定教学大纲，编纂词典，编写文选读物。二是出版东方民族的历史与文学典籍。三是研究东方国家的语文学、历史、地理和宗教。四是组织毕业生到东方各国进行学术考察。在 19 世纪的 30 年代到 50 年代，为保证培养高质量的东方学人才，东方学专业的教师和学校相关管理者，同俄国及其他国家的学者、东方学机构保持着密切的通信往来。

19 世纪上半叶，特别是 19 世纪 30 年代莫斯科大学和哈尔科夫大学停止了东方语言教学以后，在校长洛巴切夫的努力之下，喀山大学逐渐发展成为俄国东方学教学与研究的重要中心。1854 年，俄国枢密院颁发沙皇令，在彼得堡大学建立东方语言系，停止国民教育部属内所有教学机构中的东方语言教学，教授、教师和图书全部转到彼得堡大学。1854 年 11 月，根据国民教育部部长令，大学和第一中学东方语言专业的教师全部终止任期，9 名教师、18 名学生转入彼得堡大学，几乎全部东方写本和珍本、东方古钱币以及印刷厂的梵语、藏语和蒙古语字模都被运往彼得堡。至 1855 年，喀山大学哲学系东方专业彻底关闭。

喀山大学汉语教席设立于 1837 年，是世界上仅次于法国东方学院的第二所开设汉语教席的大学，它使俄国的汉语和满语教学的历史又向前发展了一步——进入了高等教育的体系之中。伴随着俄国高等教育的整体发展，喀山大学在教学目标、教学大纲、教学内容、招生方向以及一些具体的教学安排上都兼顾了理论和实践技能两个方面，为俄国汉学高级人才的培养确立了规范，在 19 世纪的 30 年代到 50 年代，喀山大学是俄国最大的培养东方学人才的基地，成为俄罗斯汉学史上的一座里程碑。

2. 彼得堡大学

虽然彼得堡是 1703 年彼得一世为俄国创建的新都，但俄国最早的 5 所大学却没有一座计划在这里落成，尽管这里是俄国学术的中心。自彼得堡科学院创建起，彼得堡的学术大都掌握在外国人手里，人才的培养也一直沿用彼得一世时期的做法——派往国外。1782 年，彼得堡成立了教师学校，1804 年在教师学校的基础上成立了师范学院，1816 年 12 月，师范学院改组为总师范学院，1818 年 3 月，在总师范学院的历史语文系开办了东方语言教研室，开始了阿拉伯语和波斯语的教学。1819 年该校改组为彼得堡大学，原历史语文系分为 4 年专业：古典语文、东方语文、俄罗斯语文、历史学。此后的 30 年间，彼得堡大学教授 6 种东方语言：阿拉伯语、波斯语、土耳其语、阿塞拜疆语、亚美尼亚语和格鲁吉亚语。1855 年，俄国各地的东方语言教学除喀山大学鞑靼语、外交部亚洲司东方语言教学部外，全部集中到彼得堡大学，东方语言系成立。东方语言系的汉语和满语教研室由来自喀山大学的瓦西里耶夫主持，来自中国的伊斯梅尔·阿布-卡里莫夫担任口语老师，并教授汉字课，喀山大学汉满语专业的毕业生拉杆辛负责图书管理。到 20 世纪以前，除瓦西里耶夫和卡里莫夫（1865 年去世）外，先后在彼得堡大学工作的汉语、满语教师有 6 人：斯卡奇科夫（1866—1867 年间执教，教授汉语口语）、佩休罗夫（1869 年起执教，教授汉语口语）、扎哈罗夫（1868—1885 年间执教，教授满语）、格奥尔吉耶夫斯基（1886—1893 年间执教，教授汉语）、伊万诺夫斯基（1893 年起执教）、波兹涅耶夫（1897 年起执教）。

瓦西里耶夫为彼得堡大学的汉满语教学奉献了全部精力。在彼得堡大学东方系的最初 12 年里，在卡里莫夫的协助下，瓦西里耶夫承担了 4 个年级汉满语教学几乎全部的课程，为学生开设的课程除汉语和满语语言外，他还利用俄译本《四书》节译、中国邸报、中国历史和中国文献史的原始资料讲授儒学史，还开设了中国文学史、中国地理总论、佛教文献史等课程。在东方系开办之初，瓦西里耶夫制定教学大纲，编写教材。比丘林的《汉文启蒙》、雷慕沙的《汉文启蒙》是瓦西里耶夫教学的重要教材。为了解决学生只能根据课堂笔记学习的问题，瓦西里耶夫出版了大量教材。在汉语教学方面，1866 年，石印出版了《汉字分析》，在介绍一般的语言概念的基础上，比较详细地描述了汉字的结构、声调、发音特点。1868 年，瓦西里耶夫出版了 3 卷本的《汉语文选》，从中可以看出《论语》、《诗经》是瓦西里耶夫汉语教学的重要参考资料。《汉语文选》先后出版了 3 版，后来还专门出版了注释本。1867 年，为了配合教学，瓦西里耶夫出版了《汉俄词典》。此外，《中国文献史资料》也是瓦西里耶夫用于教学而石印出版的资料。

1865 年，教授汉语口语的卡里莫夫去世，为了安排教学，瓦西里耶夫邀请正在彼得堡的俄国驻中国塔城领事 K. A.斯卡奇科夫来东方系教授“汉语实践课”。1866 年 1 月 8 日，斯卡奇科夫开始按照瓦西里耶夫的教学计划上课，授课内容包括“汉语口语练习、汉俄口语互译、口头将《红楼梦》和《金瓶梅》等著作翻译成俄语”。[①] 虽然 K. A.斯卡奇科夫乐于教学，但 1867 年，俄国政府将他派往中国担任俄国驻天津领事。

1869 年，在俄国驻北京公使馆任翻译的佩休罗夫返回了俄国，被瓦西里耶夫邀请来彼得堡大学东方系任教。佩休罗夫的汉语教学包括口语练习、翻译《好逑传》等口语特点明显的作品、各类中文文献甚至官方公文和文件，此外还将当时最新的汉语研究成果——1867 年出版的威妥玛的《语言自迩集》用

---

① П.Е.Скачков，*Очерки истории русского китаеведения*，М.，1977，стр. 217.

于教学。除语言翻译实践外，佩休罗夫还为学生讲授中国地理、历史、国家体制特点等。佩休罗夫在东方系一直工作到去世。在36年的教学生涯中，佩休罗夫编写的教材有《汉语文选资料》和《汉语读本》。1887年，佩休罗夫出版了用于教学的《汉俄部首合璧字汇》，1891年该词典按瓦西里耶夫的排列体系修订后以《汉俄画法合璧字汇》为名再版。

1885年，东方系毕业生格奥尔吉耶夫斯基登上汉满语教研室的讲台，教授"汉语基础"、"中国国家"、"儒学思想"、"中国历史"等课程。格奥尔吉耶夫斯基良好的教育背景，在中国生活工作两年多的经历，在西欧进修两三年的经历，使他能够以更为清醒的目光看待中国。他坚持认为，必须像研究其他国家的历史一样研究中国历史，反对世界历史领域的欧洲中心论观点，以事实证明韦伯、施罗塞等人的世界历史书中忽略中国的历史这一缺陷。他于1888年出版的《中国人的生活准则》和1890年出版的《研究中国的重要性》两部著作，在俄国知识界影响很大。

1897年，毕业于东方系的波兹涅耶夫开始在汉满语教研室任课，波兹涅耶夫教授格奥尔吉耶夫斯基去世后再未开设的中国历史课，遗憾的是波兹涅耶夫在东方系只工作了一年，此后便在1898年开办的海参崴东方学院工作。

在满语教学方面，1863年瓦西里耶夫出版了俄国第一部满语教材——《满语文选》，1866年出版了学习辅导资料《满俄字典》。1868年秋天起，扎哈罗夫开始在彼得堡大学教授满语。早在作为第十二届东正教使团学生在京期间，扎哈罗夫就以学习满语为主。扎哈罗夫用于一年级满语语法的教材，是《清文启蒙》和他自己的笔记，然后再让学生阅读瓦西里耶夫的《满语文选》并进行翻译练习。第二年从《满语文选》中选出较难的段落试着练习将俄语译成满语。第三年和第四年由《西厢记》、历史文献《盛京通志》、《大清律例》和《通鉴纲目》中摘取段落由满语译成俄语，同时还将一些外交文件由俄语译成满语。1875年，扎哈罗夫在北京时就开始编写的《满俄大词典》在彼得堡出版，使他成为世界著名的满学家。1879年，扎哈罗夫又出版了《满语语法》一书。扎哈罗夫在彼得堡大学一直工作到他生命的最后时刻1885年。

扎哈罗夫去世后，东方系毕业生伊万诺夫斯基留校担任满语教师。1890

年,伊万诺夫斯基前往中国进行为期两年的学习。回国后伊万诺夫斯基继续在彼得堡大学教满语,还开设了满洲历史等课程,1887—1888年间,为学生石印出版了《满语文学史》作为教学资料。1893年,伊万诺夫斯基出版了《满语文选》,该书于1895年出版了修订版。

在彼得堡大学设立汉满语教研室之初,由喀山大学汉满语教研室转入的学生有4名。到19世纪50年代末,远东政治局势的活跃使汉语和满语专业的学生人数增加。汉满语专业的淘汰率很高,每年的毕业生只有1—2名。[①] 19世纪下半叶,汉满语教研室培养学生近百人,除少数留校任教外,大多数学生直接参与中俄交往的实际工作——在各类政府机构、驻华领事馆以及以经营中俄贸易为主业的贸易公司工作。

进入20世纪以后,东方系留校的毕业生伊万诺夫、阿列克谢耶夫等被派往中国学汉语口语和书面语,派往欧洲了解汉语教学法,为东方系的汉语教学带来了活力,并逐渐形成了俄国自成一体的汉学教育体系,为俄罗斯汉学学派的进一步形成提供了前提条件。

3. 海参崴东方学院

1899年,海参崴成立了东方学院,其汉语教学以实用为目的,灵活多样,在为俄国远东活动培养大量语言人才的同时,为俄国汉语教学带来了新的生机。东方学院章程第一条规定,东方学院是为俄国东亚地区及其相邻地区的工商行政机构培养人才的高等学校。主要任务是根据现实的需要培养汉语、日语、朝鲜语、蒙古语和满语人才。学制为4年,第一年为汉语学习,第二年学生按4个不同的专业方向进行学习:汉日方向、汉朝方向、汉蒙方向和汉满方向,同时学习第二种东方语言,此外还有一些必修课,如英语、中日朝历史、地理、人种学、经济地理、政治经济、法学、商品学、会计学等课程。

沙俄政府十分重视东方学院的教学。首任院长是著名东方学家、蒙语和卡尔梅克语博士A.M.波兹涅耶夫。1896年,圣彼得堡大学将一批毕业生派往中国,以提高汉语能力、学习有关中国知识。1899年,这批进修生中的佼佼

① П.Е.Скачков, *Очерки истории русского китаеведения*, М., 1977, стр.210.

者A.B.鲁达科夫和П.П.施密特成为刚成立的东方学院的教授。鲁达科夫来到东方学院后便主持了学院的学术工作，并从1906年起担任院长，其著作涉及多个领域，如历史文化研究类的《吉林中国文化史料》、语言学习类的《官话学习实用指南》、中国现实研究类的《义和团及其对远东最新事件的意义》、中国文学研究类的《中国戏剧——中国小说中的形象》等数十部。这些著作使得鲁达科夫成为世界知名的学者，并对东方学院的教学和研究产生了重要影响。

与鲁达科夫同来东方学院任教授的施密特，其汉语研究成果《官话语法试编》，在俄国汉语教学和研究的历史上产生了划时代的影响。在这部著作中，施密特从语言学的角度研究汉语，比较汉语同其他语言的异同，对俄国学者的汉语研究有着重要的启发意义，结束了近百年来由比丘林的《汉文启蒙》主导俄国汉语教学的历史，从而开始了俄国汉语教学的现代阶段。施密特对于汉语和满语的研究在俄国汉学中占有重要位置，为后人留下了近二十部著作。

著名的中、日、朝历史研究专家H.B.屈纳于1902年来到东方学院，在此工作的二十多年间一直任东方学院的远东各国史教研室负责人，对远东各国的历史与现状有着深入的研究，为俄罗斯现代的汉学留下了宝贵的财富。在东方学院工作期间，著有《中国地理教程》、《中国地理研究历史概论》、《蒙古、准噶尔、东突厥和满洲的地理与人种学概论》、《中国经济地理教程》、《中国历史》、《中国文化史及远东各国地理》、《欧洲国家及俄国与中国关系史》、《西藏》等四十余部。他对中国及朝鲜、日本历史、地理、人种学的研究对于俄罗斯汉学具有重要意义，同时也为东方学院的教学作出了很大贡献。

在教学中，东方学院充分利用远东地理位置的便利，从一开始就聘用"中国先生"担任汉语实践课程的教学工作，1899—1911年间相继聘请过19位"中国先生"进行汉语教学，这些"中国先生"与学生的直接接触对于学生掌握汉语和了解中国文化起到了不可忽视的作用。

东方学院从成立时起就十分重视图书档案资料，1901年图书馆拥有数千册俄语以及欧洲其他语言和亚洲语言的图书，1899—1901年仅两年的时间通过购买和收到馈赠而拥有中国图书9000册，包括中国各朝历史全集、历史百科类图书以及各种版本的经典文献、中央及地方政论的法律、48 卷本的《吉林通志》等。学院订购了 91 种期刊，教学资料部藏有数百种汉语和日语词典。到 1914 年，东方学院图书馆藏书达 125000 册，图书馆以从满洲运到海参崴的约两万份手稿为基础，开设了档案馆。同时，东方学院有自己的印刷厂，可以印各种语言的教学书籍和学术书籍。此外，1901 年，学院还通过了用汉语出版俄国报纸的计划。

东方学院开办前，虽然远东地区的重大事件都与中国密切相关，但在汉语培训机构中学习汉语的主要是一些军官和商人，国民教育部将中学分为普通中学和东方语言学校的计划，一度因无人选择进入东方语言学校学习而未能实现。1903 年 1 月 1 日前，东方学院 4 个年级在校大学生和旁听生的总数为 96 人，1909 年 1 月 1 日前在校人数已达 182 人。学生人数的增多也可说明远东地区对中国认识的增多。在每年的假期，东方学院都组织学生赴中国各地实习，这对学生提高汉语能力、加深对中国文化的理解、锻炼实际工作能力都很有帮助。在远东地区，几乎所有与汉语或中国相关的岗位上都活跃着东方学院毕业生的身影：政府机构、军队、道胜银行、东省铁路以及在中国各地的一些与俄国相关的机构，如哈尔滨的俄文学校、俄文报纸等。

短短 20 年间，东方学院迅速发展成为俄国在远东的第一个中国学研究中心。它充分利用海参崴远东门户的地利，发挥着与俄国在远东的政策和活动相辅相成的社会功能，在教学及学术研究方面与圣彼得堡大学东方系互为呼应，成为俄国又一个独具特色的汉学基地。东方学院在为沙俄培养远东实用人才的同时，对于汉语和中国文化在远东的传播也发挥了极为重要的作用。

三、20 世纪俄罗斯的汉语教学

十月革命胜利以后，在列宁东方学思想的主导下，俄罗斯的东方学研究发生很大转变，这种转变使苏联的汉语教学呈现出不同以往的新局面。1920 年 8 月 25 日，俄联邦中央委员会通过决议，成立中央东方学院。同年 9 月 7 日，该院改组为“中央东方应用语言学院”。苏维埃国家迫切需要懂东方语言，了解东方各国的经济、历史、文化的人才研究东方问题并展开一些实际性的工作,因此,需要组织一些教学和学术机构,以在短时间内培养理论和实践工作人员。1921 年 10 月 27 日,全俄中央执委会主席团通过了“关于合并莫斯科所有东方学教学机构、成立莫斯科东方学学院”的决议,该院的宗旨为培养关于东方工作在与东方相关工作各领域所需的人才。学院成立之初隶属于民族委员会,自 1924 年 4 月起归苏联中央执行委员会主席团管辖。成立之初学校设置了包括阿拉伯语、波斯语和土耳其语的近东系,涉及印度的中东系,包括日语和汉语的远东系,包括高加索和外高加索各语言系,学制 4 年。1930 年,设立了研究生院。直至 50 年代中叶,莫斯科东方学学院一直是苏联汉语教学的重要阵地。19 世纪俄国汉语教学的基地彼得堡大学东方系于 1919 年与历史语文系、法律系合并为社会科学系,1920 年,彼得堡大学社会科学系从事东方学研究和教学的人员又组成了东方学家委员会,该委员会于 1921 年转入苏联科学院亚洲博物馆体制之中。1920 年在莫斯科成立中央东方应用语言学院的同时,彼得堡成立了依托彼得堡的东方学教学机构和学术机构的彼得堡东方应用语言学院。彼得堡重要的东方学家、院士和教授在这里任课,如阿列克谢耶夫、巴托尔德、克拉奇科夫斯基、谢尔巴茨基、弗拉基米尔佐夫、玛尔、鄂登堡等。在该院的教学设置中,除语言教学外,还开设一些专业课程,如法律、师范、财经等,使学生受到更全面的职业训练。彼得堡东方应用语言学院的教学成为彼得堡大学的有益补充。成立于 19 世纪和 20 世纪之交的海参崴东方学院,1920 年与海参崴工学合并成立远东国立大学,汉语教学在该校的东方系进行。以上述教学机构为基本框架的苏联汉语教学在经历了二战和苏联社会的变迁后,20 世纪 50 年代发展逐步走向稳定。90 年代苏联解体后,中国改革开放所取得的成就、世界政治经济全球化发展趋势、中俄两国的地缘关系等因素成为当代俄罗斯汉语教学的强心剂,具有历史传统的汉语教学机构实力得到加强,另外还有一些大学也积极组织汉语教学。据不完全统计,目前俄罗斯进行汉语教学的高等院校达 80 多所。

1. 圣彼得堡大学

圣彼得堡大学的汉语教学在东方系的中国、朝鲜和东南亚语文学教研室进行。该教研室是东方系历史最悠久的教研室之一,自 1855 年起,作为俄国汉语教学基地的传统一直延续至今。20世纪以来，阿列克耶夫院士及其弟子——休茨基（1938年以前任教）、瓦西里耶夫（1937年以前任教）、龙果夫（1955年以前任教）、什杜金（1953年以前任教）、拉祖莫夫斯基（1942年以前任教）、斯梅卡洛夫（1955年以前任教）、潘克甫（1979年以前任教）、彼得罗夫（1987年以前任教）等为苏联汉学界培养了大量人才。1998年起，教研室主任为鲁多尔夫。

在汉语师资方面，教研室现有汉语老师9人，其中教授4人：以中国古典文学和现当代文学为专长的谢列布里亚科夫，以古汉语为专长的尼基金娜，以实验语音学、中国俗文学为专长的司格林，以中国史为专长的波波娃；副教授3人，以古汉语和现代汉语为专长的亚洪托夫，以中国现当代文学为专长的罗季奥诺夫和罗季奥诺娃；讲师2人：米季金娜和鲍尔塔奇。此外还有来自中国的汉语教师1人。

汉语教研室开设的主干课程有：汉语、基础汉语、中国古典文学、中国现当代文学、汉语词典学、汉俄翻译、古汉语语法、汉语阅读、中国人的民族心理、汉语报刊、汉语史；专业课程有：司马迁的语言特点、老舍研究、唐传奇、古汉语句法、中国古典诗歌、中国女诗人研究、俄罗斯文学在中国、中国语文学史。1993年在中国大使馆驻圣彼得堡总领事馆的支持下开办了“圣彼得堡汉语中心”，总领馆还向汉语中心赠送了大量文献资料，极大地推动了该校的汉语教学。2004年起，圣彼得堡汉语中心成为中国的“汉语水平考试”的考点。

2. 国立莫斯科大学

1954年，莫斯科东方学学院因故停办，教学转入莫斯科大学和莫斯科国际关系学院进行。1956年，莫斯科大学设立东方语言学院，汉语教学在莫斯科大学原有历史传统的基础上，进行汉语教学和中国哲学研究。目前莫斯科大学亚非学院进行汉语教学的有两个部分：语文学教学部和历史学教学部。

语文学教学部与汉语教学相关的有两个教研室：汉语教研室和中国哲学教研室。汉语教研室创立于1956年，第一任主任为自1949年起主持历史语文系中国哲学教研室的波兹涅耶娃（1956—1959年间在任），第二任主任为俄罗斯驻中国前大使罗高寿之父罗加乔夫（1959—1963年间在任），第三任主任为鲁缅采夫(1963—1993年间在任),第四任主任为高辟天(1993—2003年间在任)。中国哲学教研室是莫斯科大学的专业教研室之一,同时也是以现代外语教学方法进行汉语教学、培养综合型人才的教学研究中心,下设两个专业:语言学专业和文学专业。教师的研究方向涉及:由汉语的类型学特征决定的中国传统文化的特点、中国传统哲学、汉字的起源与发展、中国文学史、汉语功能语法。已故的苏联著名汉学家德拉古诺娃、马努欣、扎多因科、普里亚多欣都曾为该教研室教授。现在该室有教授4人:鲁缅采夫、谢曼诺夫、索夫罗诺夫、谭傲霜;副教授5人:华克生、波梅兰采娃、谢梅年科、科托娃、阿斯特拉汉。

1987年,以中国哲学教研室为基础成立了"跨院校汉语教学系",该系现有来自莫斯科近30所大学的100多名大学生,系主任为切尔内赫。

历史学教学部进行汉语教学的机构为中国历史教研室,其前身是莫斯科大学历史系的中国历史教研室,成立于1956年,第一任主任为西蒙诺夫斯卡娅(1956—1972年间在任),第二任主任为尤里耶夫(1972—1990年间在任),第三任主任为拉宾(1990—1992年间在任)。现任主任为梅利克谢托夫。曾在中国历史教研室任课的有知名学者爱伦堡、斯图日、科斯托乌索夫,当今俄罗斯科学院院士齐赫文斯基、米亚斯尼科夫以及著名学者刘克甫、格里戈里耶夫、马良文、多罗费耶娃-利赫曼、加列诺维奇、潘佐夫、克留科夫等,也是中国历史教研室的兼职教师。中国历史教研室现有教授5人、副教授2人、讲师2人。

3. 俄联邦外交部莫斯科国际关系学院

1954年,莫斯科东方学学院关闭,部分教学内容转到了苏联外交部国际关系学院,并在国际关系系设立了汉越老泰语教研室,第一任主任为科罗特科夫(1954—1959年间在任),第二任主任为伊萨延科(1959—1965年间在任),第三任主任为戈列洛夫(1965—1988年间在任)。1988年至今,该教研室主任为康德拉舍夫斯基。目前,莫斯科国际关系学院是俄罗斯进行汉语教学的主要机构之一,现有学生约50名,来自俄罗斯、独联体国家和世界各国。汉语教学既针对初入校的学生,也针对已有其他语种基础者和攻读硕士或副博士学位者。汉语的学习期限为6个学期,学习内容包括语音、语法、汉字、听力、会话、翻译(政治外交主题)、报刊阅读和翻译。高年级注重社会政治题材的口译和笔译训练。该教研室现有汉语教师 8 人,同时还有来自中国的教师 2 人。莫斯科国际关系学院汉语教学使用的教材主要为该校教师所编,另外,中俄报刊、网页、广播电视节目等也是重要教学资料,汉语主题晚会、汉语比赛、出国进修等也是该校学生学习汉语的重要辅助手段。学生毕业后前往俄联邦外交部驻外使馆、政府涉外机构、大型国立单位和大型公司工作。

4. 国立莫斯科人文大学

莫斯科人文大学在古典与东方文化学院和语言学学院两个机构中组织汉语教学。在古典与东方文化学院设立了“中国语文学”方向,其目标是使学生理解中国传统文化的基础,了解中国世界观和生活方式的特殊性。在教学内容上,涵盖了汉学研究的各个方面:中国的文学、历史、哲学、艺术、文化以及中国的传统宗教。汉语教学时间为 4 年,为使学生能够学习中国古典哲学、诗歌及文学作品,古汉语、中国古典文学、中国古代典籍、中国及周边国家历史是人文大学古典及东方文化学院中国语文学专业汉语教学的重要内容。语言学学院的汉语教学由东方语言教研室负责。

5. 国立远东大学

国立远东大学的汉语教学在东方学院的汉语系进行。国立远东大学汉语系下设中国哲学教研室和中国文明史教研室。中国哲学教研室负责东方学院中国哲学专业学生的教学和与中国研究相关各专业学生的汉语教学。该教研室现有教授 2 人、副教授 6 人、讲师 3 人、助教 7 人。中国文明史教研室负责东方学院中国历史专业和区域管理及跨文化交际两个专业的教学,现有副教授 4 人、讲师 2 人。此外,在中国教育部的支持下,2000 年在国立远东大学设立了汉语中心,中国汉语国际推广领导小组办公室向该中心赠送了教学和科研资料、汉语学习音像资料,丰富了中心的图书馆资源。中心每年承办汉语水平考试,并举办以汉语言文化为主题的各类活动。

6. 国立赤塔师范大学

1960 年,国立赤塔师范大学外语系开设了汉英专业,主要目的在于培养掌握汉语的人才。国立赤塔师范大学地处中俄边界,20 世纪 80 年代中苏关系开始解冻,汉语人才需求的增加刺激了教学规模的扩大,另一方面赤塔州中国居民的增多也对该校的汉语教学产生了积极的影响。目前,该校共有副教授1人、讲师4人、助教5人,开设的课程有汉语教学法、普通语言学、语言学史、理论语法、词汇学、翻译理论、实践语法、汉语精读、汉语高级阅读、汉语口语,毕业生遍布莫斯科、圣彼得堡、基辅、哈巴罗夫斯克、海参崴、阿拉木图等各地的教育机构、军队、警察局、银行、国立企业和大型公司。

以上我们只是通过俄罗斯不同地区高校中的汉语教学,展现俄罗斯汉语教育的基本状况。实际上,目前俄罗斯开设汉语教学的机构越来越多,据不完全统计,目前从事汉语教学的高等院校已达80余所,以汉语教学为办学特色的中小学校达20多所。当代俄罗斯汉语教学呈现出前所未有的热潮。

四、结语

始于18世纪上半叶的俄国的汉语教学,因中俄直接交往受囿于语言障碍而起,其教学特点带有明显的实用意味。在这个"实用"的目的之下,俄国在中俄之间达成培养语言人才的共识后定期向中国派遣学生,是早期中外交往中一个十分独特的现象,同时也使我国留学生教育的历史可以回溯至第一批俄国留学生入华的1727年。俄罗斯人早期对于中国语言的学习,大都兼学汉语和满语,反映了清中前期以北京为中心的满清语言使用的变迁和社会面貌的变迁,体现了满族被汉族逐渐同化的过程。早期俄罗斯的汉语学习,采用中国传统蒙学教育以诵读为主的模式,一方面对于语言技能的提高来说过于死板,但另一方面对于中国传统文化的传播却有着最直接的意义。早期学习汉语的俄罗斯人编词典、翻译汉语和满语典籍,促进了中俄两国的相互了解。19世纪,俄罗斯最重要的汉学家、俄罗斯汉学的奠基人比丘林在撰写汉语语法书、编写汉语词典方面的成就,把俄罗斯的汉语学习带到了一个新的高度,他所主持的恰克图汉语学校,是俄国第一所教学固定化、规模化的真正意义上的、教学组织完备的"学校"。随着19世纪俄罗斯东正教驻北京使团的管理更加规范,在俄国政府的要求之下,东正教使团不论教士还是学生,全部肩负着学习语言的任务,这使东正教使团成员的语言学习进一步深化——由语言学习而进一步扩展到对有关中国各方面的研究。在19世纪俄国教育发展的大背景之下，伴随着俄国在远东活动的日益增多，俄国高等教育中汉语教学的起步也居世界前列，喀山大学设置汉语教授席位的1837年仅次于雷慕沙任法兰西学院汉语教授的1814年。从喀山大学至1855年开始汉语教育的彼得堡大学，俄国的汉语教学完成了由地方创建到统领全国的过渡。19世纪下半叶远东政治局势的变化，中国对外政策的变化，推动着俄国高等教育中的汉语教学一步步进入兴盛时期。汉语和满语、口语和书面语、语言知识与文化国情背景知识、教师与教材，这些决定着语言教学质量的问题在彼得堡大学一一得到解决。尽管如此，语言人才培养的速度仍然满足不了俄国在华活动的需要，中俄边境甚至在中国境内，俄国也尝试组织语言培训，以进一步充实其在华活动不可或缺的翻译队伍。19世纪末在海参崴建立的东方学院，以培养实用人才为主，与彼得堡大学形成互补，使得进入20世纪的俄国汉语教育多彩纷呈。在当前政治经济全球化发展的国际局势之下，中国改革开放的成果令同样处于改革之中的俄罗斯侧目，随着对中国兴趣的加深，汉语成为当前俄罗斯大学、中学、小学课程设置的一个重要方面，俄罗斯汉语教学达到了前所未有的规模。

第二节　保加利亚的汉语教育

一、保加利亚汉语教学发展概况

保加利亚的汉语教学是20世纪50年代由朱德熙和旅保中国学者张荪芬共同开创的。1952年，保加利亚成为新中国政府向国外派遣汉语教师的首批四个汉语教学点之一。根据政府协议，朱德熙1952年至1955年作为新中国首批外派汉语教师在保加利亚国立索非亚圣·克利门特·奥赫里德斯基大学(以下简称“索非亚大学”)任教。从1953年春朱德熙和张荪芬开设保加利亚历史上第一个“汉语讲习班”开始，保加利亚的汉语教学至今已经走过了56个年头，从未间断。90年代以后，保加利亚汉语教学进入繁荣时期：90年代索非亚大学等校相继设立了“汉语言文学”专业，建立了第一专业、第二专业和选修课(包括任选课和必选课)多个教学层次,并逐步建立起了本科—硕士—博士多层次的、完整的汉语人才培养体系;2003 年 9 月索非亚大学建立了中国汉语水平考试点,成立了"保加利亚中国汉语水平考试中心";2005 年索非亚大学与北京外国语大学合作,在巴尔干半岛建立了第一所孔子学院——索非亚孔子学院。

保加利亚汉语教学已具有相当规模,而且近几年发展势头迅猛。目前在校学习汉语的大学生有 70 余人,中小学生超过 200 人。保加利亚主要的汉语教学点是索非亚大学、大特尔诺沃大学、索非亚市第十八中学。近三年内,索非亚市的一零一中学、大特尔诺沃市的美国中学、普罗夫迪夫的一所私立中学和波波夫道尔市的尼古拉·瓦普察洛夫小学相继开设汉语班,人数均在 20—40 人之间。此外,鲁塞市的"卡拉吉亚武术中心"也开设有两个汉语班,学员年龄从 8 岁到 50 多岁不等。

索非亚大学是保加利亚一所有着百年历史的著名高等学府,也是保加利亚规模最大、级别最高的高等学府。"汉语言文学"专业下属于该校古典与现代语言文学系东方语言与文化中心东亚语言与文化教研室。汉语是东方语言与文化中心历史最长的专业之一。1953 年开始汉语课,1991 年设立"汉语言文学"专业,建有本科—硕士—博士的教育体系。中国教育部自 1988 年起派遣一名汉语教师来此任教,还有保籍专职教师 5 人和 10 余名兼职教师,目前在校学习汉语的学生有 40 余人。

大特尔诺沃大学全称"大特尔诺沃圣·基里尔和麦托迪大学",是保加利亚仅次于索非亚大学的一所著名综合性大学。90 年代起该校把"汉语言文学"专业设为第二专业,建有本科—硕士—博士的教育体系。中国教育部自 1993 年起派遣一名汉语教师来此任教,还有保籍专职教师两人和两名兼职教师,目前在校学习汉语的学生有 30 余人。

索非亚市第十八中学历来注重外语教学,设有法、德、英、汉、日等外语课。1992 年该校把汉语作为八年级到十二年级学生必修的一门外语课。起初不固定地招收汉语学生,2002 年起每年招生,人数在 20—25 人之间。中国教育部自 2005 年起派遣一名志愿者来此任教,还有保籍专职教师 1 人,目前在校学习汉语的学生约有120人。

索非亚孔子学院成立于2006年6月,亚历山大·伯格丹诺夫·阿列克西耶夫博士和北京外国语大学田建军副教授担任第一任院长和副院长。面向社会招收的第一期"零起点汉语班",2007年10月正式开课,首批学员分两个班,共有15人。索非亚孔子学院为保加利亚人民学汉语、了解中国文化和中国的发展提供了新平台。

二、保加利亚汉语教学情况

从历史发展看,保加利亚汉语教学体系经历了从"单独的语言教学"走向"汉语教学与汉学研究并重"的过程。上世纪50年代在索非亚大学开设的汉语课只是单独的语言教学,是一门语言综合课;60年代以后逐渐增加了文言、古代东方文学史、中国文学史等课;90年代汉语言文学专业设立时,该校按照欧洲高等教育最高标准确立了"汉语教学和汉学研究并重"的教学体系,要求从事汉语教学的教师同时也是研究汉学的专家。

索非亚大学汉语言文学专业本科的课程设置以现代汉语语言教学为主,以中国文学等为辅。课程以汉语综合课(其中包括听、说、读、写能力的单项训练)为主干,第一学年总课时超过500课时,二至四年级有所减少,每学年的总课时分别为420课时、360课时和300课时。每学年开设带有研究性质的语言学、文学和文学理论等课程:语言学方面的课程有普通语言学入门、汉语语言学入门、汉语句法学、汉语音韵学、词汇学和词典学、汉语词法学、成语、歇后语、典故、汉语方言学、社会语言学、虚词、汉字入门、汉字的历史和古代汉语;文学和文学理论方面的课程有文学概论、中国文学入门、中古文学、现代文学、当代文学、民间文学等。语言学和中国文学等课程的总课时量约1000课时。

大特尔诺沃大学1993年以来招收过俄汉应用语言学专业、法汉应用语言学专业、英汉应用语言学专业和德汉应用语言学专业。作为第二专业的汉语总课时量与第一专业基本持平。汉语课程体系以汉语综合课为主,以中国文学等为辅。

第十八中学汉语课程的安排是:八年级集中学习,汉语课每周达19课时;

九至十二年级，汉语课时减少，每周 6 课时，增加英语、保加利亚语言文学、历史等课。汉语是一门语言综合课，包含阅读、语法、听力、口语等内容。

三、保加利亚汉语教师和科研情况

朱德熙和张荪芬是保加利亚汉语教学的开创者。朱德熙是中国当代著名语言学家，北京大学教授。张荪芬 1940 年从燕京大学毕业后参加抗日战争，在中国红十字会救护总队做医护工作；1945 年迁居保加利亚；1952—1980 年在索非亚大学任汉语教师；2004 年获得保加利亚教育最高荣誉奖——蓝带勋章。1954 年他们编写出版了保加利亚历史上第一部汉语教材《汉语教科书》。教材有 42 课，包括语音和语法两部分。该教材不仅为保加利亚汉语教学作出了不可磨灭的贡献，而且在新中国对外汉语教学史上具有特殊的地位，“它是新中国对外汉语教学史上第一部对外汉语教材，而且比 1958 年版《汉语教科书》[①]早四年之久，是新中国对外汉语教材的‘鼻祖’”，而且它还是“新中国对外汉语教学史上第一部由中国学者编写的国别对外汉语教材”。[②]

张荪芬于 1958 年和 1980 年两次修订《汉语教科书》。此外，她还编写了《保汉分类词典》、《汉语读本》、《汉保常用词汇》，撰写了多篇语言学论文。《保汉分类词典》是历史上第一部保汉工具书，共收录了 13000 多条词、成语、惯用语和句子，并附有针对保加利亚汉语学习者的现代汉语语法体系，对当时、现在以及将来的保加利亚汉语教学工作都具有重要的指导意义和参考价值。《保汉分类词典》、《汉语读本》和《汉保常用词汇》填补了保加利亚东方语言文学教学的空白。

鲍拉·迪米特洛娃·贝丽婉诺娃是索非亚大学汉语讲习班的第一批学员，1964 年获国立莫斯科大学“汉语言文学”专业副博士学位，索非亚大学教师，2005 年获中国政府“友谊奖”。她的研究领域是中国文学。她把《中国中古小说》、《中国古代文学作品选读》、《山海经》、《天问》等中国古代优秀文学作

---

① 1958 年版《汉语教科书》是邓懿先生主持、北京大学教师集体编写的，是新中国成立后中国境内出版的第一部对外汉语教材，对新中国对外汉语教学有着深远而广泛的影响。

② 董淑慧《朱德熙、张荪芬编著〈汉语教科书〉评介》，《世界汉语教学》2006 年第 4 期。

品译成保语;《中国古代思想家》重点介绍中国一些著名思想家的哲学思想,还翻译了《老子》、《王充》、《列子》和《庄子》的部分章节;译著还有《飞行员和红领巾》、《当代中国诗歌》、《不死的王孝和》、《野火春风斗古城》、《青春之歌》、《故事新编》、《风息浪止》、《永恒的旅程》、《凶手》、《龙的三个蛋——东方精灵故事集》、《聊斋志异》、《老子校释》等。她还撰写了《翻译在保加利亚:通向中国的桥梁》等多篇论文。

斯内日娜·伊万诺娃·戈戈娃也是汉语讲习班的学员,1976 年获国立莫斯科大学"汉语语言学"专业副博士学位,1997 年获博士后学位,索非亚大学教师。她的研究领域是汉语语言理论和比较语法。《汉语自由联想词词典——汉保词典》是运用语言心理学方法研究汉语的一项巨大成果。她还撰写了《关于汉语中动物词的联想词》等多篇语言学论文。

索菲娅·菲尔迪南多娃·卡特洛娃 1962—1963 年在北京外国语学院(今北京外国语大学)汉语预科班学习汉语,1963—1966 年在北京大学中文系攻读汉语言文学专业,后因"文革"中断学业。1970 年从国立莫斯科大学获汉语言文学专业副博士学位,现为索非亚大学教师。她的研究领域是中国文学。译著有《正红旗下》、《搜神记》和《中国山水诗》(合著)。《正红旗下》附了大量关于中国的风俗习惯、历史事件和人物以及度量衡等的注解。

亚历山大·伯格丹诺夫·阿列克西耶夫 1988 年毕业于国立圣彼得堡大学汉语言文学专业,获硕士学位,2005 年获得俄罗斯圣彼得堡大学博士学位,现为索非亚大学汉语教研室主任和孔子学院院长。他的研究领域是语言理论和汉语词汇学。著有《汉语准词缀"化"》等多篇论文,还译过一些中国当代文学作品,如王蒙的《永恒的感激》和《匈牙利自行车》。

费萨林·格奥尔基耶夫·科拉斯托依切夫 1998 年毕业于索非亚大学汉语言专业,获硕士学位,索非亚大学教师,现在索非亚大学攻读博士学位。研究领域是中国文学,翻译了《废都》的一部分以及多篇中国诗歌小说。著有《陶渊明的〈桃花源记〉》、《中国当代的四位诗人》等学术论文。

埃维丽娜·瓦伦丁诺娃·瓦采娃 1997 年毕业于索非亚大学汉语言文学专业,获硕士学位,索非亚大学教师,现在索非亚大学攻读博士学位。她的研究领域是中国文学和宗教。译著有《饮水思源》(中国谚语选)、《古代中国》、《青铜时代》等。

安东尼娅·迪莫娃·粲科娃 1998 年毕业于圣彼得堡大学汉语言文学专业,获硕士学位,索非亚大学教师。著有论文《确定中古"话本"的相关时代的语法标准》。

玛丽雅·廷科娃·玛丽诺娃 2001 年毕业于索非亚大学汉语专业,获硕士学位。伊斯克拉·甘切娃·曼多娃 2004 年毕业于大特尔诺沃大学英汉应用语言学双语专业,获得学士学位。她们是大特尔诺沃大学专职教师。雅娜·迪安科娃·施什科娃 2001 年从索非亚大学汉语专业毕业后一直在索非亚市第十八中学担任汉语教师,2004 年获得中国驻保加利亚使馆颁发的"保中友谊贡献奖"。

四、保加利亚汉语教学的地区特点

保加利亚地处欧洲和亚洲交汇处的巴尔干半岛东部,东临黑海,与俄罗斯和乌克兰相望,周围与罗马尼亚、塞尔维亚、马其顿、希腊和土耳其为邻,自古至今都是交通和军事要地。地理位置的重要性影响到汉语教学,使其得到了中国政府更多的关注,而保加利亚汉语教学的发展又对周边国家产生了不可忽视的影响。这种影响表现在三个方面。第一,保加利亚不仅是巴尔干半岛最早开设汉语教学的国家(罗马尼亚起步于 1956 年),也是巴尔干半岛最早建立中国汉语水平考试点和最早建立孔子学院的国家。在保加利亚的影响下,塞尔维亚和黑山共和国的贝尔格莱德大学 2004 年设立了中国汉语水平考试点,2006 年 8 月建立孔子学院。第二,保加利亚的汉语教学不仅为周边国家培养了汉语人才,也为周边国家的汉语教学注入了活力。马其顿 1991 年独立,汉语人才缺乏,汉语教学更是不能满足国家的需要,1999 年马其顿选派两名学生来索非亚大学学习汉语;2003 年和 2004 年索非亚大学举办的中国汉语水平考试,也吸引来了马其顿学生。第三,保加利亚汉语教学深受原苏联和俄罗斯的影响,又具有自己的特色。跟欧洲其他一些汉语教学历史悠久的国家相比,保加利亚汉语教学从起步阶段就重视现代汉语,重视语言实践,重视口语表达，教授简体字。保加利亚的汉语教学特色也在一定程度上影响了周边国家。

第三节 瑞典的汉语教育

瑞典的汉学研究和汉语教学有着悠久的历史。早在17世纪，瑞典的乌普萨拉大学就出现了两篇以中国为研究课题的博士论文。18世纪和19世纪，一些瑞典的传教士多次到中国传教，又再次把中国文化带回到瑞典。到了20世纪初，瑞典出现了四位研究中国的重要学者，他们是：地质学家约翰·古纳·安特生、地理学家和探险家斯文·赫定、艺术史家喜仁龙以及对中国语言学、音韵学和方言学产生过重要影响的高本汉。在这四位分别在自己的领域里有着开创之功的人物中，高本汉是严格意义上的汉学家和汉语教育学家。20世纪以来的瑞典汉语教学，就是从他开始的。在以后的几十年中，经过几代人的努力，瑞典已经成为欧洲汉学研究的重镇，与此有着相互促进关系的汉语教学，在瑞典也得到了蓬勃的发展，并形成了自己的独特风格。

一、高本汉与瑞典当代汉语教学的开端

高本汉早年分别在俄国、中国和法国学习汉语，并曾在中国做过汉语方言调查。1915年，他在瑞典最古老的大学乌普萨拉大学获得博士学位，博士论文为《中国音韵学研究》，以后又经过11年的努力，完成了这部著作的后半部分。在这本书中，他创造性地把在欧洲语言研究中发展起来的科学方法运用到古汉语音韵研究中去，构拟了大约3000多汉字的“中古”时期的发音，极大地方便了欧洲人学习汉语。他的这本书受到当时中国语言学家的高度重视，中国语言学家赵元任、李方桂和罗常培三人通力合作，将此书译成了汉语。此外，高本汉在古籍整理、古文献辨伪、中国青铜器及古代中国宗教等诸多方面都作出了卓越贡献。

高本汉除了从事研究以外，也前后兼任了多年的汉语教授。1918年，他

被任命为哥德堡大学东亚语言与文化学教授，讲授汉语和日语。1939年，高本汉移居斯德哥尔摩，从1945年起在斯德哥尔摩大学教授汉语长达20年，直到1965年。在汉语教学方面，高本汉认为古汉语才是汉语的真正精髓。因此他十分重视对学生古代汉语阅读能力的培养，重视对学生进行训诂知识等语言技能方面的训练。他曾直接将《左传》等先秦著作当做汉语教科书来使用。

高本汉无疑是瑞典以至整个北欧汉语教学的开创者和奠基人。20年间，他培养了大批学生。其中有几位后来分别成为奥斯陆、哥本哈根和斯德哥尔摩大学的汉学教授，对北欧几国的汉学研究及汉语教学的进一步发展起了决定性作用。另外还有一些学生成为欧洲和美国等有关汉学机构举足轻重的汉学家和汉语教学界的中坚人物。

高本汉在担任汉语教授期间，出版了一些深入浅出地介绍汉语语言的著作，其中有《中国语与中国文》、《中国语言学研究》、《中国语的性质及其历史》、《中文初阶》等。这些书分析精辟、深入浅出，成为人们学习汉语和了解汉语语言学不可多得的普及性读物和教材。

高本汉为瑞典的汉语教学开了先河，而后来斯德哥尔摩大学中文系的建立则标志着瑞典的汉语教学进入了新的发展阶段。

二、逐步发展与完善的大学中文系及汉语教学

20世纪以来瑞典的汉语教学，主要集中在几所大学，其中包括斯德哥尔摩大学、隆德大学、乌普萨拉大学和哥德堡大学。

高本汉任汉语教授时，斯德哥尔摩大学尚未成立中文系。1965年，高本汉退休，他的学生马悦然被任命为汉学及现代汉语教授，斯德哥尔摩大学中文系由此正式建立，马悦然为首任系主任。

在此之前，马悦然曾分别在英国伦敦大学东亚学院和堪培拉澳洲国立大学担任过汉语教授，积累了丰富的教学和管理经验。作为高本汉的高足，马悦然系统地接收过高本汉历史语音学和训诂学方面的严格训练。他不仅曾花大量精力对四川某一方言的语音结构进行过科学细致的描述，而且对汉语今文经学的三个代表性文献《公羊传》、《谷梁传》和被认为是董仲舒所著的《春秋繁

露》作过细致的分析。显然他在这方面的研究卓有成效。然而,作为一个有独创性建树的汉学家和汉语教育学家,他的主要贡献更在于突破原先对汉学的限定,努力将汉学研究与汉语教学结合起来,将语言与文学结合起来。逐渐从训诂转到语言文学,从古典转到现代,转到现代汉语以及对中国文学的介绍与翻译上来。作为汉学教授,同时作为中文系主任,马悦然对基础汉语教学工作以及课程设置等方面投入了很多精力,他在汉语教学方面的突出特点之一是,由过去以阅读诸子百家为主而转向引导和组织学生大量阅读现当代文学作品,使学生接触到了更为广泛的现代汉语和文学作品,了解当今中国社会。如果说,高本汉是以培养学生成为汉学研究者为主要目的的话,那么,从马悦然开始,则注意培养各个不同层次、水准的实用型汉学人才以及翻译人才。

马悦然在任职期间,除了自己的研究和翻译工作以外,还编写了瑞汉对照的《现代汉语语音》、《现代汉语句型 111》、《现代汉语语法》等汉语教学材料。

在马悦然担任汉学教授的 25 年中,共有 13 名学生获得博士学位。其中罗多弼和罗斯后来分别成为斯德哥尔摩大学和龙德大学的汉学教授。

1990 年,马悦然退休,由罗多弼担任中文系教授的职位,教授席位被重新定名为"中国语言和文化"。罗多弼的研究兴趣在中国哲学与中国思想文化史方面。除了大量的研究工作以外,跟马悦然一样,罗多弼也担任繁重的教学任务。在汉语教学方面,罗多弼的指导思想更为明确,并提出了有关汉语教学与研究的新理念。他认为,面对新形势,汉语教师所面临的重要任务之一就是提高汉语教学质量,汉语教学的目的不应仅仅局限于让学生学会阅读汉语和掌握简单的对话,而是要花大力气努力使学生的汉语口语水平达到他们第一外语英语的口语水平,并进而学会用汉语写作。同时,要努力扩大学生的眼界,让他们在学习汉语言知识的同时,深入理解中国文化。

为了使学科设置更适应新形势的挑战与要求,中文系首先把本科水平的"汉语教学"与研究生水平的"汉学研究"作了区分,并分别制订了具体的教学方案与研究计划。在课程安排上,也更为开放与多样。既有一般介绍性的专为新生开设的汉语概说、中国历史概况、中国文化简介等,更有对学生进行系统汉语训练的语音课、听力课、口语课、语法课、写字课、作文课等。另外,从本科二年级起增设中高级口语话题讨论、文学阅读、报刊阅读、广播电视欣赏课,三年级起开设古代汉语及古典文学课等课程。研究生除了选修文选课与写作课以外,每周进行一次学术讨论,分别汇报各自研究课题的进展情况。[①]

2005年2月18日,“北欧斯德哥尔摩孔子学院”在斯德哥尔摩大学挂牌成立。这是由中国教育部、斯德哥尔摩大学和复旦大学共同合作开办的欧洲第一家孔子学院。学院的宗旨是在北欧国家开展和推广汉语教学,同时推动中国与北欧国家之间的文化与学术交流。罗多弼兼任瑞方首任院长,中方首任院长为复旦大学的李茂。学院成立几年来,已经开展了一系列汉语教学与文化推介活动。孔子学院面向社会招生,侧重短期实用型汉语培训,与斯大中文系的学历教学各有侧重又有机配合,为瑞典汉语教学的进一步扩大和发展起到了积极的促进作用。

地处瑞典南部的隆德大学,是一所历史悠久的世界著名大学。该校东亚语言系是瑞典汉语教学和汉学研究的另一个重要基地。该系由克里斯蒂娜·林代尔创办。现任汉学教授为罗斯。与斯德哥尔摩大学相似,隆德大学东亚系汉语专业既有本科生,也有硕士、博士生。罗斯教授对汉语语言有着浓厚的兴趣,他不仅能说一口流利的普通话,而且能用流利的广东话进行交流。所以东亚系对汉语语言教学和研究较为重视,还曾开设方言选修课以及广东话选修课,以使学生对汉语语言有更全面的了解。隆德大学东亚系语言专业的汉语老师除由瑞典汉学家担任以外,还设有一名客座讲师的职位,采取轮流替换的方式,每两年或三年邀请一名大陆汉语教师到系里授课,这样,一方面让学生能直接与中国老师接触,另一方面,中国老师也随之带去了汉语言的最新变化动态。

进入90年代,在罗斯的主持下,隆德大学东亚系开始了第一本《汉瑞词典》的编纂工程。这部词典已经于2000年出版,同时发行了光盘版。近年来,为了适应新形势下汉语教学的需要,隆德大学东亚系又在多媒体汉语教学方

---

① 李明《瑞典斯德哥尔摩大学中文系的汉语教学》,《国外汉语教学动态》2003年第2期。

面进行了一些探索。目前,电脑化的《隆德汉语教程》的编写工作已完成。教程的课文既有中国人日常交际的范例,又有当前中国社会的及时反映;既重视语法的严谨规范,又力求内容的生动活泼。所有生词和课文都有高质量的录音,并可在电脑上与《汉瑞词典》交互查询。[①]

除了斯德哥尔摩大学与隆德大学这两个汉语教学重镇以外,瑞典的乌普萨拉大学和哥德堡大学也各设有一个中文专科班,并配备了专职教师。学生大多先在本校学习一年左右的基础汉语课程,然后再分别进入斯德哥尔摩大学或隆德大学继续学习。有的学生则直接到中国进修或学习。

三、多种形式与多个层面的社会汉语教学

20世纪以来,瑞典的社会汉语教学也蓬勃发展,逐渐形成了多层面多形式的非学历汉语教学网。除了几所名牌大学里有专门的中文系科从事汉语研究与汉语教学以外,社会上陆续成立了各种类型的汉语培训班或中文学校,面向社会公开招生或定向短期培训。这种非学历的汉语教育大致分为三种类型:一种是在各成人教育学校里开设的汉语班;另一种是一些大公司或事业单位的汉语培训班;还有一种是中学汉语选修班与为华人子弟专设的中文学校以及母语教育。

瑞典的成人教育相当普及,成人教育学校很多,其中影响较大、遍布全国的有"人民大学"、"公民学校"和ABF(劳动者教育联盟,Arbetarnas Bildnings Förbund)。除了英、法、德、西班牙等语种外,现在,汉语已成为热门语种之一。根据学员的不同要求以及水平,学校分别开设了汉语初级班、中级班、提高班以及速成班。还与中瑞友好协会合作,不定期举办中国文化、中国艺术、中国风俗等讲座。近些年来,为适应到中国旅游的瑞典人日益增多的需要,人民大学和公民学校又新添了旅游汉语口语、交际口语等汉语短训班。

---

① 《汉瑞词典》(*Kinesisk-svensk ordbok*), Institutionen för östasiatiska språk, Lunds universitet, 2000.

除了社会民间各类学校的汉语班以外，瑞典的一些大公司和国家机构也开设了汉语培训班。例如爱立信电器公司的亚洲部，就定期让有关员工接受汉语语言培训，还时常请大学的教授或汉学家就中国哲学、汉字文化、中国传统等问题进行专题讲座。企业公司与大学中文系的合作，为汉学研究和汉语教学的进一步发展提供了新思路。

瑞典历来重视语言教育。在一些中学，汉语很早就被确定为外语必修课或选修课，在中学汉语教育方面作出卓著贡献的是林西莉。林西莉 20 世纪 50 年代从学于高本汉，60 年代曾在北京大学进修中文，回国后从 1971 年起就一直从事中学汉语教学工作，并在电视台讲授中文，普及汉语知识。除了长期孜孜不倦地从事汉语教学与普及工作之外，林西莉还致力于中国文字和文字发展史的研究，其成果集中体现在她的力著《汉字王国》一书中。这本书深入浅出、图文并茂，对汉字形成时所具备的独特象形意义进行了分析，同时对围绕字形结构演变所展开的历史文化现象作了叙述。1998 年，该书中文译本问世。[①]

瑞典华人子弟的汉语教学可分为两部分：其一是由一些华人民间组织举办的周末“中文学校”，其二是作为“母语教育”的“中文课”。瑞典中小学教学体系中特设一种被称为“母语教育”的专门课程。瑞典教育部门为了使移民到瑞典的外国孩子有机会学习自己的本民族语言，聘请了一些母语教师，分别到各学校单独授课。凡是孩子父母有一方的母语不是瑞典语，就有资格申请免费接受这种教育。每周可以上两到四个小时的“母语课”。华人对自己孩子的汉语教育一般都很重视，踊跃申请，并主动协助，因此，华人子弟的汉语教学近年来也卓有成效。

经过几代汉学家的辛勤耕耘，瑞典的汉学研究和汉语教学从萌芽到发展已经走过了漫长的历史。目前，新一代的汉学家和汉语教学工作者们正在为瑞典汉学和汉语教学的进一步繁荣和发展而努力着。

---

① 林西莉〔瑞典〕《汉字王国》，李之义译，山东画报出版社 1999 年版。

第四节　芬兰的汉语教育

一、芬兰汉学家在中国的学习情况

19世纪末，汉学家休高·隆德（1872—1915年）在柏林大学学习中文，师从教授卡尔·安仁德和威海姆·哥鲁比。1899年休高·隆德来到上海，停留数周，后辗转到北京求学，但是他在北京的学业因为义和团运动而中断，汉语学习方面的资料也全部被抢。之后他回到上海，并且在两名学者的帮助下重新开始学习。期间他到过杭州，甚至去过日本。1902年初休高·隆德回到芬兰，他的汉语学习和研究也因此半途而废。

大概同一时期，芬兰第一批传教士开始在中国学习中文。1892年，芬兰播道会派遣威海米娜·阿比爱宁和另外两名传教士前往扬州，然后到达浙江省，在那儿为中国内地差会工作。后来他们主要在江西省进行传教活动。另一个重要的芬兰传教组织基督教信义会芬兰差会派遣的第一位传教士尔兰德·斯沃宁于1902年到达湖南北部。在几十年的时间内，传教士学习并掌握了中文，传教之外，他们还将一些中国典籍翻译成芬兰语。

最早一批在中华人民共和国的大学里学习中文的芬兰人是卡勒·库迪宁和艾瑞·诺悦宁。芬兰共产党受中国共产党的邀请，选派了卡勒·库迪宁和艾瑞·诺悦宁前往中国学习汉语。他们于1953年到达北京，起初他们在北京大学学习中文，两年后转学到人民大学。卡勒·库迪宁学习了三年中国历史和经济，而艾瑞·诺悦宁主攻了两年哲学。同样基于两国共产党之间的合作交流，第二批芬兰学生在中国学习了三年（1960—1963年），包括海伦娜·赫勒戴、睿伊莫·莱纳和切斯蒂·于乃宁。

芬兰派往中国学习的学生1973年至今从未间断。其中比较早的几个到中国学习的包括安妮基·艾伯宁、玛利亚·凯歌宁和奥利·萨勒米（1973年），赛博·科派宁（1974年），高歌·莱迪宁（1975年），艾瑞克·哈勒姆和卡利·瓦利斯（1976年），佩里迪·赛派莱（1977年），韩努·埃塔拉克索、玛利亚·海克宁和维萨-约斯·沃瑞(1978年)。这些学生都是根据两国政府的双边交换协议派遣的,这个项目一直开展至今,每年有3—4名学生公派在中国学习。从80年代后期开始,芬兰一些大学开始与中国的大学签订交流协议,以扩大与中国的学生交换数量。90年代开始,自费留学的学生已经远远超过了公费留学生的数量。

二、汉学学术机构的形成

赫尔辛基大学是芬兰东方研究的中心。1640年大学成立之时,就已经设立了东方语言教授的教席。当时这个教席所包括的语言主要与圣经研究相关,比如希伯来语和阿拉伯语。1735—1741年,彼得·菲莱纽斯担任东方语言教授,任职期间他除了教授希伯来语和阿拉伯语之外,在教学中也介绍中文。18世纪中期,易思睿·瑞纽斯随瑞典东印度公司的商船前往广东,1749年回国后,他向大学提交了一份在中国所见所闻的论文。在20世纪早期,专门研究阿尔泰语系语言学的莱姆斯泰德教授开始进行东亚研究,但是他的主要研究兴趣集中在朝鲜语和日语。

19世纪中期卡斯特伦遵循民族语言学、人类语言学的传统,将芬兰民族的起源追溯到西伯利亚地区,因而开创了芬兰早期的东亚研究。接着莱姆斯泰德教授继承他的研究传统,并以蒙古学研究和韩语语法研究而成名。此后班迪·阿勒托继承衣钵,现在约哈·雅虎宁依然延续这种研究传统,从人类语言学的角度研究汉语。另外一种新汉学研究方向着重关注现代和当代的文化和社会。这种研究趋势从20世纪80年代开始,赫尔辛基大学一直占据主导地位,有东亚研究和亚太研究两个项目。同时,土尔库大学在这个领域发展很快。在所有这些研究方向上,现代汉语都是一个很重要的研究工具。

虽然赫尔辛基大学很早就建立了东方语言学,但真正对汉语或汉学的研究直到20世纪受瑞典的汉学影响才发展起来。1946—1947年从事芬兰-乌戈尔语言研究的教授奥利斯·约基在斯德哥尔摩工作时,学习了东亚语言及历史语言学专家高本汉教授的汉语课程。1973年,约基说服赫尔辛基大学建立东亚和阿尔泰研究机构,第二年升级为亚非研究所。1973年有中国老师教授汉语。在非欧洲文化和语言委员会的建议下,1987年赫尔辛基大学设立了东亚研究专业,确立了东亚语言和文化的教授职位,1988年又确立了东亚研究助理教授职位。

2007年,根据赫尔辛基大学与中国人民大学合作,成立了芬兰第一所孔子学院。2007年人民大学派出一名汉语教师教授汉语,2008年两名中国教师赴芬开设文学、文化等方面课程。

2006年土尔库大学设立了东亚研究所,与赫尔辛基大学的东方研究不同,土尔库大学的研究重点为中国的政治经济。大学语言中心的常规课程中包括汉语教学。

三、大学及成人教育的汉语教学状况

芬兰大学的汉语教学开始于20世纪早期,当时莱姆斯泰德邀请传教士卡勒·郭和宁教授汉语基础口语。1972年,高本汉的学生斯德哥尔摩大学的格任·玛曲斯特在赫尔辛基大学教授汉语入门。

1973年春天,芬兰教育部长玛利亚塔·魏乃宁访问中国,中芬双方达成协议,由中方派遣汉语教师到赫尔辛基大学任教。从此大学层面的汉语教学开展起来了。芬兰与中国1980年签署的文化交换项目及1984年签署的文化协议中都提到了汉语教师派遣的问题。

中国的汉语教师赵双之于1973年秋天抵达芬兰,一直授课到1974年。他之后的汉语教师依次为郑德鑫(1975—1978年)、谭敬训(1978—1980年)、万惠洲(1980—1984年)、王希增(1984—1986年)、田善继(1986—1990年)、王之武(1990—1992年)、王德培(1992—1996年)。从1996年开始,赫尔辛基大学聘任高明明博士作为长期任课教师。所有这些教师每年至少教授四门现代汉语课程——主要是一、二年级的课程,高级课程,阅读课程,讨论课程。除了汉语教学课程之外,还开设了中国文化课程。从1994年开始,传统中国文化由斯特芬·库则博士讲授。1972年到1976年间,翻译家佩蒂·涅米宁在大学讲授中国文学。塔吴诺-奥拉维·霍塔利和威廉姆·科波兰共同教授中国历史课。东亚专业教授和专业助理教授开设东亚书写课,介绍汉字的书写方法。

大学教育之外的汉语教育也有广泛的开展。20 世纪 60 年代，艾瑞·诺悦宁和卡勒·库迪宁开始在芬中协会和赫尔辛基芬兰语工人院校教授汉语基础课程。这标志着芬兰面向普通大众的汉语教学的开始。

孔子学院的课程对校外的学员同样开放。2007—2008 学年的汉语教师是傅由，她教授四门课程：基础汉语、商务汉语、汉语语法和新闻汉语。学生总共 70 人。孔子学院已经在芬兰建立了一个中国语言文化教师的网络，并计划建立一个教师协会。孔子学院承办了 2008 年“汉语桥”汉语演讲比赛。

2007 年，Sino 教育中心在芬兰东南部城市科沃辣成立。这是一个继续教育机构，隶属于赫尔辛基大学，主要为企业、团体、组织或者个人提供有关中国语言、文化、经济和社会方面的培训。

此外，芬兰一些理工院校也开设汉语课程，包括基础汉语课或专业课程。某些理工院校还提供包括前往中国留学的汉语学习项目。在芬兰规模较大的大学、语言中心、开放大学中，基本都有现代汉语课程，很多夏季大学也广泛开设了汉语课。

四、小学、中学的汉语教学

芬兰的一些高中同样开设了汉语课程。其中八所高中（Ressu、Vaskivuori、南 Tapiola、Ekenäs、Lahti、Lauttakylä、Ylöjärvi 和 Toijala）与中国的友好学校关系密切，并且有定期的互访机制。2001 年，芬兰国家教育委员会与中国教育部签订了中芬高中教育合作协议。基于此，罗素中学与北大附中和人大附中建立了密切的合作关系，包括一份双方合作编辑的网络杂志。

2008 年芬兰赫尔辛基的美湾基础学校（包括小学和中学）的小学部开设了汉语课程，这标志着汉语教学开始进入芬兰基础教育部分。芬中双语教学与芬兰的基础教学机制很好地融合在一起，主要课程采用芬兰语和汉语双语教学。这种课程设置不仅针对以汉语为母语的学生，也同样针对汉语足够熟练的学生。另外还计划在学龄前教育机构开设汉语课程。美湾基础学校将汉语作为所有学生的第二外语选修课。在 9 年的学习之后（芬兰的基础学校学制为9年，相当于中国小学与初中课程)，在高中开设同类课程。对于母语为中文的基础学校的学生，全国各城镇的教育委员会尽力为他们安排额外的汉语教学，以帮助他们掌握母语。

五、芬兰使用的汉语教材

在芬兰，大学层面的外语教学所用的教材和材料大多为英文。对于大学生而言，这基本没有问题。而中小学校目前还没有很好的针对性的汉语教材。第一本大学汉语教科书是英文教材 *Elementary Chinese* 第一部分的译本，于1974年出版。20世纪末，黄保罗和海国编写了一些针对芬兰人的教材。2008年，芬兰人谈亚·柯士宁自己编写的全新汉语教材由 Tammi 出版社出版。

与教科书情况相似，字典的出版同样迫切。1985年，艾妮卡·艾伯宁编写的第一本中芬字典出版。这本简易字典的第二版已经绝版。前中国驻芬兰商务参赞李广云编写的《中芬大词典》于2005年出版。从2004年起，黄保罗领导的编写组在编写一部包括18万词条的大型芬中、中芬词典。

思考和练习

1. 简述俄罗斯汉语教育史的特点。

2. 请谈一下张荪芬对保加利亚汉语教学的贡献及其所著《汉语教科书》在中国对外汉语教学史上的历史地位。

3. 瑞典斯德哥尔摩大学中文系的汉语教学有什么特点?

4. 简述芬兰汉语教育的历史。

第十二章　美洲、澳洲的汉语教育

第一节　美国的汉语教育

一、美国汉语教育的历史

(一) 1949 年前美国的汉语教学

美国本土最初的汉语教学和研究是由入华传教士卫三畏回到美国后初创的,他不仅是最早来华的美国传教士之一,也是美国早期汉学研究的先驱者,是美国第一位汉学教授。1876 年,在卫三畏的主持下,耶鲁大学首先开设中文课程,建立第一个汉语教研室和东方图书馆。此后美国的加州大学、哈佛大学、哥伦比亚大学等也相继效法,一些著名的图书馆开始收藏研究汉学的图书资料。此外一些汉学研究机构也陆续成立,如美国现代语言学会(1883 年)、美国历史学会(1884 年)、美国亚洲协会(1898 年)等,这些组织都直接或间接地促进了美国汉学的发展,使之走上职业化、专业化的轨道。

二战时期,由于政治和军事的需求,美国汉语教学方面发生了较大的变化。太平洋战争前,美国汉语教学注重古代汉语的阅读和语法分析。林德贝克曾说:"在第二次世界大战前,哈佛大学、哥伦比亚大学、芝加哥大学、加利福尼亚大学(伯克利分校)和宾夕法尼亚大学等院校所开设的汉语课程,主要是为培养汉学家而开设的古代汉语。”[①]卡梅伦也曾指出:“在美国,外语一直以来只是作为理解外国文化和研究工具而教授的,强调的是阅读而不是听说……这种方法在1941年的远东语言教学中心是非常流行的。”[②]太平洋战争爆发后,美国政府开始实施各种短期培训计划,旨在使接受培训的人员在短时期内掌握汉语、熟知中国历史文化,培养会说汉语的军官和情报人员。很显然,如果采用战前的汉语教学方法,将无法实现这一目的。二战时加州的军事语言学院匆匆开办了中文强化班,随后哈佛、耶鲁等大学也纷纷开设了现代中文班。这些中文班,围绕着口语听说,强化教学,先不教学生任何汉字和语法,而是以口语会话为先导。采用的汉语教材为时政、新闻性的材料,政治内容居多,当时许多政治宣传文字都收入教材,如中国国内当时的抗美援朝、“三反五反”等。这种汉语教学方法取得了巨大成功,一大批学员在接受培训后能熟练运用汉语。

(二) 1949年后美国的汉语教学

新中国成立后,一方面,随着中国世界地位的提升,越来越多的美国人对神秘的中国充满向往,汉语也成为他们感兴趣的语言;另一方面,美国的华人移民增多,为了让不识字的华侨华人粗通中文,方便他们在华人区生活,美国各地的华人相继办起了中文学校,出现了美国历史上第一波“汉语热”。1959年,中美关系刚有缓和,在美国政府和福特基金会的大力支持下,美国国家学术委员会和社会科学研究委员会组成了“当代中国研究协作委员会”。“文革”开始后,中国国内的对外汉语教学基本停滞,几乎没有了汉语教师的输出和交换生的往来,这不可避免地给美国的汉语教学带来了巨大冲击,美国的汉语教学跌至最低点。

1972年尼克松访华,1978年中国改革开放,1979年中美建交。面对与中国政治、经济、文化各方面往来的需要,以及中国在联合国恢复常任理事国地

---

① Lindeck, John. M.H.. *Understanding China: an assessment of American scholarly resources*. New York: praeger, 1971: 47.

② Meribeth E.Cameron. Far Eastern Studies in the United States. *The Far Eastern Quarterly*, 1948, 7 (2): 131.

位、中国国力增强的现实，美国开始大范围开展汉语教学。1966 年美国开设汉语课的大专院校有 95 所，1970 年增长到 130 所，1973 年则增长到 260 所，范围遍及美国的 39 个州。1960 年美国大专院校开设汉语课的课程报名人数为 1763 人，1970 年增长到 5406 人，1978 年为 7842 人。从 60 年代到 70 年代，学习汉语的人数大幅增长。从 70 年代开始，不仅学汉语的人数骤增，而且对于汉语教学法和教材的研究也逐渐受到重视。

上世纪 80 年代到 90 年代，掀起了美国历史上第二次“汉语热”。1983 年美国道奇基金会创会执行长麦维发起“中文启蒙教学方案”，致力于“让学童们尽早学中文”。90 年代，美国的汉语教学继续稳步发展，同时召开了许多学术会议，取得了诸多科研成果，如美国和中国合办的国际汉语教学法研讨会等。

进入新世纪，中国经济高速发展，在全球化浪潮的推动下，中国与世界各国尤其是与美国的经济、政治联系日渐密切。对于美国学生来说，掌握了汉语就等于拥有了经济全球化中的一项重要技能，多了一条生存的门路。2003 年，美国大学理事会批准了大学汉语进阶先修课程及考试项目（Chinese Advanced Placement Program，简称“AP 汉语项目”），把汉语与西班牙语、法语和德语等语种一起，列为可供高中生选修的大学预修课程。学生可以凭 AP 课程考试成绩获得大学学分，还可将其作为自己学术能力的有效证明。AP 课程考试成绩是美国名牌大学招生的重要参考，全美 2003 年共有 100 多万学生选修 AP 课程。这意味着汉语正式进入了美国主流学校教育，2002 年到 2006 年选择学习汉语的学生人数超过了历史上的任何一个时期。据美国现代语言协会 2006 年的最新调查统计，美国大学选修汉语的学生 1960 年为 1844 人，占选修外语总人数的 0.3%；2002 年达到 34253 人，占 2.4%；2006 年的统计结果是 51582 人，占 3.3%。相对于其他外语如西班牙语、法语、德语、意大利语和日语来说，从上世纪 60 年代至今，美国大学选择学习汉语的学生人数一直处于正增长趋势。开设汉语课程的学校也越来越多，到 2006 年，美国开设汉语课的中小学有 650 所；在美国 3000 多所大学中，目前已有 700 多所开设汉语课，汉语已成为美国大学的第七大外语。根据美国人口普查局的统计数字，目前美国约有 200 多万人在家说汉语。在美国，汉语已成为仅次于西班牙语的第二大外语。

二、美国汉语教学现状

(一)教学对象

在美国学习中文的学生,由于语言背景和年龄的差异,其目标和动机也各不相同。就学生年龄看,从五、六岁到八十多岁,几乎各个年龄段的学生都有。按就读的学校可以把他们分为小学生、中学生和大学生。中小学学生中有很大一部分是华裔"传承学生",大学生中也有部分属于这一类。他们虽有汉语背景但汉语水平参差不齐,这多少给教学安排带来一些困扰。在大学学习汉语的学生大部分并不以汉语为专业,而是作为多门外语中的一门课程学习。

曾有人对美国学校选修汉语课的学生语言背景做了如下分析:(1)家庭说汉语,学生出生在美国,受的是英文教育,英文很好,能听得懂,还会讲一点儿汉语或广东话,但不认汉字,更不会写汉字。(2)语言背景同上,只是小时候被父母所逼,在周末中文学校学习汉语,有一点汉语基础,他们大多是广东人或台湾人。(3)十几岁从香港移民来美国,会读、写汉语,但不会说普通话。(4)越南来的广东人,说广东话,已经来美国很久,英文很好,认识汉字不多,也不会说普通话。(5)日本留美学生,汉字写得很漂亮,英文、中文都想学,但都有问题。(6)韩国人,可以读些汉字,也想说汉语,但说英语和汉语都有口音。(7)以英语为母语的,已经学过西班牙语或德语、法语的美国人,他们大多或对中国和中国文化感兴趣,或专业与中国有联系,如国际贸易、中国艺术、中国历史以及中国文学。(8)第二次世界大战期间受过短期集训,速学过几个星期或几个月中文的退休美国兵。这些人只认拼音,用拼音做笔记,等等。[①] 除正规大学的学生外,还有社区大学的学生,平均年龄比较大,有些人在60岁以上。这些人修汉语课不要学分,不要文凭,只是对汉语感兴趣。他们大多不学汉字,只根据拼音练习说话。

随着中国经济的发展和中美经贸往来的日益频繁,汉语学习者不再局限

---

① 转引自桂明芬《21世纪汉语教学在美国》,《中国大学教学》2002年第6期。

于学生，很多跨国公司为了更顺利地在中国开展商务活动，纷纷对其员工进行汉语培训。近年来华旅游的人数大量增加，补习汉语成为他们的临时性需要。

（二）教学大纲

美国的教育管理体制属于地方分权制，各州独立管理本地的教育事务，因此，美国的汉语教学没有统一的教学大纲。美国外语教学委员会制定的外语水平指导性标准（1983 年制定，1985 年修订）成为一些学校制订教学计划的标准。这项标准是依据语言能力制定而非语言知识内容，并且等级划分较多，因此较难把握，所以有的学校根据本校情况并参照其他类似学校的教学计划安排教学。

为使美国外语教育跟上时代步伐，针对美国外语教学在教学法和教育体制上的弊病，美国外语教学研究委员会和各语种外语教师协会组织了“全国外语教育目标课题组”，于 1996 年制定出了《面向 21 世纪的外语学习标准》，1999 年修订并改名为《21 世纪外语学习标准》，规定了从中小学到大学的外语教学的总目标、基本内容和等级标准。全美中文教师协会和全美中小学中文教师学会参与编制的《全美中小学中文学习标准》为其中的一部分。

贯穿《21 世纪外语学习标准》的核心理念是“5C”标准：Communication（交际）、Cultures（文化）、Connections（贯连）、Comparisons（比较）、Communities（社区），即在语言交际、文化认知、外语与其他学科的联系、语言文化方面的比较以及到社区等校内外环境运用语言 5 个方面。《21 世纪外语学习标准》确定了外语教育的培养目标，体现了外语教学对培养学生语言能力、交际能力和语用能力的具体要求，代表了 21 世纪外语教育改革和发展的方向。

《全美中小学中文学习标准》构建了中文教学的各项目标和标准，并根据汉语的特点设计了一些具体的项目。它为课堂教学和教材编写提出了基本的内容框架和基本等级标准，有利于与美国大学的汉语教学接轨。

（三）教材

美国汉语教材可以大致分为初级汉语教材、高级汉语教材和专用汉语教材。美国大学的一、二年级属于汉语学习的基础阶段，比较通行的教材是《实用汉语课本》(刘珣、邓恩明、刘社会合编,商务印书馆 1981 年出版),该书的语法体系完整,先易后难,在语法教学中效果很好。因而上世纪 80 年代以来被美国大多数学校所采用。但由于成书时间较早,大批的词汇和背景与当今社会脱节,所以相对有些过时。作为入门教材,它没有强化汉字的本分,缺乏对应的练习,所以使用这套教材的学生汉字书写和记忆都较差。

上个世纪 90 年代末受到美国汉语教学界普遍欢迎的教材是《中文听说读写》(姚道中、刘月华、必念平等编写,美国 Cheng&Tsui Company 1997 年出版)。这套教材与美国学生日常生活结合紧密,语法解释清晰,练习难易适当,至 2003 年已有 260 所学校使用。

《互动》(严棉、刘力嘉合编,美国印第安纳大学出版社 1998 年出版)这套教材内容充实,知识性强,在初级阶段运用认知教学法。目前在印第安纳大学和北卡罗莱纳大学使用,其教学实践和效果值得期待。

另外,由于华裔传承学生有汉语背景,和普通汉语初学者起点不同,所以需要有专门针对他们的教材。《中国啊,中国!》(周质平、林培瑞、王学东等合编,普林斯顿大学出版社 1998 年出版)就是针对华裔学生的现代汉语课本,类似的还有《高级初学者汉语初级读本》(李端端、刘瑞年等编写,哥伦比亚大学出版社 2003 年出版)。

美国大学要求大学生最少学习两年外语,所以学习汉语高级班的学生都是目的性很强、对中国和汉语有高度兴趣的学生,人数也比较少。他们用的教材不太一致,有的由教师根据本校的情况自行选择或编写,也有的采用网上的资料进行教学。中高级的汉语教材主要有《现代中国》(刘瑞年、李晓琪合编,美国 Cheng&Tsui Company 1998 年出版)、《高级汉语:意图,技巧与表达》(汤雁方、陈青海合编,耶鲁大学出版社 2004 年出版)。

针对特别教学对象的专用汉语教材,有郭珠美编写的《新世纪商用汉语》(美国 Cheng & Tsui Company 2001 年出版),袁芳远编写的《高级经贸汉语》(美国耶鲁大学出版社 2003 年出版)等。

美国中小学的汉语教材除了与大学相同的《实用汉语课本》和《中文听说读写》外,还有《你好》、《汉语》、《中国通》、《中文入门》等。全美中文学校协会成员学校中的美国大陆系中文学校[①]，就统一采用中国国内暨南大学编写的《中文》教材，少数辅之以自编教材，平时教师也为学生增加一些补充资料。[②]

（四）教学法

汉语教学是美国外语教学的一种，汉语的特点决定了汉语教学法应有其自身的特殊规律。历史上出现过的外语教学法流派很多，如翻译法、直接法、听说法、认知法和功能法等，各种教学法都有其优点和缺点。现行的各种汉语教材都代表一种或是几种教学法的结合，如《实用汉语课本》是结构和功能法的结合；《中文听说读写》主要运用了翻译法、听说法、直接法和交际法；《中国啊，中国！》则主要运用翻译法。对于什么是最合适的教学方法，美国汉语教学界曾有过激烈争论，现在多数教师对这个问题都采取包容的态度，在遵循外语教学原则的前提下，演绎法、归纳法同用，机械性练习、有意义练习、交际性练习并举，翻译法、直接法、听说法、交际法共存。经验丰富的汉语教师都根据自己的教学对象、教学环境和自身特长，作最优化配置，在汉语教学上力争取得最佳效果，以达到教学目的。

另外值得一提的是美国的浸入式教学法，即儿童在校全部或一半时间内，被“浸泡”在第二语言环境中，教师只用第二语言面对学生，第二语言不仅是学习的内容，而且是学习的工具。这种方法在美国早已被运用到了西班牙语和法语的学习中，近年来它也逐渐应用到了中文的学习上，但主要是针对中小学生的中文教育。目前美国至少有102所中小学陆续设置了浸入式中文教学项目，首家采用浸入式中文教学法的小学是美国首都华盛顿附近的波托马克小学，美国明德大学中文暑期学校是美国最负盛名的浸入式强化训练学校。

随着多媒体技术和互联网的高度发展，各种中文教学软件和网站也开始出现。比较成熟并易于使用的汉语多媒体电脑软件应首推《文林》，它凭借以多种方式查找汉字的功能和兼容各种汉字编码的文字处理系统而独树一帜。另外还有专门为汉语教师设计编制的《中文助教》。《中文助教》是一套主要用

---

① 海外华人创办的，采用中国大陆教学模式的美国中文学校。

② 周聿峨、张树利《美国大陆系中文学校的现状与前景》，《东南亚纵横》2004年第12期。

于编写汉语教材的专业软件，由当时在美国斯坦福大学任教的储诚志设计，美国硅谷语言技术有限责任公司 2004 年制作出版。出版之后，在美国中文教学界产生了巨大的影响，赢得一片好评。

2002 年，中美教育部联合开展了“中美网络语言教学项目”（ELLS）或“乘风汉语”（CHENGO），这是迄今为止中美两国教育部之间最大的教育合作项目。项目的第一期为期两年，目标是制作 35 集课件，每集含大约 20 分钟的学习内容。该课件是以动画为主的汉语和英语网上教学课件，汉语课件开发以中方为主，英语课件以美方为主，主要面向 12 至 18 岁的中国和美国中学生进行教学。

（五）测试

美国汉语教育相关的大型标准化测试主要有学能倾向乙种测试、中国汉语水平考试、大学进阶先修考试。

1. 学能倾向乙种测试

学能倾向乙种测试（Scholastic Aptitude Test II，简称 SAT II）是美国大学理事会为美国高中生设立的专科标准测试。考生的这项成绩可作为美国一些大学录取新生的重要依据。它是美国高中生进入大学的标准考试，被称作美国高考。1994 年起，大学理事会把汉语测试正式列入其中，为学习汉语的学生增加了一项升学得分的科目。SAT II 中文测试的对象是没有汉语背景，在学校学过二至四年汉语的高中生。测试共 85 道题，时间为 1 小时，包括听力（30 题）、语法（25 题）和阅读（30 题），时间分别为 20 分钟。每年举行三次。

2. 中国汉语水平考试

1998 年，HSK 进入美国，第一个考点设立在密西根大学。之后，纽约大学、休斯敦大学、旧金山大学、帕沙迪那市立学院、肯尼索州立大学、佛罗里达国际大学、西雅图大学相继设立考点。到 2006 年美国已有 9 个汉语水平考试的考点。每年秋季举行一次考试。考试分基础、初中和高级三档，简体与繁体中文在考试中通用。基础及初中主要考听力、阅读及语法句型，高级测试则加考口语及作文。一般来说通过高级测试者可以申请就读中国的大学。

3. AP 中文项目考试

进阶先修课程和考试(Advanced Placement Program,简称 AP 课程和考试)由美国大学理事会开办的,已经有 50 年的历史了。它是针对学有余力的高中生而开设的,学生通过 AP 项目学习一门或者几门外语,如果通过 AP 考试就可以提前拿到名牌大学的学分。以前这个项目的外语语种只有西班牙语、法语和德语,2003 年大学理事会宣布批准大学汉语进阶先修课程及考试项目。AP 汉语课程及考试项目的设立耗资 140 万美元,成立了工作组,负责编写考试大纲、课程和试题设计。

AP 汉语项目把中国语言文化知识编入教材,遵循 5C 原则,并在考试中把中国文化知识和汉语的听、说、读、写相结合,测试学生的中文听说、阅读和写作能力。这一项目在 2006 年秋天正式启动,2007 年 5 月 9 日 AP 汉语考试首次举行。这次考试有 4000 多人参加,通过计算机联网形式举行,所有试题全部在计算机上作答,考试结果直接进入大学理事会计算机系统。

美国大学没有统一的、硬性规定的汉语教学大纲,各校汉语水平测试和成绩考试都由各校中文项目根据自己的实际情况参考外语水平指导性标准来编制,因此,目前也没有硬性规定的、针对美国大学生的汉语标准化考试。

美国大学的中文考试有三种:Placement test,Challenge test 和 Achievement test。第一种是学生入学以后选修中文课程前的分班考试。根据学生的中文程度,指导学生选修适当的中文课程。第二种是学生在开学初可申请这种 Challenge test,如果考试通过就可以取得学分而不必再选这门课,如果通不过仍有机会注册该课。Achievement test 就是平时的期中期末考试,测定学生的学习进步情况并且给予学期成绩。①

(六)教师来源及标准

1. 教师的来源

美国的中文教师大致分为美国本土的汉语教师和中国大陆派遣的汉语教师两部分。近年来,随着美国学习中文人数和开设中文课程的中小学校数量的迅速增加,汉语教师出现严重短缺。美国国内在加紧培训中文师资,中国国

① 谢天蔚《美国大学中文教学与中学衔接问题》,《国外汉语教学动态》2004 年第 3 期。

家汉办每年也派出公派教师和青年志愿者赴美国进行汉语教学。中国汉办已与美国两所大学合作开办了中文教师示范学院,并制订了《汉语教师和志愿者培训大纲》,力争缓解美国师资不足的现状。[①]

2. 教师的标准

(1) 对教师的要求

同教学大纲和教材一样,美国也没有统一的教师资格标准,各州都有自己的对教师的要求。虽然各州规定有所不同,但有一些共同要求。

首先,所有教师(从幼儿园到高中)必须有大学本科学士学位。该学位应是由州教育厅批准的具有相关学科教师资格认定的院系所授予的。如果该学位是从非教育院系获得的,申请人就必须补齐州教育厅要求的教育课程和教师执照要求的有关专业的学分。

其次,所有的教师都必须通过教师执照考试。为了保证教学质量,美国所有的公立学校教师都要求有教师资格证书或教师执照,私立学校对教师执照没有硬性要求。美国的教师执照要求跟中国的不同,中国的教师执照由教育部统一规定,而在美国是由各州教育厅制定标准。[②] 特别是 2002 年联邦政府通过了《儿童平等教育法》后,各州都对教师执照的要求更加严格。

(2) 教师证书

美国大部分州有两类教师证书,即临时或初级证书和永久或专业证书。满足上述的要求可以获得临时证书,要获得永久教师资格证书,大部分州都要求教师有 2—5 年的教学经验,并在规定时间内获得硕士学位。以纽约州为例,在获得临时资格证书以后,必须连续两年在学校任教,完成 150 个小时的在职职业培训,并在 3 年内获得硕士学位,才能拿到永久教师资格证书。

美国大学的汉语教师与中小学教师标准有所不同。美国大学的汉语教师并不要求持有教师资格证而注重学历。据邓守信在 1999 年 6 月至 2000 年 4 月对美国大学中文教学环境问卷的调查[③],美国大学中文教师的学历总体来

① http://www.hanban.org/cn_hanban/content.php? id=2910.

② http://ncssfl.org/reports2/index.php? teacher_licensure.

③ 转引自虞莉《美国大学中文教师师资培养模式分析》,《世界汉语教学》2007 年第 1 期。

说很高，有博士学位的占62%，硕士学位的占82%，博士候选人占3%，也就是说硕士学位以上的占了93%。这一现象应归功于美国高等院校普遍注重高学历。另外就教师的专业情况看，教师以文学专业的占多数(33%)，高于排在第二位的语言学(21%)，而以语言教学为专业的排名第六，只有4%，而且中文教师中以非中国文学、非汉语语言学、非汉语教学为专业的占了六成以上，而有华语教学背景的只有1%。对于这一调查结构，邓守信等认为，美国中文教师所学与所教存在极大的落差，师资来源的专业化不容乐观。汉语教师学术背景的多样化直接造成了美国大学中文教学路子与模式的"散乱现象"，而且除了少数有中文教学法硕士点或博士点的大学，大部分学校对中文教学法系统性的理论与技能训练比较缺乏，毕业生的知识结构和能力结构参差不齐。

(3) 师资培训

按时间，师资培训可分短期、中期和长期培训；从培训方式来看，可分注重某种教学法理论的讲座性培训、注重教学技巧实践的作坊式培训以及两者兼而有之的双轨式培训。从培训动机来看，大致可分岗前培训、在岗督导和脱岗进修三种。岗前培训是指一些语言项目为保证其教学质量，在项目开始前对一些经验不足的教师或者对本项目教学方法不熟悉的教师进行的培训。在岗督导指的是对正在任教的教师进行岗位上的监督和指导。脱岗进修指的是对已经积累了一定教学经验的教师进行的以期进一步提供其业务水平的培训。岗前培训与在岗督导相结合的模式常见于对新老师的培训中，特别是在雇佣研究生做教学助理的研究性大学最为普遍，比如在爱荷华大学和犹他州杨百翰大学，担任汉语教学任务的研究生都要同时跟着中文主管教授研修中文教学法或第二语言习得的课程。

美国中文教师的各种师资培训模式在很大程度上弥补了师资教育模式的缺陷，中文教师的师资培训不仅仅停留于对某些教学技巧的培养，而更注重教学法理论与教学实践的密切结合以及如何将最新的科研成果运用到实际教学中。真正培养大学中文教学人才的任务在很大程度上依赖于师资培训模式。

(七) 美国汉语教学的主要组织和机构

1. 美国三大汉语教学组织

汉语能够在美国广泛学习，汉语教学能够广泛开展，各个汉语教学机构和组织功不可没。中文教师协会是美国汉语教师的最大学术组织，它成立于1962年。该学会致力于汉语、汉文化和汉语教育的研究。会员主要是在美国大学从事汉语语言、文化、文学的教学和研究的教授和讲师，也包括从事中小学汉语教学的教师和其他国家和地区的汉语教学及研究人员。中文教师学会2002年发送到会员手中的会员名录上载有会员612名。[①] 全美中文学校协会是以一大批自中国大陆改革开放以后来美的留学人员和华裔新移民为主组成的一个全国性非营利性公益组织。自1994年成立以来，会员学校已达350所，遍布美国42个州的几乎所有大中城市。协会会员学校的在校学生人数已达6万以上，服务和影响遍及在美的千千万万个华裔家庭。各地中文学校每周均有固定的上课时间和地点，教授汉语拼音和简化字。全美中文学校协会全国代表大会两年召开一次。各个会员学校在每届年会召开期间互相交流切磋，有力地促进了汉语的教学。全美中文学校联合会是另一个非营利、非政治性的中文教育机构，成立于1994年。总会由南加州中文学校联合会邀请美国各地区中文学校协会、联谊会及联合会共同组成。会员学校以教授注音符号和繁体字为特点，遍布全美47个州，约有10万学生。

需要指出的是，以上中文学校大部分是华人所办，学校在周末或业余时间上课，而学员多为华裔子女。

2. 美国大学中的汉语教学机构

(1) 称呼和归属

美国许多大学也开设汉语课程，是重要的教学机构，但对此专业有不同的称呼和归属，大致可分为四类：东亚研究系、东亚语言与文学系、汉语研究系、汉语语言与文学系。如在普林斯顿大学，汉语课归属于东亚研究系，它开设初、中、高三个级别的汉语课，还有汉语报刊阅读等课程，无论是零起点的学生还是对汉语有所了解甚至比较精通的学生，都能在这里找到适合自己的汉语

① 会员中有10% 来自美国以外的其他国家和地区。另外，其中一些会员并非汉语教师，还有一些在美国从事汉语教学工作的教师并未入会成为会员，因此，这个数字不代表目前在美国从事汉语教学工作的人数。

课程。耶鲁大学的东亚语言与文学系不仅为本科生开设了正规的汉语课程，而且每周还开设有课后汉语补习班，并规定第一次申请入系学习汉语的学生（除了在其他地方学过汉语或有汉语背景的学生和从国外归来的中国学生），必须在开学前参加系里组织的汉语水平考试。① 据统计，美国不同程度地开设汉语课程的大学有194所。

（2）美国明德学院

在开设汉语课程的大学中，美国明德学院是一所较特殊的私立文理学院，它设有独立的中文系，可授予中文专业学士学位。每年的6至8月份，明德学院利用暑期开设8个语种的暑期语言学校，中文学校创办于1966年。每期教学为9周，聘请教师15人左右，招收学生100余名，分为5个年级，1至4年级为基础汉语语言课程，难度逐级加大，5年级为文言文。教师与学生共进三餐，同住一栋宿舍楼。整个暑期学习期间，学生依照“语言誓约”，只用中文。②

（3）其他教学机构

一些美国的国际教育机构也招收学生，开展到中国学习汉语的项目，如美国国际教育交流机构，这个机构将学生送到中国的北京、上海、南京等城市去实习。③

美国加州语言教学研究中心是一个非营利性的中文教育研究机构，为推动美国的中文教学，促进中美教育、文化交流开设了许多服务项目。它定期举办各类中文教学研讨会（国际的和美国的），组织美国中文教师去中国考察、交流，招收美国大学生和高中毕业生去北京大学学习汉语，招收12—18岁中学生去中国参加夏令营活动，开办中文教师培训班和中文教学专题讲座，举办各种中文考试和中文知识竞赛，编写中文参考资料，推介中文教学图书等。2007年它与暨南大学合作，在美国举办对外汉语教学硕士研究生班，并开始招生。

中美合办的孔子学院对促进中文教育、传播中国文化也起到了重要作用。

---

① http://www.yale.edu/eall/undergrad.html#langprog.

② 张喜荣、田德新《美国明德学院的中文教学》，《世界汉语教学》2004年第1期。

③ http://www.ciee.org/hsabroad/gap/shanghai/index.html.

它开展汉语教育项目、文化交流项目、学术交流项目并提供商务服务，还为在校学生、社区居民、中小学生及当地商务人士提供内容丰富、方式多样的中文教学和文化接触。目前在美国已有30多所孔子学院。

美国部分网站也提供中文远程教学，但较少，最近出版的 *Beyond Babel : language learning online*，对于网上的各种外语教学作了较为详细的介绍，其中也涉及中文远程教学和网上教学。从该书收集的材料来看，中文网上教学和远程教学单位在美国并不多，只有两个：http ://pasture.ecn.purdue.edu/～agenthml/agenmc/china/ctutor.Html 和 http ://chinese.bendigo.latrobe.edu.au。而比较完整地进行（过）中文远程教学的大学有四个：威斯康星密瓦基大学、夏威夷大学、佛蒙特大学和肯尼恩学院。[①] 近几年随着计算机辅助语言学习的发展，开设网上中文教学和学习以及为汉语学习提供便利条件的网站也越来越多，如 http://www.chineseassist.com/，这个网站能帮助学生学习词汇。

三、研究机构和学术会议

汉语一般被认为是世界上最难学的语言之一，如何用最简单的方法让美国学生学会汉语一直是令汉语教师苦恼的一件事。在过去的几十年里，汉语界在教学方法、教学策略和技巧等方面不断探索、研究，作出了巨大的努力。

（一）美国中文教师学会

美国中文教师学会通过每年三期的《中文教师学会时事通讯》向会员发布有关汉语教学的会议通知、书讯、教职招聘广告等。它每年11月参与美国外语教学委员会举办的外语教学年会，并由学会组成自己的筹备小组审阅有关汉语教学的论文提要、安排在外语教学年会期间有关汉语教学的专题小组讨论和论文的发表。

中文教师的外语教学年会为美国的汉语教师交流教学研究成果、探讨教

---

① 谢天蔚《美国中文远程教学的问题与探索》，《国外汉语教学动态》2003年第3期。

学经验，提供了不可多得的好机会。每一年的年会都会分小组讨论，各小组讨论的专题各不相同，几乎涉及了汉语教学的各方面，以2007年的年会为例，会议议题有“星谈计划”、AP课程、汉语测试、教学方法、文化教学、现代汉语与古代汉语的关系、高级汉语的教学模式，等等。中文教师学会的学术刊物是《中文教师学会学报》，每年分别于2月、5月和10月出版三期，刊登有关汉语教学的学术论文。学报论文可在中文教师学会网站的有关网页按标题、作者、年份等项目查询。除了《中文教师学会学报》上发表的关于汉语教学的论文，不少学者还写了专著，如John DeFrancis 1990年出版了《汉语：事实与幻想》，针对汉字教学，他还编写了一部汉字教材《初学汉字》。纽约大学的何文潮，针对写汉字给汉语教学带来的困扰，在《新一代汉语课程的构成和教学》中提出了“电脑中文”的方法。

（二）大学内的研讨会

近年来，美国各大学的各个汉语教学部门以某一地区或某一大学为主，就某一主题而举行的研讨会也逐渐增多起来。每年4月在普林斯顿大学由东亚研究系主办的汉语教学研讨会，就是美国关于汉语教学的重要会议之一，至2007年已连续召开了15届。

（三）国际性学术会议

新世纪开始之际，随着汉语地位的提高，汉语教学的研究得到了更多的关注，出现了由美中两国各一所大学共同负责主办，多国大学积极参与的国际性汉语教学学术会议的汉语教学研究模式。2000年6月15日到18日，中国华中理工大学和美国纽约市立大学巴鲁克学院在武汉共同主办了首届国际汉语教学学术研讨会。研讨会上发表了67篇论文，并由华中理工大学的学术刊物《语言研究》汇集成论文集作为2000年增刊出版。从2001到2007年又召开了5届国际性汉语教学学术研讨会，这6届研讨会有力地促进了中美两国汉语教学经验的交流，对教学理论的深入探讨、教学法的改进也起到了一定的推动作用。

（四）研究成果

反映美国汉语教学理论研究成果的论文、论文集和专著也有出版。除了上面提到的《中文教师学会学报》之外，还有陈曼丽主编的《绘制汉语领域进程》[①]一书，柯传仁、沈禾玲合作撰写的《回顾与展望：美国汉语教学理论研究述评》[②]，王小钧的《美国中文教学的理论与实践》[③]等，对近20年来美国的汉语教学研究成果作了回顾，并对今后研究的方法、策略以及方向等提出了建设性的意见。针对美国汉语教学中难度最大的汉字教学和声调教学，美国佛蒙特大学的印京华和美国俄克拉荷马大学的桂明超进行了深入研究，并发表了多篇论文，如印京华《美国大学汉字初级阶段教学效率的问题与对策》[④]，桂明超《美国英语语调模式对美国学生学习汉语声调的干扰》[⑤]、《再论美国英语语调模式对美国学生学习汉语声调的干扰》[⑥]等，为汉字教学和声调教学的改革提供了理论基础。

四、汉语教学与美国的外语政策

(一) 21世纪前的外语政策

上世纪50年代至今，美国的外语政策一直处于阶段性变化状态。20世纪60年代前后，美国出现移民高潮。随着移民数量的大幅度增加，移民学生的教育问题成为亟待解决的敏感问题。移民们抱怨联邦政府对移民学生的教育不够重视，强烈要求移民学生享有平等的教育权。迫于移民的呼声，美国政府决定，对移民学生施行"双语教育"，并于1968年出台了《双语教育法》，使双语教育成为联邦政府教育政策的重要组成部分，从而使美国少数民族语言的学习成为国家强制执行的教育政策。无疑，这大大促进了汉语的学习，使得学

---

① 原书名为 *Mapping the Course of Chinese Language Field*。

② 柯传仁、沈禾玲《回顾与展望：美国汉语教学理论研究述评》，《语言教学与研究》2003年第3期。

③ 王小钧《美国中文教学的理论与实践》，《世界汉语教学》2004年第1期。

④ 印京华《美国大学汉字初级阶段教学效率的问题与对策》，《云南师范大学学报(对外汉语教学与研究版)》2003年第1期。

⑤ 桂明超《美国英语语调模式对美国学生学习汉语声调的干扰》，《世界汉语教学》2000年第1期。

⑥ 桂明超《再论美国英语语调模式对美国学生学习汉语声调的干扰》，《云南师范大学学报(对外汉语教学与研究版)》2003年第1期。

汉语的学生人数剧增。但需要指出的是，这一政策是针对移民学生而言的，因此汉语学习人数的增加主要依赖于华裔学生的增加。然而，好景不长，20 世纪 80 年代，美国掀起了“唯英语运动”，也称“英语官方化运动”，一些国会的议员要求将英语定为美国官方语言。虽然国会最终未能通过将英语定为美国全国官方语言，但许多州却通过州立法将英语定为州官方语言，并要求各个中小学校完全用英语授课。这在某种程度上抑制了包括汉语在内的少数民族语言的学习。从 1980 年到 1998 年，学习汉语的人数虽然在增加，但增长比例相对于前两个十年来说有减无增。可喜的是，从 1998 年到 2006 年，学习汉语人数的增长比例又呈现向上的发展趋势，特别是最近几年，更是迅猛，这主要得益于 2001 年“9·11”事件后，美国新成立的美国国土安全部出台的“国家安全语言法案”，这一法案将阿拉伯语、汉语、朝鲜语列为三大“战略语言”，政府倡导学生学习这三种语言。

（二）新世纪的外语政策

为推动“国家安全语言法案”的执行，美国财政部 2006—2007 年度拨款 1.14亿美元用于学生的培养、教育的培训、政府人员的在职训练和其他双向交流方面。美国政府规定，凡是申请开设汉语、阿拉伯语的学区，在评审中可以加分，开设国家安全急需语言的，可以拨专款资助，汉语教学补助金占 48%，阿拉伯语教学补助金占 5%，日语教学补助金占 7%，俄语教学补助金占 6%。美国这一政策，激发了各个学校开设汉语课的积极性，学习汉语已逐步从大学扩大到中小学。2006 年，FLAP（协助发展外国语教学计划，Foreign Language Assistance Program）批核的 78 个申请计划案中，有 52 个是汉语教学计划。① 同一年，美国国务院建立了 100 万美元的基金，从 2006 年夏季起以学习中文、阿拉伯语等“战略地区国家语言”的高中生为对象，作为短期外语培训费和奖学金等，给每位学生发放 1000 美元。②

---

① 骆小所、卢石英《在全球语境下的“汉语热”》，《云南师范大学学报（对外汉语教学与研究版）》2007 年第 3 期。

② 章杰《美国：汉语教育从边缘进入主流》，见网站：http://www.ybsf.org/bencandy.php? id=1166。

继“国家安全语言法案”之后，由美国国务院、教育部、安全局等单位共同主导的语言计划“星谈计划”于2007年在美国各地开展。这一计划旨在对高中生或在中小学任职的外语教师提供免费资助，包括课程开设、师资培训等。该计划2007年的重点语言为中文、阿拉伯语。目前由马里兰大学的全国外语中心策划执行。仅2007年一年就有霍郡社区学院、宾州大学、斯坦福大学、杨百翰大学等34个公、私立学校及语言机构陆续推出“星谈计划”，预计第一波将有22个州的600位语言教师及1300多位汉语学生受惠。[①] 基于政府的拨款和形势的需求，美国有不少学校为学生开办免费的汉语和阿拉伯语课程。当然，美国的语言政策有其特定的政治目的，但无论出于何种目的，这些政策对汉语的推广无疑具有极大的推动和促进作用。

五、结语

汉语教学在美国发展得如火如荼，但也暴露了不少问题。例如汉语教师紧缺，没有统一的汉语教材，开设汉语教程的学校急需师范机构的引导，等等。在人数上，学习汉语的学生注册人数比西班牙语、法语和德语的注册学生人数要少。和英语相比，汉语还没有上升到美国的官方语言。这说明在美国汉语还没有取得真正的话语权，还有很多工作要做。但应该相信，随着中国经济的飞速发展，综合国力的提升，中美关系的进一步改善，美国的汉语教学必定会呈现辉煌的前景。

第二节　加拿大的汉语教育

加拿大汉语教育始于1899年中华公会在卑诗省维多利亚市开办的第一所华人学校——乐群义塾。此后，华人社团陆续开办中文学校以保存语言和文化。加拿大政府于二战后取消了禁止华侨入境的政策，1948年开始准许华

---

① http://www.china.com.cn/overseas/txt/2007-05/27/content_8307321.htm.

侨子女前往加拿大。

卑诗省在20世纪六七十年代移民日增，从事中文教育的华裔热情高涨。温哥华中华文化中心1975年成立，开办中文课程，成为卑诗省最具规模的中文教育机构。20世纪70年代以后，尤其是80年代以来，由于北美国家实行多元文化政策，随着新移民的大量增加，华文教育出现了一片喜人的景象。

近年来，随着中国对外开放的进一步扩大和经济持续快速的增长，中加交往和联系日趋广泛和深入，汉语作为加拿大了解中国的重要工具，受到了越来越多的重视。

一、汉语教学现状

目前，加拿大的汉语教学包括大学汉语课程、公立中小学汉语课程和私立中文学校三个层面。其中大学和私立中文学校承担了汉语教学任务的大部分，公立中小学还是一个有待发展的薄弱环节，如何在加拿大基础教育系统推广汉语教育是一个值得探讨的议题。

（一）大学

1. 开办汉语教学的机构

开设汉语课程的教学单位主要集中在各大学、学院的东亚/亚太研究系和（当代）语言系。这些单位的汉语教育属于正规学历教育，学生考试及格可获得学位证书和大学毕业所需学分，它们都有一系列严格的制度，从选课前的分班考试，到根据学生汉语背景给出选课建议，再到课程介绍、学分学时、指定教材、教辅（词典及音像资料）、考核方式及评分标准、提交作业的要求等，都作出了详细而明确的规定。

2. 教学对象

教学对象分为两大类：一类是华裔学生，能说并听懂一种汉语方言（粤语、客家话、闽南语等）；另一类为非汉语母语者，完全没有汉语背景。针对这两类学生分别开设相应内容的汉语普通话课程，如卑诗大学的“祖裔语言课程”和“非祖裔语言课程”。

各校选课人数不等，我们仅以几所主要大学的数据为参考。卑诗大学选修汉语的学生人数居全加大学之首，2003 年已达 3000 多人[①]，而多伦多大学选课人数也超过 700，阿尔伯特大学每年秋冬学期有 500—600 人选课。[②]

3. 师资

加拿大大学汉语师资没有统一标准。族裔上，开设汉语语言课程的教师几乎全部都是华裔，非语言类课程（如文学、文化等）的有非华裔教师。学历上，教授需取得博士文凭，讲师需取得硕士文凭。专业背景上，目前任教于加各大学的汉语教师多出身于中国文学、语言学、教育学等专业。麦吉尔大学汉语教学负责人王仁忠，系卑诗大学中国文学专业博士。[③] 多伦多大学东亚系汉语项目负责人吴晓燕，本科毕业于上海外国语大学英语专业，在多大获中国历史硕士学位及中国政治学和语言学的博士学位。[④] 卑诗大学东亚系汉语项目负责人李端端是哥伦比亚大学应用语言学专业的教育博士。[⑤] 滑铁卢大学东亚研究系汉语教研室主任李彦，身兼滑大孔子学院副院长，同时拥有中国社科院和加拿大温莎大学硕士学位。[⑥] 除了全职汉语教师，还设兼职汉语指导老师和助教。

4. 课程设置

汉语课程分初、中、高三个不同等级，难度逐步加大。初级阶段注重通过学习汉语拼音、词汇和语法，发展汉语听说读写四项基本技能，并在此基础上不断完善语音技能，提高会话能力（即强调听说），同时教汉字，以简体字为主，繁体字为辅，发展读写能力；中级阶段继续对四项基本技能进行强化，提高口语和书面语能力，拓展词汇量，介绍一些简单的汉语成语、熟语，甚至唐诗宋词；高级阶段更强调在语言学习的基础上开展文化教学，就有代表性的话题展开讨论，关注当代中国国情和国人思想。课型涵盖了除综合汉语课以外的口语、听力、写作、阅读、翻译以及商务汉语等各分技能课。

---

① http://www.chinaconsulatevan.org/chineseBC.html.

② http://www.canadiantcslassociation.ca/data_toronto.htm.

③ http://people.mcgill.ca/renzhong.wang/.

④ http://www.utoronto.ca/cjk/chinese/faculty.html.

⑤ http://www2.asia.ubc.ca/faculty/li/main.htm.

⑥ http://www.renison.uwaterloo.ca/directory/li-yan.shtml.

5. 教材

来自中国大陆出版的教材，以北京语言大学出版社出版的各类汉语课本为主，如《新实用汉语课本》、《汉语口语》、《桥梁》、《中级汉语教程》等。其中《新实用汉语课本》是卑诗大学亚洲系中文部与北京语言大学首次共同编写的，适合北美洲尤其是加拿大汉语学习者使用的汉语课本，共六册。加拿大排名前三位的多伦多大学、不列颠哥伦比亚大学、麦吉尔大学，从 2002 年 9 月新学年始采用这套教材。法语地区的蒙特利尔大学和魁北克大学采用该教材的法文版。其他教材有中国大陆出版的《当代中文》①、《走进中国》②，中国香港出版的《轻松学汉语》，澳大利亚出版的《你好！》，美国出版的《中文听说读写》、《中国啊，中国！》、《华夏行》（现代汉语中级读本）、*Masterworks Chinese Companion*: *Expressive Literacy through Reading and Composition*、*Let's Learn Chinese*、*A Primer for Advanced Chinese Learners* 等。

除正式出版的教科书之外，教师也自编文选作为辅助和补充。另外，多伦多大学推荐学生使用 Pinyin Master 2.0 和文林汉语学习软件。

6. 与汉语教学相关的活动

在课堂教学之外，各大学纷纷组织与汉语学习相关的活动，如卑诗大学每年的春节晚会和汉语普通话演讲比赛、阿尔伯特大学的汉—英会话俱乐部、北哥伦比亚大学的多元文化日等。

有些大学还积极与中国国内大学合作开办暑期汉语强化班，如多伦多大学与南开大学、北京语言大学合作的暑期项目，麦吉尔大学的“北京大学暑期汉语课”等，为学生提供了在完全的汉语环境中学习汉语并实地考察、亲身体验中国文化的机会。

（二）公立中小学汉语课程

近年来，随着新移民的涌入，华人人口不断增加，在加拿大公立中小学外语教育方面出现了学习汉语的热潮，汉语逐步被确立为公立学校的第二语言

---

① 吴中伟主编《当代中文》，华语教学出版社 2003 年版。

② *Meeting China*, Book I Yang Defeng, Huang Li, China: Peking University Press; *Meeting China*, Book 2 Ren Xuemei, Liu Xiaoyu, China: Peking University Press.

教学科目之一。

公立中小学汉语教学是在各省、市教育局主管下进行的，教育局根据学生的需求来确定汉语课程的设置。选修汉语课的学生达到一定数量(比如，在卑诗省为24名以上)，同时该校具备师资条件就可以开设汉语课。有一定数量的汉语班级(通常为7个班)，学校就可以聘请一名全职的汉语教师。①

中英双语教育也是不得不提的内容。加拿大阿尔伯塔省爱德蒙顿市教育局对学生的第二外语教育极其重视，1982年创办了世界最早的中英双语制课程，在汉语教育与主流教育相互接轨、相互融合方面，积累了多年的经验，走在了世界的前列。爱城教育局对汉语课程不断改革，他们编制了完整的、系统的K—12年级中英双语13年制《汉语语文》教学大纲、6年制(7—12)和3年制(10—12)《汉语与中国文化》等7种教学大纲。②

(三)私立中文学校

20世纪90年代以来，由港台移民和大陆新移民创办的中文学校在加拿大各主要城市遍地开花，其发展之快，用"雨后春笋"形容并不为过。在政府公立教育体系之外，各地的中文学校已经成为一支推动海外汉语教育的重要力量，发挥着语言教学、文化传承等日趋多元化的社会功能，深受华裔子弟和当地人的欢迎。

1. 学校性质

中文学校多数为在当地政府注册下的非营利性的私立教育机构，以教授汉语、弘扬中华文化、繁荣加拿大多元文化为宗旨，属业余补习性质，大多在周末上课两小时左右，因此也称周末中文学校。如中国语言文化联合学校安排每周六两小时课程，其中一小时中文课，一小时自选文化课。③ 这种周末中文学校没有校舍，租借当地公立学校校舍上课，如多伦多维德中文学校就是利用所在地北约克市 Ernest Public School 及 Kingslake Public School 校舍在周

---

① 朱志平等《机遇与挑战——加拿大中学汉语教学考察研究报告》，《北京师范大学学报(人文社会科学版)》2001年第6期。

② http://www.hanban.ca/cnews/article/affairs/200707/news_128.html.

③ 《华文教学通讯》，2003年7月15日。

日课余时间开班授课。

值得一提的是，虽然中文学校是私立性质，但其中声誉较好的已与主流教育体系接轨，如蒙特利尔佳华学校凭借积极努力，树立起了良好自身形象，获得了较高社会知名度，在那里学中文的中学生，魁北克省政府承认学分。为帮助华人子女发挥母语优势进入北美各大学，加拿大中国语言文化联合学校已与有关教育机构签订协议，合办中文学分班、OAC学分（高中最后一年的课程）班。根据加拿大安大略省教育部门规定，9至12年级高中学生学习普通话汉语，可以和法语一样，计入升大学必需的国际语言学分。这一规定符合北美地区各类大学对国际语言学分的要求。①

2. 学校的创办和管理

中文学校的创办者就是各校校长，基本都是中国大陆或港澳台移民，直接负责学期和教材的确定、招生计划、校舍和教学设备的安排、经费的来源和流向等问题。

早期旅加华侨创办中文学校寻根认祖的意识较浓。1983年华人生物化学博士陈慰中在加拿大维多利亚市创办了中华学院，以弘扬中华文化、促进加中文化交流为主旨，开设课程涵盖汉语、中国历史文化、中国地理、中国古典哲学等，同时还成立中医科学院，教授中医内科、外科、针灸、气功等传统中医知识，并与北京大学、中国科委、武汉大学建立业务联系，还与山东烟台大学结成姐妹学校。② 新移民中也不乏将办学作为谋生手段者。

3. 学校规模

渥太华中文学校成立于1972年，经过30年的经营，目前学生超过800人，从幼儿园到八年级学生都有，人数逐年增加。③

维德中文学校于1981年9月成立，历经19年，现成长为安大略省最大的

① http://www.chinaqw.com.cn/node2/node116/node514/node685/node1275/node1276/userobject6ai75221.html.

② http://web.peopledaily.com.cn/haiwai/9803/06/newfiles/e1050.html.

③ 《华声报》，2002年11月26日。

中文学校之一，在校学生人数本校址有1400人，各分校址也接近1000人。[①]

蒙特利尔佳华学校创建于1994年2月，经过近10年的发展，现有教师40余人，学生800多人，开设班级50多个。[②]

联合中文学校1999年9月成立于加拿大卑诗省本拿比市。至2006年，学生将近400人，教职工50余人，是本拿比市最大的中文学校。[③]

4. 师资队伍

中文学校的校长大多具有教育学背景，如蒙特利尔佳华学校校长荣萌，是加拿大麦吉尔大学教育学硕士，曾在国内从事教学和教育行政管理工作；欣华中文学校校长姚荣平是国内77级安徽师范大学外语系毕业生，在国内从事过教育工作，后在多伦多大学专攻教育管理与课程设计，又于渥太华大学获得教育心理学硕士学位。教师的成分比较复杂，有本科毕业生、硕士，也有博士，还有在学的留学生。从专业角度看，汉语和汉语教学科班出身的很少，从理工医到外语、新闻、教育等，学什么的都有。从工作经历看，有的曾任国内幼儿园、中小学教师，有的刚刚接触教学。

5. 课程设置

中文学校的汉语课程涵盖语文学习的听说读写各方面，特别注重听说训练。教授汉语普通话和简化字、重视汉语拼音教学已成为一种趋势。原来教授繁体字、注音符号的学校都已同时教授简化字和汉语拼音。围绕语言教学这个中心，为满足不同需要，多数学校还开设有珠算、中国画、象棋、武术、乒乓球、舞蹈、剪纸、民族乐器等与中国传统文化有关的教学项目，从各方面营造学习中华文化的氛围，突破了单一传授语言的局限性，有利于中华文化的传承，同时也有利于吸引生源。

6. 生源

多数学校都同时招收学前班、小学班、中学班、成人班，实际入学的仍以学

① http://www.weiteh.com/A/a01_intro.html.

② http://www. hsm. com. cn/node2/node2796/node2797/node2809/node3120/node3121/userobject6ai58821.html.

③ http://www.ksoup.com/school_intro.htm.

龄儿童和青少年为主。其中大部分是华人子弟,也有混血家庭子女、白人家庭领养的华人子女和当地非华人子女。随着中国经济的发展和市场的开放,要与中国经商,不只是华裔,甚至加拿大各族裔人士都学习汉语;政府与商业机构大量增加汉语服务,青年就业除英语外,汉语也是优先录用的因素。

7. 教材教法

教材分两种:一、对常规课程即汉语主干课来说,以国家侨办委托暨南大学编写的《中文》1－12 册为主。二、对特色课程而言,则使用自编教材。如多伦多第一中文学校已编出《各级阅读理解》、《图片阅读》、《常用量词 60》、《高频词汇 1000》等近 20 本教材。卑诗省中文学校联会也组织人员编纂"中文课程建议",将中文教学分成七个级别,由基础课程到第六级,极富加拿大的本土性以及教学时的弹性。拟编三册,第一册于 1999 年出版,很受中文教师欢迎。第二、三册分别于 2000 年、2001 年编成。

教学方法上,倡导以学生为主体、教师为主导,贯彻尊重学生、鼓励为主、增强自信、寓教于乐的理念,努力创造宽松的学习环境,将课堂学习与娱乐活动相结合,教学活动丰富多彩。除了课堂上的语言教学外,各学校也举办不同的文化活动,以提高学生的学习兴趣,加强学生对中国文化及多元文化的认识。

中文学校作为一种重要的汉语教学力量,为中华文明的传播作出了很大的贡献。但其中也存在一些问题。在"2006 年全加华文教育会议"上,来自加拿大各中文学校的 200 多位代表围绕"海外华文教育的新机遇与新挑战"进行了讨论。与会者反映,海外华文教育面临的最严重挑战仍是经费、师资和教材三大问题。[①] 这反映了海外汉语教育工作者为推动海外汉语教育、促进海外汉语教育的长远发展而作出的积极思考和努力。

(四)学会、民间组织

私立性质的中文学校不在国家的教育计划之内,只有少数学校获得政府补助,多数学校的经费来自于华侨华人社团的筹措或个人资助。为了自身的

① http://www.hsm.com.cn/hwjy/hwjxtx/2007/0323/16.shtml.

壮大和获得长久的发展，各地中文教育工作者联合起来，组成大大小小的协会和组织，在汉语教学方面发挥了积极作用。

加拿大中文教学学会是一个非政治性、非营利性，在卑诗省正式注册的全国性的有关汉语教学的学术组织。该组织创办了《加拿大中文教学学报》，组织每年一次的全加汉语教学研讨会和中加汉语教学研讨会，开办了公开、免费的有关国内外汉语教学的在线信息网"加拿大中文教学通讯"和"汉语教学新书简介网"，建成了"加拿大全国汉语教学资料库"，将全加大学、学院与中学的汉语教学计划负责人提供的其汉语教学部门的学生人数、教师人数、课程级别、课程科目、课程内容说明、教材书目、颁授学位以及联络方法等项目，作为第一手资料与数据收集到"资料库"，供各界人士各取所需。

加拿大中文教师学会成立于 2004 年 12 月 4 日，学会主席是蒙特利尔大学汉语教学负责人于红举。学会会刊《加拿大汉语教学研究》第一辑已于 2006 年由南开大学出版社出版。

全加中文学校协会成立于 1982 年，目的在于联合全加中文学校，每两年夏季举办一次全国研讨会议，交流教育经验，讨论海外华文教育面对的种种问题。2006 年大会由蒙特利尔蒙城中华语文学校联合其他 6 所学校共同主办，主题是"海外华文教育的新机遇和新挑战"。

二、汉语教学与加拿大的语言政策

加拿大政府在 1971 年宣布实施多元文化政策作为其基本文化政策。根据这一政策，在加拿大的任何种族都有权保留和发展本民族文化与价值观，对少数民族的文化、语言、传统采取宽容、尊重的态度。

在多元文化政策的指引下，各省纷纷制定了祖裔语教育计划。每个祖裔语班都是应家长的要求而设立的，而后由家长及教职员组成协调委员会来设计课程及管理其行政。一切经费均由当地教育局支付，家长不必负担任何费用。通常 25 人开一班。华人十分珍惜这一弘扬中华民族文化的机会，积极响应祖裔语教育计划，他们利用政府的财力、设施和各种族地区的人力资源，大力开展祖语教育。自 70 年代开始，汉语教育得到了前所未有的迅猛发展，呈现出空前的繁荣景象，中文学校与日俱增，学习中文的人数不断增加，教育规模迅速扩大。①

三、汉语教学最新进展

（一）地区性汉语比赛

加拿大魁北克省和卑诗省都有各自的汉语演讲比赛。到1995年，“魁北克省汉语演讲比赛”已成功举办了9次，而“卑诗省中文演讲比赛”也走过了9年的风雨历程。为了更好地配合2003年世界“汉语桥”大学生中文比赛，经中国国家汉办的官方授权，自2003年起这两项赛事均纳入每年一度在北京举办的世界“汉语桥”大学生中文比赛的初选赛。此后，第三届（2004年）、第四届（2005年）、第五届（2006年）和第六届（2007年）“汉语桥”世界大学生中文比赛魁北克省预赛相继举行，2006年和2007年参赛人数都在30人以上。

（二）汉语水平考试（HSK、YCT）

加拿大HSK考点分布在安大略省、卑诗省、阿尔伯塔省和魁北克省7所大学的相应院系。据大多伦多地区汉语考试中心介绍，近年来，随着“中国热”的不断升温，参加汉语水平考试的人数越来越多，参试者的汉语水平也越来越高。汉语“托福”不仅成为加拿大学生进入中国大学学习的基本条件，也成为许多与中国业务密切的加拿大雇主考察应聘者中文水平的重要依据。

全北美首次大规模的汉语少儿考试YCT和中国汉语水平考试（初级）HSK Basic，于2007年4月18和19日在加拿大阿尔伯塔省爱德蒙顿市的9所公立学校同时举行。这次考试是由爱城市公立教育局和中国国家汉办联合组织举办的。参加考试的学生是爱城中英双语学制的5所公立小学、4所公立初中的近700名学生。他们绝大多数是出生在加拿大的第二代到第五代华裔移民，其他族裔学生也有参加。所有试题均为简繁对照本。

（三）孔子学院

目前加拿大共有4所孔子学院，首所孔子学院——不列颠哥伦比亚理工

① 王燕燕《加拿大的祖语教育与华文教育》，《华侨华人历史研究》1998年第2期。

大学温哥华孔子学院于2006年2月7日揭牌。此后,滑铁卢大学孔子学院、新布伦瑞克省孔子学院和魁北克孔子学院相继落成。

(四)汉语教学网站

加拿大"我的中文"教学网站 http://www.mymandarin.com 是加拿大第一家汉语教学专业网站。创办人蔡伟是旅居加拿大温哥华的专业人士,有着丰富的汉语教学和网络开发经验。该网站具备很强的专业特色,从2000年创办以来,一直受到国际汉语教学界的好评和欢迎。

第三节 澳大利亚的汉语教育

一、汉语教学发展概况

19世纪下半叶,中国移民来到澳洲。时至今日,华人已经成为澳大利亚社会重要组成部分。澳大利亚汉语教学始于华人社团内部的华文教学。1909年,墨尔本中华夜校成立,成为澳洲最早创办的华文学校。二战以前,由于澳大利亚政府实行"白澳政策"[①],华文教育发展十分缓慢。20世纪50年代以后,华文教育逐渐发展起来。60年代,还只有维多利亚州少数私立中学设置华文课程,主要的华文教学还仅限于华人社团开设的少数中文班。1972年中澳建交以后,澳大利亚一些大学开始从只开设有关中国和中文的研究性课程转向开设中文专业性课程,一些公立和私立的中小学也相继开设中文课程,华文教育开始在澳大利亚正规教育体制中占有一席之地。20世纪80年代以来,澳大利亚联邦政府大力推行多元文化政策,中文地位提高,成为澳大利亚国家第二语言教育的重要语种。80年代中期至90年代初期,澳大利亚华文教育得到了迅速发展。澳大利亚国家语言研究所1994年发布的统计数字显示,1988—1991年,全澳大利亚正规小学学习华文的

① 白澳政策(White Australia Policy)是澳大利亚联邦反亚洲移民的种族主义政策的通称。1901年,白澳政策正式确立为基本国策,只许白人移居。在此政策下,大部分华人被迫离开澳大利亚。1972年澳大利亚工党政府取消了"白澳政策"。

人数从4600余人上升到14900余人，增长率高达224%；同期，正规中学里学华文的人数从6682人上升到10122人，增长率达52%。[①] 1994—1999年，学习华文的人数在澳大利亚中学的排名保持在学习外语人数的第4位。2000年，华文超过德文排在第3位。2001年，学习华文的学生总数比1988年增长了192%。[②] 但是，2002年澳洲亚洲研究协会的报告显示，从1997年到2001年，澳大利亚提供包括汉语在内的亚洲语言教育的大学数目有所下降，详见下表[③]：

表1 1997年和2001年澳大利亚教授亚洲语言的大学数量统计表

语言	大学数量(1997年)	大学数量(2001年，不包括仅靠赞助维持的机构)	大学数量(2001年，包括仅靠赞助维持的机构)
阿拉伯语	4	5	5
缅甸语	1	0	0
柬埔寨语	1	0	0
粤语(汉语粤方言)	2	0	0
汉语普通话	28	26	29
印地语	4	2	3
印尼语/马来语	24	24	28
日语	35	33	34
爪哇语	1	1	1
韩国语	9	7	8
老挝语	1	1	1
波斯语	0	1	1
梵语	5	2	3
巽他语	1	0	0
菲律宾语	0	1	1
泰语	8	5	6
乌尔都语	1	1	1
越南语	8	5	6

不过，作为澳大利亚三种主要教授的亚洲语种之一，从1988年到2001年，

① 张秋生《略论战后澳大利亚华人文化》，《世界民族》2001年第6期。

② 黄磊《澳大利亚华文教育之现状》，《暨南大学华文学院学报》2003年第4期。

③ Asian Studies Association of Australia, Inc: Maximizing Australia's Asia Knowledge-Repositioning and Renewal of a National Asset, 2002.

学习汉语人数总体呈上升趋势，增幅排在印尼语之后，居第二位，详见下表[①]：

表 2　1988 年和 2001 年“三大”亚洲语言情况统计表

语言	折合全日制学生数（1988 年）	折合全日制学生数（2001 年）	增长倍数
日语	1061	2476	2.3 倍
汉语普通话	363	1338	3.7 倍
印尼语	158	632	4 倍

2005 年，澳大利亚教育、就业、培训及青年事务部（MCEETYA）一项报告显示，目前在澳洲有 5 种普遍教授的第二语言，按照招生人数依次为日语、意大利语、印度尼西亚语、法语和汉语，汉语排在第 5 位。[②] 近几年来，随着中国经济的迅速发展和国际地位的提升，汉语热不断升温。仅以墨尔本莫纳什大学中文系为例：

表 3　莫纳什大学中文系汉语初级班与高级班学生人数增长率对比（2002 年、2006 年）

	2002 年（人）	2006 年（人）	增长（倍）
汉语初级班	589	710	1.2
汉语高级班	93	414	4.5

目前，澳大利亚华文学校大致可分为两类：一类是在澳大利亚学校亚洲语言及研究策略（以下称 NALSAS 国家策略）支持范围内的正规学校的外语课与大学文科的华文课，经费来自联邦及各州政府。第二类是由华人社区为华裔子弟开办的周末华文学校。

二、澳大利亚汉语教学现状

目前有超过 2％的澳大利亚人口说汉语，其中约 1.3％说粤语，0.8％说普通话，还不包括说方言（如客家话、上海话）的人口。汉语已成为澳洲除英语以外的第二大语言。[③] 华裔子女仍然是汉语教学的主要对象，多集中在周末学校

① Asian Studies Association of Australia, Inc: Maximizing Australia's Asia Knowledge-Repositioning and Renewal of a National Asset, 2002.

② MCEETYA, National Statement for Languages Education in Australian Schools-National Plan for Languages Education in Australian Schools, 2005—2008.

③ Australia-China Council : An Australian Guide to Chinese Language Publishing and Translating, 2004 www.dfat.gov.au/acc.

中，正规学校里非华裔学生人数不断增加。汉语师资建设、教材编写和水平测试等环节均有了一定程度的发展，但仍存在问题。

（一）汉语师资

目前，澳大利亚汉语师资主要来源于华裔。“从学员的语言背景看，华裔教师居多，非华裔教师约占学员总数10%；从学员的教育背景看，主要是大学学士和教育硕士，少数为博士。参加讲座的总人数为187人，其中160人获《国家汉办国外汉语教师培训结业证书》。”[①]在澳大利亚全日制学校教授汉语，必须取得澳大利亚教育部门认可的专业资格证书。目前，澳大利亚的教师认证与注册皆由各州与地区的政府进行，其要求、标准、程序等各不相同。2007年2月26日，MCEETYA公布了一份题为《教师：课堂之上的人》的调查报告。报告呼吁统一教师教育课程和教师资格认证体系。[②]

澳大利亚政府在师资培养方面做了许多工作，采取各种形式培训汉语教师。政府在培养大批新教师的同时，还鼓励在职教师接受再培训，并出资让他们到中国参加短期语文强化训练。中国方面，国家汉办联合国内高校，积极为澳大利亚培训汉语教师。2003年12月14日至2004年1月12日，共有来自澳大利亚堪培拉、悉尼、墨尔本等地学校的19名汉语教师参加了在上海华东师范大学举办的国家汉办“国外汉语教师培训项目”澳大利亚汉语教师培训班。2005年、2006年，共有54位澳大利亚汉语教师在厦门大学海外教育学院参加了汉办组织的汉语教师培训班。2007年8月25日，由中国政府向澳大利亚派出的第一个国际汉语志愿者教师刘江娜到达澳大利亚首都堪培拉，开始在澳大利亚标准中文学校工作，标志着中国国际汉语志愿者教师项目在澳大利亚发展的开始。[③] 此外，澳大利亚汉语教师之间的交流合作也有力地促进了澳洲汉语师资队伍的建设。早在1974年，维多利亚州就成立了维州中文教师协会。1994年澳大利亚中文教师联会成立，迄今为止已召开了13次年

① 朱志平、卢伟《澳大利亚中小学汉语教师培训与教学考察报告》，《海外华文教育》2006年第1期。

② 《中国教育报》，2007年3月12日，第8版。

③ http://www.hwjyw.com.

会，为澳洲汉语师资的建设作了有益的探索。

（二）汉语教材

目前澳大利亚本国出版的中小学汉语教材十分有限。正规学校主要使用《你好》及《汉语》。周末学校除使用中国大陆编写的《标准中文》和《中文》之外，还选用新加坡、台湾等国家或地区的教材以及自编教材。主要教材情况如下[1]：

表 4

教材名称	编者	出版社	适用对象	注释语种	教材功能
《你好》	Shumang-Fredlelin	Chinasoft Australia	中小学生	英语	综合教材
《中文》	中国暨南大学华文学院	暨南大学出版社	中小学生	中文	综合教材
《汉语》	北京华文学院	中国海外交流协会委托	小学生	中文	综合教材
《标准中文》	课程教材研究所	人民教育出版社	中小学生	英语	综合教材
《汉语乐园》	刘富华等	北京语言文化大学出版社	小学生	英语	综合教材
《快乐汉语》	李晓琪、罗青松、刘晓雨、王淑红、宣雅	人民教育出版社	以英语为母语的中学生	英语	综合教材
《跟我学汉语》	陈绂、朱志平	人民教育出版社	高中学生	英语、泰语、德语	综合课本
《新实用汉语课本》	刘珣	北京语言大学出版社	大学生、社会人士	英文	综合教材
《听懂了》	Danyang McAuliffe	维多利亚州私校联合会	高中及大学一至三年级	英语	汉语听力练习

此外还有《轻松学汉语》、《奥运汉语》、《商业汉语》、《汉语口语》、*Talking with Me*、*Communicate in Chinese* 等。[2]

---

① http://www.hwjyw.com.

② http://www.standardchineseschool.act.edu.au/schoolWelcomeCN.htm.

2007年10月27日至28日，优秀汉语教材国际研讨会在澳大利亚首都堪培拉举行。国家汉办同时选派专家为从事汉语教材编写和中文教学的教师进行了培训。一些从事对外汉语教材出版的单位，如人民教育出版社、北京语言大学出版社、香港三联书店、高等教育出版社等也针对专门汉语教材的编写进行了培训。会上还发布了优秀汉语教材信息并举办了优秀汉语教材展览。

（三）汉语测试

1. 汉语水平考试（HSK）

HSK考试是澳大利亚政府承认的最具权威性的汉语测试。目前在澳洲有三个考点：墨尔本皇家理工大学、西澳大学孔子学院以及悉尼斯特斯·费尔德学院。2004年参加墨尔本考点HSK考试的考生人数实现了历史性突破，达到170多人。其中，有150多名维州的中学生首次参加了基础级的考试，几乎所有的学生都达到了等级标准，有相当一部分学生还达到了初中级的等级标准。[①]新南威尔士州2004年共有52名考生分别参加了高等、初中等和基础三个级别的考试，其中，参加高等HSK的有28人，初中等的有21人，基础的有3人，参加人数是近年来最多的一次。2005年全澳洲共有351名学生参加了HSK考试。

2. 维多利亚州中文考试（VCE）

澳大利亚维多利亚州教育证书课程简称VCE，属大学预科，一般为期两年，供11和12年级学生修读。其考试成绩是升读维多利亚州各大学的依据，并获得澳大利亚其他州和其他国家很多学校的认可。1991年以前，中文仅仅是一门供VCE选修的副科。近年来，中文已成为核心科目，维州教育部已将中文选入VCE主科，与其他VCE科目成绩一样，是决定能否进入大学的标准之一。由于近年从华语地区移民澳洲的华人子弟很多也修读VCE中文，为避免母语生与非母语生竞争产生不公平现象，维多利亚州考试局于1995年起为上述两类考生分卷考试：华语背景考生必须选考以中文为第一语言的试卷，而其他人士如澳洲本土出生或来澳超过七年的华裔学生则可报考以中文为第二语言的试卷。VCE中文学习的是现代汉语普通话，字体是简体字，而繁体字也可接受，使用的

① 《维多利亚中小学汉语教学一瞥》，《神州学人》2005年3月。

标音系统是汉语拼音。VCE 中文考试包括三部分：平时写作、口试和笔试。[①]

三、澳大利亚汉语教学主要研究机构及其刊物

（一）澳大利亚中国研究协会（CSAA）

CSAA 是澳大利亚中国研究的专门机构，成员包括从人类学、经济学、地理学、历史学、语言学、法学、政治学、社会学、文学等各个方面研究中国的专家。CSAA 每两年召开一次大会，出版的刊物是《中国研究通讯》，及时报道研究的最新进展、新的出版物、校园里汉语教学动态等相关情况。

（二）澳大利亚亚洲研究协会（ASAA）

ASAA 是关于澳大利亚亚洲研究及亚洲语言教学的专门机构，目标在于促进澳大利亚对亚洲语言、社会、文化、政治等领域的研究，并为这些研究提供支持；促进研究信息的流通，最大限度提高澳大利亚社会对亚洲的认识和理解；使亚洲研究领域的学者和教师能相互沟通，并代表他们的权益等等。ASAA 也是每两年召开一次大会，主要出版物是《亚洲研究评论》。2002 年该组织提交了题为 *Maximizing Australia's Asia Knowledge-Repositioning and Renewal of a National Asset* 的报告，对此前澳大利亚的亚洲研究作了详细总结，为之后的亚洲研究和政策制定提供了数据支撑。

除上述两个主要研究机构以外，澳大利亚许多大学都设有亚洲研究中心或学院。如澳大利亚国立大学亚太研究学院、悉尼大学亚太地区研究所、新南威尔士大学亚澳研究所、西澳大学亚洲研究中心等等。墨尔本大学还设有亚洲教育基金会，为澳大利亚亚洲及亚洲语言的研究提供了支持。

四、汉语教学与澳大利亚的语言政策

华文在澳洲被称为 LOTE（Language Other Than English，除英语以外的语言），由于澳大利亚政府长期对 LOTE 采取同化政策，20 世纪 70 年代以前学校里学习华文的学生很少。澳大利亚语言政策的变化始于 80 年代。

---

① http://www.hwjyw.com.

(一) 20世纪80年代的外语政策

1987年4月,Lo Bianco完成了题为*National Policy on Language*(NPL)的报告。该报告于6月获得内阁会议批准,从此,澳大利亚有了第一部正式的官方语言政策,也使澳大利亚中止了单一语言的历史。在NPL中,明确提出要全面实施"全体居民都学习一门除英语之外的其他语言"的政策。①

NPL出台以后,澳大利亚联邦政府启动了三个计划:(1)澳大利亚第二语言学习计划。根据这一计划制订的"澳大利亚语言水平计划"为整个联邦的语言教学提供了一个课程框架。(2)亚洲研究计划。这项规划的目标是:截至2000年,为全澳洲的孩子提供学习亚洲语言的机会;截至1995年,确保亚洲研究成为澳洲各学校核心研究项目的组成部分。(3)澳大利亚全国高中语言水平评估框架。根据这一框架,在"澳大利亚语言水平大纲"的基础上,对11年级和12年级学生的语言水平进行评估。②

1989年,《澳大利亚教育中的亚洲》发表,报告中强调了亚洲研究对于澳大利亚重要的战略意义,以及学习亚洲语言的必要性。这份报告对澳大利亚语言政策的制定和执行产生了深远的影响。1990年12月,澳大利亚政府发布了澳大利亚语言绿皮书。在对绿皮书内容进行广泛咨询过程中,政府收到了300余条意见和建议,并在此基础上于1991年9月发布了澳大利亚语言的白皮书。白皮书强调,澳大利亚人要提高英语之外的其他语言的能力,以便增加澳大利亚人的知识与文化活力,有助于保证澳大利亚未来的经济地位。白皮书根据形势的变化,确定了包括汉语在内的6种具有地理、政治和经济重要性的语言。为鼓励学生学习各种优先语言,联邦政府对学生每选一门优先语言提供300澳元的特殊补贴。③

---

① 刘汝山、刘金侠《澳大利亚语言政策与语言规划研究》,《中国海洋大学学报(社会科学版)》2003年第6期。

② Linda Tsung, Educational Reforms: Impact on LOTE Education, The University of Sydney, Paper presented to 1992 joint Conference "Educational Research: Discipline and Diversity", Deakin University, Geelong, Victoria, 22—26 November.

③ 同①。

(二) 20世纪90年代的外语政策

1992年12月，澳大利亚联邦议会提交了《亚洲语言和澳大利亚经济前景》的报告，在这份报告中根据对澳大利亚国家经济的重要性，明确将日语、汉语(普通话)、印尼语(Bhasa)和韩国语列为四种优先亚洲语言。基于这个报告，1994年，NALSAS国家策略制定，并于1995年开始实行。2002年，已有73.5%的澳洲学校教授亚洲语言，在NALSAS国家策略实行过程中，亚洲教育基金会发挥了关键作用。[①]

(三) 21世纪初的外语政策

2003年7月，澳大利亚联邦教育部、劳工部及青年事务部发布了《澳大利亚学校的国家语言政策和计划》，2005年至2008年，联邦政府将提供1.12亿美元用于发展包括亚洲语言在内的学校语言教育。

第四节 新西兰的汉语教育

新西兰是个文化多元社会，政府鼓励多元文化的发展。全国410万人口中，80%为英国移民后裔，9.7%为土著毛利族，华侨华人17万，仅次于毛利族为第三大族群。中文是新西兰五门最重要的外语之一，是现在新西兰的第四大语言，使用者为63654人(其中有37140人讲粤语)，仅次于英语(3425000人)、毛利语(160000人)和萨摩亚语(81000)。[②]

一、新西兰汉语教学发展概况

20世纪50年代，一些华人社团开办汉语课程。1966年，新西兰最大的大学奥克兰大学在亚洲语言研究系设立亚洲语言文学系，开始了大学程度的正规汉语教学与研究。1968年屋仑华侨会所正式建立华文义校。1972年中新建交后，新西兰

---

① Deborah Henderson, Meeting the National Interest through Asia-literacy—An overview of the major stages and debates, *Asian Studies Review*, 2003.

② 数据来自于2004年7月15日中国外交部网站，由驻新西兰使馆供稿。

政府设立奖学金，每年为五名大学毕业生提供可在中国留学长达两年的教育和生活费用。三十多年来，此奖学金为新西兰培养了一批从事中国语言文化教学与研究的骨干人才。80年代，中国经济腾飞，汉语成为一门很有经济效益的语言，各大学纷纷建立中文专业。80年代早期还在中小学开设了汉语课程。

1999年，教育部正式将汉语列入高中毕业会考（相当于高考）科目。在此之前，虽然汉语成为新西兰政府承认的中小学五门重要外语科目之一，但又是唯一没有被列为初中毕业以及高中毕业会考科目的重要外语。2001年，将汉语列入初中毕业会考科目。[①] 1999年实行首届华文考试，母语为非汉语的学生可以在完成"新西兰的华文课程纲要"中规定的八个阶段后于大学入学考试时报考华文。2002年，按照新西兰新的教学大纲，中小学外语课由选修上升为必修课。汉语成为新西兰教育部重点推动的外语课之一。[②] 同年，举办了第一次国际语言周活动。这是对新西兰长久以来固有的单一语言、单一文化观念的重大挑战。很多中文学校都举行了与中国语言文化有关的活动。2003年举办第二次国际语言周活动。自2007年开始，新西兰公立学校必须向七至十年级的学生提供第二种语言选修课，汉语是其中之一。

二、各类学校的汉语教学现状

（一）主要大学的汉语教学情况

1966年，奥克兰大学成立了亚洲语言文学系，开始了大学程度的正规汉语教学与研究。当时只有41名学生选修汉语课，绝大部分为本地白人。1972年，惠灵顿大学设置中文专业课程。1989年，梅西大学开展中文函授教学。1990年，怀卡托大学设立中文学位。随后，奥塔哥大学、坎特伯雷大学和奥克兰理工大学也先后于90年代中期开设了中文专业，目前新西兰的八所综合性大学中，除了以农林畜牧见长的林肯大学外，其他七所都有中文专业。此外，全国各地的高等专科学校，如尤尼坦理工学院、惠灵顿职业技术学院（后并入

---

① 严丽明《试析新西兰华文教育的发展》，《八桂侨刊》2005年第1期。

② http://www.ccaj.net/html1/2006/11/27/f331166.shtml.

梅西大学)等也都在90年代开始提供学制不同的汉语课程。

20世纪90年代以前,与汉语有关的课程一般都在综合性大学的语言学院内开设,只有奥克兰大学的亚洲语言与文学系例外。奥克兰大学亚语系的汉语课程最具规模。除了历史最久以外,它还拥有全新西兰最大最完善的亚洲语言图书馆。90年代后,随着汉语学生人数的增长,其他大学也开始把亚洲语言与其他语种分割开来,独立建系。总的来说,各大学的亚语系所开的汉语课程大同小异。文学和文明史课程都用英文讲解,即使高年级的学生也不具备阅读原著的能力,大都只读翻译过的文学或哲学作品。本科生的学制为三年,以教普通话为主,使用简体字和汉语拼音。每周约6个课时。一般的要求是,学过一年后,学生应能认识并运用500个常用汉字,并掌握一定的汉语语法知识。奥克兰大学和坎特伯雷大学还开设古文课。近年来,随着大量华人的涌入,对汉语课程的要求也有了很多的变化。很多操粤语、闽南话或客家话的学生也开始要求学普通话。从1993年开始,奥克兰大学为以汉语为母语的学生与非汉语为母语的学生分别设班。同时还为操普通话的学生开中英文翻译班。2001年,该校一年级新生选修汉语的人数首次超过150人。

(二) 中小学的汉语教学情况

新西兰中小学汉语教学始于80年代早期。当时新西兰教育部批准了一门中学六年级(相当于中国的高中二年级)的汉语课程。1989年,学生人数仅为61人。1991年,面向全国的函授学校开设了一门中学六年级汉语课程。因为中小学的汉语教学起步晚,推广难度很大,1995年新西兰全国只有25所中小学开设中文课。1997年,全国开设汉语课的中小学数达到顶峰,为72所。1998年以后大幅度下降,至1999年只剩下45所。到2003年又恢复到70所左右。44所为纯粹的中学(9—13年级),5所是包括初中预备班的中学(7—13年级),10所为小学,11所为只有七年级和八年级的初中预备班。汉语教师有72名,其中9名为没有任何中国文化背景的新西兰人,其他教师来自中国大陆、香港、台湾,也有少数马来西亚、新西兰的华人或者华人后裔。教学水平参差不齐,一些教师从未有过第二语言教学的培训,缺乏理论水平与实际经验。[①]

《新西兰课程大纲》是1992年新西兰教育部提议开设华文课程以来的第一个汉语教学的大纲，制定于1994年，为全国中小学华文教学的开展和课程的设置提供建议。内容包括每个教学阶段的目标、教学方法、课程设置体系等等。共分8级：

1—2级：熟悉基础词汇和重点练习句型，可以阅读学过的课文，了解典型的中国文化习惯。学生可能还不会在课堂之外使用汉语。认识35个汉字，会写20个。

3—4级：会写便条和填写表格，了解更多的中国习俗和信仰。不过学生可能还是不能与母语为汉语者交流。

5—6级：可以与汉语作为母语者交流，在熟悉的话题上可以自由交谈，自觉运用一些句型，写较长的段落和信息。这个时期的学生对于中国的价值观已经比较敏感，愿意独立进行汉语阅读。认识280个汉字，会写170个。

7—8级：与母语为汉语者交谈时能听懂大部分并发表自己的意见，可以阅读各类汉语书籍。与人交谈时自由不受拘束，尤其与同龄人或者同行业的人。认识600个汉字，会写350个。在各个阶段，教师可以鼓励学生通过拼音自己学更多的汉字。

（三）社团学校的汉语教学情况

目前在新西兰的社团中文学校，由于创办者的办学途径和背景的不同，主要有以下几种：附设在社团组织的中文学校、由专业教育者兴办的中文学校、由华裔家长共同创办的中文学校等等。中文学校的上课时间一般在周六和周日，或当地中小学下午放学以后（下午三点以后）。一年四个学期，与当地中小学校的学制差不多一样。下面介绍两所比较有名的社区中文学校。

路易·艾黎中文学校是新西兰规模最大的中文学校，位于新西兰南岛基督城的市郊的怀勒努伊学校内。现已有40多个班级，学生500多名，一周开课7天。学生不仅有华人，还有不少亚裔、欧裔和当地人。学校除了开办中、

---

① 陈若凡《新西兰中、小学汉语教学情况调查报告》，《国外汉语教学动态》2003年第3期。

英文课程，还举办包括中国画、中国象棋、围棋比赛在内的各类活动，传播中华文化。惠灵顿新华中文学校开了6个班，学生约100人，有专门从事汉语教学的老师。目前，这些学校每周教学时间约2小时，按照学生的中文程度从低到高分为多个班级。据老师们反映，很多华人家庭都愿意送子女来中文学校接受教育，目的是希望儿女能对中华文化有更多的认识和了解。

(四) 教材使用情况

新西兰自己开发的中文教材、音像资料很少，澳大利亚的中文出版物在新西兰市场上占主导地位。为满足海外华裔青少年对华文教育的迫切需求，国务院侨务办公室组织有关机构编写了适用于欧美周末制中文学校的《中文》教材(全套48册)和适用于亚洲华文学校的《汉语》教材(全套50册)，并完成了《中文》、《汉语》两套教材的多媒体教学光盘的研制开发和出版，以及《中国地理常识》、《中国历史常识》、《中国文化常识》和《幼儿汉语》等辅助性教材的出版和修订工作。海外华文学校获取以上教材及辅助性读物的途径为中华人民共和国驻当地使(领)馆或有关华教机构。此外，中国华文教育网已将《中文》修订版教材1—6册、《中文》教学参考书1—6册、《中文》练习AB册1—6册，《汉语》教材修订版1—6册、《汉语》教师手册1—6册和《汉语》练习册1—6册上网。海外华校教师或学生也可从中国华文教育网下载。[①] 现在各级学校和培训机构使用的教材主要有：

1.《好》:新西兰教育局制作的五部外语教学录像之一，专为小学高年级和中学低年级学习汉语拍摄的。2004年2月5日首播。

2.《汉语》:新西兰中小学主要教材。中国海外交流协会委托北京中国语言文化学校为海外华侨、华人学生编写的一套汉语教材。主要适用对象是海外全日制华文学校小学一至六年级的学生，也可供其他学制的学校选用。全套教材共50册，包括:《汉语》12册、《汉语练习册》12册、《说话》12册、《汉语拼音》1册、《汉语拼音练习册》1册、《汉语教师手册》12册。

3.《你好》:这是从澳大利亚引进的教材。适用对象为中小学生。内容涉

① 信息来自2007年10月16日中国华文教育网新闻。

及日常生活中的各种情景，通过邻里交流、交笔友等多样形式来提高学习者的听说读写能力。内容丰富有趣，活动形式多样。全套共 16 册，配套产品有教师用书、练习册、CD。

4.《中文》：暨南大学出版。适用对象为北美、欧洲等英语语系的国家和地区的华人华侨子弟。全套共 12 册 48 本，其中主教材 12 册，配有练习册、家庭作业、教师参考手册。

三、新西兰汉语研究机构和组织

1. 新西兰中国语文协会

该协会成立于 1992 年，对促进新西兰全国的中文教学起到了重要的作用。90 年代中期，奥克兰、惠灵顿、坎特伯雷等地先后建立了中国语文协会分会。协会成员开始仅限于中文教师，后来扩大为一切对中文感兴趣的人士。目前有会员 200 多人。各分会每年都举办各种形式的汉语教学研讨会以及中国文化展示活动。从 1997 年开始，奥克兰分会每年都组织有大中小学学生参加的中文演讲比赛。从 1998 年开始，惠灵顿分会每年都与新西兰华侨联谊会惠灵顿分会联合举办有中小学生以及成人参加的中文演讲与文化日活动。2001 年、2003 年坎特伯雷分会与基督城华人狮子会联合举办了第一、二届中学生中文演讲以及中国文化张贴画绘画比赛。

2. 新西兰华联总会

该会成立于 1935 年，现有 12 个分会，与汉语教学有关的职能为：每年由各地分会给本地的汉语学校提供支持，支持本地团体庆祝中国的节日，支持中国语言文化传播的项目。

3. 新西兰亚洲基金会

该会创于 1994 年。旨在增进新西兰和亚太各国之间的了解、增强联系与互动，推动新西兰积极参加亚太地区事务。它的基本活动包括：组织和资助教师赴亚洲进修学习，也向研究生提供奖学金，从商务、社团、文化、教育、媒体、研究等方面提供政府资金支持。

四、新西兰华语教育存在的问题[①]

1. 学生90%以上来自华侨及其后裔,汉语作为大学入学考试的科目,最容易拿分。但这大大挫伤了当地孩子学习汉语的积极性,也给老师的教学带来了困难。大部分教师在课堂上进行翻译练习,因为大学入学考试的问答都是英语的,大多中国学生的英语水平不高,汉语课成了英语补习课,失去了意义。

2. 汉语课时太少,一周只有2学时。

3. 教材短缺,新西兰没有自己编写的教材,大多用的是澳大利亚的《你好》和《汉语》。中小学的教材缺乏娱乐性和创造性,对学生的学习兴趣和热情造成了伤害。

4. 教师水平参差不一,缺乏系统的专业培训。近年来由于政府削减教育经费,很多大学没有足够的资金雇用专职讲师,所以在综合性大学教语言课的教师,大部分是没有永久职位的助教或在读研究生,教学质量很难保证。大学专科的教师则由于工作负荷太重,没有足够的时间和精力来作研究,所以也很难提高教学质量。

五、政府对新西兰汉语教育的政策支持

1972年中新两国建交,设立了"学生交流项目"。根据这一项目,从70年代中期开始每年都有5名学生被派到中国,现在是每年10名。80年代中期,中新两国学者之间的合作已经全面展开,政府部门、大学和学院订立的交流协议又加强了这些合作。

中新良好的政治经贸关系、中国经济的快速增长,使越来越多的新西兰人对中国文化和中文感兴趣。为了鼓励和帮助越来越多的人了解中国、学习中文,中国政府采取了一系列积极的措施和办法,其中包括向国外开设中文的中

---

① 部分参考自 http://www.hwjyw.com/zt/hjyth5/dhhd/200711/t20071104_9161.shtml;陈若凡《新西兰中、小学汉语教学情况调查报告》,《国外汉语教学动态》2003年第3期。

小学赠送教材和教学资料、组织国外的中文教师赴华接受培训、组织和接待各团体赴华参观访问等活动。双方主要在高等教育、中小学教育、幼儿早期教育、职业教育与培训及远距离教育等方面开展合作。新西兰教育部继续任用由中国教育部推荐的汉语教学顾问，为新西兰中、小学汉语教师提供指导和支持，任期为两年。中国教育部每两年为新西兰提供两个短期来华培训的汉语教师奖学金名额。为新西兰提供10个奖学金名额来华学汉语，进行汉语培训。中方每年还为新西兰提供汉语水平考试的奖学金，支持参加汉语水平考试的优秀者来华学习，每年派一定数量的访问学者和高级访问学者到新西兰大学和研究所。

六、奥克兰大学孔子学院介绍

2007年2月16日复旦大学与新西兰奥克兰大学合作创建了新西兰唯一一所孔子学院。

合作创办孔子学院旨在充分利用中国汉语教学资源的优势，依托奥克兰大学的校园文化和师资力量，积极开展汉语教学、教师培训和文化交流活动。在中方的积极支持之下，孔子学院的文化交流活动丰富，但在汉语推广方面，这所孔子学院面临着一些问题。成立之初孔子学院试图向奥克兰和惠灵顿的中小学校校长推广汉语，但没有得到认同。学院向奥克兰的学校提供免费的普通话课程，但仅有13所学校接受，其中只有不到一半的学校表示他们在免费测试阶段结束后会考虑开设汉语课程。

总的来说，新西兰的汉语教学起步晚，基础较差。教育部统计数据显示，汉语仍然是新西兰学校中受欢迎程度最低的外语。学汉语的学生只占0.6%，约7000人。相比之下，选择法语的占7.7%，日语的占5.4%。正如孔子学院澳方校长诺娜·姚所说的："我认为新西兰人的单语种环境社会使得他们很难看到学习另外一种语言的重要。"①

① http://news.china.com.cn/chinanet/07news/china.cgi? docid = 6621772006732106679, 949025069559292541,0&server=192.168.9.114&port=5757.

但是能够把汉语作为政府承认的中小学五门重要外语科目之一，这在许多国家的汉语教学中是不多见的。只要很好地利用自身的优势，加上中国政府对外推广汉语工作的资金、人力、物力的大力支持，相信新西兰的汉语教学一定会得到进一步的发展。

思考和练习

1. 从上世纪50年代至今，美国汉语教育的情况大致经历了怎样的变化？
2. 美国汉语教育的主要机构有哪些？各自有什么特点？
3. 加拿大政府颁布的语言政策对汉语教育产生了怎样的影响？
4. 加拿大尚未形成统一的汉语师资标准，对此你有什么想法和建议？
5. 目前澳大利亚汉语教育存在哪些问题？
6. 澳大利亚有哪些与汉语教育相关的外语政策，分别起到了什么作用？
7. 新西兰的汉语教育存在哪几方面的问题，该如何解决？
8. 你认为如何发展新西兰的华语教育？

主要参考文献

安藤彦太郎〔日〕《中国语与近代日本》，卞立强译，北京大学出版社，1991。

仓石武四郎〔日〕《中国语五十年》，〔日本〕岩波书店，1973。

朝鲜学部编辑局《朝鲜历代史略》，朝鲜学部编辑局新刊本，1898。

陈国华《先驱者的脚印——海外华人教育三百年》，Royal Kingsway Inc.，加拿大多伦多，1992。

陈烈甫《东南亚洲的华侨、华人与华裔》，台北正中书局，1969。

陈玉龙、杨通方、范毓周《汉文化论纲——简述中朝中日中越文化交流》，北京大学出版社，1993。

程裕祯主编《新中国对外汉语教学发展史》，北京大学出版社，2005。

陈重金〔越〕《越南通史》，戴可来译，商务印书馆，1992。

大庭修〔日〕《江户时代日中秘话》，徐世虹译，中华书局，1997。

戴庆厦《第二语言（汉语）教学概论》，民族出版社，1999。

戴仁主编《法国当代中国学》，耿升译，中国社会科学出版社，1998。

董　明《古代汉语汉字对外传播史》，中国大百科出版社，2002。

董淑慧《保加利亚汉语教学五十年》，保加利亚玉石出版社，2005。

费正清〔美〕《费正清集》，天津人民出版社，1997。

何成轩《儒学南传史》，北京大学出版社，2000。

何九盈《中国古代语言学史》，广州教育出版社，2000。

贺圣达《东南亚文化传播史》，云南人民出版社，1996。

侯精一、施关淦主编《〈马氏文通〉与汉语语法学》，商务印书馆，2000。

侯且岸《当代的美国“显学”》，人民出版社，1995。

黄昆章《印度尼西亚华文教育发展史》，外语教学与研究出版社，2007。

黄昆章主编《华侨华人百科全书·教育科技卷》，中国华侨出版社，1999。

黄秀政《台湾史》，台北五南书局，2003。

黄宣范《语言、社会与族群意识》，台北文鹤出版社，1993。

季羡林《印度古代语言论集》,中国社会科学出版社,1982。

季羡林《原始佛教的语言问题》,中国社会科学出版社,1985。

暨南大学东南亚研究所、广州华侨研究会编《战后东南亚国家的华侨华人政策》,暨南大学出版社,1989。

金永黄〔朝鲜〕《朝鲜言语学史研究》,金日成综合大学出版社,1996。

李　泉《对外汉语教材研究》,商务印书馆,2006。

李惠敏《从洋鬼子到外劳:国族、性别与华语文教学》,台北巨流图书公司,2002。

李泰洙《〈老乞大〉四种版本语言研究》,语文出版社,2003。

李向玉、张西平、赵永新主编《世界汉语教育史研究》,澳门理工学院,2005。

李雪涛《日耳曼学术谱系中的汉学:德国汉学之研究》,外语教学与研究出版社,2008。

梁启超《佛学研究十八篇》,上海古籍出版社,2001。

梁晓虹《佛教词语的构造与汉语词汇的发展》,北京语言学院出版社,1994。

廖小健《战后各国华侨华人政策》,暨南大学出版社,1995。

林宝玉《纽西兰的汉语教育》,世界华文作家出版社,2001。

林之光、朱化雨编《南洋华侨教育调查研究》,中山大学出版社,1936。

刘真主编《华侨教育》,台北中华书局,1973。

六角恒广〔日〕《近代日本的中国语教育》,〔日本〕不二出版社,1984。

六角恒广〔日〕《中国语教育史论考》,〔日本〕不二出版社,1989。

六角恒广〔日〕《日本中国语教育史研究》,王顺洪译,北京语言学院出版社,1992。

六角恒广〔日〕《中国语教本集成》,〔日本〕不二出版社,1998。

六角恒广〔日〕《日本中国语教学书志》,王顺洪译,北京语言文化大学出版社,2000。

六角恒广〔日〕《日本近代汉语名师传》,王顺洪译,北京大学出版社,2002。

六角恒广〔日〕《中国语教育史稿拾遗》,〔日本〕不二出版社,2002。

陆锡兴《汉字传播史》,语文出版社,2002。

吕　澂《中国佛学源流略讲》,中华书局,1979。

吕必松《对外汉语教学发展概要》,北京语言学院出版社,1990。

吕必松《语言教育问题研究论文集》,华语教学出版社,2001。

吕必松主编《国外汉语研究丛书》,北京语言学院出版社,1993。

马汉茂〔德〕、汉雅娜〔德〕《德国汉学:历史、发展、人物与视角》,李雪涛等译,大象出版社,2005。

马西尼〔意〕《中国和意大利文化交流史》,商务印书馆,2001。

木宫泰彦〔日〕《日中文化交流史》,胡锡年译,商务印书馆,1980。

聂鸿音《中国文字概略》,语文出版社,1998。

潘文国、谭慧敏《对比语言学:历史与哲学思考》,上海教育出版社,2006。

钱　鹤《南洋华侨学校之调查与统计》,暨南大学南洋文化事业部,1929。

钱鹤、刘士木、李则纲辑《华侨教育论文集》,暨南大学南洋文化事业部,1929。

沈国威〔日〕《近代日中语汇交流史》,〔日本〕笠间书院,1994。

石云涛《三至六世纪丝绸之路的变迁》,文化艺术出版社,2007。

孙宏开、胡增益、黄行《中国的语言》,商务印书馆,2007。

瓦　罗〔西〕《华语官话语法》,外语教学与研究出版社,2003。

王　桂《中日教育关系史》,山东教育出版社,1993。

王　力《汉语史稿》,中华书局,1958/1980。

王　力《中国语言学史》,复旦大学出版社,2006。

王　立《1973—2005 美国驻华大使传奇》,世界知识出版社,2005。

王晓秋《近代中日文化交流史》,中华书局,2000。

熊文华《英国汉学史》,学苑出版社,2007。

许理和《佛教征服中国》,李四龙等译,江苏人民出版社,1998。

许明龙《黄嘉略与早期法国汉学》,中华书局,2004。

严绍璗《汉籍在日本的流布研究》,江苏古籍出版社,1992。

斯卡奇科夫〔俄〕《俄国汉学史》,柳若梅译,社会科学文献出版社,2006。

杨通方《中韩古代关系史论》,中国社会科学出版社,1996。

杨燕杰《索非亚大学》,湖南教育出版社,1988。

杨昭全、韩俊光《中朝关系简史》,辽宁民族出版社,1982。

羽溪了谛〔日〕《西域之佛教》,贺昌群译,商务印书馆,1999。

郁树锟主编《南洋年鉴》,新加坡南洋商报社有限公司,1950。

张国刚《德国汉学研究》,中华书局,1994。

张宏生《戈鲲化集》,江苏古籍出版社,2000。

张西平《西方人早期汉语学习调查》,中国大百科全书出版社,2003。

张西平《传教士汉学研究》,大象出版社,2005。

张西平《欧洲早期汉学史》,中华书局,2009。

张西平主编《西方汉学简史》,外语教学与研究出版社,2008。

张亚军《对外汉语教法学》,现代出版社,1990。

赵金铭主编《对外汉语教学概论》,商务印书馆,2004。

郑光、尹世英〔朝鲜〕《司译院译学书册版研究》,高丽大学校出版部,1998。

中国对外汉语教学学会编《中国对外汉语教学学会第六次学术讨论会论文选》,华语教学出版社,1999。

中国海外交流协会文教部编《海外华文教育文集》,暨南大学出版社,1995。

中国语言生活状况报告课题组《中国语言生活状况报告 2005》,商务印书馆,2006。

周一良《中朝人民的友谊关系与文化交流》,开明书店,1951。

周一良《魏晋南北朝史论集》,中华书局,1963。

周聿峨《东南亚华文教育》,暨南大学出版社,1995。

朱德熙、张荪芬《汉语教科书》,保加利亚科学艺术出版社,1954。

朱宏源主编《东南亚华人教育论文集》,台湾屏东师范学院,1995。

Charles A.Copple, *Indonesian Chinese in Crisis*, Oxford University Press, KualaLumpur, 1983.

Cook, V., *Second Language Learning and Language Teaching* (*2nd edition.*)(《第二语言学习与教学》(第二版)),外语教学与研究出版社,2000.

Kircher, Athanasius, *China Illustrata*, Kathmandu Nepal, 1979.

Knud Lundbaek, *T.S.Bayer* (*1694—1738*): *Pioneer Sinologist*, Curzon Press, 1986.

Leo E. Williams, *Overseas Chinese Nationalism——The Genesis of the Pan-Chinese Movement in Indonesia, 1900—1906*, The Free Press, Glencoc Illionois, 1906.

Lindeck, John. M. H., *Understanding China: an assessment of American scholarly resources*, New York: praeger, 1971.

Linfu Dong, *Cross Culture and Faith: the life and work of James Mellon Menzies*, University of Toronto Press, 2005.

Mungello, D.E., *Curious Land: Jesuit Accommodation and The Origins of Sinology*, Stuttgart, 1985.

Nio Joe Lan, *Riwajat 40 Tahun Dari Tiong Hoa Hwe Koan-Batavia*, Diterbikan Oleh THHK, Batavia, 1940.

Бэй-Гуан, *Краткая историия Российской духовной миссии в Китае*, М., Альянс-Архео М.- СПб., 2006.

П.Е.Скачков, *Очерки истории русского китаеведения*, М., 1977.

后　记

对外汉语教育史作为对外汉语教学领域的一个新的教学和研究方向是近十余年的事。我自己的学术方向主要是做近代以来中西文化交流背景下的西方汉学和中国近代文化思想变迁的研究，在研究西方汉学史的过程中接触到西方人早期汉语学习的一些材料。1998 年在国家汉办设立第一期的科研项目时，在当时北外中文学院院长程裕祯教授的鼓励下我申请了《西方人早期汉语学习调查》的项目，很快我的项目被批准了。后来才知，对外汉语教学领域的前辈学者鲁健骥先生一直在呼吁进行对外汉语教育史的研究，他对我的项目的确立起到了很大的作用。2003 年我的项目在中国大百科全书出版社正式出版，这本书虽然现在看来仍有待改进，但由于我们给自己设定的目标就是作基础的学术调查，没有大的学术"野心"，所以，这本书在学术界有较好的反响，特别是书的第三篇《文献》和第四篇《目录》对学术的推动是很明显的，近年来凡是从事西方汉语研究的人大都会看这部分内容。

在对外汉语教学史研究这个领域我已耕耘了十余年，这些年来我连续带了多名硕士生和博士生，对西方语言和汉语接触的历史展开了多角度的研究。这样的研究不仅仅使我加深了对西方汉学史的认识，也使我对对外汉语教育史这个崭新的研究领域有了更深刻的认识。为了推动这个研究领域的进展，我们海外汉学研究中心 2005 年与澳门理工学院联合召开了首届世界汉语教育史国际研讨会，并在澳门正式注册成立了国际性的"世界汉语教育史研究学会"，会后学会在澳门正式出版了《世界汉语教育史研究》学术论文集。2007 年，学会在日本的关西大学召开了世界汉语教育史第二届年会，并以"16—19

世纪西方人的汉语研究”为主题展开了深入的研讨。在这个会议上，学会选举我为“世界汉语教育史研究学会”会长，并决定2010年在罗马召开世界汉语教育史研究学会第三届年会。为了推动这个研究领域的发展，由我主编的《国外汉语教学动态与研究》[①]学术辑刊几年来连续刊登了一些关于世界汉语教育史的重要学术论文，使这份没有刊号的学术辑刊有了一定的影响。同时，由我和李宇明先生共同主编的一套《世界汉语教育丛书》，现在已经出版了《世界主要国家语言推广政策概览》、《马来西亚华文教育发展简史》、《印度尼西亚华文教育发展史》，今年还将陆续出版《西方早期汉语史研究》、《世界汉语教育史研究》、《日本汉语教育史研究：江户时代唐话五种》、《中西语言接触研究：近代西方人汉语研究论集》。

通过这些年的研究，我感到近代以来中国语言的变迁主要是与西方语言发生了接触，正像汉唐时代佛教的传入直接影响了汉语的发展一样，晚明以后的西人东来也直接影响了汉语的近代发展。而这种影响并不是直接介入汉语所造成的，而是在西人首先把汉语作为外语学习的过程中发生的，这个事实改变我们长期以来形成的那种对外汉语教学只是将汉语作为外语进行教学，其学术意义只是在应用语言学的层面上的认识。其实，汉语作为外语进行教学的过程同时也反哺汉语本体，任何语言的变化和发展都是在通过与另外语言的接触中发展变化的。在这个意义上，对对外汉语教育史的研究或者对世界汉语教育史的研究，绝不仅仅是创立了对外汉语教学这个学科的史学基础，而是开启了近代汉语史研究和世界汉学研究的一个更为广阔的学术领域。

两年前赵金铭先生邀请我参加他主编的这套为全国对外汉语教学本科专业所写的教材，最初书名定为《对外汉语教学史》，但考虑到汉语国际传播以前所未有的速度在发展，了解世界主要国家的汉语教育的历史，已经成为即将走向世界各国汉语教学课堂的年轻学子们必须掌握的一个知识领域，这样我和赵金铭教授商量后将题目改为现在的《世界汉语教育史》。据我了解这样一本

① 这份刊物不久将更名为《汉语国际教育》，改由吴丽君教授做主编，海外汉学研究中心将会继续全力支持诞生在我们手中的这份学术辑刊。

书在国内和世界范围内都是第一本，它的创新性自不待言。但这毕竟是一个刚刚开始的学术研究领域，国内学术界真正投入到这个研究领域的学者是有限的，因而这本书在章节之间的不平衡性是很明显的。有些章节写得比较充分，有的章节显得比较单薄。

实际上，做好世界汉语教育史的研究，我们面临两个最重要的前提：第一，作为语言史研究的一个门类，对史料的掌握是一个基础，没有对重要著作、关键人物、代表性流派的个案的深入研究，写出国别汉语教育史是不可能的，没有对国别汉语教育史的全面展开，写出一部世界汉语教育史也是靠不住的。在这方面，我们刚刚起步，由于大量的个案和基本的史料尚未掌握和研究，这样一部通史性的著作只能作为一个导论，它只是世界汉语教育史研究的一个基石。作为主编，我想这本书为今后的各个国家的汉语教育史的诞生，为一部更为全面深入的世界汉语教育史的诞生打下个基础，作一块铺路石，我就心满意足了。第二，汉语作为外语教学在理论上尚有一系列问题亟待研究，特别是西人学习汉语后对汉语的影响，从而逐步开始了一个汉语向欧洲语言靠拢的历史过程，这个过程有得有失。徐通锵、潘文国先生所提出的字本位理论不仅仅是对汉语本体的一次变革性研究，同时也是对现在的对外汉语基础性理论的一个根本性的冲击。由于汉语本体的解释处在激烈的变革之中，这样就使汉语与其他语言的接触研究没有一个可靠的基础。所以，我始终认为从事对外汉语教学工作的人如果不关心汉语本体的研究进展，那是根本做不好学问的。同时，研究世界汉语教育史的另一个方面是对汉语所传播国家的语言理论的了解，各国的汉学家们在理解汉语时同时受到他们已有的语言背景的影响。正像福柯的知识考古学一样，汉语在各国的接受并不仅仅是一个知识的问题，并不仅仅能从汉语的角度来解释和说明。很遗憾，这些想法尚不能体现在我们的研究中。如果说这本书史事尚可说得过去，那么史识则明显不足。

但这并不是说这样一个研究就没有了意义，没有世界汉语教育史的研究，对外汉语教学这个研究领域就缺了一条腿，没有学科史的学科肯定不是一个成熟的学科，这是不言自明的。同时，如果真正做好字本位的研究，从汉语本身的特点展开研究，那就要清楚汉语向西方语言靠拢的历史，两种语言接触的历史。其实在马建忠写《马氏文通》以前，来华的传教士们已经在做这个工作，不把这段历史梳理清楚，也很难说清近代汉语史的变迁。自晚明以来中国的历史和学问都已经不能仅仅从中国本身考虑了，语言学也是如此。这就是梁启超当年说的，从在中国研究中国发展到在亚洲研究中国，最后是在世界研究中国，我想这本书至少勾勒出了一个在世界范围内考察中国语言发展与变化的历史线索。

我们并不想说这本书填补什么空白，而只是想让读者们感到我们所介绍给他们的知识多么新鲜和有趣，同时又多么稚嫩。或许书中的这些新鲜的知识会激起更多的青年学子们的好奇，从而投入这个全新的研究领域，或许书中的这些稚嫩和不足会激起后来者萌生超越我们的勇气。那样我们的目的就达到了。“江山代有才人出，各领风骚数百年。”我们期待着学界朋友们的批评、补充、更正和超越。

这本书的主要作者是北京外国语大学的同事们，这里我可以自豪地说，在对外汉语教学研究领域，北外已经找到了一个具有自己特点的研究领域：世界汉语教育史。这样一个研究领域不仅仅可以使从事对外汉语教学的老师们充分利用北外海外汉学研究中心的学术资源，因为，世界汉语教育史研究的最重要知识基础是海外汉学史；同时，将对外汉语教育史扩展为世界汉语教育史研究，也使这一研究和整个北京外国语大学的优势相融合，与其所承担的全国最多的海外孔子学院的地位相符合。我相信，经过若干年的努力，北外会出现一系列这方面的成果。在本书的写作过程中，我也邀请了国内外的一些著名学者——芬兰汉学家高歌教授、华东师大的吴勇毅教授、暨南大学的黄昆章教授等，参加部分章节的编写工作，具体分工如下：

第一章　张西平

第二章　李雪涛　王继红

第三章　张西平　李真

第四章　朱勇

第五章　程裕祯　吴勇毅　朱勇　张京京　毛忠美

第六章　朱勇　吴勇毅　毛忠美

第七章　苗春梅

第八章　吴丽君

第九章　黄昆章　王嘉

第十章　许光华　梁冬梅　徐荣

第十一章　柳若梅　董淑慧　李明　高歌　李颖

第十二章　黄宏　刘慧　卢小燕　王凡　李怡　孙琳　张萍　王宇

在这里我作为全书的主编，感谢参加本书编写工作的全体作者，正是大家的共同努力，才使这本书如期出版。在书稿修订的过程中，我的同事吴丽君教授、柳若梅副教授通读并细致地校订了书稿，中文学院的研究生黄彬做了些技术性辅助工作，在此一并表示感谢。

读书、写书、评书已成为当代文人的基本生活内容。记得唐代诗人李贺有这样的诗句："男儿何不带吴钩，收取关山五十州。请君暂上凌烟阁，若个书生万户侯？""寻章摘句老雕虫，晓月当帘挂玉弓。不见年年辽海上，文章何处哭秋风。"的确，历来王朝鼎革的时代，都是马上出英雄，书生们大多显得柔弱无能。但在王朝建设的时代，文人就派上了用场。今天，中国正处在三千年未有之变局，一个真正告别农业社会，迈向工业社会的时代开始了。当下，中国在创造人类史上前所未有的发展奇迹的同时，又有着数不尽的问题，理不清的思路。关山重重，烟雨茫茫。百年学术重建的重担就落在我们这一代人肩上，这正是："男儿何须带吴钩，研墨挥笔在五洲。寻章摘句探幽径，笑谈当年万户侯。"

张西平

2009 年春节于北京枣林路游心书屋